Peter Bürger ist Theologe und Publizist. Nach einem Buch über den kritischen Vietnamfilm hat er 2005 seine Studie »Kino der Angst – Terror, Krieg und Staatskunst aus Hollywood« vorgelegt, die im letzten Jahr mit dem Bertha-von-Suttner-Preis in der Kategorie »Film und Medien« ausgezeichnet worden ist.

TELEPOLIS

magazin der netzkultur

➔ www.telepolis.de

Das Online-Magazin Telepolis wurde 1996 gegründet und begleitet seither die Entwicklung der Netzkultur in allen Facetten: Politik und Gesetzgebung, Zensur und Informationsfreiheit, Schutz der Privatsphäre, wissenschaftliche Innovationen, Entwicklungen digitaler Kultur in Musik, Film, bildender Kunst und Literatur sind die Kernthemen des Online-Magazins, welche ihm eine treue Leserschaft verschafft haben. Doch Telepolis hat auch immer schon über den Rand des Bildschirms hinausgesehen: Die Kreuzungspunkte zwischen realer und virtueller Welt, die »Globalisierung« und die Entwicklung der urbanen Kultur, Weltraum und Biotechnologie bilden einige der weiteren Themenfelder. Als reines Online-Magazin ohne Druckausgabe nimmt Telepolis damit eine einzigartige Stellung im deutschsprachigen Raum ein und bildet durch seine englischsprachige Ausgabe und seinen internationalen Autorenkreis eine wichtige Vermittlungsposition über sprachliche, geografische und kulturelle Grenzen hinweg. Verantwortlich für das Online-Magazin und Herausgeber der TELEPOLIS-Buchreihe ist Florian Rötzer.

Peter Bürger

Bildermaschine für den Krieg

Das Kino und die Militarisierung der Weltgesellschaft

 Heise

Peter Bürger
peter@friedensbilder.de

Reihenherausgeber: Florian Rötzer, München, fr@heise.de

Lektorat: Dr. Michael Barabas
Copy-Editing: Albrecht Mugdan, Wasserburg
Herstellung: Peter Eichler, Eberbach
Umschlaggestaltung: Hannes Fuss, Düsseldorf
Druck und Bindung: Koninklijke Wöhrmann B.V., Zutphen, Niederlande

Bibliografische Information Der Deutschen Bibliothek
Die Deutsche Bibliothek verzeichnet diese Publikation in der Deutschen Nationalbibliografie;
detaillierte bibliografische Daten sind im Internet über http://dnb.ddb.de abrufbar.

ISBN 978-3-936931-45-7
1. Auflage 2007
Copyright © 2007 Heise Zeitschriften Verlag GmbH & Co KG, Hannover

Inhaltsverzeichnis

Vorwort   1

**1   Gewöhnung an den Ausnahmezustand und Fortschreibung
des Programms »Krieg«**   3

2   Culture of War: Digitales Zeitalter und massenkultureller Krieg   11

Revolution der Massenkultur – Kultur und Macht 12

Die Pilatusfrage: Was ist Wahrheit? 15

Herrschaft über das Denken und die Phantasieräume 19

Massenkulturelle Produktion von Welt- und Menschenbild 20

Massenkulturelle (Re-)Produktion von Geschichte 22

Die Ästhetik des »schönen Krieges« und der banale Militarismus 23

Elektronischer Platonismus: Abstraktion als Herrschaftsinstrument 25

Das globale Dorf und die Massenkultur 27

Form und Inhalt lassen sich im digitalen Medienzeitalter nicht so einfach trennen . . 29

3   Ein Überblick zur Filmarbeit des Pentagon   32

Haubitzen und Filmkurbel: Die Anfänge – Durchbruch für das Kriegskino
im Zweiten Weltkrieg 33

Der McCarthyismus sorgt für das passende Kulturklima 34

Vietnam: Verstimmungen zwischen Pentagon und Hollywood 36

Top Gun (1985): Die Rehabilitierung des Militärfilms 37

Tabu Golfkrieg 1991 38

Kinolehrplan für eine neue Weltordnung? 38

Gutes Timing im Kriegskino ab 2001? 41

Militainment-Sortimente und globale Unterhaltungshegemonie 42

Förderpraxis und Argumente der Kritiker 43

Staatskunst im »Neoliberalismus« 44

4 Zur Kritik des kriegssubventionierenden Films 46

Eine Fixierung auf das Kriegsfilmgenre ist nicht hilfreich 46

Herangehensweisen der politischen Filmkritik im Längs- oder Querschnitt 49

Propagandistische Funktionen und Filmästhetik 51

Der Blick auf die Logistik des massenkulturellen Krieges und die Anbieterseite. 54

Kriegssubventionierende Massenkultur, Zivilisationskonsens und Verbraucherschutz. 57

5 Kinderfilme und PC-Spiele für den Krieg 59

6 Batmans Rüstungsfirma, Krieg der Welten und Endzeit 68

Science-Fiction und militärtechnologische Revolution 68

Krieg der Welten 72

Irrationalismus und gentechnologisches Zeitalter.......................... 74

7 »Hitler war's«: Deutsche Geschichte, Transformation der Bundeswehr und neuer Weltkriegsfilm 78

Iran oder: Die aktuellste Hitlerisierungsstrategie........................... 79

Die »neue deutsche Tragik« im Film 81

Das neue deutsche Selbstbewusstsein, Nationalinteressen und die Bundeswehr
auf RTL... 84

Neue Filme über den Zweiten Weltkrieg 88

8 Afrika oder: Die Aufrüstung der reichen Weltzentren im Dienste guter Taten 91

Das Afrikabild der Humanbellizisten 91

Private Kriegsunternehmer und Söldner 94

Der ewige Gärtner (2005): Afrika als Versuchslabor der reichen Länder 95

Lord of War (2005): Was ist die wahre Massenvernichtungswaffe? 97

9 Atomschläge sechzig Jahre nach Hiroshima und Nachzügler des Kalten Krieges 99

Massenkulturelle Erinnerung im 60. Jahr der Hiroshima-Bombe 100

Wohin führt uns die Geschichte als nächstes?............................. 102

Werbung für nukleare Katastrophenbekämpfung und Atomkraftwerke
als Filmthema 106

Nuklearwaffen in Schurkenhänden und Nachzügler des Kalten Krieges.......... 109

10 Antiislamischer Kulturkampf und »Antiterrorkrieg«   112

Kein Krieg gegen den Islam?. 113

Zwei Kriegsszenarien im Irak aus US-Filmen von 1983 und 1998 114

Drogenbekämpfung im »Nachkriegs«-Afghanistan und Islamistenjagd auf
den Philippinen. 116

Skandal um einen türkischen Actionfilm und EU-Kino 119

Filmbeiträge gegen den Strom 123

11 Exkurs: Gegenkultur zur evangelikalen Aufrüstung und Kritik am Bushismus? 125

12 Sahara (2005): US-amerikanische Identitätsfindung in der Wüste   134

13 Die Golfkriegsveteranen: Irak, Vietnam-Vergleiche und Heimkehrerfilme 138

Das US-Kriegskino beginnt mit dem Heimkehrerfilm. 139

Wie kann sich der Film dem Thema »Irak« zuwenden? 140

The Manchurian Candidate (2004): Golfkriegserinnerung und Angst vor dem
»Universal Soldier« 142

The Jacket (2005): Der seelisch beschädigte Golfkriegsveteran 145

Rome (2005): Das Imperium verrät seine Helden 146

**14 Der erste Golfkriegsfilm, die Suche nach einer passenden Popkultur
und das »Hadji Girl«**   149

Der große Skandal: Die U.S. Marines kommen nicht zum Schuss. 149

»Jarhead« und das Vietnam-Kino 151

War and Music. 153

»Fuck you like an animal« 155

American Soldiers (2005) und War Tapes (2006). 156

15 Nine Eleven im Kino   159

Verschwörungstheoretische Relecture 160

Loose Change (2005/2006) 161

Fiktionale Draufgaben zum Elften Neunten. 164

Filmische Annäherungen. 165

Flug 93: Die Terroranschläge werden endgültig zum Kinoereignis 166

The World Trade Center (2006): Kommen die Nine-Eleven-Filme wirklich zu früh? 169

Die fiktionale Verschwörung: Eine unverfänglichen Zweig
der Nine-Eleven-Forschung. 173

16 Syriana (2005): Im Visier der Ölmafia? 175

17 Stealth (2005): Neue Luftkriege und ein pseudomoralischer Diskurs über den Krieg der Zukunft 180

Der »Tinman« als neues Teammitglied 180

»Antiterrorkrieg« der USA: Präzisionsangriff ohne »Kollateralschäden« 181

Ethischer Diskurs der Kampfpiloten in der Freizeit: Krieg als Videospiel? 182

Atomwaffen in Tadschikistan und eine scheinbare Umkehr der Zauberlehrlinge ... 183

Das Herz des Blechmanns oder: Wie das ethische Dilemma gelöst wird 184

Beobachtungen zu diesem Hollywood-Produkt mit Militärassistenz 185

18 »Top Gun auf französisch«: Staatlich gesponserte Ritter der Lüfte gegen den Terrorismus 189

19 Was können wir als Bürger und Konsumenten tun? 192

20 Literatur 195

21 Filmografie 203

Vorwort

*Kein Produkt erfordert ein so geschicktes Marketing wie eines, das gewaltige
Mengen an Ressourcen verschwendet und dabei eine große Anzahl von
Menschen abschlachtet.*

Norman Solomon und Reese Erlich

Zu den Rüstungssektoren des modernen Krieges zählt ein Zweig, der in den
offiziellen Rüstungsetats gar nicht auftaucht und doch unverzichtbar ist. Es
handelt sich um die industrielle Bildermaschine für den Krieg, deren einfluss-
reichstes Zentrum gemeinhin einfach »Hollywood« genannt wird. Der Holly-
wood-Komplex fungiert innenpolitisch und bei der Durchsetzung der globalen
Interessen der Vereinigten Staaten als kultureller Arm der Macht. Seine Produkte dominieren seit Jahrzehnten den weltweiten Markt, prägen den Publi-
kumsgeschmack und finden – nicht nur in der westlichen Welt – Nachahmung
durch mehr oder weniger epigonale Unternehmungen.

Das massenkulturelle Standbein des US-amerikanischen Militarismus
stützt den Krieg und trägt so zur Sicherung bestehender Besitzverhältnisse bei.
Es hat sich erst im Zuge des Zweiten Weltkrieges voll entfaltet und ist seitdem
schrittweise aufgerüstet worden. Schon deshalb kann die Kritik am Kulturbel-
lizismus der Vereinigten Staaten nicht mit der reaktionären antiamerikani-
schen Kulturkritik der 1920er Jahre in einen Topf geworfen werden. Woher
kommt die Besessenheit, mit der sich das US-Kino dem Krieg widmet? Die
Ursprungsgeschichte der Vereinigten Staaten von Amerika ist nicht gewalttä-
tiger als die vieler anderer Staaten. Zu ihr gehören wegweisende Zivilisations-
ideen und ein besonderer multikultureller Reichtum. Der im 20. Jahrhundert
zutage getretene Militarismus sollte deshalb nicht pauschal als »Wesensmerk-
mal« von US-Amerikanismus betrachtet werden. Seine Wurzeln, zu denen
allerdings schon der Civil War gehört, sind vielmehr sehr genau in ökonomischen Zusammenhängen auszumachen. Krieg ist ein äußerst profitträchtiges
Geschäft, gleichzeitig jedoch in den Augen der allermeisten Menschen kein
attraktives Produkt. Deshalb erfordert der Krieg, wie Norman Solomon und
Reese Erlich schreiben, mehr als alle anderen Produkte ein geschicktes Marketing (Boggs/Pollard 2007, S. 229). Die USA sind Pioniere der Produktwerbung
im Kapitalismus und Vorreiter für das moderne Kriegsmarketing. Dem System
– und nicht den in ihm lebenden Menschen – kommt die zweifelhafte Ehre zu,
eine militarisierte Filmindustrie mit globaler Wirksamkeit und Subunterneh-
mern in aller Welt hervorgebracht zu haben.

Den Visualisierungen des modernen Krieges wird in neueren Veröffentlichungen intensiv nachgegangen (Paul 2004; Süselbeck 2006). Die Friedensforschung widmet den Informationsmedien seit Ende des letzten Jahrhunderts eine verstärkte Aufmerksamkeit. Der Bereich der Unterhaltungsproduktionen, die das Zentrum der militarisierten Kultur bilden, wird in seiner Bedeutsamkeit allerdings noch immer unterschätzt. Diejenigen, die nicht zu den Konsumenten von »Militainment« gehören, nehmen ihn zumeist gar nicht richtig wahr. Der Gegenstand ist unappetitlich und schreckt schon durch seine Quantitäten ab. Die Flut der massenkulturellen Produktionen für den Krieg ist schier unübersehbar und lässt sich keineswegs nur auf das klassische Kriegsfilmgenre eingrenzen. Wer wäre für eine Sichtung überhaupt zuständig? Die politische Kritik scheut sich, der Filmwissenschaft und Kunstkritik ins Gehege zu kommen. Auf der anderen Seite sind filmwissenschaftliche Arbeiten, die interessegeleitet vom Friedensstandpunkt ausgehen, nicht sehr zahlreich.

Ich selbst bin auf die kriegsförderliche Funktion von Filmfiktionen erst Anfang 2002 aufmerksam geworden. Anlässlich des ersten Deutschlandsbesuchs von US-Präsident George W. Bush jun. wollten wir – Mitglieder der Düsseldorfer Friedensbewegung und der Betreiber eines Programmkinos – »kritische Vietnam-Filme« aus den Vereinigten Staaten zeigen. Als Ideengeber für dieses Dialogprojekt hatte ich vorlaut Optimismus verbreitet. Die Vorbereitung erwies sich hingegen als ziemlich desillusionierend. Das Ausmaß an Militarisierung, das besonders die Sortimente der kommerziellen Videotheken aufwiesen, überstieg die schlimmsten Erwartungen. Dieses wurde ausschlaggebend für den Plan, das Thema »Kriegskino« gründlicher zu erforschen. 2005 ist dann meine umfangreiche Studie »Kino der Angst – Terror, Krieg und Staatskunst aus Hollywood« zum Kriegskino der letzten zwei Jahrzehnte erschienen. Dieses neue Buch »Bildermaschine für den Krieg« knüpft daran an und erschließt als Fortschreibung vor allem Titel, die seit Beginn des Irak-Krieges auf den Markt gekommen sind.

Über die Filmförderung des Pentagon, die ein Schwerpunktthema der ersten Arbeit ist, informiert das dritte Kapitel auf der Grundlage eines Telepolis-Artikels (Bürger 2005c) in Form eines Überblicks. Dem eigentlichen Filmteil gehen auch eine friedenspolitische Lagebeschreibung, grundsätzliche Überlegungen zur Massenkultur des Krieges und methodische Vorschläge zur Kritik des kriegssubventionierenden Films voraus. In einigen Kapiteln greife ich auszugsweise auf weitere Beiträge zurück, die im Online-Magazin Telepolis erschienen sind und dort vollständig nachgelesen werden können. Filmproduktionen, für die eine militärische bzw. staatliche Assistenz nachweisbar ist, werden auf den folgenden Seiten stets mit einem Sternchen (*) gekennzeichnet, allerdings ohne Anspruch auf Vollständigkeit.

1 Gewöhnung an den Ausnahmezustand und Fortschreibung des Programms »Krieg«

»There isn't any time to think, you just act.«

US-Agent Jack Ryan im Film PATRIOT GAMES

»In der Stärke der Waffen zeigt sich die Schwäche der Menschen.«

Tagore

Nach Ende des Kalten Krieges wollte man, so war in Europa zu hören, die Friedensdividende einfahren. »Zusammenarbeit« hatte Willy Brandt 1971 in seiner Friedensnobelpreisrede gefordert. Das hätte nun zur maßgeblichen Agenda werden können. Mit dem Golfkrieg 1991 ließ US-Präsident George Bush sen. die Welt jedoch sogleich wissen, auch weiterhin werde militärische Stärke – nunmehr einseitig – die Verhältnisse auf dem Globus bestimmen. 1998/99 gelang es den Strategen der Vereinigten Staaten, die NATO in ein Interventionsbündnis zu »transformieren« und Europa in einen Angriffskrieg auf dem Balkan zu verwickeln. Seitdem glaubt den Europäern niemand mehr so recht, sie stünden für das Völkerrecht, nachhaltige Politik und ein Programm intelligenter ziviler Konfliktlösung ein. Am 11. September 2001 kam es zwei Jahre später zu jenem katalysierenden Ereignis, das man zuvor in einer rechten US-Denkfabrik spekulativ als günstige Voraussetzung für eine neue Ära imperialer Militärpolitik bedacht hatte. Aus den Gewaltantworten der US-Regierung auf die Terroranschläge ist die Gefahr eines großen Krieges erwachsen, die unvermindert anhält.

Der Begriff »Weltkrieg« hat in den USA durchaus nicht nur negativen Klang und wird von »neokonservativen« Vordenkern erstaunlich leichtfertig benutzt (Rötzer 2006d). Je nachdem, ob man den Kalten Krieg mitzählt oder nicht, gilt der für das 21. Jahrhundert ausgerufene dauerhafte »Krieg gegen den Terror« als Dritter oder Vierter Weltkrieg – gegen das Böse. Er soll, so George W. Bush jun. am 11.9.2006, in »eine leuchtende Ära menschlicher Freiheit« führen. Die hegemoniale Festlegung der Zivilisation auf das »Ordnungsprogramm Krieg« hat sich in kurzer Zeit als Dogma der globalen Politik durchgesetzt. Eine Militarisierung der Rohstoff- bzw. Energiefrage betrachtet man z.B. auch bei uns bereits als etwas Zwangsläufiges. Das wird offen zur Sprache gebracht, in einer Deutlichkeit, die vor 2001 kaum denkbar gewesen wäre (Bürger 2006c und 2006n). Meine Studien über den ganz gewöhnlichen Militarismus in den USA und die zugehörige Bildermaschine basieren auf keinem Ansatz, der dem populistischen »Antiamerikanismus« zuarbeitet und die Zurüstung anderer Machtzentren für den Krieg verschleiert. Der Entwurf für einen europäischen Verfassungsvertrag sah vermehrte »Verteidigungsanstrengungen« und eine – später umbenannte – Rüstungsagentur vor. Der Friedenssicherung wurde in der Präambel rhetorisch eine hohe Priorität eingeräumt. Was sollte man darunter verstehen? Der Text nannte zwar eine »zivile Komponente«, führte sie jedoch an keiner Stelle überzeugend aus. Eine demokratische Zustimmung der Bewohner Europas zu diesem Projekt war nicht zu erzielen. Die Militarisierung der »Weltmacht Europa« unter federführender Beteiligung Deutschlands geht jedoch auch ohne Verfassungsurkunde den Weg hinein in weltweite Kriege (Pflüger/Wagner 2006).

Der Irrationalismus des Kriegsapparats lässt sich daran ablesen, dass die Leiden vieler Menschen auf dem Planeten und alle drängenden Zivilisationsfragen in der Politik nur peripher abgehandelt werden. Selbst das Pentagon hat den Klimawandel – und nicht den Terrorismus – zum dringlichsten Problem unserer Zeit erklärt. Die mit Abstand häufigste Ursache für vermeidbare Tode ist der Hunger. Prognosen über Wasserknappheit und andere humanitäre Katastrophen sind erschreckend ... Die geistigen (kulturellen, wissenschaftlichen, technologischen) und materiellen Ressourcen der Menschheit werden jedoch nicht in den Dienst einer Lösung dieser Fragen gestellt, sondern weiterhin dem Krieg zugeführt. Die Ölversorgung der westlichen Welt, dauerhafte Militäreinrichtungen der Supermacht in allen Erdteilen und besonders in Rohstoffregionen oder die Aufrechterhaltung des »Währungssystems« der Petrodollars, das alles sind kurzfristige Teilinteressen. Mit Blick auf die Zukunftsperspektive der menschlichen Zivilisation sind Interessen dieser Art entweder als belanglos oder als destruktiv zu bewerten. Warum dulden wir, dass sie die gesamte Weltpolitik bestimmen? In wenigen Jahrzehnten werden sich die bestehenden Machtkonstellationen und die Bevölkerungsanteile auf der Erde grundlegend verschoben haben. Das kurzsichtige Paradigma der Tagespolitik orientiert sich indessen am Status quo einer Wahlperiode und an der real existierenden militärischen Kräfteverteilung. Aus der antiislamischen Kulturkampfstrategie und den aggressiven Nukleardoktrinen des Westens resultieren Weltkriegsgefahren. Eine neue Politik der Vernunft und der Moral ist – noch – nicht in Sicht.

Irrationalismus und vollständiger Bankrott des Kriegsapparats zeigen sich noch näher auf jenen Schauplätzen, für die er sich selbst als Lösungsprogramm empfohlen hat. Afghanistan und Irak sind im Zuge des »Antiterrorkrieges« blutige Schauplätze von Besatzung und Bürgerkrieg geworden. Jahrelange Erfolgsmeldungen über den Fortgang von Nation Building oder so genannter Demokratisierung erweisen sich im Licht einer ideologiefreien Evaluierung als reine PR-Konstrukte. Die unkontrollierbare Gewaltentfesselung und die Leiden der Bevölkerung in den angegriffenen Ländern sind viel schlimmer als es die größten Pessimisten vorausgesagt haben. Die in militärische Konzepte eingebundenen Hilfs- und Aufbauprogramme dienen bestenfalls als Alibi. In angeblich befriedeten Regionen geht die westliche Kriegsführung Tag für Tag weiter, und schon denkt man offen über die Installation neuer Diktaturen nach. Die völlige Ratlosigkeit des Militärs ob der nicht enden wollenden Eskalationen kann vor der Öffentlichkeit nicht mehr ganz verborgen gehalten werden. Allerdings sind selbst die Parlamente nicht wirklich unterrichtet. Ein Bundestagsabgeordneter hat z.B. kein Recht, über die Einsätze von KSK-Soldaten in Afghanistan zutreffend informiert zu werden. Bundesverteidigungsminister Franz Josef Jung (CDU) hat gar angeordnet, in Afghanistan »Parlamentariern und Journalisten den Besuch von deutschen Soldaten zu untersagen« (Spiegel-Online, 28.8.2006). Erst Ende 2006 wurde von ihm das »Experiment« einer neuen Informationspolitik angekündigt. Die Klagen aus Parlament und Gesellschaft über die militärische Geheimpolitik in Deutschland gehen auf das Jahr 2002 zurück.

Die Medienlandschaft trägt wenig dazu bei, öffentliche Transparenz herzustellen. Die globale »Foxification« ist weit fortgeschritten. Allerdings mangelt es nicht nur an gutem Willen. Unter den Bedingungen des Marktwettbewerbs verfügt mit Ausnahme weniger Medienmonopole wohl kaum noch jemand über die Logistik, mit der sich die wirklichen Verhältnisse zuverlässig recherchieren ließen. Über die Verrohung im Rahmen der US-amerikanischen Kriege liegen immerhin inzwischen Beiträge vor, die ein größeres Publikum erreichen. Dazu zählen Interviews mit Ex-Gefangenen aus Guantánamo (z.B. Willemsen 2006) und das Dokumentarfilmdrama THE ROAD TO GUANTANAMO (GB 2006) von Michael Winterbottom. Als der vom Militär geförderte Nine-Eleven-Film UNITED 93* (USA 2006) bei uns in den Kinos anlief, wiesen Plakate bereits auf THE ROAD TO GUANTANAMO hin. Der Film selbst war jedoch noch vom Vertrieb zurückgehalten worden. Offenbar sollten gleichzeitig nicht zwei Vorführungen stattfinden, die »die USA« einmal als Opfer und einmal als Täter zeigten. Inzwischen erheben selbst die den Vereinigten Staaten willig zugeneigten Regierungen in Kabul und Bagdad Klage über brutale Praktiken des US-Militärs in ihren Ländern. Sehr gerne lässt sich die Öffentlichkeit hierzulande beruhigen, wenn etwa im Juni 2006 der Oberste Gerichtshof der USA die Militärtribunalpraxis in Guantánamo beanstandet. Ob sich in der Folge wirklich etwas verändert, ist dann erst einmal nicht so wichtig. Beiläufig zeigt im Kino MISSION: IMPOSSIBLE 3 (USA 2006), »wie die Amerikaner sich so in Europa aufführen, und wie sie ihre Gefangenen behandeln, wenn die nicht kooperieren – aus dem fliegenden Flugzeug hängen, und so ...« (Suchsland 2006b). Werden die Zuschauer die Frage stellen, ob denn wirklich alle US-Flüge in Europa mit Gefangenen, auf die gegebenenfalls Folter wartet, inzwischen der Vergangenheit angehören? Die Bundesregierung weigert sich nach wie vor, Zahlenangaben und weitere Details über die Nutzung deutschen Territoriums durch CIA-Flieger bekannt zu geben. Die deutsche und europäische Verstrickung in den bushistischen Feldzug gegen die Menschenrechte ist öffentlich noch nicht einmal ansatzweise erhellt.

Abgesehen von Gewöhnungseffekten besteht das Problem der Medienberichterstattung darin, dass die prominenten Skandale – Masar-i-Sharif, Guantánamo, Abu-Ghraib, Massaker an Zivilisten wie in Haditha oder individuelle Mordaktionen von US-Soldaten in einem irakischen Haus – nur wie aktuelle Tagesmeldungen behandelt werden. Dieser Skandaljournalismus vermittelt nicht, dass der Einzelfall nur Teil jeweils größerer Systeme ist. Ernsthafte Bemühungen, die bisherigen Opferzahlen des Projekts »Enduring Freedom« unabhängig von den Angaben des militärischen Infomarketings zu erkunden, gibt es selbst in der so genannten Qualitätspresse nicht. Je nach Geschmack lassen sich weiterhin Zehntausende oder Hunderttausende anführen. Private Internetprojekte haben versucht, für Afghanistan (http://pubpages.unh.edu/~mwherold/) und Irak (http://reports.iraqbodycount.org) eine Opferchronik zu schreiben. US-amerikanische und irakische Epidemiologen gehen »davon aus, dass seit März 2003 aufgrund des Krieges und der Folgen 650.000 Menschen [im Irak] gestorben sind« (Rötzer 2006e). Notwendig wäre ein Institut der UNO, das nach objektiven Kriterien die Zahlen der Kriegsopfer von Auseinandersetzungen in der Völkerwelt für die Zivilisation dokumentiert.

Fast noch erschreckender als die Vernebelung der Opferstatistik ist, wie erfolgreich die Täter den öffentlichen Diskurs in ihrem Sinne umkehren können. Den Foltervorwürfen folgte unmittelbar in der westlichen Welt eine Debatte über Relativierungen des Folterverbotes! Nach der US-Administration votierte 2006 z.B. auch John Reid als britischer Militärminister für eine Revision der Genfer Konventionen von 1949 über die Behandlung von Kriegsgefangenen. Diese schränkten die »Handlungsfähigkeit der Staaten im Kampf gegen den Terror ein. Man habe es mit einem Feind zu tun, der sich selbst an keine Beschränkungen halte« (Der Standard, 4.4.2006). Das überkommene demokratische Gesellschaftsmodell und dessen Normen stellte Reid, der nunmehr als Innenminister »unsere Freiheiten modifizieren« möchte, Mitte August angesichts der »wahrscheinlich längsten Periode scharfer Bedrohung seit dem Zweiten Weltkrieg« in Zeiten des Terrorismus zur Disposition. »Es gebe immer noch viele, die diese Lage nicht begriffen«, behauptete er und machte dabei vor allem einen Widersacher aus: den Europäischen Gerichtshof für Menschenrechte, den Hüter der Europäischen Menschenrechtskonvention. »Letztere aber sei vor über 50 Jahren als Schutz vor faschistischen Staaten verfasst worden«, kritisierte Reid. »Nun aber komme die Bedrohung von › faschistoiden

Individuen‹, die nicht an Konventionen gebunden seien« (Averesch 2006). Die alte Leier der Kriegspropaganda also: Der Feind zwingt uns, das Recht zu missachten und grausam zu sein. Ende 2006 warnte US-Heimatschutzminister Michael Chertoff vor der gefährlichen Kultur einer »aktivistischen, linken und elitären Rechtsphilosophie«, deren Auslegung des internationalen Rechts sich gegen die USA richte (Telepolis, 19.11.2006). Mit solchen Voten reagieren Mitglieder der Bush-Administration auf Juristen, die ihre Taten mit geltenden Zivilisationsstandards konfrontieren wollen (Rötzer 2006f).

Im Juli 2006 hat Human Rights Watch USA einen Bericht »No Blood, No Foul: Soldier's Accounts of Detainee Abuse in Iraq« vorgelegt. Der Autor John Sifton bewertet die Mitteilungen von US-Soldaten zu einer geheimen Einrichtung am Flughafen Bagdad, Abu-Ghraib und anderen Gefangenenlagern im Irak folgendermaßen: »Diese Aussagen entkräften die Behauptung der US-amerikanischen Regierung, dass Folter und Misshandlung im Irak nicht genehmigt waren und nur in Ausnahmefällen vorkamen. Genau das Gegenteil ist der Fall: Diese Praktiken wurden stillschweigend geduldet und häufig angewandt« (Human Rights Watch 2006). Wiederholt hat die Bush-Administration mit PR-Projekten versucht, ihr Menschenrechtsimage aufzubessern. Derweil zielte ihre Politik darauf ab, bei bestimmten Vergehen gegen die Genfer Konventionen – und das US-Kriegsverbrechergesetz von 1996 – den Tätern Straffreiheit zu ermöglichen und gleichzeitig das Netz ihrer Untergrundjustiz logistisch abzusichern. Seit August 2006 sind die Genfer Konventionen ausnahmslos von allen Staaten der Erde unterzeichnet, doch wohl noch nie seit dem Zweiten Weltkrieg wurde ihre Gültigkeit so in Frage gestellt wie heute.

Erstaunlich ist, wie wenig man aus der Geschichte des Krieges zu lernen bereit ist und wie Armeen ihre Verbrechen jahrzehntelang verdecken können. Ende 1950 massakrierte das US-Militär während des Korea-Krieges etwa 400 Zivilisten im südkoreanischen No Gun Ri. Erst 1999 wurde das Massaker publizistisch aufgearbeitet. Im Januar 2001 erfolgte ein Ausdruck des Bedauerns durch US-Präsident Bill Clinton, doch ging dieser nicht von einem vorsätzlichen Verbrechen aus. Erst 2006 steht fest, dass die vierhundertfachen Zivilistenmorde von 1950 auf einen offiziellen Befehl der US-Armee in Korea zurückgehen (Frohn 2006). In Vietnam ermordeten US-Soldaten noch weitaus mehr Zivilisten in gezielten Massakern als der Öffentlichkeit bislang bekannt ist. Zuletzt haben Nick Turse, Deborah Nelson and Janet Lundblad in der »Los Angeles Times« vom 6.8.2006 erneut auf diesen ruhenden Skandal aufmerksam gemacht. Viele tausend Seiten aus heute zugänglichem Untersuchungsmaterial müssen noch ausgewertet werden.

2001 hatte Robert Kagan im Untertitel seines Buches »Warrior Politics« eine Antwort auf die Frage angekündigt, »*warum Führung ein heidnisches Ethos braucht*«. Kurz nach dem 11.9.2001 proklamierte CIA-Antiterrorchef

Cofer Black ganz ungeniert: »*Wir haben die Handschuhe ausgezogen.*« Das Neue am gegenwärtigen Diskurs besteht darin, dass die »christliche« bzw. westliche Zivilisation so offen wie nie seit Gründung der UNO doppelten Standards das Wort redet. Im eigenen Kulturbereich will man an jenen Normen festhalten, die dem offiziellen moralischen Selbstbild entsprechen. Bei »Missionen« in anderen Regionen der Erde wird hingegen das Recht auf eine immer uferloser werdende Gewaltanwendung beansprucht. Vieles, was man in Vietnam noch zu vertuschen suchte, wird jetzt ohne Scham gutgeheißen. Die Idee des immer und überall geltenden Menschenrechts ist damit verabschiedet. Noam Chomsky sieht in der »herrschenden intellektuellen und moralischen Kultur« eine »imperiale Mentalität« am Werk. Ein Prinzip dieser Mentalität laute: »Die Verbrechen, die wir an den anderen begehen, werden als normale Vorkommnisse gesehen und als solche toleriert. Alles aber, was uns im Westen von den anderen angetan wird, wird als strafwürdiges Verbrechen eingestuft und muss geahndet werden« (Berliner Zeitung, 25.8.2006).

Obwohl vordergründig auf gegenwärtigen Militärschauplätzen vollständige Konzeptionslosigkeit waltet, weist die Fortführung des Programms »Krieg« doch auf einen größeren Plan hin. Schon ein Blick auf die Landkarte des Mittleren Ostens verhilft zu mehr Klarsicht. Der potenziell an Erdöl reiche Iran, geographische Brücke zwischen den besetzten Ländern Afghanistan und Irak, ist bereits am 29. Januar 2002 von US-Präsident G. W. Bush jun. zum Mitglied einer »Achse des Bösen« erklärt worden. Im Klartext heißt das: Einen Kriegsplan gegen Iran gibt es bereits seit Jahren. Europa hat sich bislang durchaus nicht im Sinne einer seriösen Vermittlerrolle profiliert und assistiert der US-amerikanischen Gewaltandrohung (Kooperation für den Frieden 2006; Ronnefeldt 2006). Attraktive Verhandlungsangebote, die die iranischen Sicherheitsinteressen ernsthaft berücksichtigen, liegen nicht auf dem Tisch. Unschwer kann man erkennen, dass die Agenda sich nicht auf ein nachhaltiges Friedenskonzept für den gesamten Nahen und Mittleren Osten bezieht, sondern fremde militärische Kontrolle über die Region absichern soll. Dafür hat man in Washington den Begriff »New Middle East« kreiert. Im August 2006 wurde bekannt, dass eine US-amerikanische Gruppe von 21 hochrangigen Ex-Generälen und Regierungsbeamten zur Iran-Krise einen Brief an Präsident Bush geschrieben hat. Auch dieser Versuch, einen Angriff gegen den Iran abzuwehren, zeigt den Ernst der Lage. Eine zeitgleiche Meldung zum Recherchestand der US-Geheimdienste sagt über die Seriosität der Panikmache aus Washington viel aus: »Die USA wissen einem Bericht des US-Kongresses zufolge viel zu wenig über die tatsächlichen Fähigkeiten des Irans zum Ausbau seiner Nukleartechnologie« (Der Standard, 24.8.2006).

Völlig unkritisch transportieren die Massenmedien die doppelten Maßstäbe der offiziellen westlichen Staatsversion beim Thema Urananreicherung und unwahre Darstellungen der internationalen Rechtslage. Dass der bankrotte Staat USA (Hübner 2006) unabdingbar auf das Öldollar-System angewiesen ist und auch dies für die US-Politik in Middle East eine Rolle spielen könnte, wird mitunter ohne argumentative Anstrengungen einfach als Verschwörungstheorie abgetan (Wagner 2006). Iran-Reportagen über Geschichte, Kultur, Alltag und Menschen, die der Kriegstendenz nicht zuarbeiten, und vergleichende Berichte, in denen die aggressiven Nukleardoktrinen von USA, Nato und EU vorgestellt werden, gibt es kaum. Wieder einmal lautete – zumindest bis November 2006 – die Leitfrage, nicht ob, sondern *wann* es zum unvermeidlichen »Schlag gegen Iran« kommen wird. Wir brauchen also dringend eine präventive Medienbeobachtung und Medienbegleitung. Rückschauende Selbstanklagen von Medienmachern und Doktorarbeiten über eine vergangene Medienberichterstattung sind *nach* Beginn oder Ende eines Krieges nur von geringem praktischem Nutzen. Die gelobte Besserung fürs nächste Mal ist ja fast schon ein Ritual geworden.

Seit Juni 2006 bestraft Israel die in Gaza lebenden Palästinenser kollektiv für die Wahl von Politikern, die der Hamas angehören, und für die Entführung eines israelischen Soldaten. Im Juli folgten der Luftkrieg gegen den Libanon und ein Einmarsch der israelischen Armee als Reaktion auf die Verschleppung zweier weiterer Soldaten aus Israel durch die Hisbollah am 12.7.2006. Israels Militärpläne lagen zum Zeitpunkt der Soldatenentführungen allerdings fertig in der Schublade. Eine Abstimmung mit Washington gilt für weite Teile der Weltöffentlichkeit als ausgemacht. Dass die Hisbollah das Leben von Menschen in Tel Aviv und anderswo in Israel gering achtet, ist hinlänglich erwiesen. Die maßlose Gewaltanwendung der Regierung Israels in Gaza und Libanon folgte ebenso wenig überzeugenden ethischen Prinzipien. Die der Bush-Administration verbundenen Regierungschefs, darunter die deutsche Bundeskanzlerin Angela Merkel, sprachen trotz der offenkundigen Völkerrechtsbrüche (Kollektivbestrafung der Palästinenser, Angriffskrieg, exzessive Gewalt gegen Zivilisten) und trotz der großen Leiden im Libanon von einer gerechtfertigten Selbstverteidigung Israels oder schwiegen. Nur wenige besonnene Stimmen protestierten von Anfang an gegen eine eskalierende Waffengewalt, die auch für Israel dauerhaft die Angst festschreibt und die anarchische Auflösung des internationalen Rechts weiter beschleunigt. Die Übernahme der imperialen Strategie einer auf Hochrüstung und Schwerhörigkeit basierenden »Überlegenheit« kommt – auf Zukunft hin gesehen – für das kleine Israel einem Selbstmordkurs gleich. Was geschieht zudem, wenn sich in Washington die Einschätzung durchsetzen sollte, dass die bisherige Israel-Politik den Hegemonialinteressen der Vereinigten Staaten nicht mehr dienlich ist?

Nachdem in Afghanistan und im Irak das Höllenfeuer schon lodert, wächst die Bürgerkriegsgefahr nun im Libanon und auch in den Palästinensergebieten. Da der Nahostkonflikt in seiner »symbolischen« Bedeutung globale Wirkungen entfaltet und der »Global War on Terrorism« gewaltbereiten Extremisten Tag für Tag neue Anhänger zuführt, kann man sich kaum genug sorgen. Beiträge des US-Journalisten Seymour Hersh, nach denen im Libanon der Weg bereitet werden sollte für Krieg gegen verbliebene Ziele auf der »Achse des Bösen«, sind bis heute leider nicht entkräftet. Endlose Spekulationen kreisen um die Frage, ob, wann und wie Angriffspläne gegen Iran, Syrien oder gar Nordkorea realisiert werden und welche Strategie sich in Washington beim Thema Irak durchsetzt. In Europa beruhigen sich viele mit einem absehbaren Ende der Bush-Ära, das seit dem Ausscheiden von Kriegsminister Donald Rumsfeld schon eingeläutet zu sein scheint. Manch einer rechnet gar damit, dass eine Cofer Black zugeschriebene Prophezeiung aus der Mitte der CIA wahr werden könnte: »Eines Tages werden wir für das, was wir tun, alle angeklagt.« Die Vorstellung, dass der kriegerische Auftakt des dritten Jahrtausends nur das Werk einiger neo- und machtkonservativer Scharlatane sei und sich – allein schon aufgrund der explodierenden Kosten – schnell als kurze Episode erweisen werde, gefällt uns allzu gut. Doch sehr bald nach dem Sieg der Demokraten bei den US-Wahlen zum Kongress und Senat im November 2006 erklärte deren neuer Mehrheitsführer für den Senat, Harry Reid, man wolle den US-Militärhaushalt um 75 Milliarden Dollar erhöhen (Berliner Zeitung, 16.11.2006). Der US-Ökonom und Träger des alternativen Nobelpreises Daniel Ellsberg sprach im Dezember 2006 bei einem Vortrag in Hamburg eindringlich von einer anhaltenden Kriegsgefahr. Die US-Regierung habe den Plan, den Iran noch vor dem Ablauf der Amtszeit von Bush jun. mit *Atomwaffen* und anderen Bomben anzugreifen, keineswegs zu den Akten gelegt (Frankfurter Rundschau, 13.12.2006).

Europäische Politiker, die sich nicht auf Strategiedebatten innerhalb der hegemonialen Logik einlassen und einen radikalen Ausstieg aus dem Programm »Krieg« als Gebot der Stunde betrachten, sind in der Minderheit. Der Bundestagsabgeordnete Willy Wimmer (CDU) sah Ende 2006 die Möglichkeit, dass die Nato auf Drängen der USA »den Charakter einer regionalen Sicherheitsorganisation im Vertragsbereich der Vereinten Nationen vollständig aufgibt«, wobei das Wort »vollständig« wohl zu betonen ist. Für diesen Fall forderte er Konsequenzen: »Unter diesen Umständen bleibt uns letztlich nichts weiter übrig, als aus der militärischen Integration der NATO auszusteigen« (Freitag – Die Ost-West-Wochenzeitung, 17.11.2006). Die Motive dieses Abweichlers klingen heute in der Tat konservativ: »... wir wissen doch durch die Ereignisse vor dem 1.September 1939 und während des Zweiten Weltkrieges zur Genüge: Das internationale Recht ist die letzte Chance, uns vor einem großen Krieg zu bewahren.«

2 Culture of War:
Digitales Zeitalter und massenkultureller Krieg

»Militarismus bezeichnet die Vorherrschaft militärischer Wertvorstellungen und Ziele in der Politik und im gesellschaftlichen Leben, wie sie bspw. durch die einseitige Betonung des Rechts des Stärkeren und die Vorstellung, Kriege seien notwendig oder unvermeidbar, zum Ausdruck kommen ...«

Online-Politiklexikon der Bundeszentrale für politische Bildung

Die Spielregeln und Rahmenbedingungen der als »neoliberal« bezeichneten neuen Weltordnung wurden von internationalen Gremien und Institutionen vorgegeben, die für eine solche globale Agenda gar keine demokratische Legitimation besitzen. Das parlamentarische Geschäft der Gegenwart besteht vor allem darin, den Menschen die von oben verkündeten Dogmen als ewige Naturgesetzlichkeiten zu vermitteln (»Public Relations«) und im jeweiligen Land – gegen etwaige Widerstände – die notwendigen Ausführungsschritte durchzusetzen. Die These, aggressiver Wirtschafts-»Liberalismus« und liberale Gesellschaftsordnung seien miteinander nicht vereinbar, gewinnt in rasantem Tempo an Plausibilität. Zentrale Errungenschaften der bürgerlichen Revolution werden von der politischen Klasse bereits in Frage gestellt. Die Gesellschaft löst sich in ungebundene Ich-Unternehmer bzw. profitorientierte Netzwerker und in isolierte, ohnmächtige Verlierer auf. Von der liberalen Demokratie, die ohne das freie und öffentliche gesellschaftliche Gespräch nicht bestehen kann, ist bereits jetzt weitgehend nur noch eine formale Hülle übrig geblieben. Dort, wo die mentale Benebelung noch nicht gelungen, das neue Wörterbuch noch nicht angenommen und die Grundstimmung »Vergeblichkeit« noch nicht allmächtig geworden ist, kommt es zunehmend auch zur politischen Überwachung und zu Grundrechtseinschränkungen (Bürger 2006d). Die mit der aggressiven Wirtschaftsdoktrin notwendig verknüpfte Militarisierung kehrt in den Binnenraum der westlichen Gesellschaften ein. Hans Lisken, einer der früheren Polizeipräsidenten Düsseldorfs, warnte in einem Beitrag zum Thema »Lauschangriffe« im Grundrechtereport 1997 bereits ganz grundsätzlich: »Am Ende haben wir einen anderen Staat. [...] Dass aber die Methoden unsittlich sind und einer früheren Verfassung widersprochen haben werden, wird verschwiegen und vergessen werden. An die Stelle des Freiheitsstaates wird der Kontrollstaat getreten sein. Das alles wird ›rechtsstaatlich‹ verlaufen, so dass die Mehrheit den fließenden Übergang vom Rechtsstaat zum Unrechtsstaat – wie so oft in der Geschichte – gar nicht bemerken wird. Denn auch im gesellschaftlichen Bereich wird man sich längst nicht mehr an › Treu und Glauben ‹ im Sinne eines redlichen Rechtsverkehrs orientieren, sondern am Vorteilsprinzip, an reinen Kosten-Nutzen-Relationen. Und zu dieser Welt [...] passt eine Staatsstruktur, die nicht der Freiheit als Staatsziel, sondern der privaten Besitzstandssicherung dient.«

Revolution der Massenkultur – Kultur und Macht

Die gesamte Entwicklung ist untrennbar verknüpft mit dem Siegeszug der elektronischen Kommunikationstechnologie sowie mit deren Ausgestaltung und der real existierenden Verfügungsgewalt über die maßgeblichen Medien: Der »kapitalistische Zugriff auf die Informations- und Kommunikationstechnologien« hat »demokratische Öffentlichkeit nachhaltig zerstört« (Krysmanski 2001). Was in den 90er Jahren als Meilenstein der gesellschaftlichen Demokratisierung angepriesen worden ist, führt in Wirklichkeit zum Aussterben des politischen Bürgers – zugunsten des Konsumenten und flankiert von den Grabzeilen der gänzlich Verstummten. Der demokratische Diskurs der Gegenwart kann deshalb auf eine fundierte Kulturkritik und eine intensive empirische Kulturforschung nicht verzichten. In diesem Zusammenhang ist die Kritik des »massenkulturellen Krieges« (Holert/Terkessidis 2002) alles andere als ein Nebenschauplatz. »All power structures need systemic ideological and cultural supports ... Empire, a bloated war economy, constant armed interventions – all these must be made › natural ‹, routine, and desirable if not noble« (Boggs/Pollard 2007, S. 11).

Die zentrale Bedeutung einer revolutionierten Massenkultur ist bereits in der ersten Hälfte des 20. Jahrhunderts erkannt worden. Das Supreme Court in den USA legte 1915 sogar fest, Filme sollten – »because of their attractiveness and manner of exhibition« – hinsichtlich des ersten Verfassungszusatzes nicht einfach wie die Presse und andere Medienorgane behandelt werden. Diese erst 1952 revidierte »Entscheidung wurde wohl von der Angst motiviert, dass ein solch machtvolles Medium nicht der alleinigen Kontrolle der Filmemacher überlassen werden könne« (Geller 2003, S. 23). Walter Benjamin untersucht in einem erstmals 1936 auf Französisch erschienenen Aufsatz das »Kunstwerk im Zeitalter seiner technischen Reproduzierbarkeit« und betrachtet den Film als »machtvollsten Agenten« zeitgenössischer Kulturprozesse (Benjamin 1977). Das Kunstwerk bzw. das Kulturprodukt erreicht als technisch reproduzierbares »eine sehr viel größere Masse der Anteilnehmenden« immer schneller und immer näher an ihrem jeweiligen Ort, und es eröffnet zuvor unbekannte Ausmaße einer simultanen Kollektivrezeption. Die ehemaligen Bindungen des Kunstwerks an enge raum-zeitliche Bedingungen und Grenzen werden überschritten. Damit tendiert die moderne Massenkultur, die sich von kultischen und tradierten Zusammenhängen gelöst hat, auf neue Weise hin zum »Totalen«.

Zentral für Benjamin ist die Beobachtung, dass die gesamte soziale Funktion von Kunst bzw. Kunstproduktion umgewälzt wird: »*An Stelle ihrer Fundierung aufs Ritual tritt ... ihre Fundierung auf Politik.*« Nach Andreas Dörner vollzieht sich »die öffentliche Konstruktion von Politik ... heute größtenteils in der populären, unterhaltenden Medienkultur. Sie ist das Forum, in dem politische Identitäten folgenreich inszeniert werden« (zitiert nach Geller 2003, S. 9). Da die zentralen Axiome des »Neoliberalismus« nur als Glaubenssätze vermittelbar sind, kommt die religiöse bzw. quasireligiöse Funktion im Gefüge der Unterhaltungsindustrie hier doch wieder zum Zuge. Wo die professionellen Kommunikatoren an ihre Grenzen stoßen, müssen neue Priester den Ritus reanimieren.

Nun hat bereits Benjamin eine Mutation des Politikers zum Filmdarsteller beschrieben, und zwar ausdrücklich im Zusammenhang mit einer »Krise der bürgerlichen Demokratien«. Seine Analyse des Faschismus lenkt den Blick auf eine »Ästhetisierung des politischen Lebens«, für deren Zielrichtung gilt: »*Alle Bemühungen um die Ästhetisierung der Politik gipfeln in einem Punkt. Dieser eine Punkt ist der Krieg. Der Krieg, und nur der Krieg, macht es möglich, Mas*senbewegungen größten Maßstabs unter Wahrung der überkommenen Eigentumsverhältnisse ein Ziel zu geben« und »sämtliche technischen Mittel der Gegenwart« zu mobilisieren (Benjamin 1977, S. 42). In einer Anmerkung dazu schreibt Benjamin mit besonderer Rücksicht auf die Institution »Wochenschau«: »Der massenweisen Reproduktion kommt die Reproduktion von Massen besonders entgegen.« Heute würde er sich hier vielleicht auf die Großleinwand im öffentlichen Raum – als Alternative zum häuslichen Fernsehbildschirm – beziehen. Natürlich gilt auch außerhalb der Faschismusanalyse: »Am Anfang aller massenkulturellen Herrschaftskompetenz steht die Fähigkeit des Umgangs mit Allegorien im Sinne komplexer ästhetischer Repräsentation von Wirklichkeit« (Krysmanski 2001).

Die enge Verflechtung von Kultur und Macht ist gewiss kein neues Phänomen in der Zivilisationsgeschichte, doch sie hat sich im 20. Jahrhundert – quantitativ und qualitativ – auf bahnbrechende Weise verändert: »Die bisherige Abhängigkeit der Macht von Raum und Zeit wird durch Kommunikationstechniken durchbrochen« (Georg Picht, zitiert nach Gansera 1989, S. 36f.). Picht sieht diese Überwindung aller raum-zeitlichen Bindungen analog zur Totalität der Atombombe, die ja letztlich auf das Ende des politischen Dialogs abzielt. Im militärischen Ursprung des digitalen Computerzeitalters ist der zentrale Impuls vorgegeben: »Ich will über alles verfügen. Ich will alles kontrollieren.«

Es gilt, die jeweils neuen Dimensionen des Geflechts bei Revolutionen der Kommunikationstechnologie zu erkennen. Dafür gibt es allerdings immer weniger Muße: Zwischen Massenbuchdruck und Radio liegen vier Jahrhunderte. Inzwischen erstreckt sich die Halbwertzeit technologischer Revolutionen auf dem Gebiet der Kommunikation über Abschnitte eines einzigen Lebensalters. Zudem muss auch das – enorm gewachsene – psychologische Instrumentarium des politischen Marketings beleuchtet werden, das bei der Ermittlung von nachfragenden Bedürfnissen und bei der Manipulation von Bedürfnisstrukturen zum Zuge kommt, und neuerdings auch das »Neuromarketing«. Über die massenkulturelle Macht im New Capitalism schreibt Jeremy Rifkin: »AOL Time Warner, Disney, Viacom und Sony Corp. sind nicht nur Medienkonzerne, sie sind die globalen Kontrolleure des Zugangs zum gesamten Spektrum kultureller Erfahrungen, des Tourismus, der Themenparks und Unterhaltungszentren, des Gesundheitsgeschäfts, von Mode und Cuisine, Sport und Spielen, von Musik und Film und Fernsehen, von Buchverlagen und Zeitschriften ... Dadurch, dass sie die Kommunikationskanäle kontrollieren, und dadurch, dass sie die Inhalte formen, die gefilmt, gesendet oder ins Internet platziert werden, gestalten [sie] die Erfahrungen von Menschen überall auf der Welt. Diese Art der überwältigenden Kontrolle menschlicher Kommunikation ist beispiellos in der Geschichte« (zitiert nach Krysmanski 2001). Der weltweit einflussreichste Medienmogul im James-Bond-Film TOMORROW NEVER DIES* (GB 1997) proklamiert: »Words are the new weapons, satellites the new artillery. Caesar had his legions. Napoleon had his armies. I have my divisions: TV, News, Magazines. And by midnight tonight I will have reached and influenced more people than anyone else in the history of this planet save God himself. And the best he ever managed was the Sermon on the Mount« (zitiert nach Valantin 2005, S. 65).

Ausdrücklich hat schon US-Präsident Eisenhower in seiner Abschiedsrede vom 17.1.1961 dem »militärisch-industriellen Komplex« seines Landes nicht nur eine enorme ökonomische und politische, sondern auch eine *geistige* Einflussnahme auf die Gesellschaft bescheinigt. Doch die im Anschluss an Benjamin von Adorno und Horkheimer ins Blickfeld genommene Kulturindustrie ist innerhalb des vernetzten Gefüges von ökonomischer, militärischer, politischer und massenmedialer Macht kein Faktor, der durch die Annahme einfacher, monokausaler Wirkmechanismen zufriedenstellend erhellt werden kann. Vor jeder Hypothesenbildung über das gesamte Gefüge müssten erst einmal empirische Fakten – eben zur Kulturindustrie, zu deren Produkten und zum Konsumverhalten – gesichtet werden. Benötigt werden zuverlässige Informationen über den Grad der Monopolisierung im Medienbereich, die Verflechtung der Kulturindustrie mit anderen Wirtschaftsinteressen, speziell auch mit Kriegsinteressen (Leidinger 2003), die Marktdominanz bestimmter Hersteller und Produkte, die Finanzierung der jeweiligen Produktionen etc. Entscheidend ist nicht ein oberflächlicher Blick auf die vermeintliche Vielfalt der Massenkultur. So sind für eine kritische Erforschung der Massenkultur z.B. nicht anspruchsvolle Angebote schlecht besuchter Programmkinos maßgeblich, sondern die Distributionssortimente der von den meisten Konsumenten aufgesuchten kommerziellen Videotheken und die Programme der Fernsehkanäle mit hohen Einschaltquoten. Wenn aus der Bertelsmann-Stiftung, der Hauptaktionärin des viertgrößten globalen Medienkonzerns, Voten für einen »neuen Patriotismus« und eine militarisierte Europaarchitektur zu vernehmen sind, müssen auch ganz direkte politische Einflussnahmen bedacht werden. Nicht minder sollte es irritieren, dass die global führende »Bill & Melinda Gates Foundation«, an sich ein »humanitäres« Unternehmen, 2006 an der Seite z.B. der »General Electric Capital Corp.« mit riesigen Geldbeträgen Konzerngeschäfte der »MediaNews Group« im Zuge einer weiteren Monopolisierung ermöglicht (Telepolis, 21.8.2006).

Nicht zuletzt stellt sich die noch immer unbeantwortete Frage, ob die politische Nutzung neuer Medientechnologien »von unten« eine wirkliche Gegenöffentlichkeit schafft oder ob sie eher Illusionen fördert, die viele Energien binden, eine genehme Praxis des einsamen Politisierens hervorbringen, zur unrealistischen Wahrnehmung der eigenen Wirk- bzw. Gestaltungsmöglichkeiten beitragen und die Entwicklung einer alternativen politischen bzw. kulturellen Kommunikation verhindern. Auch bei der Beantwortung dieser Frage helfen intelligente Essays zunächst wenig weiter, wenn keine empirischen Daten zur Verfügung stehen. An diesem Punkt sind Differenzierungen natürlich von höchster Wichtigkeit. Die subversive Internetnutzung durch Jugendliche im Iran und die Digitalisierung der gesamten politischen Kommunikation in westlichen Ländern dürfen selbstredend nicht in einen Topf geworfen werden.

Die Pilatusfrage: Was ist Wahrheit?

Zu den geistigen Errungenschaften unserer Kultur gehört die Verabschiedung eines platten objektivistischen Wirklichkeitsverständnisses. Begegnung und Dialog ersetzen gemäß demokratischem Ideal das Lehrpult unfehlbarer Wahrheitsverkünder. Der Schutz des individuellen und existentiellen Ringens um Wahrheit ist für unser Verständnis von Menschenwürde unverzichtbar. Indessen gibt es doch mächtige Wahrheitsverkünder, denn Medienbotschaften und Medieninszenierungen erweisen sich in vielen Fällen als resistent gegenüber späteren Korrekturen (Rötzer 2005a). »Was ist Wahrheit?« Diese Pilatusfrage ist heute keine Spezialität für existentiellen Tiefgang und philosophischen

Höhenflug mehr. Wahrheit ist zumindest für kritische Zeitgenossen wieder ein ganz platter Begriff, eine Bezeichnung für Zutreffendes. Ist das, was man uns zeigt, auch das, was wirklich geschieht? Dass die »Wahrheit« speziell im Kriegsfall das erste Opfer ist, wusste schon der griechische Tragödiendichter Aischylos (535 - 456 vor Christus). Vom Standpunkt der Politik aus formulierte Winston Churchill diplomatischer: »In wartime truth is so precious that she should always be attended by a bodyguard of lies.« Vor dem Irak-Krieg 2003, der für Strategen in imperialen Denkfabriken schon in den 90er Jahren eine ausgemachte Sache war, haben die Regierungen der USA und Großbritanniens sich nicht gescheut, sehr leicht zu entlarvende Fälschungen in ihr Lügengebäude einzubauen. Haben wir, wie Orwell in »Nineteen Eighty-Four« fragt, noch die Freiheit, zu sagen, dass zwei und zwei vier ist? Gewiss, wir können diese einfache Gleichung und alles andere irgendwo auf dem elektronischen Marktplatz zum Besten geben. Doch wer wird es hören?

Drei Zeugen für die Dringlichkeit der Pilatusfrage aus dem angelsächsischen Sprachraum seien angeführt. Barry Levinson möchte mit seinem Spielfilm WAG THE DOG (USA 1997) den Zuschauern Anregungen für einen umfassenden »reality check« geben (Bürger 2004, S. 162-169). Dabei weist er auf eine aberwitzige Verkehrung des Wirklichkeitsverständnisses hin: »Es ist nur wahr, wenn ich es im Fernsehen sehen kann.« Noam Chomsky fordert die Bürger demokratischer Gesellschaften auf, »Kurse für geistige Selbstverteidigung« zu besuchen, »um sich gegen Manipulation und Kontrolle wehren zu können«. Er gibt grundsätzlich zu bedenken: »Die Rolle der Medien in der gegenwärtigen Politik zwingt uns zu der Frage, in was für einer Welt und in was für einer Gesellschaft wir leben wollen, und vor allem, in welchem Sinn diese Gesellschaft demokratisch verfasst sein soll« (Chomsky 2003, S. 28). Der englische Dramatiker Harold Pinter unterscheidet in seiner Rede zur Verleihung des Literatur-Nobelpreises sehr scharf zwischen den Bereichen Kunst und Politik: »› Etwas ist nicht unbedingt entweder wahr oder unwahr; es kann beides sein, wahr und unwahr.‹ Als Autor halte ich mich daran, aber als Bürger kann ich das nicht. Als Bürger muss ich fragen: Was ist wahr? Was ist unwahr? ... Politische Sprache, so wie Politiker sie gebrauchen, wagt sich auf keines dieser Gebiete, weil die Mehrheit der Politiker nach den uns vorliegenden Beweisen an der Wahrheit kein Interesse hat, sondern nur an der Macht. ... Damit diese Macht erhalten bleibt, ist es unabdingbar, dass die Menschen unwissend bleiben, dass sie in Unkenntnis der Wahrheit leben, sogar der Wahrheit ihres eigenen Lebens. Es umgibt uns deshalb ein weit verzweigtes Lügengespinst, von dem wir uns nähren« (Pinter 2005). Im Film V FOR VENDETTA (2005) kommt eine ähnliche Unterscheidung zur Sprache: »Künstler lügen, um die Wahrheit zu sagen. Politiker lügen, um zu vertuschen.«

Mit seinem Spielfilm WAG THE DOG (USA 1997) empfiehlt Barry Levinson den Bürgern einen umfassenden »reality check«. Um einen Skandal im Weißen Haus von den Titelseiten der Zeitungen zu verdrängen, wird ein Krieg für das Fernsehen inszeniert. Das VHS-Cover zeigt eine Filmrolle mit dem Siegel der Vereinigten Staaten: »A Hollywood producer, a Washington spin-doctor: When they get together, they can make you believe anything.« (Abbildung: Cover aus der Sammlung von P. Bürger)

Hierzulande sollte man an dieser Stelle jedoch nicht zum tausendsten Mal die Irak-Kriegslügen der Bush-Administration bemühen. Das Bundesverwaltungsgericht hat in seiner Begründung zum Urteil vom 21. Juni 2005 zugunsten des wegen Befehlsverweigerung degradierten Bundeswehrmajors Florian Pfaff die umfangreiche *deutsche* Unterstützung des völkerrechtswidrigen Irak-Krieges durch Überflugrechte der USA sowie logistische und personelle Beihilfen klar benannt. Dem offiziellen Mythos von der Nichtbeteiligung der Bundesrepublik am Irak-Krieg hat das kaum geschadet (Pflüger 2006). Wo dieser Mythos nicht zu halten war, bemühten Politiker einfach Bündnis- oder Vertragsverpflichtungen, die einer rechtswissenschaftlichen Überprüfung nicht standhalten. Zudem ersann man einen juristischen Weg, die Unvereinbarkeit des ganzen Vorgangs mit den Bestimmungen des Grundgesetzes anders zu bewerten als das Bundesverwaltungsgericht. Der weisungsgebundene Generalbundesanwalt behauptete in einem Brief an die »Kooperation für den Frieden« vom 21. Januar 2006: »Nach dem eindeutigen Wortlaut der Vorschrift [Bezug: Art. 26 GG; § 80 StGB] ist nur die Vorbereitung an einem Angriffskrieg und nicht der Angriffskrieg selbst strafbar, so dass auch die Beteiligung an einem von anderen vorbereiteten Angriffskrieg nicht strafbar ist.« Später gestand die Bundesregierung die entsprechende Beteiligung in weiteren Details ein. Sie bestätigte z.B., wie der Bundestagsabgeordnete Paul Schäfer am 9.11.2006 der Presse mitteilte, dass die deutsche Marine am Horn von Afrika zwischen Sommer 2002 und April 2003 als Geleitschutz für U-Boote und Marineschiffe der USA und Großbritanniens fungierte, die Teil der »Operation Iraqi Freedom« waren. Langfristig gehört Deutschland zu den Profiteuren der »neoliberalen« Umgestaltung im Irak.

Also auch im Bereich der Politik scheint man heute das für lobenswert zu halten, was seit geraumer Zeit immer wieder philosophische Plaudereien über die Erlaubtheit oder gar Tugendhaftigkeit des Lügens verbreiten. Mit der anthropologischen Apologie der Lüge geht die gesellschaftliche einher. So referierte jüngst ein Zeitungsbeitrag über Positionen des Psychologieprofessors Helmut Lukesch: »Ein immer nur ehrlicher Mensch könne in der Gesellschaft nicht überleben. ... Und das gelte auch für die Gesellschaft an sich. › Sie wäre für alle ihre Feinde berechenbar‹« (Pistilli 2006). Wer oder was, so möchte man hier fragen, ist »die Gesellschaft an sich«?

Für eine Kritik der Massenkultur ist die Pilatusfrage auch deshalb so bedeutsam, weil die Medienkategorien Information und Unterhaltung sich zunehmend in Form von Zwittergebilden (Infotainment) vermischen. CNN hat Berichterstattungen über den »Kampf gegen den Terror« mit Bildern aus BLACK HAWK DOWN* unterlegt (unter Verweis auf F. Virchow und T. Thomas: Brüntje/Füllgraf 2005, S. 5). Selbst die Bildpräsentation in der Zeitungsberichterstattung steht in Relation zu prominenten Vor-Bildern aus dem Kriegskino und kombiniert modernste Kriegstechnologie mit imposanten Sonnenaufgängen (Pannier 2004). Zur journalistischen Qualität auf dem »neoliberalen« Informationsmarkt vermerkt die US-Medienwissenschaftlerin Julie Harris: »Es gilt, 24 Stunden am Tag Nachrichtensender und Internetportale zu füllen und mit immer weniger Personal eine Zeitung vollzuschreiben. Man kann heutzutage rund um die Uhr Medien konsumieren und ist dennoch weniger informiert als vor zehn Jahren« (zitiert nach Telepolis, 22.7.2006).

Im Bereich der fiktionalen Filmproduktion gibt es schließlich ein interessantes Phänomen, das auf ein Misstrauen gegenüber dem »zu« perfekten digitalen Bild antwortet. Bei Titeln wie SAVING PRIVATE RYAN* oder UNITED 93* werden über Grobkörnigkeit, Farbfilter, Verwackelungseffekte etc. Sequenzen hergestellt, die an authentisches Dokumentarfilmmaterial erinnern sollen. Die Manipulation wird also gezielt eingesetzt, um das Nicht-Manipulierte bzw. Nicht-Perfekte vorzuspiegeln. Die bedeutsamste Chiffre für eine Verwischung der Grenze von Fiktion und Wirklichkeit heißt zu Beginn des dritten Jahrtausends ohne Zweifel »Nine Eleven«.

Herrschaft über das Denken und die Phantasieräume

Die politische Funktion der Massenkultur liegt darin, der Mehrheit die Interessen einer Minderheit als die eigenen zu verkaufen. Diese Strategie soll – unter Umgehung physischer Gewalt – die Regierten zur »freiwilligen« Anerkennung der von den Wenigen vorgegebenen Dogmen und also zur Einwilligung in die herrschende Politik (den Krieg eingeschlossen) bewegen. Dafür hat Antonio Gramsci den Begriff der »kulturellen Hegemonie« geprägt. Fast alle lebenswichtigen Bereiche in unserer Gesellschaft sind an die Funktionstüchtigkeit einer Technologie der elektronischen Datenverarbeitung und -transfers gekoppelt, die der gesunde Menschenverstand schon wegen seiner Verwundbarkeit viel weniger vertrauensselig betrachten sollte als es gemeinhin geschieht. Geschichtliche Erfahrungen mit einer Kommunikationsinfrastruktur, die so durchgreifend das Leben auf dem Planeten bestimmt, stehen uns nicht zur Verfügung. Die geistigen und kulturellen Bedingungen, unter denen Akzeptanz für eine bestimmte Weise des globalen Wirtschaftens erzielt wird, Überlebensfragen wahrgenommen werden und Entscheidungen für eine militärische oder zivile Logik der Weltordnung fallen, sind durchweg massenmedial vermittelt. Dass die Produktion der Massenkultur sich industriell vollzieht und nur in wenigen Händen liegt, hat deshalb zivilisatorische Bedeutung, und es ist sogar angesagt, auch hier vom »Ernstfall der Zivilisation« zu sprechen.

Die Produktergebnisse entlarven die Behauptung, Kultur- und Medienmacher seien ja schließlich immer noch freie, individuelle Akteure, als haltlos. So bleibt z.B. die zentrale Frage, ob der erneut entfesselte Kapitalismus mit Demokratie, ökologischen Lösungsstrategien und einer gerechten Weltfriedensordnung überhaupt vereinbar ist, im öffentlichen Diskurs fast vollständig ausgeblendet. Die Argumente für eine verneinende Antwort auf diese Frage sind zweifellos erdrückend. Niemand fragt, ob sich die menschliche Zivilisation die unkontrollierbaren Wirtschaftsgiganten und ihren Einfluss auf alle Lebensbereiche wirklich leisten kann. In Gemeinwesen, die ihre öffentlichen Aufgaben nicht mehr finanzieren können, konzentriert sich ungeheurer Reichtum in den Händen weniger Individuen. Diese Entwicklung, die sich in Deutschland ebenso rasant vollzieht wie in den USA, ist kein öffentliches Thema. Entscheidend ist also auch, was im öffentlichen Diskurs *nicht* zur Sprache kommt. Dabei definiert der öffentliche Kulturkanon den »Phantasieraum« (Georg Seeßlen, in Geller 2003, S. 123): »nicht was man denkt, sondern wie man denkt«, die »Strukturen und Horizonte des Denkens«, »wo man hindenkt« und »wo man nicht hindenkt«. Bezeichnend ist, dass z.B. sämtliche Filmgenres bezogen auf Vergangenheit, Gegenwart und Zukunft (Science-Fiction) Modelle außer Acht lassen, in denen gewaltfreies Handeln und intelligente zivile Konfliktlösungsstrategien erfolgreich sind.

Massenkulturelle Produktion von Welt- und Menschenbild

Darüber hinaus transportiert die Massenkultur aber auch ganz bestimmte Inhalte und Botschaften. Am erfolgreichsten geschieht dies wohl da, wo anstelle platter und antiquierter Propagandabotschaften sublime Strategien – oft unter Vorspiegelung kritischer Sichtweisen – zur Anwendung kommen. Ökonomistische und biologistische Betrachtungsweisen haben sich bei der medialen Inszenierung sämtlicher Lebens- und Wirklichkeitsbereiche längst durchgesetzt. Die kommerziell bzw. quantitativ bedeutsamen Produktionen sind Wegbereiter eines dem Hobbismus entlehnten Menschenbildes. Unsere Spezies ist diesen Werken zufolge von Natur aus unheilbar kriegerisch und auf den Gebrauch der Ellenbogen programmiert. Ein aggressives Wirtschaftsmodell ist der menschlichen Gattung also gemäß. Entsprechend geht die gegenwärtige Form der Globalisierung mit einer Auflösung ethischer Normen einher, die vormals als universell galten.

Auch aus militärischen Denkwerkstätten hierzulande sind neue Töne zu vernehmen, die dieser Entwicklung Rechnung tragen. So trug Generalleutnant a. D. Jürgen Schnell, Dozent an der Münchener Bundeswehr-Uni, im Juni 2000 im Rahmen seiner These, Krieg habe Zukunft, folgende Annahmen vor: »Wenn der Krieg von Anfang an zur Geschichte der Menschheit gehört, dann ist anzunehmen, dass der Krieg überwiegend positive Funktionen erfüllt. Wäre es nicht so, dann hätte die Evolution sicherlich längst dafür gesorgt, dass der Krieg als Phänomen verschwunden wäre. [...] Die Natur ist offensichtlich von A bis Z auf Wettbewerb angelegt, und Kriege sind ihrem Wesen nach spezifische gewaltsam ausgetragene Formen des Wettbewerbs zwischen sozialen Großgruppen. Worum wird konkurriert? Im Wesentlichen um Macht, Ressourcen und die Vorherrschaft der eigenen kulturellen Identität« (zitiert nach taz, 7.11.2006). Aufgabe der Massenkultur ist die Schaffung einer Umwelt, in der solche Auffassungen über die Naturhaftigkeit und Unvermeidbarkeit von Kriegen normal bzw. allgegenwärtig sind. Die Proklamation eines Systemfunktionärs in Orwells »Nineteen Eighty-Four« (1949) lautet: »*Wir kontrollieren das Leben auf allen Ebenen. Wir schaffen die menschliche Natur!*« Nach außen hin freilich gilt ein Leitsatz, den der ehemalige US-Kriegsminister Robert McNamara im Gespräch mit dem Dokumentarfilmer Errol Morris hervorgehoben hat: »You can't change human nature« (zitiert nach Boggs/Pollard 2007, S. 120). Selbst ein kritischer Thriller wie 28 DAYS LATER (GB/USA/Frankreich 2002) stellt das hobbistische Dogma nicht wirklich in Frage. Ein im Labor synthetisierter Wutvirus verwandelt die Menschheit in eine Masse blutrünstiger Tiere. Ein Soldat meint jedoch, eigentlich habe sich im Vergleich zum vorausgehenden Zustand kaum etwas geändert.

Jüngst ist es einer Werbeagentur übrigens gelungen, sogar einer christlichen Einrichtung ein biologistisches Kuckucksei ins Nest zu legen. Im Winter 2006 zeigte das Plakat zu einer Düsseldorfer Diakoniekampagne Spermien, die auf dem Weg zur Eizelle miteinander konkurrieren. Die Botschaft richtete sich an potenzielle Ausbildungsabbrecher: »Du hast schon damals nicht aufgegeben. Warum bei deiner Ausbildung?« In Umkehrung des christlichen Dogmas »Sine semine« über die heilbringende Geburt ohne Vater wird durch diese Bildsprache das kämpfende männliche Spermium als Keimzelle für eine spätere Person identifiziert. Die weibliche Eizelle wartet derweil passiv als Mutterschoß auf den Eindringling.

Die Kultur des »Neoliberalismus« verbreitet erfolgreich folgende Grundannahmen. Erstens: Das Individuum kann in der postmodernen Welt ganz frei über sein eigenes Weltbild verfügen und dabei aus einer schier endlosen Auswahl Anregungen schöpfen. Zweitens: Welt- und Menschenbild fallen in den Bereich des Persönlichen und Intimen; der öffentliche Raum ist hingegen lediglich ein freier Marktplatz, auf dem Weltbilder auch zum Verkauf angeboten werden können. Gegen eine politische Kritik der Massenkultur wird dann regelmäßig eingewendet, der Konsument sei schließlich mündig und könne sich die von ihm bevorzugten Unterhaltungsprodukte ja selbst auswählen. Den »Einzelnen« möchte man losgelöst von der öffentlichen bzw. kommerziellen Kultur betrachten. Im Gespräch mit jugendlichen Konsumenten der in Frage kommenden Produkte nehme ich hingegen wahr, dass vermehrt Anschauungen vertreten werden, die man auf der Website der Bundeszentrale für politische Bildung als militaristisch definiert. Beim meinem Besuch einer Abiturklasse im Oktober 2006 hielt es ein Jugendlicher z.B. für völlig legitim, dass technologisch überlegene Länder weltweit ohne Einschränkungen ihre Interessen durchsetzen. Die »anderen« seien selbst schuld, wenn es ihnen an ebenbürtiger Ausstattung fehle. Ein weiterer Schüler zeigte zwar Verständnis für moralische Bedenken gegen militärische Weltordnungsmodelle, hielt diese zur »Aufrechterhaltung unseres Lebensstandards« jedoch für unverzichtbar. Bezogen auf entsprechende Rezeptionsvorgänge von unten und kumulative Medienwirkungen gibt es zwar historische Erfahrungen, doch es fehlen aussagekräftige Studien für die Gegenwart. Immerhin spricht es Bände, dass »Antikriegsargumente« im öffentlichen Diskurs so gut wie nie moralischer Natur sind, sondern in erster Linie auf einen »zu hohen Preis« militärischer Aktivitäten abzielen.

Der besagte Einwand gegen die politische Medienkritik erweist sich allerdings schon im Vorfeld als pure Fiktion. In den angeblich pluralistischen Massenmedien der USA erhalten kritische Intellektuelle des eigenen Landes, die weltweit bekannt sind, kein Rederecht. Hierzulande feiert man es innerhalb der Friedensbewegung fast als Großereignis, wenn der eigene Standpunkt in einer Sendung mit hohen Einschaltquoten einmal im Klartext geäußert werden kann. Das real existierende Massenangebot bietet gerade keine Auswahl an. Das Konstrukt der Vielfalt ist angesichts der dominanten *massenkulturellen Produktion von Welt- und Menschenbildern*, die einer auf Konkurrenz und Kriegsgewalt fußenden »Zivilisation« dienlich sind, nicht haltbar (Bürger 2005j). Das gleiche gilt für die in der Massenkultur vorherrschenden Gefühls-lagen oder Gestimmtheiten wie Paranoia, Irrationalismus, Identitätsauflö-sung, Vergeblichkeit, Katastrophenstimmung oder Beschwörung des Welten-des. Besonders Hollywood produziert »universale Konfliktbilder, universale Angstbilder, überhaupt ein Umschalten von Glück auf Angst« (G. Seeßlen, in Geller 2003, S. 128). Im Kino nehmen Angstszenarien, kriegerische Problem-lösungsprogramme ohne Alternative und fatalistische Weltuntergangsszena-rien einen herausragenden Platz ein. Angst und Ohnmachtgefühle sind noch immer der Boden für eine mit Erlösergestalten operierende Machttechnologie gewesen. Wem also dienen solche destruktiven Stimmungslagen?

Auf den individuellen Lebensentwurf der »westlichen« Menschen zielt nach Chomsky eine Philosophie der Todesverfallenheit und Vergeblichkeit: »Eine verängstigte Bevölkerung muckt nicht auf, sie duckt sich vor der Macht. ... Public Relations werden ganz bewusst zur Beeinflussung der Menschen ein-gesetzt. Sie sollen zu bewusstlosen, passiven, apathischen Wesen gemacht wer-den. Etwa ein Sechstel des Bruttoinlandprodukts ... wird jedes Jahr für Mar-keting ausgegeben, das heißt für Manipulation und Verhaltenssteuerung. Das ist das Herzstück unseres Kapitalismus, der darauf auf ist, unsere Einstellun-gen, unsere Gefühle zu kontrollieren, die Menschen dazu zu bringen, Dinge zu konsumieren, mit denen sie nichts anfangen können. ... Ziel ist es, jeden Augenblick des Lebens von der Geburt bis zum Tod für den Konsum nutzbar zu machen« (zitiert nach Fuchs 2003, S. 139). Im aktuellen Mainstream-Kino illustriert besonders der Film THE WEATHER MAN (USA 2005) diese Philoso-phie der Vergeblichkeit. Offenkundig möchte dieses Werk bei den Zuschauern auch Mitgefühl für Zeitgenossen wecken, die unter der schweren Last einer Medienkarriere und eines Jahreseinkommens von einer Million Dollar zu lei-den haben.

Massenkulturelle (Re-)Produktion von Geschichte

Gesondert betrachtet werden sollte die *massenkulturelle (Re-)Produktion von Geschichte* z.B. in so genannten Dokumentarfilmen, fiktionalen Spielfilmen und Computerspielen. »Geschichte« wird hier zunehmend auf eine unterhalt-same Weise vermittelt, die sich von den Erkenntnissen der seriösen histori-schen Forschung immer weiter entfernt. Die willigen Konsumenten der entsprechenden Unterhaltungsprodukte sind an übergeordneten Zusammenhängen wenig interessiert. Sie geben sich in Internetforen vor allem dadurch zu erkennen, dass sie die unkorrekte Bezeichnung eines bestimmten Fahrzeugtyps oder militärischen Rangs auf dramatische Weise beklagen.

Worum es bei einer Lenkung der öffentlichen Erinnerungskultur letztlich geht, erläutert Michel Foucault: »Es wird ein Kampf um und über die Geschichte ausgefochten, der äußerst interessant ist. Die Absicht besteht darin, das, was ich das ›allgemeine Gedächtnis‹ genannt habe, umzuprogrammieren und zu unterdrücken und den Menschen dabei ein Muster für die Interpretation der Gegenwart vorzuschlagen bzw. aufzuzwingen« (zitiert nach Coulmas 2005, S. 114). Die Unterdrückung des Leidensgedächtnisses der Menschheit und der Erinnerung an die Täterschaft der eigenen Kultur bahnt neuen Kriegen den Weg. Exemplarisch lässt sich z.B. entlang der Geschichtspolitik, die mit den ersten beiden Atombombenabwürfen betrieben worden ist, die zivilisatorische Bedeutsamkeit der massenkulturellen Geschichtserinnerung aufweisen (Bürger 2005e, S. 39-64 und 2005f).

In diesem Zusammenhang ist auch auf die Formung eines selektiven oder gar zensierten Kulturgedächtnisses zu achten, wie sie der Science-Fiction-Klassiker »Lobgesang auf Leibowitz« von Walter M. Miller und die Literaturverfilmung FAHRENHEIT 451 (GB/USA 1966) behandeln. Im Bereich der Filmgeschichte kann eine solche Formung bereits über den Massenvertrieb von – »ausgewählten« – DVD-Editionen erfolgen. Wenn bestimmte Titel bei der kommerziellen Überspielung auf neue Trägermedien ausgespart bleiben, sind sie nicht mehr ohne weiteres zugänglich. Nach einer Auslagerung des gesamten VHS-Bestandes ist das Filmangebot der städtischen Mediothek an meinem Wohnort z.B. nicht wiederzuerkennen. Bei allem »Gewinn aus der kulturellen Digitalisierung im Archivwesen« gibt es außerdem nach wie vor technische Bedenken, ob digitale Medien zukünftigen Generationen wirklich zuverlässig den Zugang zur Vielfalt des Kulturerbes ermöglichen können (Polzer 2006).

Die Ästhetik des »schönen Krieges« und der banale Militarismus

Die neunte These aus dem futuristischen Manifest des italienischen Dichters Filippo Tommaso Marinetti (1909) lautet: »*Wir wollen den Krieg verherrlichen – diese einzige Hygiene der Welt – den Militarismus, den Patriotismus, die Vernichtungstat der Anarchisten, die schönen Ideen, für die man stirbt, und die Verachtung des Weibes.*« So gilt es also, das Sprichwort »Inter arma silent musae« (»Wenn die Waffen sprechen, schweigen die Musen«) Lügen zu strafen. Walter Benjamin zitiert ausführlich aus Marinettis flammendem Plädoyer für eine Ästhetik des Krieges: »Der Krieg ist schön, weil er dank der Gasmasken, der schreckenerregenden Megaphone, der Flammenwerfer und der kleinen Tanks die Herrschaft des Menschen über die unterjochte Maschine begründet. Der Krieg ist schön, weil er die erträumte Metallisierung des menschlichen Körpers inauguriert. Der Krieg ist schön, weil er eine blühende Wiese um die feurigen Orchideen der Mirailleusen bereichert. Der Krieg ist schön, weil er das Gewehrfeuer, die Kanonaden, die Feuerpausen, die Parfums und Verwesungsgerüche zu einer Symphonie vereinigt. Der Krieg ist schön, weil er neue Architekturen, wie die der großen Tanks, der geometrischen Fliegergeschwader, der Rauchspiralen aus brennenden Dörfern und vieles andere schafft ... Dichter und Künstler des Futurismus ... Erinnert Euch dieser Grundsätze des Krieges, damit Euer Ringen ... von innen erleuchtet werde!« (zitiert nach Benjamin 1977, S. 43). Zwei Weltkriege waren nicht hinreichend, um eine solche Kunstauffassung als Geisteskrankheit zu entlarven. Sie ist die heimliche Leitidee prominenter Vietnam-Filme geworden und wirkt sich – bis zur Stunde – viel gefährlicher aus als ein aufdringliches propagandistisches Paradigma der Vaterlandsideologen. So meint Georg Seeßlen mit Blick auf die militärische Filmförderung in den USA: »Wenn die Leute klug sind im Pentagon, dann machen sie das nicht so wie die Bush-Leute, indem sie sehr stark Einfluss auf den Inhalt nehmen, sondern indem sie eine ihnen gemäße oder ihnen genehme Ästhetik favorisieren. Oder auch eine lustvolle Technologie. (...) Das reicht vollkommen« (zitiert nach Geller 2003, S. 124).

Im Science-Fiction-Kino der Gegenwart wird der »futuristische« Geschmack eines Marinetti auf Schritt und Tritt bedient. Militär- und Überwachungstechnologien führt man in erster Linie als Kunstwerke vor. Folgenreiche Ästhetisierungen des Krieges sind innerhalb des gesamten Phänomens auszumachen, für das Tanja Thomas und Fabian Virchow den Begriff »Banal Militarism« verwenden. Ich verweise auf den von diesen beiden herausgegebenen Sammelband über die »Veralltäglichung des Militärischen im Zivilen«, den banalen Militarismus und die banale Militarisierung (Thomas/Virchow 2006), der zu den wichtigsten deutschsprachigen Neuerscheinungen zum Thema »Krieg und Massenkultur« gehört.

Eine der gewöhnlichsten Erscheinungsformen der massenkulturellen Militarisierung ist der Kult der Schusswaffe, dem zuletzt auch in der vom Medienunternehmer Dr. Hubert Burda ausgerichteten Bambi-Gala 2006 ein auffälliger Beifall gezollt wurde. Dieser Kult wurzelt in einer Haupterscheinungsform des modernen Amerikanismus (Bürger 2005a und 2007, S. 166-170), und wir nehmen ihn schon lange nicht mehr als etwas Besonderes wahr. Sogar ein Gottesmann wie der kraftsporttreibende Zisterziensermönch Karl Wallner aus Österreich kann die Schwarzenegger-Schießorgie TRUE LIES* als seinen Lieblingsfilm bezeichnen (kreuz.net, 19.9.2006). Analog zur Heiligsprechung des Kapitalismus wird im Waffenkult Freiheit mit einem individuellen (oder auch kollektiven) »Recht auf Gewaltausübung« verwechselt.

Elektronischer Platonismus:
Abstraktion als Herrschaftsinstrument

Die Kluft zwischen konkreten Lebensräumen bzw. sozialen Erfahrungen und der »Wahrheit der Bildschirme« nimmt stetig zu. Die massenkulturelle Produktion von Welt- und Menschenbild entspricht der von Benjamin prognostizierten »gewaltigen Erschütterung des Tradierten«. Sie hat sich von geschichtlichen, religiösen und sozialen Traditionszusammenhängen längst emanzipiert. Der Vorgang lässt sich gut auch an der Veränderung der ehemaligen Volksparteien aufweisen. Deren Karrieristen haben die Verbindung zu wertbezogenen »Idealen« der Parteigeschichte und zu den sozialen Milieus der Ortsvereine längst hinter sich gelassen und mutieren – unter Wahrung ihrer Ich-AG-Interessen – zu Funktionsträgern eines Medienapparats. Parlamentarier wie Friedrich Merz (CDU), dessen Wahlkreis traditionell sehr von katholischem Sozialdenken geprägt ist, wechseln offensiv über zur Wirtschaftsmacht. Johannes Kahrs, Militärexperte der SPD-Bundestagsfraktion, hat im September 2006 nicht bestritten, von der Rüstungsindustrie Spenden für seinen Hamburger Wahlkampf erhalten zu haben, sondern nur eine daraus resultierende Beeinflussungsmöglichkeit ausgeschlossen. ... Bei den Inszenierungen von Bundesparteitagen hat die Basis, so sie noch vorkommt, auf Zuschauerstühlen vor einer externen Großleinwand Platz zu nehmen.

In gewisser Weise noch tiefer greift überhaupt ein neues Verhältnis zur Welt, das aus der digitalen Abstraktion bzw. Entmaterialisierung hervorgeht. Ich bezeichne dieses Weltverhältnis als *»elektronischen Platonismus«*. Problematisch sind nicht nur ein mögliches Diktat der Inhalte und eine lautlose geistige Gleichschaltung der Gesellschaft ohne äußere Repressionen; problematisch ist bereits die Form der massenmedial bzw. technologisch gelenkten Weltwahrnehmung selbst. Immer mehr Menschen sitzen immer länger am Tag vor Bildschirmen, um Fenster zur so genannten Wirklichkeit aufzumachen. Hier – in der digitalisierten Welt – spielt sich das wahre Leben ab. Derweil lösen sich die sozialen Menschenräume auf. Das Display des Handys zieht alle Aufmerksamkeit, die sonst dem nahen Raum zukäme, auf sich. Selbst ländliche Handybenutzer im Jugendalter tun sich z.B. heute äußerst schwer damit, in ihrer direkten Nachbarschaft lebende Vögel zumindest zu benennen oder wahrzunehmen. Dem inflationären Anstieg der elektronischen Kommunikationssequenzen entspricht kaum ein wirkliches Kommunikationswachstum im eigenen Lebensraum. Was und wie in nächster Nähe gefühlt, gesehen, gedacht, erinnert oder gestaltet wird, darüber gewinnen die ökonomischen und kulturellen Abstraktionen aus globalen Schaltzentralen immer mehr Macht.

Die Frage stellt sich, ob wir es beim modernen Kommunikationskomplex am Ende mit einem neuen »Erzieher des Menschengeschlechts« zu tun haben, der sich jeder demokratischen Kontrolle entzieht und in den konkreten Lebensräumen immer weniger Widerspruch zu erwarten hat. Die Medien umgibt ein fast mythisches Image, *Wirklichkeitsinstanz* zu sein. Bereits nach dem Zweiten Weltkrieg hat Max Picard vor »der Deutungsmacht der Massenmedien, ihrer Eigendynamik und Nachhaltigkeit« gewarnt. »Der Mensch habe keine › innere Geschichte‹ mehr, schrieb der Schweizer Philosoph, das Radio sei heute seine Geschichte, mehr noch, › es scheint Geschichte zu machen‹. Der Mensch sehe, höre und lese zwar noch, was geschieht, › aber wirklich wird für ihn das Geschehen erst, nachdem das Radio das Ereignis berichtet und die illustrierte Zeitung es abgebildet hat‹ « (Reichel 2004, S. 24). Vielleicht ist heute bereits das Hören und Sehen wirklicher Geschehnisse viel seltener geworden.

Die Fähigkeit des Menschen, der leibgebundenen Angst durch Abstraktionen zu entkommen, ist zwiespältig. Abstraktion kann Kulturleistung im besten Sinne sein, aber auch Flucht oder Herrschaftsinstrument. Die Strategie der Abstraktion kann sich – vom Cybersex bis hin zur weltweiten Börse – durch neue Technologien ohne Tempolimit scheinbar unbegrenzte Räume erobern und aller sozialen Bindungen entledigen. In immer mehr Bereichen ist das neue Wirklichkeitsverständnis analog von einem schlechten Platonismus durchdrungen. Nicht langfristige menschliche Erfordernisse in materiellen Wirtschaftszusammenhängen, sondern die kurzfristigen »immateriellen« Abstraktionen von Aktienkurs bzw. shareholder value sind für die Gestaltungsmächtigen und die namenlosen Konzernagenten bestimmend. Transaktionen innerhalb der Geldvermehrungsmaschine sind zu digitalen Funktionen geworden. Mit Ökonomie im ursprünglichen Wortsinn der Sorge für ein Hauswesen haben die daraus resultierenden Luftgebilde nichts mehr zu tun. Allerdings liefert das Science-Fiction-Kino zumindest mit Blick auf den elektronischen *Zahlungsmodus* einen dialektischen Ausblick. Im Jahr 2149, so der US-Film VELOCITY TRAP von 1997, wird man wegen des uferlosen Missbrauchs von Währungsfiktionen wieder ganz auf materielle Zahlungsmittel umgestiegen sein. Die Loskoppelung des gedruckten Papiergeldes von einer Bindung an Goldreserven ist gleichsam rückgängig gemacht.

Lange vor der MATRIX-Trilogie gab es schon im Disney-Science-Fiction TRON (USA 1982) Transformatoren, die den Menschen entmaterialisieren bzw. digitalisieren: Der Körper löst sich auf. Die Subjekte werden Teil einer computergenerierten »Wirklichkeit«. In der Konsequenz führt das, wie es z.B. der Film EXISTENZ (USA/Kanada/GB 1998) durchexerziert, zu tiefgreifenden Identitätsproblemen (Bürger 2005a und 2007, S. 421-424). Dass fleischliche bzw. »schmutzige« Sexualität und zwischenmenschliche Erotik einmal als subversiv betrachtet werden könnten, gehört zu den Ausblicken in Orwells »1984«. Gegenwärtig greift z.B. der Genetikthriller THE ISLAND (USA 2005) diesen Gedanken auf. Während Beiträge über »Roboter mit Körperbewusstsein« erscheinen, wächst der Markt für sterile dreidimensionale Sexerfahrungen am Computer. An Körperteilen angebrachte elektronische Sensoren eliminieren das Risiko sexuell übertragbarer Krankheiten und die Unwägbarkeiten einer Begegnung von Mensch zu Mensch. Diskutiert wird bezüglich neuer autistischer Phänomene im Rahmen von Medienkonsum eine mögliche Beeinträchtigung der alltäglichen Lebenstüchtigkeit. Bei jugendlichen Computerfetischisten scheinen z.B. Fähigkeiten wie die Zubereitung einer Mahlzeit, die Verfertigung eines eigenen handschriftlichen Textes oder das Lesen eines Textes in kursiver Handschrift nicht mehr ganz selbstverständlich zu sein. Im letzten Fall eröffnet sich wiederum der Ausblick auf eine zukünftige Welt, in der nur noch die digitalisierten Zeugnisse der Vergangenheit lesbar sind.

In der Konsumismuskritik hat man die Modellierung der Sinnlichkeit schon vor Jahrzehnten als Problem erkannt. Für den »virtuellen Krieg« der Moderne ist die (vornehmlich visuelle) Reduktion der Massenvernichtungstechnologie auf das Format unblutiger Computersimulationen unerlässlich. Krieg soll im öffentlichen Bewusstsein zu dem werden, was die virtuellen und fiktionalen Kriegsbilder bis in alltäglichste Bereiche hinein vorspiegeln. Das Schlachtfeld ist, wie Virilio sagt, zum Filmset geworden, und die militärischen Akteure selbst fühlen sich auch wohl darin, den Krieg wie einen Film zu erleben. Die Erfordernisse einer kritischen Gegenbewegung muten paradox an: Selbst der wertkonservative Platoniker kommt zur Identitätswahrung heute nicht umhin, auch Materialist bzw. Anwalt des Leibhaftigen zu werden.

Das globale Dorf und die Massenkultur

Weil der Erdball – bislang unter Umgehung der ärmsten Regionen und Schichten – von einem Ende zum anderen elektronisch vernetzt ist, redet man irreführend vom »globalen Dorf« oder »globalen Marktplatz«. Doch im Welt-Dorf begegnen sich nicht leibhaftige Menschen aus weit entfernten Regionen und tauschen etwas Eigenes untereinander aus. Vielmehr entwickelt sich die Massenkommunikation weg von echten Begegnungen und Gesprächen – hin zu mehr Monolog (Bürger 2006p). Nahezu alle Kulturprozesse werden irgendwie mit kommerziellen Botschaften verknüpft. Je größer sich das Spektakel aufbläht, desto nichtssagender wird der Erzählstoff. Freilich wissen die globalen Macher von Kommerz und Medienprodukten, dass man ganz ohne das Regionale auf Dauer die Konsumenten nicht hinter sich hat und obendrein irgendwann die Ideen ausgehen. Ein Rezept dagegen heißt »global-lokal«. Mit möglichst wenig Aufwand sollen die Spezialisten dafür sorgen, dass die Massenware beim Endverbraucher mit etwas Lokalkolorit ankommt. Diese und andere Formen einer »Glokalisierung«, darunter die Ausbeutung lokaler Kulturstoffe durch Unterhaltungskonzerne, beziehen sich nicht wirklich auf Lokales, sondern sind lediglich Instrumente bzw. Funktionen der Globalisierung.

George Ritzer beschreibt die Vorherrschaft von »zentral Erdachtem« als »Globalisierung des Nichts« (Ritzer 2005). Sinnhaftes und Lebensförderliches kann nur ein lebendiger sozialer Raum mit seinen Überlieferungen, Erfahrungen, Auseinandersetzungen und tastenden Gestaltungsversuchen hervorbringen. Auf einem künstlich aufgebauten »globalen Marktplatz« gibt es buchstäblich nichts zu erzählen, wenn die Geschichtenerzähler auf den Marktplätzen wirklicher Dörfer gestorben sind. Wenn sich andererseits die vielen Lebensräume auf der Erde dem Nichtssagenden, dem »globalen Nichts« angleichen, haben sie sich auch einander nichts mehr zu erzählen.

Auf die Bedeutung lokaler Kultur für die Friedensforschung möchte ich hier mit einigen Hinweisen wenigstens aufmerksam machen: Das Kriegsmedienmarketing durch militärische Kooperationen und vorproduzierte Angebote hat lokale Medien längst als besonders geeignete Multiplikatoren entdeckt, arbeitet also schon im Sinne von »Glokalisierung« (Elter 2005, S. 268, 311-313; Una Dirks in Thomas/Virchow 2006, S. 281). Die Angst vor Identitätsverlust kann einen aggressiven, ausgrenzenden Regionalismus auf den Plan rufen, der den rechtsextremistischen Strömungen der Gegenwart zuarbeitet. Friedensfördernd wären demgegenüber Modelle, die lokale Kultur und globale Dialogkultur positiv miteinander verbinden und im Rahmen eines alternativen Globalisierungsverständnisses eine neue, weltoffene Form von Lokalität und Regionalismus hervorbringen. Wenn die dem Krieg zuarbeitende Massenkultur vor allem aus Abstraktionen lebt, muss ihr in Dörfern, Stadtteilen und Straßen das Konkrete entgegengehalten werden. Kriegskritische Überlieferungen der Erzähl- und Erinnerungsgemeinschaft des Kleinraums bieten dafür mögliche Ansatzpunkte. Vermutlich ist der nahe Raum als Werkstatt einer sozialen Menschenkultur, die das »zentral Erdachte« noch nicht ganz durchdrungen hat, und als Ort, an dem sich Resistenzen gegenüber dem massenkulturellen Krieg entwickeln, sehr bedeutsam. Alle Welt schaut nur auf globalgalaktische Lösungen, auf Alternativen, die sich mit einem mächtigen Kulturapparat auf gleicher Augenhöhe messen können. Vielleicht ist gerade das ein großer Fehler?

Natürlich ist die Bedeutsamkeit des Lokalen in politischer Hinsicht noch viel weit reichender zu betrachten. Dass sich das Lokale und Konkrete auf Dauer den Abstraktionen einer normierenden Gestalt der Globalisierung nicht ganz unterwerfen wird, ist schon jetzt abzusehen. Bislang denkt man beim

Stichwort »Aufstieg des Lokalen« zumeist an lokale Kriegsfürsten und lokale Kriegsökonomien, wobei die Verflechtung der entsprechenden Erscheinungen mit dem Netz einer global agierenden Gier gerne vernachlässigt wird. Auch darauf will man von oben mit großen Lösungsstrategien antworten, mit »Nation-Building« und »kurzsichtig militaristischer Demokratisierungspolitik« (von Trotha 2006, S. 38). Gegen diese illusionären Konzepte und ihre sträfliche Vernachlässigung des Lokalen wird seitens der Soziologie Einspruch erhoben: »Die Suche nach Frieden wird heute wieder wie nie zuvor seit dem Aufstieg des Nationalstaates und seiner Kriege in › Dörfern‹ entschieden« (ebd.).

Form und Inhalt lassen sich im digitalen Medienzeitalter nicht so einfach trennen

Der Hollywood-Mainstream entfernt durch seine einseitige Ausrichtung das weltweite Publikum von einer Filmästhetik der langsamen Bilder und leisen Töne. Die entsprechende Prägung stellt sich, wie ich bei der jahrelangen Materialsichtung für meine Kriegsfilmstudien feststellen musste, durch Gewöhnung unvermeidlich ein. Eine massenkulturelle Ästhetik der unaufhörlichen Spannungsbögen, der ständig wechselnden Sensationen und des – nie dagewesenen – Spektakulären ist jedoch Verständigungsraum für eine Welt, die ihre Probleme durch Terror und Gewalt zu lösen versucht (Bürger 2005a und 2007, S. 402-505).

Nun lässt sich einwenden, das Medium Film sei wegen seines Missbrauchs für eine wenig förderliche ästhetische Erziehung wohl kaum selbst zu verklagen, und überdies liege in der Bewegung ja gerade die Eigenart von Filmbildern. Walter Benjamin verstand seinen Aufsatz über das technisch reproduzierbare Kunstwerk ausdrücklich nicht als Kampfansage an neue Medientechnologien, und eine solche liegt auch nicht den hier vorgelegten Ausführungen zugrunde. Die Suche nach neuen, konstruktiven Nutzungsformen der neuen Medien steckt erst in den Kinderschuhen. Gleichwohl teile ich nicht die Auffassung, die »kulturtechnischen Möglichkeiten« verhielten sich »neutral« (Krysmanski 2001) und könnten also ohne weiteres auch in den Dienst einer widerständigen Kultur gestellt werden. So einfach lassen sich Form und Inhalt im digitalen Kommunikationszeitalter nicht auseinanderhalten. Politische Bewegungen können z.B. über inflationäre Email-Kontakte in den Wettstreit um die meisten Kommunikationssequenzen eintreten. Vielleicht bewegen sich aber auf diese Weise die politischen Subjekte in eine Richtung, die sie immer mehr von wirklich aussichtsreichen Politikformen entfernt (z.B. von persönlichen Begegnungen oder intensiver Reflexion und Forschung jenseits kurzfristiger Verwertungszusammenhänge). Gegen die Annahme einer Neutralität der Technologie sprechen auch Entwicklungen im Bereich der Sicherheitsideologie. Den Augen flächendeckend eingesetzter Digitalkameras wird zunehmend ein Vertrauen geschenkt, das sich rational nicht rechtfertigen lässt. Form und Ideologie (»Kontrolle über die Masse«) kommen hier überein. Konzepte wie das Gespräch des Bürgers in Polizeiuniform mit anderen Bürgern gelten vielen bereits als antiquiert. Eine ähnliche Entwicklung ist auch im Bereich der Telekommunikation auszumachen. Die Anbieter klagen, dass die staatlichen Abfragen von Kundendaten, 2005 rund 3,4 Millionen an der Zahl, sich alle drei Jahre verdoppeln (Berliner Zeitung, 25.7.2006).

Durchaus zustimmend zitiert Benjamin (1977, S. 39) bezogen auf den Film eine Aussage von Georges Duhamel: »Ich kann schon nicht mehr denken, was ich denken will. Die beweglichen Bilder haben sich an den Platz meiner Gedanken gesetzt.« Die elektronische Bilderflut der Gegenwart ist der Reflektion wohl noch viel abträglicher als das, was Duhamel in der ersten Hälfte des letzten Jahrhunderts im Kino gesehen haben mag. Man kann sich darüber freuen, dass der – äußerst wichtige – Dokumentarfilm THE CORPORATION (Kanada 2003) endlich einmal die Konzernfrage als Überlebensfrage in einem zeitgemäßen Medienformat mit vielen Blitzlichtern vermittelt. Man kann sich auch darüber freuen, dass ein populärer Filmemacher wie Michael Moore den Nerv eines breiten Publikums trifft. Doch Filme wie THE CORPORATION oder FAHRENHEIT 9/11 (USA 2004) setzen jene ästhetische Erziehung, die die vorherrschende Massenkultur zuvor übernommen hat, als Gegebenheit voraus. Sie unterscheiden sich nicht durchgreifend vom Konzert flüchtiger Aufmerksamkeitserregungen und tragen wenig bei zur Entwicklung einer Ästhetik, die – auch über attraktive Bilder – mehr bewirkt als reine Zerstreuung oder Gewöhnung. Wer Nachdenklichkeit, Verstehen und ernsthafte Anteilnahme fördern will, kann auf Formate des hegemonialen Medienspektrums nicht ohne weiteres zurückgreifen (vgl. James Der Derian in Thomas/Virchow 2006, S. 151-170). Gewaltapparate brauchen den Temporausch. Was sollte dem ohne eine neue »Entdeckung der Langsamkeit« entgegenhalten werden?

Gerade auf dem Feld des massenkulturellen Krieges gibt es nun Hinweise dafür, dass die digitale Medientechnologie ein Eigenleben führt, das sich auf die Qualität von Inhalten auswirkt, und dass sie mit dem Militärischen schon sehr weitgehend kontaminiert ist (Robin Andersen in Thomas/Virchow 2006, S. 225-248). Bei den »embedded reporters« im Irak-Krieg 2003 kamen unter anderem Helm- und Fingerkameras zum Einsatz, die vorzugsweise zu Bildausschnitten aus der Perspektive von militärisch Beteiligten führen (Elter 2005, S. 286f, 301). Politische Zusammenhänge und historische Sichtweisen wurden zunehmend bedeutungslos: »Zu dieser Entwicklung trug auch die Technikbegeisterung der Reporter bei, die häufig zum Selbstzweck wurde und nicht mehr der Vermittlung von Inhalten diente« (ebd., S. 301). Über die militärisch eingebetteten TV-Journalisten, die sich zugleich als Kameramann, Tontechniker, Cutter und Datenübermittler betätigten, heißt es außerdem: »Die Reporter, die allein unterwegs waren, wären so sehr mit der Technik beschäftigt gewesen, dass sie gar keine Zeit mehr zum Recherchieren gehabt hätten und daher die vom Militär wohlpräparierten Informationshappen unverdaut schluckten« (ebd., S. 299). Die Bereitstellung von Digitalkameras für Soldaten, die dann als Medienzulieferer fungieren, hat zudem eine neue Prägung der Frontberichterstattung zugunsten von Militainment bzw. »human touch« hervorgebracht. Speziellere Unterhaltungsbedürfnisse werden in Nischen des Internets (War-Porn) oder auch durch große kommerzielle Videoclipbanken befriedigt. Das Killen von arabischen Menschen durch westliche Kriegssöldner im Dienst privater »Sicherheitsfirmen« gelangt als spannendes Straßenvideo ins Netz (Rötzer 2005b), Morde an GIs durch arabische Sniper ebenso. Die Zweitverwertung der Pixeldokumente über sexuell stimulierten Sadismus von US-Militärangehörigen findet auf dem Fleischmarkt statt: »Inzwischen werden die Bilder der nackten Häftlinge als Pornographie im Internet gehandelt« (Klaus Kreimeier, zitiert nach Thomas/Virchow 2006, S. 55).

Eine drastische Verquickung von Form und Inhalt zeigt sich, wenn der »War Room« als militärisches Einsatzzentrum und Medienberichterstattungsraum mit der gleichen Technologie beliefert werden: »Computergraphiken des Schlachtfeldes im Irak wurden für das Fernsehen von denselben Rüstungsunternehmen (wie Evans & Sutherland, Digital Globe und Analytical Graphics) und von denselben Spezialfirmen für die graphische Umsetzung von Satellitenbildern (wie Space Imaging und Earthviewer.com) geschaffen, die auch das amerikanische Militär belieferten« (James Der Derian in Thomas/Virchow 2006, S. 165). Ohne Scham berichteten auch bei uns öffentliche Medienanstalten über den Irak-Krieg aus Studios, die wie militärische Planungsräume wirkten. Im Bereich der Simulation können Militär- und Unterhaltungstechnologie überhaupt nicht mehr getrennt voneinander betrachtet werden. Darauf ist im Zusammenhang mit Computerspielen noch einzugehen.

3   Ein Überblick zur Filmarbeit des Pentagon

>*In the United States ... media culture is an extension of megacorporations*
that comprise the largest and most influential mediaentertainment complex
the world has ever seen. And the Hollywood war machine ... has become
increasingly central to this complex – a crucial instrument for the legitimation
of empire.«

(Boggs/Pollard 2007, S. 11)

Bereits 1988 konstatierte Georg Seeßlen: »Noch nie in der Geschichte der
Menschheit ... war die Wahrnehmung, war alle Information und alle Kommunikation so sehr vom Kriegerischen bestimmt, noch nie gab es eine solche All-
gegenwärtigkeit von Militär und Krieg« (Seeßlen 1989). Zwei Jahrzehnte später haben wir allen Anlass zu fragen: *Wer* produziert eigentlich die uferlosen
Bildszenarien, die bis hin zum äußersten Universum das Programm »Krieg«
als Problemlösung anpreisen? Vom Krieg, so meinte ein Francis Ford Coppola,
soll eine immerwährende Faszination ausgehen. An sich wäre das ein hinrei-
chender Erklärungsgrund für die entsprechende Bedürfnisbefriedigung durch
den so genannten freien Markt. Doch Medienmonopole sind in einem Kon-
zerngeflecht angesiedelt, in dem auch Rüstungsproduzenten und andere
Kriegsprofiteure den Ton angeben (Leidinger 2003). Zumal wenn das Militär
selbst ganz am Ende eines Filmabspanns auftaucht, sollte der Zuschauer Verdacht hinsichtlich des »freien« Medienmarktangebots schöpfen (Bürger
2005a und 2007).

Dass es speziell bei den Kooperationen zwischen Hollywood und dem Pentagon keineswegs um harmlose Gefälligkeiten an die Filmindustrie geht, hat
sich inzwischen herumgesprochen. Ende 2001 diagnostizierten bei uns Filmrezensenten und Feuilletonschreiber, das sonst eher liberale Hollywood befinde
sich auf Kriegskurs. Anlass war die Berichterstattung über Treffen zwischen
Mitarbeitern der US-Administration und führenden Vertretern der Unterhaltungsindustrie, in deren Zusammenhang das »Komitee Hollywood 9/11« und
der Plan einer »Arts and Entertainment Task Force« genannt wurden. Zum Teil
illustrierten Autoren eine angeblich ganz neue kriegerische Tendenz mit Film-
titeln, deren Produktion durchweg in die Zeit *vor* dem 11.9.2001 fällt.

Nach dem Irak-Krieg sorgten gleich zwei Fernsehdokumentationen für
mehr Aufklärung in Europa: MARSCHBEFEHL FÜR HOLLYWOOD – DIE US-
ARMEE FÜHRT REGIE IM KINO und OPÉRATION HOLLYWOOD. Die Filmbüros
des Pentagon sind keine neuen Erfindungen des »Antiterrorkrieges«. Die Symbiose zwischen US-Militär und US-Filmindustrie, die beide zu den weltweit

einflussreichsten Komplexen zählen, kann auf eine hundertjährige Geschichte zurückblicken (Suid 2002). Noch jung ist lediglich das gesteigerte Interesse der Weltöffentlichkeit an dieser Liaison. Die Filmarbeit des Pentagon, wie sie Lawrence Suid z.B. 1996 in seinem Buch »Sailing on the Silver Screen – Hollywood and the U.S. Navy« dargestellt hat, ist nicht so etwas wie ein ganz geheimer Komplex. Leitfaden und Bedingungen des Militärs für eine Kooperration mit der Filmindustrie sind vielmehr öffentlich im Internet abrufbar, so z.B. auf den Seiten www4.army.mil oder airforcehollywood.af.mil (»guide to making movies with the Army«). Allerdings ist die Militärkooperation mit der Unterhaltungsindustrie – abgesehen vielleicht von der quantitativ herausragenden Zeit des Zweiten Weltkrieges – kaum im öffentlichen Bewusstsein präsent und bezogen auf die einzelnen Produkte, den Umfang der Einflussnahme auf Drehbücher (Bürger 2005b) oder die Art bzw. Höhe der staatlichen Subventionsleistungen in den seltensten Fällen transparent. Es gibt auch keine Übersicht darüber, wie viele der jährlich beim Pentagon eingereichten Drehbücher – 100 oder gar 300 (Beier/Evers 2005) – als Kooperationsprojekte von Filmindustrie und Militär realisiert werden. Noch immer fühlen sich nur sehr wenige Filmrezensenten berufen, den Konsumenten durch systematische Aufklärung mehr Informationen an die Hand zu geben.

Haubitzen und Filmkurbel: Die Anfänge – Durchbruch für das Kriegskino im Zweiten Weltkrieg

Die Indienstnahme von Wort, Musik und Bild für Kriegspropaganda ist so alt wie das jeweils benutzte Medium: Rede und Dichtung, Theater, Architektur, Bildkunst in Skulptur, Ölgemälde oder Karikatur, schließlich Buch, Flugschrift bzw. Zeitung, Foto, Film, Radio, TV, Internet usw. Ab Mitte des 19. Jahrhunderts findet die Kriegsfotografie ihre ersten Schauplätze: Texas-Krieg (1846/ 48), Krim-Krieg, US-amerikanischer Bürgerkrieg, deutsche Reichseinigungskriege und Kampf um die Pariser Kommune (Paul 2004). Militärtechnologie und die Revolution der Bildtechnologie gehen Hand in Hand. Das Trommelmagazin früher Maschinenhaubitzen und die Filmspule der ersten Kameras liegen nicht weit auseinander. 1894 kommt es zur ersten Leinwandprojektion laufender Bilder. Die Geburtsstunde des Kriegsfilms lässt nicht lange auf sich warten. 1898 zeigt der Propagandastreifen TEARING DOWN THE SPANISH FLAG in 90 Sekunden, wie US-Soldaten in Havanna die spanische Flagge einholen, um die US-amerikanische zu hissen.

Einen fiktionalen Blick auf die Ursprünge von Militainment speziell im Kino wirft die HBO-Produktion PANCHO VILLA (2003). Diesem Film zufolge ist bereits ganz zu Beginn des 20. Jahrhunderts der Beweis erbracht worden,

»dass das Objektiv mächtiger als das Schwert ist«. Der mexikanische Rebell Pancho Villa wundert sich als Partner der US-Filmemacher, dass von den vielen Toten der Schlacht nur zwei kleine Filmrollen übrig bleiben. Die Zuschauer der frühen Live-Aufnahmen vom Krieg meinen allerdings, »die Menschen wären besser gestorben, wenn der große Griffith selbst Regie geführt hätte«.

In zwei Weltkriegen verbindet sich das Trommelfeuer auf Schlachtfeld und Leinwand immer perfekter. In den Filmpalästen läuft die Propagandamaschine für militärischen Massenmord an. Deutsche »Pionierleistungen« gehen auf Ludendorff zurück und erhalten im Ersten Weltkrieg Geburtshilfe von der Schwerindustrie. Zur Höchstform kommt es in Goebbels totalem Kriegskino.

Zentrum der – ganz anders gearteten – »demokratischen Kriegspropaganda« sind die USA. Schon während des Ersten Weltkrieges werden entscheidende Weichen gestellt für das moderne Hollywood der industriellen Massenkultur, das für die zweite Hälfte des 20. Jahrhunderts eine kommerzielle Kulturhegemonie der USA begründen wird. Der eigentliche Durchbruch für die US-amerikanische Bilderfabrik fällt zusammen mit dem Eintritt der Vereinigten Staaten in den Zweiten Weltkrieg. Die bereits erprobte Kooperation von Staat, Militär und privater Kulturindustrie führt im Rahmen einer inflationären Kriegsfilmproduktion zu Strukturen, die ohne Verstaatlichung funktionieren und im Grunde bis heute ihre Effektivität nicht eingebüßt haben. »Auch nach Ende des Weltkrieges blieb eine enge Verbindung zwischen dem ›Department of Defense‹ und dem international wichtigsten Bildproduzenten in Hollywood bestehen. Von den geschätzten 5000 Kriegsfilmen, die zwischen 1945 und 1965 entstanden, wurden um die 1200 mit Hilfe des Kriegsministeriums produziert« (Paul 2003, S. 34).

Der McCarthyismus sorgt für das passende Kulturklima

Die hier grundgelegten Strukturen und logistischen Verflechtungen der US-Unterhaltungsindustrie sind nur eine Seite der Medaille. Hinzu kommt die Schaffung eines öffentlichen Bewusstseins, das der zentralen ökonomischen Stellung des Kriegssektors keine Hindernisse in den Weg legt (Niess 2005): Die Repressionen des seit 1938 bestehenden »House Committee on Un-American Activities« (HUAC) und der spätere »McCarthyismus« haben im Ergebnis zum Ausscheiden nonkonformer Bürger aus den politischen Institutionen geführt, so dass beispielsweise später vor Beginn des Vietnam-Kriegsunternehmens der USA nur noch wenige unvoreingenommene Asienexperten zur Verfügung standen. Sie betreffen gleichzeitig eine wichtige historische Phase der Produktionsbedingungen von Künstlern und US-Filmindustrie. Zunächst entwickelt sich seit Eintritt der Vereinigten Staaten in den Zweiten Weltkrieg jenes institutionell-ideologische Geflecht, das den spezifisch US-amerikanischen Weg einer »privatisierten Staatskunst« nachhaltig formt (staatliche Produktionen sind aus Sicht der privaten Filmwirtschaft die schlechteste Alternative). Danach hat die große Säuberungsaktion ab 1947 verhindert, dass Hollywood – einer bestehenden Tendenz folgend – sozialkritische und politisch unbequeme Filme kreierte. Die Intervention der Politik sorgte für die klimatischen und personellen Voraussetzungen einer genehmen Massenkultur. Filme mit offenen oder verdeckten kriegskritischen Tendenzen spielten später nur eine marginale Rolle. Beiträge zum Kalten Krieg waren beim Publikum zwar noch nicht sonderlich gefragt, wurden aber von Hollywood anfänglich auch unter Verlust produziert. Die Strategien kommerziell erfolgreicher Filmbeiträge zum Kalten Krieg, darunter paranoide Science-Fiction-Thriller über Invasionen von Außerirdischen und Agentenfilme, mussten erst noch entwickelt werden.

Auch in der Bundesrepublik Deutschland sorgte die politische Strafjustiz der 1950er Jahre für Einschüchterung. Gleichzeitig versuchte die CIA über eine verdeckte Kulturförderung weltweit Einfluss auf Intellektuelle und Kulturschaffende auszuüben. Frank Niess zeigt in seinem Buch »Schatten auf Hollywood« (2005) im Licht zeitgenössischer Tendenzen, wie liberale Ideale und Bürgerrechte dem militärisch-industriell-politischen Komplex der USA im Bedarfsfall als etwas Verzichtbares gelten und eine Kontrolle der Massenkultur mitunter auf sehr direktem Weg erfolgt. Als individueller Akteur sei nur Howard Hughes genannt, an den Martin Scorsese ein Jahr nach Beginn des Irak-Krieges mit seinem erstaunlich unkritischen Film THE AVIATOR erinnert. Hughes war Flieger, Filmproduzent, Kriegsfilmschöpfer und Rüstungsindustrieller. Seinen Einfluss und Superreichtum hat dieser reaktionäre Mann auch dazu verwandt, kritische Kulturmacher mundtot zu machen. Die »Schatten auf Hollywood« haben auf lange Sicht hin die Erzählmuster auch sozialkritischer Spielfilme geprägt. Der Film BAD DAY AT BLACK ROCK (USA 1954) und – viel später – auch SNOW FALLING ON CEDARS (USA 1998) zeigen z.B. das Geschick von US-Amerikanern, die der japanischstämmigen Minderheit angehören und Opfer von Mord oder Willkürjustiz werden. In diesen Titeln wird jeweils betont, dass ein Sohn des Opfers oder das Opfer selbst tapfere Kriegsveteranen der USA waren. Dadurch sollen rassistisches Verbrechen und Unrecht offenbar als besonders verwerflich erscheinen. Wie unverfroren das folgsame Hollywood den Kolonialismus – unter Aufrechterhaltung eines »antikolonialistischen Selbstverständnisses« der USA – verfeierlichen kann, zeigt z.B. der Filmklassiker 55 DAYS AT PEKING (USA 1962) von Nicholas Ray. In diesem Werk wird längst jener US-amerikanische Euphemismus vorausgesetzt, nach dem nur die Eroberung ausländischer Territorien, nicht aber die Eroberung »freier

Märkte« in fremden Ländern als Kolonialismus zu gelten hat. Im Januar 2003 proklamierte US-Präsident George Bush jun.: »We'll do everything we can do to remind people that we've never been a nation of conquerors; we're a nation of liberators« (zitiert nach Boggs/Pollard 2007, S. 23).

Vietnam: Verstimmungen zwischen Pentagon und Hollywood

Der reaktionäre Vietnam-Kriegsfilm THE GREEN BERETS* (1968) von und mit John Wayne fällt noch in den Traditionsstrang, der mit dem Zweiten Weltkrieg eingesetzt hat und ohne den die zentrale Stellung des Kriegsfilmgenres für Hollywood kaum erklärbar wäre (Bürger 2005a und 2007, S. 246-249). US-Präsident Johnson ist über das Drehbuch bestens informiert. Das Militär steckt über Dienstleistungen hohe Summen aus Steuergeldern in das Projekt und bastelt mit an der Endfassung. Als der Kongressabgeordnete Benjamin S. Rosenthal Aufklärung verlangt, bestreitet das Pentagon seine inhaltliche Beteiligung einfach. Danach fördern die US-Streitkräfte – mit Ausnahme der Navy – zunächst keine Kriegsfilmproduktionen mehr. Hollywood selbst sieht zeitgleich zum zigtausendfachen Sterben junger US-Amerikaner auch keine entsprechende Publikumsnachfrage. 1977 erhalten Titel, die wie HEROES* oder die Musical-Verfilmung HAIR* keine explizite Anklage erheben, wieder eingeschränkte oder volle Unterstützungsleistungen. Ende der 70er Jahre kommen jedoch auch einige eher unbequeme Vietnam-Kriegsfilme wie COMING HOME (1978), THE DEER HUNTER (1978) oder APOCALYPSE NOW (1979) ins Kino, die das Genre nachhaltig prägen werden (Bürger 2004). Das Militär sieht, dass ihm nicht genehme Drehbücher so oder so – auch ohne seine Kooperation – realisiert werden. Man diskutiert die strengen Richtlinien der Filmförderung: Ist es nicht besser, Einfluss auf ein unbequemes Drehbuch bzw. Militär-Image auszuüben als sich durch eine pauschale Ablehnung jede Möglichkeit zu einer Intervention zu nehmen? Ein Aspekt, den man »Schadensbegrenzung« nennen könnte, kommt als Zielvorgabe stärker ins Spiel.

In der zweiten Hälfte der 80er Jahre werden sich pentagongeförderte Filme wie HAMBURGER HILL* (1987) oder Coppolas peinlicher Pro-Militär-Streifen GARDENS OF STONE* (1987) unter eine zweite Welle kritischer bzw. zumindest ambivalenter Vietnam-Kriegstitel (z.B. FULL METAL JACKET; bedingt auch PLATOON) mischen, bei denen eine Militärassistenz verweigert oder nicht erbeten worden ist. Zu HAMBURGER HILL* teilt Regisseur John Irvin arglos mit: »Das Militär hat uns sogar unterstützt. [...] Hätten wir diese Hilfe nicht gehabt, hätten wir mit dem geringen Budget von sechseinhalb Millionen Dollar den Film so gar nicht realisieren können« (zitiert nach Hölzl/Peipp 1991, S. 139). Die unterstützten Titel betreiben Reklame für die Streitkräfte und spiegeln Kritik lediglich vor. Sie werden dennoch bis heute als »Antikriegs-filme« gehandelt. 1987 genießen auch THE HANOI HILTON* über das Marty-rium eines US-Soldaten im Gefängnis der vietnamesischen Feinde sowie der thematisch verwandte Titel BAT 21* den Vorzug voller Kooperation: Die Supermacht zeigt sich als leidendes Opfer. Genehm ist auch der therapeutische Veteranenstreifen JACKNIFE* (1988).

Top Gun (1985): Die Rehabilitierung des Militärfilms

Anders als der Film AN OFFICER AND A GENTLEMAN* (1982), der ein neues Image des Militärs im Kino bereits angekündigt, erhält die Bruckheimer-Pro-duktion TOP GUN* (1985) uneingeschränkte Militärunterstützung unter *Nachweis* im Filmnachspann und wird ein Riesenerfolg für die Rekrutierung. TOP GUN* ist Prototyp der neuen Kooperationsära von Hollywood und Pen-tagon, die mit einer Verherrlichung der US-Militärtechnologie beginnt. Cap-tain Philip Strub, Chef der Pentagon-Unterhaltungsabteilung, bekennt in einem Interview für den Dokumentarfilm OPÉRATION HOLLYWOOD: »*Top Gun* war meiner Meinung nach ein Meilenstein der Kinogeschichte, weil der Film das Militär als akzeptables Thema in einem positiven Kontext rehabili-tierte. Er bewies mir und vielen anderen Menschen, dass man mit einem posi-tiven Bild des amerikanischen Militärs Geld verdienen kann, ohne in Holly-wood zum Ausgestoßenen zu werden. Ich behaupte nicht, dass dies der erste Film dieser Art war, aber er war der wichtigste, denn er stand für einen Wandel der öffentlichen Meinung.« Dr. Lawrence Suid sieht in diesem Auftakt gar eine wesentliche Vorbereitung der US-amerikanischen Bevölkerung auf den Golf-krieg 1991 (*Show Transcript* 1997).

Dass der »stählerne Adler« bald wieder fliegen wird, kündigen freilich wei-tere Titel an, so etwa IRON EAGLE I* und II* (1985/1988). Der filmische Blick wird zu diesem Zeitpunkt bereits auf islamische Länder und arabische Terro-risten gelenkt. Der menschenverachtendste Beitrag des entsprechenden Sorti-ments ist DELTA FORCE. Noch vor dem Golfkrieg verklärt der mit Pentagon-Hilfe gedrehte FLIGHT OF THE INTRUDER* (USA 1989) rückwirkend Nixons Massenbombardements über Südostasien, die einst zu einem Tiefstand für das Ansehen der USA in der Welt geführt hatten. Die These dieses Milius-Werks: Den Luftkrieg muss man radikal – ohne diplomatische Skrupel – führen, dann werden die »Richtigen« getroffen, und Unschuldige bleiben verschont. Für den südamerikanischen Vorhof der Supermacht propagiert FIRE BIRDS* (USA 1990) mit Unterstützung des Militärs den so genannten Antidrogenkrieg.

Tabu Golfkrieg 1991

In der ersten Hälfte der 90er Jahre ist die Symbiose Hollywood-Pentagon weitgehend saniert. Das zeigen 1994 z.B. die Militärkomödien IN THE ARMY NOW* oder RENAISSANCE MAN*. Im Gegensatz zur zwei Jahre später abgelehnten Militärklamotte SERGEANT BILKO erhalten diese beiden Titel »full cooperation«. Der Kalte Krieg ist bereits Geschichte (THE HUNT FOR RED OCTOBER*, 1990) oder wird als Sorge um den Handel mit alten Waffenbeständen der UdSSR thematisiert (GOLDENEYE*, 1995; TOMORROW NEVER DIES*, 1997).

Sehr auffällig ist die Abstinenz der Pentagon-Filmförderung bezogen auf das Filmthema »Golfkrieg 1991«, soweit es die Kinoleinwand betrifft. Den Grund dafür hat man z.B. in der asymmetrischen Konstellation gesucht, die den Schauplatz für das Kriegsfilmgenre uninteressant macht. Die wirklichen Gründe liegen wohl woanders. Die politische Konstruktion dieses ersten »durchvirtualisierten« Krieges durch die US-Administration, die z.B. die TV-Dokumentation DIE WAHRE GESCHICHTE DES GOLFKRIEGES (Arte, Frankreich 2000) vermittelt, und die im Buch »Wüstensturm« (1995) von Ramsey Clark beschriebenen Kriegsverbrechen der U.S. Army im Rahmen der Operation *Desert Storm* sind innerhalb der Vereinigten Staaten kaum bekannt. Die Propaganda konnte 1991 der Weltöffentlichkeit und dem US-Publikum mit einigem Erfolg suggerieren, die vom Ersten Weltkrieg bis hin zu Vietnam potenzierten Zivilopferanteile gehörten jetzt endgültig der Vergangenheit an. Die Reanimation des Kriegsschauplatzes Irak im Kino hätte bei zu kurzem Zeitabstand schlafende Hunde wecken und die gelungene Inszenierung eines High-Tech- und High-Ethics-Krieges ohne Blut schrittweise entlarven können. Zu bedenken gilt es für die zweite Hälfte der 90er Jahre auch, ob bei der »unsichtbaren« Fortführung des Luftkrieges und bei Planungen für eine neuerliche Militäroperation im Umfeld des »Iraq Liberation Act 1998« eine massenmediale Darstellung des Vorläuferkrieges opportun gewesen wäre. Was US-Filme oder Computerspiele in diesem Zeitraum hingegen bieten, sind Hinweise auf die bleibende Gefahr, die von Saddam Hussein ausgeht. Der Diktator leistet für die Kriegspropaganda eines ganzen Jahrzehnts gute Dienste.

Kinolehrplan für eine neue Weltordnung?

Die Ergebnisse meiner Studie »Kino der Angst« legen nahe, im Zuge dieser Entwicklung von einem regelrechten Lehrplan im pentagongeförderten Kriegskino zu sprechen. Mitte der 90er Jahre finden Antiterrorfilme wie TRUE LIES* (1994), EXECUTIVE DECISION* (1995) und AIRFORCE ONE* (1996)

Wohlgefallen. Im Vorfeld des Jugoslawienkrieges ist der Zweite Weltkrieg auf der Leinwand als »The best war ever« verankert und hat mit SAVING PRIVATE RYAN* (USA 1998) seine thematische Tauglichkeit für aktuelle Blockbuster endgültig unter Beweis gestellt (man sollte darüber streiten, ob ein Schauplatz mit mehr als 60 Millionen Toten angemessen als »der beste aller Kriege« bezeichnet werden kann). Danach jedoch verlässt PEARL HARBOR* (2001) das Befreiungspathos und propagiert ohne Hemmungen Rache. Gezeigt wird im Vergeltungteil z.B. ein *Selbstmord*-Kommando der US-Luftwaffe über Tokio. Zugleich verschleiert dieses hochgerüstete Staatskunstwerk alle unbequemen Fragen zum behandelten Schauplatz, die das Kino mit TORA! TORA! TORA!* (1969) schon längst gestellt hatte.

Die Versuche, im Rahmen der Kooperation von Pentagon und Hollywood die Geschichte des – auch kommerziell erfolgreichen – »kritischen« Vietnam-Kriegs-Kinos umzuschreiben, haben mit WE WERE SOLDIERS* (2001) vorerst einen Gipfelpunkt erreicht. Vermittelt wird ein zeitloses Heldenideal. Der Film hat es schon nicht mehr nötig, beim Thema »Vietnam« irgendwelche Recht-fertigungen zu liefern. Die gesponserten Re-Inszenierungen von Militäropera-tionen der 90er Jahre zeigen »humanitäre Weltpolizeieinsätze«: Hungerhilfe in Somalia (BLACK HAWK DOWN*, 2001), »Nazijagd« in Bosnien (BEHIND ENEMY LINES*, 2001) oder – gänzlich fiktional – den Schutz schwarzafrikani-scher Christen vor islamischen Rebellen (TEARS OF THE SUN*, 2003). Zwi-schen 1998 und 2003 bereiten staatlich begünstigte Katastrophenfilme wie ARMAGEDDON*, DEEP IMPACT* oder THE CORE* das Publikum auf eine neue Generation von Atomwaffen vor und werben gleichzeitig für einen globalen Primat des US-Präsidenten. Oberflächlich befand die Kritik zunächst, solche Titel seien Platzhalter für die nicht mehr gegebenen Bedrohungsszenarien des Kalten Krieges. Die Botschaft lautet indessen: Tief eindringende nukleare Erd-penetratoren sind ungefährlich und unerlässlich zur Rettung der Erde. Bevor ein Protest gegen neue Zukunftswaffen laut werden kann, hat das Kino sie schon vorsorglich in militärgeförderten James-Bond-Titeln etc. als Standard präsentiert.

Bezeichnend ist die Beteiligung der Streitkräfte bei Filmen, die unter dem Vorwand antirassistischer Inhalte Rekrutierungsbotschaften des Militärs an »ethnische« Minderheiten transportieren (Bürger 2005a und 2007, S. 275-291). Dazu gehören z.B. THE TUSKEGEE AIRMEN* (1995), MEN OF HONOR* (2000), WINDTALKERS* (2002) und ANTWONE FISHER* (2003). Solche Strei-fen antworten auch auf die »Rassenunruhen« der 90er Jahre. Sie versprechen Angehörigen der Unterschicht materielle Sicherheit, Karriere und gesellschaft-liche Anerkennung, wenn sie sich auf die tödlichen Schlachtfelder der US-Kriege begeben.

Selten bedacht wird, dass Filmproduktionen mit militärischen Kooperationspartnern Folter, Geiselerschießung oder Geheimdienstmorde ganz indifferent als übliche Methoden vorstellen: z.B. GOLDENEYE*, TOMORROW NEVER DIES*, PATRIOT GAMES*, CLEAR AND PRESENT DANGER*, RULES OF ENGAGEMENT*, THE SUM OF ALL FEARS*. RULES OF ENGAGEMENT* (2000) gehört zu den Filmen, die mit Schützenhilfe des Pentagon internationale Rechtsnormen aushebeln und sich in großer Gleichgültigkeit gegenüber Ziviltoten eines anderen Kulturkreises üben. Dieses Militärgerichtsdrama zeigt – wie das ebenfalls vor den Terroranschlägen des 11.9.2001 produzierte Somalia-Epos BLACK HAWK DOWN* – Menschen eines islamischen Landes vorzugsweise als feindselige Masse. Zur massenkulturellen Formung des öffentlichen Rechtsbewusstseins trägt auch die TV-Serie JAG* (USA 1995ff) bei, die im Sinne des Militärs ebenfalls förderungswürdig ist.

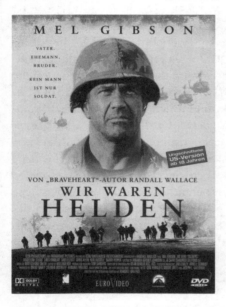 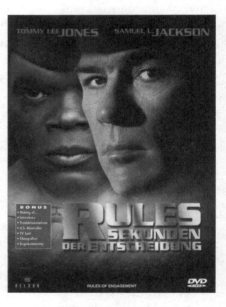

Filme wie RULES OF ENGAGEMENT* (USA 2000) und WE WERE SOLDIERS* / WIR WAREN HELDEN (USA 2001) zeigen, wie vielschichtig das vom Pentagon geförderte Filmsortiment ausfällt. Zu Beginn von RULES* werden vor der US-Botschaft im Jemen 83 arabische Demonstranten von US-Soldaten erschossen. Das Drehbuch entwickelt schrittweise eine Rechtfertigung für dieses Massaker an Zivilisten in einem anderen Kulturkreis. Der Vietnamfilm WE WERE SOLDIERS* transportiert – unter Negierung der gesamten Geschichte des kritischen Vietnam-Kriegskinos – ein »zeitloses Heldenideal«. (Abbildung: Covers der deutschsprachigen DVD-Ausgaben aus der Sammlung von P. Bürger)

Gutes Timing im Kriegskino ab 2001?

Archaische oder futuristische Kriegsmythen und Kriegstheologien steuert die Unterhaltungsindustrie auch ohne Sponsoring aus dem Pentagon bei. Besonders ins Auge fällt z.B. die Fortsetzung von THE MATRIX, den Peter Sloterdijk als den einzigen philosophisch relevanten Film des Jahrgangs 1999 bezeichnet hat. Der Auftakt zur Trilogie entwickelt eine Befreiungsbotschaft für das Individuum. Nach dem Vorbild der antiken Gnosis wird ein Schlupfloch aus der massenkulturellen Gleichschaltung und Entfremdung gesucht. Doch das subversive Untergrundnetz des »Cyberspace« verwandelt sich vier Jahre später unversehens in einen Militärapparat mit reanimierten Staatsorganen (Senat, hierarchisches Militär etc.). Teil II und III inszenieren 2003 nichts anderes als einen äußeren »Krieg zwischen Gut und Böse«.

Politische Filmkritik sollte besonders auch das Timing des Kriegskinos näher unter die Lupe nehmen. Beim Blick auf die Programmplanung kann man nur staunen, wie Kino- oder Fernsehproduktionen mit schmutzigen Bomben und patriotischen Epen dem »Antiterrorkrieg« ab 2001 vorauseilend zur Seite stehen. Passend zum Afghanistan-Krieg und im Vorfeld des Angriffs auf den Irak waren große Kriegsfilm- und Terrorproduktionen förmlich abrufbar: PEARL HARBOR* (2001), BAND OF BROTHERS* (2001), WE WERE SOLDIERS* (2001), BEHIND ENEMY LINES* (2001), COLLATERAL DAMAGE (2001), BLACK HAWK DOWN* (2001), WINDTALKERS* (2001/2002) und schließlich THE SUM OF ALL FEARS* (2002). Diese Filme sind – außer dem Schwarzenegger-Streifen COLLATERAL DAMAGE – durchweg mit Militärunterstützung realisiert worden und liefen im US-Kino – mit Ausnahme von PEARL HARBOR* und der im September 2001 bereits angelaufenen TV-Serie BAND OF BROTHERS* – erst *nach* Beginn der Afghanistan-Bombardierungen. Der Kulturkampf gegen »arabische Terroristen« tobt im US-Kino seit über 20 Jahren. Viele Titel zeigen ultimative Anschläge, wie es sie jeweils beim Erscheinungsdatum noch gar nicht gegeben hat. THE SUM OF ALL FEARS* (2002) hielt im Vorfeld des Irak-Krieges die Furcht vor einer »schmutzigen Bombe« lebendig (Bürger 2005a und 2007, S. 472-478). Passend zum Kinostart lancierte das Heimatschutzministerium seine Warnmeldungen zu neuen Terrorplänen mit Nuklearmaterial.

Ab 2003 präsentierte der von der Pentagon-Unterhaltungsabteilung protegierte Film jedoch entweder eine überschaubare Operation von acht Elitekämpfern in Afrika (TEARS OF THE SUN*), die Fernsehversion einer Heldeninszenierung des US-Militärs für den Irak-Krieg (SAVING JESSICA LYNCH*) oder in die Zukunft verlegte Katastrophenszenarien (THE CORE*, THE DAY AFTER TOMORROW*). Das übrige Kino lieferte dann zeitgleich zu absehbaren »Komplikationen« im Irak keine realistischen Kriegsbilder über das Sterben, sondern solche Visualisierungen, die den Zuschauer möglichst weit von der Wirklichkeit des hochtechnisierten Krieges der Moderne wegführen. Gezeigt wurden unverdächtige Historien- und Sagenstoffe (MASTER AND COMMANDER*, THE LAST SAMURAI, KING ARTHUR), eine Cowboy-Mission im Mittleren Osten des 19. Jahrhunderts (HIDALGO), antikes Imperial-Militainment (TROY, ALEXANDER), das Puppentheater TEAM AMERICA: WORLD POLICE, in dem alle Kriegsgegner aus Hollywood samt UN-Waffeninspektor Hans Blix geköpft oder sonstwie eliminiert werden, und familientaugliche Sympathiewerbung für das angeschlagene Supermacht-Heldengeschäft (THE INCREDIBLES).

Militainment-Sortimente und globale Unterhaltungshegemonie

Gleich nach den Rüstungsgütern bestreiten die Produkte der Unterhaltungsindustrie den zweitwichtigsten Exportsektor der Vereinigten Staaten. Kinoleinwand, TV-Bildschirm, DVD-Kollektionen, Videospielkonsolen, Musik-CDs mit den neuesten Heldensongs, Buchprodukte und andere Sortimentergänzungen transportieren auf dem ganzen Globus die Botschaft eines Blockbusters. Alle einschlägigen Serien laufen mit etwas Verzögerung auch im deutschen Privatfernsehen. Captain Phil Strub, Chef der Pentagon-Unterhaltungsabteilung, begrüßt ausdrücklich die Möglichkeit, sich über ein »so machtvolles Medium« an die Zuschauer wenden zu können. Kino und TV-Filme sind nach seiner Überzeugung vielleicht bedeutsamer für die »öffentliche Meinung« als die Nachrichtenmedien. »Immerhin ein Drittel der 16- bis 21-Jährigen«, zitiert er aus einer internen Studie, »bildeten sich ihre Meinung über das Militär anhand von Kinofilmen und via Fernsehen« (Oel 2002, S. 11). TV-Produktionen von »eingebetteten« Filmteams unter Obhut der U.S. Army geben sich als objektive Dokumentationen von der Front. Zu den eigenen Angeboten des Pentagon gehören inzwischen u.a. Kabelsenderprogramme, Kinotrailer und PC-Spiele. Neben den kommerziellen Militärsendern Military Channel und Military History Channel gibt es den Pentagon Channel, mit dem das ins Ausland ausgestrahlte Staatsmedienspektrum des Broadcasting Board of Governors (BGB) durch ein inländisches Angebot ergänzt wird (Rehfeld 2006): Das ursprünglich interne Militärprojekt erreicht inzwischen viele Millionen zivile Haushalte in den USA. Im Bereich der Computersimulationen ist die Kooperation von Militär und privatwirtschaftlicher Kreativtechnologie längst institutionalisiert. Die Verwertungskreisläufe gehen in beide Richtungen. Spielekonsumenten auf dem ganzen Globus finanzieren – ob sie wollen oder nicht – Innovationen für den modernen Krieg.

Eine Besonderheit der DVD-Vermarktung, die der aufmerksamen Beobachtung bedarf, ist die kombinierte Präsentation wichtiger pentagongeförderter Titel zusammen mit eher unverfänglichen oder gar ansatzweise kritischen

Filmen. So werden z.B. SAVING PRIVATE RYAN* (Unterstützung durch das britische Militär) / WE WERE SOLDIERS* und THE THIN RED LINE / BEHIND ENEMY LINES* jeweils auf einer DVD angeboten. In den beiden Beispielen fällt auch die Kombination von Filmen über den Zweiten Weltkrieg mit solchen über spätere Kriegsschauplätze auf.

Förderpraxis und Argumente der Kritiker

In den letzten Jahren fällt immer mehr Licht hinter die Kulissen der Filmförderpraxis des Pentagon. Um an die begehrten Vergünstigungen zu gelangen, unterwirft sich die Filmindustrie einer regelrechten editorischen Kontrolle. Unbequeme Inhalte wie Kriegsverbrechen auf Seiten der USA, Kritik an den Atombombenabwürfen oder Missstände innerhalb der Armee werden abgelehnt oder zensiert (Robb 2004; Bürger 2005a, 2007 und 2005b). Angeblich geht es um ein Höchstmaß an Authentizität. Nachweislich verhält es sich aber so: *Jede* Zeile eines Drehbuches passiert so lange die Filmbüros der Streitkräfte, bis das erwünschte Militär-Image erzielt ist. Bei eingereichten Projekten hat die Selbstzensur zumeist das Grobe schon erledigt. Im Gegenzug erhalten die Filmemacher gegen geringe Nutzungsgebühren offene Kasernentore, Panzer, Flugzeuge, Ausrüstungsgegenstände und Militärpersonal. Die Kosten der Dreharbeiten auf einem Flugzeugträger wären selbst für Produktionen der Superlative unerschwinglich. Digitale Tricktechnik ist als Ersatz zur Stunde immer noch unattraktiv. Aus antimilitaristischer Sicht ist jeder neue Technologieschub auf diesem Gebiet zu begrüßen, weil er den Kriegsfilmemachern mehr Unabhängigkeit eröffnet.

Gesetzlich ist die Filmförderpraxis des Pentagon nicht unbedenklich. »Der › Smith-Mundt Act‹ von 1948 (ergänzt 1972 durch den › Foreign Relations Act‹) erlaubt zwar ausdrücklich außenpolitische Propaganda, verbietet aber genauso klar, diese auch in den USA zu verbreiten. Das › Zorinsky Amendment‹ (1972) untersagt zudem die Nutzung staatlicher Budgets, um die öffentliche Meinung in den USA zu beeinflussen« (Claßen 2003). Solche Gesetze sind in Zeiten der globalen Kommunikation natürlich widersinnig. Der US-Bürger geht z.B. ins Netz und findet ein PR-Angebot, das die Regierung als Printmedium nur außerhalb der Landesgrenzen verbreitet.

Die Kritiker der Pentagon-Filmförderung machen geltend:

■ Es handele sich in vielen Fällen de facto um staatliche Zensur, deren Leidtragende Filmemacher *und* Zuschauer sind.
■ Die *selektive* Förderung künstlerischer Meinungsäußerungen durch die Regierung sei mit dem ersten Verfassungszusatz unvereinbar.

■ Das fragliche Equipment gehöre nicht dem Militär, sondern sei öffentliches Eigentum. Es müsse – wenn schon – allen filmschaffenden Bürgern unabhängig vom inhaltlichen bzw. politischen Standort zu gleichen Konditionen zur Verfügung stehen.

■ Die künstlerische Qualität der Produkte werde durch die Eingriffe aus den Filmbüros der Streitkräfte stark beeinträchtigt.

■ Der entsprechende Filmkanon verfestige innerhalb der USA und weltweit ein unrealistisches Bild vom Krieg und sei deshalb für die Zivilisation gefährlich.

Die Gründungsurkunde der UNESCO enthält die Aufforderung, den Frieden in den Gesellschaften der Erde lebendig zu verankern. Seit vier Jahrzehnten gebietet ein internationales Vertragswerk, »Kriegspropaganda« in den einzelnen Ländern zu unterbinden. Im Artikel 20 (1) des »Internationalen Paktes über bürgerliche und politische Rechte« vom 16.12.1966 heißt es ausdrücklich: »Jede Kriegspropaganda wird durch Gesetz verboten.« Die Vereinigten Staaten haben dazu unter Berufung auf die von der Verfassung garantierte Meinungsfreiheit einen Vorbehalt ausgesprochen. Dieser vorgebliche Schutz bürgerlicher Freiheiten entpuppt sich spätestens dann als große Heuchelei, wenn der US-Staat selbst durch den Einsatz öffentlicher Gelder und kostspielige Kooperationen einen Kulturbetrieb fördert, der mit seinen Botschaften dem Geist und dem Wortlaut der UN-Charta und des besagten Internationalen Paktes widerspricht.

Staatskunst im »Neoliberalismus«

In den USA hat die Staats-PR über Massenmedien bereits erschreckende Ausmaße angenommen (Elter 2005, S. 305-316; Rehfeld 2006). Leider gibt es in Europa ebenfalls Ansätze, unabhängige Information und freiheitliche Kulturverhältnisse durch den Apparat des doktrinären Wirtschafts-»Liberalismus« zu unterminieren. Im Online-Magazin Telepolis berichtet Florian Rötzer am 6.10.2005: Das britische Unternehmen Strategic Communications Laboratories Ltd. »bietet Regierungen und Militärs effiziente PsyOp-Methoden an, Gegner, Öffentlichkeit und Bürger des eigenen Landes zu manipulieren«. Die EU-Kommissarin Viviane Reding hat keine Bedenken, gezieltes »Product-Placement« in Spielfilmen und fiktionalen TV-Beiträgen zuzulassen (FAZ.net., 26.9.2005). Am 13.5.2006 berichtete die FAZ darüber, wie schamlos die EU Medien und Journalisten im Dienste der eigenen Imagepflege sponsert (Lahme 2006). Über staatlich-militärische »Filmsubventionierung« in Europa liegt leider noch keine größere Darstellung vor (vgl. Bürger 2005a und 2007, S. 313f, 514f, 519; Thomas/Virchow 2006, S. 333-354; Kruse 2006). Neben der Beteiligung des britischen Militärs besonders bei US-Produktionen sind im Kriegs-filmkino Beispiele zu finden wie GUERREROS* (Spanien 2002) oder die im 18. Kapitel vorgestellte französische Produktion LES CHEVALIERS DU CIEL* (Frankreich 2005). Die Bundeswehr scheint sich vorerst noch auf die Mitwir-kung bei Fernsehproduktionen zu beschränken (vgl. 7. Kapitel). Für eine demokratische Kontrolle entsprechender Aktivitäten ist eine Untersuchung der rechtlichen Rahmenbedingungen Voraussetzung. In einem Urteil, das die befohlene Unterstützung eines Historienspektakels durch Soldaten betrifft, hat das Bundesverwaltungsgericht z.B. jüngst festgestellt: »Zu den nach dem Grundgesetz zulässigen Befugnissen der Bundeswehrstreitkräfte gehört zwar auch die Öffentlichkeitsarbeit. Allerdings gilt dies nicht für jede Verwendung von Personal oder Material der Streitkräfte, die für diese eine positive Reso-nanz oder einen › Imagegewinn‹ in der Öffentlichkeit auslöst. Eine zulässige Öffentlichkeitsarbeit der Bundeswehr liegt nur dann vor, wenn sie nach außen erkennbar auf die im Grundgesetz festgelegten und zugelassenen Aufgaben der Bundeswehr ausgerichtet ist« (Bundesverwaltungsgericht 2006).

4   Zur Kritik des kriegssubventionierenden Films

Für eine politische Kritik der militarisierten Massenkultur sind noch viele methodische Vorarbeiten zu leisten, zumal es nur wenige Ansätze gibt, die konsequent vom Friedensstandpunkt und nicht vom vorherrschenden Zeitgeist ausgehen. Die Weiterentwicklung der Methodik müsste, soll sie nicht zum akademischen Selbstzweck werden, mit einer zeitnahen Sichtung des Marktangebots einhergehen. Angesichts der Flut entsprechender Produkte der Unterhaltungsindustrie, die Monat für Monat weiter anschwillt, ist diese Aufgabe ohne institutionalisierte Medienbeobachtung und Vernetzung wohl nicht zu bewältigen.

Eine Fixierung auf das Kriegsfilmgenre ist nicht hilfreich

Um die Materialfülle auf ein überschaubares Maß zu reduzieren, sind Einschränkungen für einzelne Arbeiten unerlässlich. Eine neue Veröffentlichung zum Kriegsfilmgenre grenzt ihren Gegenstand z.B. auf die »filmische Reflexion technisierter moderner Kriege seit dem Ersten Weltkrieg« ein, die sich »im Rahmen von historisch verbürgten Kriegen« bewegt und als wichtiges – vielleicht sogar wesentlichstes – Merkmal den »Kampf« aufweist (Klein/Stiglegger/Traber 2006, S. 10f). Eine solche filmwissenschaftliche Vorgehensweise, bei der das Genre eng eingegrenzt wird, ist selbstredend legitim. Für eine politische Kritik des Kriegskinos kann der Gegenstand auf diese Weise allerdings nicht bestimmt werden. Es müssten dann bedeutsame Teile der Filmproduktion unberücksichtigt bleiben, die sich auf andere Weise auf »Krieg« beziehen. Themen wie Rekrutierung, Ausbildung und Kasernenalltag, Militärkarriere, Rüstungsforschung und Waffenproduktion, politische Kriegsplanung und Einfluss von Lobbyisten auf Parlamentarier, öffentliche Mobilisierung zum Krieg und Medienkrieg, Einberufung (ggf. Verweigerung), Heimatfront (ggf. Protestbewegung), Kriegsverbrechen abseits vom Schlachtfeld, Militärgerichtsbarkeit, Kriegsgefangenschaft (und neue Kriegsjustiz gegenüber »feindlichen Kämpfern«), Heimkehr und Veteranenschicksal, Nachkriegsgesellschaft, Kriegsfolgen auf beiden Seiten usw. werden ja auch unabhängig vom eigentlichen »combat film« behandelt, nicht selten sogar in Form von Komödien.

Doch auch ein weit gefasster Genrebegriff nur für den Militär- und Kriegsfilm wäre bei der Auswahl des Materials wenig hilfreich. In der politischen Filmkritik kommt zwangsläufig das gesamte militarisierte Kino mit all seinen Maskierungen ins Blickfeld (Valantin 2005; Bürger 2005a und 2007; Boggs/

Pollard 2007). Deshalb schlage ich den bewusst weit gefassten Begriff des »kriegssubventionierenden Films« vor, für den es letztlich gar keine Genreeinschränkung gibt. Ein sachlicher Grund für diese Vorgehensweise liegt in der rasanten Militarisierung der Zivilgesellschaft und der Kultur, die sich keineswegs nur auf Erscheinungen des modernen Sicherheitsstaats und den für kommerzielle Unterhaltungsprodukte nahezu obligaten Kult der Waffe bezieht. Die gegenwärtigen Militarisierungstendenzen lassen sich mit Hilfe herkömmlicher »Kriegskategorien« gar nicht mehr zufriedenstellend erhellen (Thomas/ Virchow 2006). Die Kontamination des Zivilen mit dem Militärischen spiegelt sich in den Zwitterbildungen des Films, an denen sich die kategoriale Genredefinition ihre Zähne abbeißt. Die im vorletzten Kapitel angesprochene Auflösung der Grenzen zwischen »Fiktion und Wirklichkeit« macht es auch unmöglich, innerhalb der Massenkultur nur Reflexionen über »historisch verbürgte« Themenschauplätze zu berücksichtigen. Gleichzeitig verlangt speziell die »Hollywood War Machine« schon filmwissenschaftlich eine Beachtung ihrer Vorbilder und Nebenschauplätze. Der Western – als eigenständiges Genre, das zum Großteil der beispiellosen Verfeierlichung eines Genozids dient und selbst bereits mit expliziten Kriegsfilmen aufwartet – hat filmgeschichtlich großen Einfluss auf das Kriegskino ausgeübt (Reinecke 1993; Bürger 2005a und 2007, S. 135-187; Boggs/Pollard 2007, S. 59-66). Zentrale Muster im massenkulturellen US-Militarismus beziehen sich auf den Unabhängigkeitskrieg und den – durchaus bereits »modernen« – Civil War. Als nach Vietnam das Publikum Gefechtsbilder nicht mehr nur als unterhaltsam empfand, nahm während des Reaganismus ein breites Spektrum von Supermacht-Action als Platzhalter die Stelle des herkömmlichen Kriegskinos ein.

Die mit dem Krieg der Neuzeit einhergehende Gestalt des Militarismus kann zudem auf Archetypen, Mythen oder archaische Vorbilder, ritterliche Tugenden und Heldensagen der grauen Vorzeit, überkommene Symbole usw. nicht verzichten. Der Filmtitel SAN WA/THE MYTH (China/Hong Kong 2005) zeigt z.B., wie das moderne China als aufsteigende kapitalistische Großmacht diesbezüglich den »kulturrevolutionären Puritanismus« endgültig hinter sich lässt, von Hollywoods Mystifizierungen lernt und die Armeen der Kaiserzeit über archäologische Ausgrabungsarbeit im Kino wieder freilegt. Noch mehr als der stählerne Industriekrieg des 20. Jahrhunderts ist die digitalisierte Kriegsführung der Zukunft zur Vermeidung einer unattraktiven Sterilität darauf angewiesen, ihren eigenen »war style« durch Anleihen aus dem bellizistischen Arsenal der gesamten Kulturgeschichte anzureichern. Dass eine neue Flugtechnologie zur Rettung der Unterdrückten ein wichtiges Hilfsmittel darstellt, kann sogar in einem klassischen Piratenfilm vermittelt werden (THE CRIMSON PIRATE, 1952). Das zeitgemäße Genre für die spezifische Darstellung des Kriegerischen im Zeitalter der »Revolution in Military Affairs« bzw.

der »Waffensysteme des 21. Jahrhunderts« (Stanislaw Lem) heißt freilich Science-Fiction (Bürger 2006j-m): Science-Fiction ergänzt die Möglichkeiten des klassischen Kriegskinos um entscheidende Dimensionen, mit deren Hilfe sich das Programm »Krieg« in der Massenkultur erst eine raum-zeitliche Totalität erobern kann. Der Krieg ist nicht nur das maßgebliche Modell für die Darstellung von Vergangenheit und Gegenwart, sondern auch Haupttagespunkt für jede denkbare Zukunft. Räumlich gesehen ist er ein Phänomen kosmischen Ausmaßes, das bis in den letzten Winkel des Universums hineinreicht.

Zentrale Ideologiekomplexe des Krieges wie die patriarchalistische Konstruktion der Geschlechterrollen werden außerhalb des eigentlichen Kriegskinos in Szene gesetzt. Der militaristische Filmemacher John Milius, vermutlich hauptverantwortlich für die Ambivalenz des Drehbuchs zu APOCALYPSE NOW, inszeniert – mit Unterstützung von Drehbuchautor Oliver Stone – das bellizistische Bild von »Männlichkeit« in seiner Fantasy-Saga CONAN THE BARBARIAN (USA 1981). Die »alten Gesänge von den Schlachten und von den Frauen« gipfeln in Conans Antwort auf die Frage, was das Schönste im Leben eines Mannes sei: »Zu kämpfen mit dem Feind, ihn zu verfolgen und zu vernichten und sich erfreuen an dem Geschrei der Weiber.« Dieser Titel zelebriert ebenfalls sehr ausgiebig das zentrale Motiv der kriegstheologischen Ikonographie aus Hollywood, den Krieger am Kreuz und den Ostermorgen des Helden. Würde man Zuschauern nur die entsprechenden Szenen zeigen, würden sie sicher glauben, Arnold Schwarzenegger spiele hier die Hauptrolle in einer älteren Verfilmung der Passion Christi. Übrigens zählt in den Augen des von Conan verehrten Kriegsgottes »nicht der Grund eines Krieges, sondern nur der Mut«. Blut muss auf jeden Fall fließen.

Die reanimierte sozialdarwinistische Legitimation des Krieges – als einer angeblichen Urtatsache der so genannten Natur – erhält auf der Leinwand Schützenhilfe auch durch ganz unverdächtige Produktionen. Der sehr erfolgreiche Dokumentarfilm LA MARCHE DE L'EMPEREUR (USA/Frankreich 2005) verleiht den Pinguinen eine menschliche Sprache, und in dieser wird uns mitgeteilt: Kriegshandwerk sind der Pinguine Tage. Inszeniert wird mit eindrucksvollen Naturaufnahmen ein *Volk*, das im permanenten Überlebenskampf eng beisammen steht und für dessen Fortbestand Einzelne den Opfertod auf dem Schlachtfeld des Meeres bzw. des Eises sterben.

Die Kritik der militarisierten Filmproduktion fragt vor dem Hintergrund solcher Beobachtungen nicht vordringlich: »Was zeichnet ein ganz bestimmtes Genre besonders aus?« Sie möchte vielmehr wissen: »Was ist dem politischen Programm des Krieges in massenkultureller Hinsicht dienlich?« Unter dieser Voraussetzung erklärt sich ihr umfassender Untersuchungsgegenstand. Zu diesem gehören neben Kriegs- und Militärfilmen z.B. das Fantasy-Kino, Mythen von Gut und Böse, Historienfilme aller Art (imperiale Antike, Ritterepen, Freiheitskämpfer etc.), Outlaw-Sagas, der Film noir über »dark citys«, Superman-Comicverfilmungen, Horrorstreifen, Science-Fiction, Raumfahrtabenteuer, Action-Spektakel, Terrorfilm, Fiktionen über andere Kulturkreise, Politthriller, Agentenfilm, Straßenkriege auf der Leinwand, Katastrophenkino und Weltuntergangsszenarien. Mit wachsendem Überblick drängt sich die Frage auf, in welchem geläufigen Hollywood-Genre eigentlich nicht kriegssubventionierend gearbeitet wird.

Herangehensweisen der politischen Filmkritik im Längs- oder Querschnitt

Bei der Untersuchung des Materials und bei der Darstellung bieten sich für die politische Filmkritik formal zwei unterschiedliche Herangehensweisen an. Zunächst kann die filmische Verarbeitung eines bestimmten historischen Themas oder spezifischen Motivs im Längsschnitt betrachtet werden. Auf diese Weise entsteht – zumeist im Rahmen des traditionellen Genre-Diskurses – so etwas wie die Geschichte des Weltkriegfilms, des Vietnam-Kinos usw. Der filmgeschichtliche Blick richtet sich auf die Entwicklung des jeweiligen Hauptthemas. Die Behandlung eines verbürgten Schauplatzes im Film wird mit den historischen Tatsachen bzw. dem Stand der historischen Forschung konfrontiert. Die sich wandelnden politischen und kulturellen Rezeptionsbedingungen müssen berücksichtigt werden. Geschichtspolitische bzw. revisionistische Strategien in Drehbüchern und ästhetischen Konzepten können – auch unter länderspezifischen und autorenspezifischen Gesichtspunkten – herausgearbeitet werden.

Alternativ dazu bietet sich der Querschnitt an, für den ein bestimmter politischer Bezugsrahmen und ein entsprechender Zeitabschnitt maßgeblich sind. Hier kann am ehesten das gesamte Spektrum der militarisierten Filmproduktion Berücksichtigung finden, wobei auch genrespezifische Kapitel ein Gliederungsprinzip ausbilden könnten. Die Leitfrage lautet: Sind innerhalb der ganzen Bandbreite des Films einer »Epoche« bzw. zeitgeschichtlichen Phase Gemeinsamkeiten, Tendenzen bzw. dominante Kinobotschaften auszumachen? Je nach Umfang des Materials wird man auch auf die Unterscheidungen der ersten Herangehensweise zurückgreifen und in der politischen Filmkritik die horizontale Betrachtungsweise mit der vertikalen des Längsschnitts kombinieren: Wie werden innerhalb des gewählten Zeitraums jeweils Zweiter Weltkrieg, Vietnam, Kriege der 90er Jahre usw. filmisch verarbeitet bzw. thematisch entwickelt und welche Unterschiede zu Vorläuferprodukten zeigen sich? Vor allem zur Erschließung von Vergleichsmaterial und hinsichtlich der innerfilmischen Rezeptionsgeschichte sind filmhistorische Kenntnisse, die über selektive Zeitabschnitte hinausgehen, natürlich von großem Nutzen: Filme zitieren Filme, vermeintlich ganz neue Tendenzen haben in Wirklichkeit eine lange Vorgeschichte, Kinoereignisse der Vergangenheit kommen – oft völlig gewandelt – als Remake auf den Markt, Politiker greifen in der Öffentlichkeit Drehbuchtexte auf, zwischen dem massenkulturellen Krieg auf Leinwand oder Bildschirm und der Kultur des realen Krieges gibt es mannigfache Rückkopplungen ...

In seinem zunächst 2003 in Frankreich erschienenen Buch »Hollywood, the Pentagon and Washington« arbeitet z.B. Jean-Michel Valantin mit Querschnitten. Als übergeordneten Zeitraum wählt er die sechs Jahrzehnte seit Ende des Zweiten Weltkriegs. Unter dem Leitbegriff »*National Security Cinema*« setzt Valantin die US-Doktrin der Nationalen Sicherheit und die massenkulturelle Unterhaltungsproduktion zueinander in Beziehung: »In order to understand the meaning and evolution of national security cinema, we have to follow the development of the American strategic debate, the threats it creates and on which it depends. [...] The history of ... communication between Washington and Hollywood ... constantly transforms the application of American strategic practices into cinematic accounts« (Valantin 2005, xi). Die Darstellung orientiert sich entsprechend an den Diskursen, Strategien, Bedrohungsszenarien und Erfordernissen, die im Konzept der »Nationalen Sicherheit« jeweils überwiegen. Die Kapitelüberschriften beziehen sich z.B. auf die Rechtfertigung der »New Strategic Power« ab 1982, neue Feindbilder und Terrorismusdiskurs nach Ende des Kalten Krieges, die militärischen Planungen zur technologischen Überlegenheit der USA und zur Rolle des Bodenkampfes seit Mitte der 80er Jahre und die politisch-militärische Entwicklung nach dem »Elften September«.

In meiner Studie »Kino der Angst« richte ich den Blick auf das Filmgeschehen seit der zweiten Hälfte der 80er Jahre (Bürger 2005a und 2007). Die Arbeit vereinigt z.B. historische Themenkapitel (Weltkrieg, Vietnam), Genrespezifisches (Filmapokalypsen), eine Abteilung zu militärischen Legitimationsfiguren (»humanitärer Krieg«), einen Filmkanon zur Vorbereitung neuer Waffentechnologien (Katastrophenabwehr mit eindringenden Atombomben) und Ideologiekomplexe (»Nation under God«; »Kampf gegen den Terrorismus«). Ergänzend habe ich zwischenzeitlich das Science-Fiction-Genre als eigenständigen Untersuchungsgegenstand umrissen (Bürger 2006j-m).

Boggs und Pollard (2007) gliedern ihre Untersuchung über die »Hollywood War Machine« in folgende Abteilungen: 1. Militarism in American Popular Culture. 2. War and Cinema: The Historical Legacy. 3. The Vietnam Syndrome: Politics and Cinema. 4. Recycling the Good War. 5. Cinematic Warfare in the New World Order. 6. Pentagon Strategy, Technowar, and Media Culture.

Propagandistische Funktionen und Filmästhetik

Militaristische bzw. kriegsförderliche Botschaften im Kino können nicht nur über die Befunderhebung im Einzelfall beschrieben werden. Die entsprechenden Intentionen werden ja zum Teil ganz offiziell beim Namen genannt, wenn etwa die Filmförderrichtlinien des Pentagons ausdrücklich fordern, dass ein Kooperationsprojekt das Militär »ganz realistisch« in gutem Licht darstellen und der Rekrutierung neuer Soldaten dienlich sein soll. Die politische Filmkritik muss das Rad nicht immer wieder ganz neu erfinden. Wesentliche »Prinzipien der Kriegspropaganda« haben sich, wie Anne Morelli gezeigt hat, seit ihrer klassischen Darstellung durch Lord Arthur Ponsonby im Jahr 1928 nicht geändert (Bürger 2005a und 2007, S. 21, 515-527). Ein Großteil der Lügenstrategien für den Kriegsapparat wechselt in neuen Zeiten lediglich sein Ausgehkleid. Auf der Grundlage meiner eigenen Arbeiten schlage ich – ohne Wertigkeit in der Abfolge und ohne Anspruch auf Vollständigkeit – die Berücksichtigung folgender Aspekte bzw. propagandistischer Funktionen bei der Sichtung des kriegssubventionierenden Kinos vor:

1. Reproduktion der kriegsbereiten Nation
2. Ikonographie der globalen »Mission« bzw. Vorherrschaft
3. Geschichtspolitik für den guten Krieg
4. Massenkulturelle Korrektur einer Polarisierung der eigenen Gesellschaft (oft unter Vorspiegelung von Kritik bzw. von Konzessionen gegenüber der Anti-Krieg-Bewegung)
5. Die Wahrung von Tabus (wie z.B. ökonomische Interessen, politische Kriegslügen, Kriegsverbrechen der eigenen Armee)
6. Selektive und instrumentelle Inszenierung »humanitärer Katastrophen« (Gräuel – Entrüstung)
7. Reproduktion der patriarchalen Ordnung und Mobilisierung der auf Angst basierenden Konstruktion von »Männlichkeit«
8. Krieg als universales Programm ohne Alternative (zumeist unter Rückgriff auf ein ewiges Wesen der »Natur« und eine aggressive Gesellschaftskonzeption)
9. Kollektive Psychopolitik durch archaische Mythen und Kriegstheologie
10. Aktivierung des Feindbildschemas – Subvention der Kulturkampf-Agenda
11. Präsentation von Bedrohungsszenarien – Aufbau des Bedrohungsgefühls
12. Positives Militärimage und Rekrutierung (z.B. Militär als gesellschaftlicher Ordnungsfaktor, sexuelle Attraktivität des Soldaten, Technikfaszination, Aussicht auf Identitätsfindung und gesellschaftlichen Aufstieg, Verharmlosung oder Verherrlichung des »Kriegsabenteuers«, Helden- und Märtyrerkult)

13. Apologie der Massenvernichtungstechnologie (z.B. der saubere Krieg im virtuellen Technikdesign ohne Leiden und Opfer – oder: Waffentechnologie als Instrument ziviler Problemlösungen)
14. Demonstration der eigenen technologischen Überlegenheit und Vorbereitung auf Revolutionen in der Kriegsführung
15. Neudefinition von Recht und Wertnormen (Schaffung eines Akzeptanzklimas für vorsätzliche Verbrechen und Menschenrechtsverletzungen)

Transportiert werden diese ideologischen Themenkomplexe über Drehbuch, Bildgestaltung und Tonregie. Oftmals sind im politischen Drehbuch etablierte Stereotypen (Krieg als Schauplatz eines Liebensromans; Freundschaft zwischen Soldat und Kind etc.) integriert. Oft übersehen wird, dass bereits das bloße Faktum einer Ästhetisierung von Krieg, Militär, Macht oder technologischer Herrschaft schändlichen Zielen dienlich sein kann. Nicht selten wird dem Zuschauer auf der Ebene des Drehbuchtextes eine kritische Reflexion vorgegaukelt, während gleichzeitig Bildebene und Musikuntermalung alles Erdenkliche mobilisieren, um ihn zur Faszination zu bewegen.

Vom Friedensstandpunkt aus gesehen ist ein schlecht gemachter Beitrag zur Kultur der Gewaltfreiheit immer noch wünschenswerter als ein gut gemachter Kriegspropagandafilm mit künstlerischer Finesse. Eine solche Betrachtungsart kann sich der Kunstkritiker nicht leisten. Er wird im Einzelfall auch dort ein Künstlerlob aussprechen, wo seine politische Kritik vernichtend ausfällt. Fundierte filmästhetische Betrachtungsweisen – wie z.B. in Stefan Reineckes Buch »Hollywood goes Vietnam« (1993) oder den Arbeiten von Georg Seeßlen – kommen im Rahmen der politischen Filmkritik leider oft zu kurz. Der Verfasser nimmt seine eigenen Veröffentlichungen von dieser Kritik nicht aus. In interdisziplinärer Hinsicht wäre zu wünschen, dass mehr Kulturforschende mit filmästhetischen Kompetenzen das Feld angeblich zweckfreier Räume verlassen und hier bei der Behebung von Defiziten helfen.

Zahlreiche ästhetische Strategien können jedoch bereits mit intaktem Seh- und Hörvermögen wahrgenommen werden. Ohne Fahnenchoreografie und Hymnenabspielung gibt es keine nationale Kriegsertüchtigung. Die guten Kämpfer sieht man in Nahaufnahmen. Ihre Walkman-Musik, ihren Atem und ihre Taubheitserlebnisse »hört« man. Ihr Blick ist offen oder unschuldig, und an ihrem Lebensende ertönt mit Vorliebe ein Choral. Dumpfe Trommeln oder orientalische Gesänge künden die Feinde an, die unsichtbar bleiben oder vorzugsweise als großes Kollektiv auftauchen. Die schöne Natur wird zum Ausstellungsraum für eine noch schönere Kriegstechnologie. Der Nachthimmel profitiert von den Raketen. Unberührtheit und ewiger Kampf widersprechen sich in den Naturbildern nicht. Dschungel und Wüste erweisen sich als Räume, in denen Helden sich verlieren oder selbst finden können. Hyperrealistische Innereien und Körpergliedmaßen suggerieren, der Krieg sei abbildbar und man selbst sei mittendrin. Nach dem neuesten Standard geschminkte Filmleichen öffnen die Tür zur ansonsten tabuisierten Totenhalle, und die passende Orchesterkomposition dazu bedient eine nekrophile Sentimentalität. Die legere Fliegerjacke des sexuell attraktiven Piloten darf nicht zugeknöpft sein. Ein guter Gefechtsfilm sollte zumindest einmal den Ausblick auf Männer am Lagerfeuer oder auf ein Ferienparadies ermöglichen. Outfit, Lifestyle und Sound der jeweils angesagten Jugendkultur dürfen nicht fehlen. Symbole der eigenen Kultur und Religion sind rettende Heilszeichen, die der anderen sind Vorboten des Verderbens ...

Subtilere Stilmittel und Bildstrategien lassen sich im Vergleich zu solch vordergründigen Beobachtungen weniger leicht durchschauen. Im Zeitalter der digitalen Kriegsführung spielt z.B. die Ästhetik des »sauberen Krieges« und der Technik eine wichtige Rolle. Daraus darf jedoch nicht geschlossen werden, der schmutzige Krieg auf der Leinwand sei per se etwas Subversives und könne dem »virtuellen Krieg« des dritten Jahrtausends keinerlei Dienst erweisen. Dass speziell der aufregend neue »Realismus« in Filmen wie SAVING PRIVATE RYAN*, PEARL HARBOR* und BLACK HAWK DOWN* kein glaubwürdiger Hinweis auf ein kriegskritisches Paradigma ist, müsste an sich nicht eigens betont werden: »... it is a realism that serves definite aesthetic and politcal ends« (Boggs/Pollard 2007, S. 168). Die Abbildung der Kriegsschrecken, so wusste schon Siegfried Kracauer in der ersten Hälfte des 20. Jahrhunderts, ist als solche noch kein Heilmittel gegen den Krieg. Es stimmt, dass sich die Kriegspropheten bei der filmischen Darbietung die Einhaltung gewisser Grenzen wünschen. So ordnete Hitlers Propagandaminister Goebbels am 10. Juni 1940 an, »dass wohl die Härte, die Größe und das Opfervolle des Krieges gezeigt werden soll, dass aber eine übertrieben realistische Darstellung, die statt dessen nur das Grauen vor dem Krieg fördern könne, auf jeden Fall zu unterbleiben habe« (zitiert nach Paul 2004, S. 240). Doch reaktionärste Filmbeiträge folgen – unter Ausklammerung der politischen Kriegsursachen und mit einer Vorliebe für die fiktionale Präsentation von Vergangenem – einer »realistischen« bzw. »naturalistischen« Stilrichtung und dem Muster »war is hell«: Viele gute Männer in ganz furchtbaren Kriegen, undsoweiter. Unverdrossen zollen unbedarfte Rezensenten solchen Beiträgen ihren Beifall. Auf den viel missbrauchten Terminus »Antikriegsfilm« sollte man deshalb vollständig verzichten, ohne die Hoffnung auf eine überzeugende Kunstform des kriegskritischen – oder gar friedensförderlichen – Films aufzugeben (Bürger 2005a und 2007, S. 528-536, 549f).

In größeren Arbeiten über einen einzelnen Film sollte idealer Weise die werkbezogene Rezeptions- und Wirkungsgeschichte nicht unbeachtet bleiben. Aus ihr ergeben sich gerade bei so genannten Antikriegsfilmen nach Art von

APOCALYPSE NOW Aufschlüsse über die eigentliche Qualität: »An ihren Früchten werdet ihr sie erkennen« (Matthäus-Evangelium 7,16).

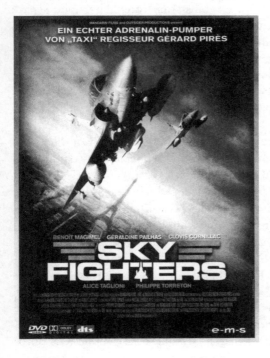

DVD-Hülle zum Film LES CHEVA-
LIERS DU CIEL*/ SKY FIGHTERS
von 2005 (vgl. Kapitel 18), den das
französische Militärministerium unterstützt hat. Besonders in Kampfpiloten-
filmen wie diesem wird modernste Militärtechnologie mit »wunderschönen
Aufnahmen« und Abenteuern kombiniert. Bilder vom »schmutzigen Bodenkrieg« entfallen. (Abbildung: Cover aus
der Sammlung von P. Bürger)

Der Blick auf die Logistik des massenkulturellen Krieges und die Anbieterseite

Unverzichtbar ist für die Entwicklung einer politischen Filmkritik der Blick auf die strukturellen und ökonomischen Rahmenbedingungen der industriell produzierten Massenkultur und auf die beteiligten Akteure. Jede medienwissenschaftliche Arbeit, die diesen Komplex heute immer noch ganz ausklammert, muss sich den Vorwurf gefallen lassen, mit dem massenkulturellen Kriegskomplex zu kollaborieren.

Beispiel für eine entsprechende kritische Sichtweise ist das Buch »Die Kriegsverkäufer« (2005) von Andreas Elter. In chronologischer Darstellung werden unterschiedliche historische Etappen und Entwicklungsschritte der »US-Propaganda 1917-2005« beleuchtet. Der Schwerpunkt liegt nicht auf den Propagandainhalten, sondern auf institutionellen Rahmenbedingungen, juristischen Fragestellungen und politischen Mediendiskursen. Wir erfahren z.B. im Zusammenhang mit den US-amerikanischen Invasionen in Grenada und

Panama, wie Administration und Militär folgenreiche Neuerungen ihrer Medienstrategie durchsetzen konnten. Der besondere Beitrag der US-Filmindustrie (Auftragsarbeiten, Kooperationen mit staatlichen Einrichtungen etc.) wird vorwiegend in einem Abschnitt zum Zweiten Weltkrieg thematisiert. Der US-Autor Dr. Lawrence H. Suid versteht seine Untersuchung der hundertjährigen Kooperationsgeschichte von Hollywood und Pentagon als militärhistorischen Forschungsbeitrag, wobei sich die kritischen Anteile seiner Arbeit innerhalb des vorherrschenden patriotisch-militärischen Diskurses in den USA bewegen (Suid 2002; Bürger 2005a und 2007, S. 563-566).

Unabhängige Studioprofile spielen heute in der von Großkonzernen gesteuerten Filmproduktion nur noch eine marginale Rolle. Im Zusammenhang mit der extremen Monopolisierung im Konzert der maßgeblichen Medienanbieter ist die Verflechtung von Medienkonzernen mit anderen Interessensbereichen, z.B. mit Rüstungsproduzenten oder dem privaten Kriegsdienstleistungssektor, ein Thema, bei dem noch großer Aufklärungsbedarf besteht (Leidinger 2003). Bei allen großen Filmproduktionen mit »monster budgets« entstehen vorübergehende, projektbezogene Wirtschaftskomplexe. Die Ausklammerung allzu »politischer«, kontroverser oder innovativer Kulturprojekte erklärt sich zum Teil wohl schon aus einer Rücksichtnahme auf die potenziellen Filminvestoren (Boggs/Pollard 2007, S. 5). Nicht nur die federführenden Kulturmacher und Kooperationspartner, sondern alle produktbezogenen Wirtschaftsdaten eines Blockbusters sind für eine kritische Filmrezension von Interesse: Budgethöhe, Financiers, Marktanteile, abhängige Medienprodukte im Sortiment (Buch, Spiele, Musik), Marketingstrategien, Werbemittel etc.

Speziell die auswählten Produkten gewährte Filmförderung des Pentagons sollte in jedem Einzelfall möglichst umfassend dokumentiert werden. Welchen Ansatz eine Filmrezension auch immer verfolgt, das Merkmal »pentagongefördert« darf in seriösen Beiträgen nicht übergangen werden. Bei der Bewertung dieses Merkmals sind zwei Extreme denkbar. Die Filmarbeit des Pentagons könnte der Kategorie »Product Placement« (Kleist 2003) zugeordnet und dann im Rahmen der vorherrschenden »neoliberalen« Kulturanschauung als völlig legitim oder nebensächlich betrachtet werden. Dieser Ansatz ist schon aufgrund vorliegender Erkenntnisse über den Kooperationsprozess beim Zusammenwirken von Filmindustrie und Militär nachweislich falsch.

Auf der anderen Seite können die im Rahmen der Pentagon-Filmarbeit erwiesenen Zensurvorgänge und Einflussnahmen auf der Basis einer zu einfach gestrickten Propaganda-These auch »überbewertet« werden. David L. Robb z.B. scheint in ihnen Hauptursachen für die zunehmende Militarisierung der US-Gesellschaft seit einem halben Jahrhundert ausmachen zu wollen (Robb 2004). Seinen Ausführungen zufolge könnte man durchaus annehmen, der

»freie Markt« würde ohne die Lenkungsinstrumente der Pentagon-Filmabteilung und ohne – verfassungswidrige – Staatskunst den militärisch-industriell-medialen Komplex nicht bedienen (zudem entsteht der Eindruck, neben der Unterhaltungsindustrie würde es keine anderen bedeutsamen Träger von Militarismus und Militarisierung geben). Auch solche Annahmen greifen zu kurz oder sind falsch. Zu Recht wenden sich deshalb Carl Boggs und Tom Pollard gegen ein zu enges Propagandamodell, leider unter Vernachlässigung der von Robb ins Auge gefassten Sachverhalte: »Legitimation occurs not primarily by means of censorship or propaganda (though both exist) but through ordinary canons and formulas of studio production, where › conspiracies‹ are scarely necessary to enforce hegemonic codes« (Boggs/Pollard 2007, S. 11). »The deep patriotic and militaristic content of most combat pictures, however, is rarely determined by stringent Pentagon controls over the way, producers, writers, and directors do their work; instead this content flows from larger political and media culture that is the repository of imperialist ideology« (ebd., S. 226).

Ein großer Kanon aus Hollywood-Produkten ohne Militärassistenz basiert auf militaristischen Botschaften. Medienkonzerne – und wohl auch ihre führenden Mitarbeiter – profitieren vom Transport vorherrschender Ideologien. Kulturmacher üben vorauseilende Selbstzensur und machen bereitwillig Konzessionen. Doch sie zollen dem von militärischer Logik durchdrungenen Weltbild wohl kaum nur deshalb Tribut, weil sonst kostspielige Unterstützungsleistungen durch militärische Kooperation ausblieben oder Investoren abgeschreckt würden. In Gramscis Hegemoniemodell einer Kontrolle über den herrschenden Diskurs und gesellschaftliche Akzeptanz stehen Kulturschaffende, Kritiker bzw. Kulturrezensenten, Medienforscher und Rezipienten längst unter dem Sog eines allgemeinen Kulturklimas (ebd., S. 16f). Für dieses Modell spricht angesichts der real existierenden Kulturverhältnisse sehr viel. Mit anderen Worten: Freien, unabhängig denkenden Menschen begegnet man immer seltener. In den oberen und mittleren Etagen der öffentlichen Meinungsmache sind sie eine akut vom Aussterben bedrohte Spezies. Die unsichtbare Kulturhegemonie geht jedoch eben mit ökonomischer Medienmacht, militärischer Filmförderung, wirtschaftlichen Abhängigkeiten, Produzenteninteressen, Zensur und gezielten Propagandastrategien einher. Der Mainstream arbeitet scheinbar wie von selbst im Sinne der herrschenden Politik, doch im Krieg fallen auch schon mal Bomben auf Journalisten oder Sendestationen.

Im Mittelpunkt der »neoliberalen« Betrachtungsweise steht der Konsument. Der entgegengesetzte Blick auf die *Anbieterseite* hat Konsequenzen, die sich gut am Beispiel der Medienpädagogik aufzeigen lassen (Bürger 2006o). Über technologische oder formalästhetische »Medienkompetenzen« ohne ideologiekritische Fundierung wird viel geschrieben. Für entsprechende Unterrichtsmaterialien wird man ohne allzu große Mühe Sponsoring durch einen

Medienkonzern erhalten können. Die Leitidee von Medienkompetenz lautet, überspitzt formuliert: Das Angebot ist Sache der Marktriesen; Eltern und Lehrer sollen für »mündige Rezipienten« sorgen. Eine paradigmatisch gewendete Medienpädagogik würde bewirken, dass Jugendliche zunächst einmal selbst fragen: » *Wer* genau will mir da ein bestimmtes Produkt verkaufen?« Bei Verführungskünsten dieser Art ist mit privatwirtschaftlichem Beistand kaum zu rechnen.

Kriegssubventionierende Massenkultur, Zivilisationskonsens und Verbraucherschutz

Neben film- und kommunikationswissenschaftlichen, medienpädagogischen und politikwissenschaftlichen Forschungen zum Thema ist vordringlich auch ein Beitrag der Rechtswissenschaften zur *praktischen* Relevanz des völkerrechtlichen Verbots von Kriegspropaganda zu wünschen (Bürger 2005a und 2007, S. 506-550; Seeßlen/Metz 2002, S. 143). Massenkulturelle Propaganda zur Begünstigung von Verbrechen gegen Menschen- und Völkerrecht ist keine Bagatelle und allemal bedeutsamer für das Medienrecht bzw. den Jugendschutz als die Frage, wann, wie und wem aufquellende Menschendärme im Filmbild gezeigt werden dürfen. Wenn speziell auch staatlich subventionierte Kunstwerke eine Lanze brechen für ein universal zuständiges »Problemlösungsprogramm Militär«, ein vermeintliches Recht auf Angriffshandlungen an jedem Ort des Globus, die Entwicklung einer neuen Atomwaffengeneration, den Einsatz von Massenvernichtungstechnologie oder anderen geächteten Kriegsmitteln, Gleichgültigkeit gegenüber zivilen »Kollateralschäden«, die negative Darstellung ganzer Kulturräume oder Religionen, die Missachtung rechtsstaatlicher Verfahren, die Kreation willkürlicher neuer »Rechtsnormen« oder die Anwendung von Folter, ist eine Zurückhaltung der Rechtswissenschaften bezogen auf *Maßstäbe* der gesellschaftlichen Medienkritik (Schulz 2002) gerade *nicht* wünschenswert. Bei der Vermarktung von Actionfilmen werden rechtsfreie Räume bereits als etwas völlig Selbstverständliches vorgestellt. Dazu ein Beispiel. Der Newsletter der »World of Video GmbH & Co. KG« Taunusstein kündigte im Sommer 2006 die Videopremiere von THE DETONATOR (Rumänien/USA 2006) folgendermaßen an: »Sonni Griffith, US-Heimatschutzagent auf fremder Scholle und Spezialist für Dienstordnungsverstöße in ganz großem Stile, hat gerade mal wieder fremde Staatsbürger in einem vollbesetzten Fußballstadion erschossen. Nun will ihn der CIA nur dann aus rumänischer Haft freipauken, wenn er im Gegenzug den Leibwächterdienst für die Ostmafia-Kronzeugin Nadia übernimmt. Weil es im CIA aber eine undichte Stelle gibt, fliegen Sonni und Nadia bald die Kugeln um die

Ohren. Wesley Snipes auf Leibwächtermission im Visier osteuropäischer Gangster. Serieller B-Actionkrimi aus dem Hause Andrew Stevens.«

In der Präambel der UN-Charta erklären die Völker ihre Absicht, untereinander freundschaftliche, von Respekt getragene Nachbarschaftsbeziehungen zu entwickeln und einen universalen Frieden zu stärken. Gemäß EG-Fernsehrichtlinie (Art. 22a) haben die Mitgliedstaaten dafür Sorge zu tragen, »dass die Sendungen nicht zu Hass aufgrund von Rasse, Geschlecht, Religion oder Nationalität aufstacheln«. In Anlehnung an Art. 1 der UNESCO-Mediendeklaration von 1978 könnten »die Stärkung des Friedens und der internationalen Verständigung, die Förderung der Menschenrechte und die Bekämpfung von Rassismus, Apartheid und Kriegshetze« als ausdrückliche Zielsetzung der europäischen Medienpolitik genannt werden. Meine eigenen Überlegungen dazu (Verbraucherschutz, Jugendmedienschutz, Kulturarbeit im öffentlichen Raum etc.) zielen – soweit es nicht die Kriterien für Altersfreigaben betrifft – keineswegs auf antiliberale Restriktionen bzw. Verbote, die den kurzsichtigen Mediengewalt-Diskurs stützen und im digitalen Medienzeitalter ohnehin immer wirkungslos bleiben. Sie sind durchaus eher bürgerrechtlich als protektionistisch zu verstehen (Bürger 2005a und 2007, S. 506-550). An erster Stelle müssten natürlich Bemühungen um eine Kultur stehen, die der UNESCO-Verfassung gemäß den »Frieden im Geist der Menschen verankert«. Ich unterbreite allerdings auch Vorschläge, wie sich die Zivilgesellschaft gegen das Kulturdiktat der Bellizisten zur Wehr setzen könnte. Matthias Kuzina hat sie in einer Rezension für die Zeitschrift *MEDIENwissenschaft* (1/2006) als moderat und »deshalb praktikabel« charakterisiert. Eine äußere Kennzeichnungspflicht für Unterhaltungsprodukte (oder »Dokumentarfilmmaterialien«), bei denen Staat, Militär oder Rüstungsindustrie mitgewirkt haben, ist z.B. durchaus keine ganz neue Idee. Die dem Bundesrechnungshof vergleichbare Institution in den Vereinigten Staaten (GAO) hat beispielsweise eine leicht nachvollziehbare Aufklärung bzw. Kennzeichnung gefordert bei der Ausstrahlung von Sendungen, die für den Zuschauer nicht als staatliche Produktionen – von Pentagon-TV etc. – zu identifizieren sind (Elter 2005, S. 312). Das Ausmaß, in dem PR-Beiträge (Video News Releases) von Konzernen wie Siemens und von Regierungsstellen unerkannt in TV-Nachrichtensendungen der Vereinigten Staaten ausgestrahlt werden, ist erschreckend (Goesmann 2006). Die Kritik des »Center of Media and Democracy« und der bundesstaatlichen Rundfunkaufsichtsbehörde »Federal Communications Commission (FCC)« hat offenbar noch nicht ganz zur Abschaffung dieser Praxis geführt. Dabei hat der US-Kongress nach Bekanntwerden der verschleierten Regierungspropaganda »ein Gesetz verabschiedet, das eine durchgängige Quellenangabe der Beiträge erfordert« (ebd.).

5 Kinderfilme und PC-Spiele für den Krieg

Kindgerecht hat man Mitte der 90er Jahre sogar den Vietnam-Krieg der USA im Kino vermittelt: In der Disney-Produktion OPERATION DUMBO DROP (USA 1995) wird den Kleinen gezeigt, wie Nordvietnamesen einem Dorf hinterlistig den heiligen Elefanten klauen. Der reichhaltige Schusswaffengebrauch der US-Soldaten im Dienste der Beschaffung eines neuen Elefanten endet nie mit sichtbarem Blut, so dass dieses Werk auch bei uns eine Freigabe für das ausgehende Kindergartenalter erlangen konnte. Militärische US-Kriegsfilmkooperationen wie THE TUSKEGEE AIRMEN* (1995) und PEARL HARBOR* (2001) zeigen in ihren Eingangssequenzen kleine Jungen, die im patriotischen Spiel ihre Karriere als Kampfpiloten vorwegnehmen (Bürger 2005a und 2007, S. 64f., 211, 281). Für allzu undisziplinierte Teenager empfehlen der alltägliche US-Militarismus und das Disney-Unterhaltungsprogramm nach wie vor die Schule des militärischen Drills: CADET KELLY (Kanada/USA 2002). Zu den Hollywood-Produkten, die in der Nachfolge der nicht mehr ganz zeitgemäßen Jugendkriegsliteratur unverdrossen produziert werden, gehört der vom U.S. Department of the Navy geförderte Titel MASTER AND COMMANDER* (USA 2003): Die minderjährigen Helden auf einem Schlachtschiff lauschen zur Zeit der napoleonischen Kriege andächtig den patriotischen Ergüssen des Kapitäns, beten das große Vaterunser nach der Schlacht und zeigen, indem einer der Jünglinge seinen Kameraden eigenhändig in den Leichensack einnäht, dass man sich auch im zarten Alter mit dem Kriegstod vertraut machen kann. Die Botschaft lautet, zeitgleich zum weltweiten Einsatz von etwa 300.000 Kindersoldaten: Ahoi, Kameraden! (Bürger 2005a und 2007, S. 480f).

Im Familienfilm THE PACIFIER (Der Babynator, USA/Kanada 2005) erfahren Kinobesucher ab dem sechsten Lebensjahr gleichsam im Nebensatz, dass der Schurkenstaat Nordkorea US-Soldaten zu bösen Dingen anstiftet und dafür gut bezahlt. Die reaktionäre Märchenverfilmung THE CHRONICLES OF NARNIA (USA 2005), eine Blockbuster-Produktion der oberen Preisliga, ist mit der gleichen Altersfreigabe versehen. Sie führt Jungen und Mädchen an – geschlechtsspezifisch gestaltete – Aufgaben im Krieg gegen das Böse heran. Im Königreich Narnia herrscht endloser Winter. Damit das Eis schmilzt und der Frühling wiederkommen kann, muss man zum Krieg rüsten. Auch ein ängstlicher Faun wird mutig: »Ich gebe den Glauben an ein freies Leben nicht auf!« Der Übervater im Märchen verkündet zwar: »Krieg ist schrecklich!«, doch als Weihnachtsmann schenkt er direkt im Anschluss an diese Feststellung allen Kindern Kriegswaffen. Jetzt können die Jungen ihre Ritterrüstung anziehen, das Gefecht erproben und die Heldentugend des Mutes demonstrieren. Der gute Löwe Aslan, eine Gestalt des ewigen Königs, stirbt auf dem Altar einer Kultstätte. Doch da er (wie Christus) sein Leben als Unschuldiger und freiwillig dahingegeben hat, scheint die Sonne der Auferstehung: »Vielleicht hat er sogar den Tod für immer besiegt!« Dieses Werk basiert auf einer Literaturvorlage von C.W. Lewis, die von der BBC bereits 1988 als Serie verfilmt worden ist. Es genoss dank breit angelegter Werbeproklamationen einige Aufmerksamkeit. Die Stiftung Lesen empfand den Film als so wertvoll, dass sie zusammen mit »Buena Vista International – Germany« zur Begleitung des schulischen Kinobesuchs ein Unterrichtsmaterialheft erstellte (www.vorlesepaten.de). Mit Kooperationen dieser Art bahnt sich die Filmwirtschaft Wege in den öffentlichen Bildungsbetrieb. Bei der Stiftung Lesen konnte sie z.B. auch im Fall von KINGDOM OF HEAVEN und THE WORLD TRADE CENTER Interesse wecken.

Der friedliebendere Fantasy-Zeichentrickfilm HOWL'S MOVING CASTLE (Japan 2004) konnte eine vergleichbare Beachtung nicht finden. Er steht mit seiner Aussagerichtung in der Tradition berühmter Animationstitel wie WHEN THE WIND BLOWS (GB 1986) oder HOTARU NO HAKA (Japan 1988). Von »Freunden oder Feinden« innerhalb der Kriegsmaschinerie will der Hausherr des wandelnden Schlosses in diesem pazifistisch inspirierten Märchen nichts wissen: »Sie sind doch alle Mörder.« Allerdings wird auch hier der breite Konsens des Fantasy-Genres vorausgesetzt, dass ein kommender Weltkrieg ausgemachte Sache ist.

Über Computerspiele werden Kriegsszenarien Teil der Alltagskultur. Realistische Varianten suggerieren – wie militärtechnologische Simulationen – den sauberen Einsatz von Waffen und klammern die Folgen für Menschen aus. Games wie »Crysis« – hier im Bild – nehmen mit ihrem Design den »kalten Krieger« der Zukunft vorweg. (Abbildung: Ausschnitt aus dem Titelblatt der Zeitschrift »games entertainment education« vom September 2006)

Das mächtigste Medium für die »banale Militarisierung« der Alltagskultur, das ebenfalls zunächst die jüngeren Konsumenten an ein kriegerisches Verständnis der Wirklichkeit heranführt, ist allerdings auf dem Markt für PC-Spiele anzutreffen (Bürger 2005a und 2007, S. 64-75). Videospiele »haben den Krieg ins Zentrum der High-Tech-Digitalkultur gebracht, und der dem › Neuen ‹ stets anhaftende Image- und Popularitätsgewinn kommt auf diese Weise auch dem Krieg zugute« (Andersen in Thomas/Virchow 2006, S. 245). Hierbei werden nicht nur selektive Werbestrategien (Rekrutierung, Militär-Image, Vorstellung anvisierter Kriegsschauplätze etc.) verfolgt. Die ästhetische und mentale Kontamination des Alltäglichen mit dem Krieg reicht viel weiter. Im Frühjahr 2005 wurde auf den Litfaßsäulen der Großstädte für das PC-Echtzeitstrategiespiel »*Empire Earth II*« geworben. Mit diesem Produkt ist es möglich, 10.000 Jahre der Zivilisationsgeschichte – unter dem Gesichtspunkt kriegerischer Auseinandersetzungen – zu rekapitulieren. Als Sponsoren dabei sind T-Com und Brockhaus. Strategiespiele wie »*Rise & Fall – Civilizations at War*« oder »*Dynasty Warriors 5 Empires*« wecken das Interesse für die hochgerüsteten Zivilisationen der Antike. Die Beschäftigung mit dem imperialen Rom (Bürger 2005a und 2007, S. 157f.) oder dem Handwerk der mittelalterlichen Kreuzritter ist, wenn man die Regale der Videotheken als Indikator nimmt, nach wie vor hoch in Kurs. Die Botschaft der Adler-Standarte lautet: »The world is the darkness, Rome is the light« (Maximus in GLADIATOR, USA 2001). Dem Videospiel »*Rome: Total War*« (USA 2004) folgte thematisch passend in mehreren Staffeln die inzwischen auch bei uns im DVD-Vertrieb angekommene TV-Filmserie ROME (USA/GB ab 2005) von HBO und BBC. Der stets gleich bleibende Vorspann der Serie, die zum Auftakt das heidnische Rom zur Zeit von Gaius Julius Caesar aufsucht, ist wirklich kultfähig und erinnert an Animationen aus Computerspielen.

Die Spielsortimente spiegeln – oft mit direkten Filmbezügen – sämtliche Subgenres des US-amerikanischen Kriegskinos. Wie banal Rezensenten ganz freiwillig die Thematisierung neuzeitlicher Schauplätze in elektronischen Kriegsspielen behandeln, möchte ich mit dem folgenden Zitat aus einem ganz gewöhnlichen Beitrag der münsterschen Stadtillustrierten »Ultimo« vom 5.9.2005 verdeutlichen: »Weil die Gamer vom 2. Weltkrieg offensichtlich nicht genug kriegen, weil andererseits viele europäische Kriegsschauplätze bereits abgearbeitet sind, verlegt der *Codename: Panzers*-Nachfolger das Geschehen in die Wüste, vorwiegend nach Ägypten. Das ist zwar auch nicht wirklich neu, spart den Spiele-Designern aber Arbeit, weil Sandhügel einfach zu entwerfen sind ...« (Coutts 2005). In der gleichen Ausgabe wirbt ein anderer Rezensent für einen Spieletisch, auf dem die Weltmeere erobert werden können.

Die Rekrutierungssorgen des US-Militärs werden von Jahr zu Jahr größer. Deshalb ist die obere Altersgrenze für den Eintritt ins Militär 2006 schon zweimal heraufgesetzt worden. Nach glaubwürdigen Berichten erhalten Bewerber, die von vornherein einen risikoreichen Einsatz z.B. im Irak ausschließen wollen, mitunter gezielte Falschauskünfte (Der Standard, 15.11.2006). Der Zutritt zur U.S. Army fällt Rechtsextremisten, die seit dem 11. September 2001 unter stark reduzierter öffentlicher Beachtung ihr Unwesen treiben, immer leichter (Böhnel 2006). Die Hälfte der Armee besteht aus »ethnischen« Minderheiten; die stärkste Gruppe bilden heute die Hispanos bzw. Latinos, denen mit einer eigenen Rekrutierungskampagne »Yo Soy El Army« auch besondere Aufmerksamkeit geschenkt wird (Wonznicki 2005). »Mit einem milliardenschweren Marketingbudget und emotionalen Spots im Stil von MTV-Musikvideos« will man den Nachwuchs locken (Pitzke 2005). Die fortgesetzten PC-Spielangebote des US-Militärs (America's Army) bannen noch immer die Aufmerksamkeit von Millionen jungen Computerrekruten. Sie dienen explizit dazu, den Spielern eine Vernetzung mit dem Pentagon-Server und eine militärische Karriere zu eröffnen. Der zielsicherste Schuss erfolgt unmittelbar nach dem hörbaren Ausatmen des Ego-Shooters bzw. seines »alter ego«. Bei der vernetzten Ausführung nimmt jeder Spieler und jeder Gegenspieler (subjektiv) die Rolle eines US-Soldaten ein. In der neuen Kriegsspielegeneration sind die Rezipienten nicht nur als Betrachter mit dabei (wie im Film), sondern als Akteure mittendrin im Geschehen. Im Fall von »America's Army« konstatiert Hartmut Gieselmann (in Rötzer 2003, S. 57): »Während die Rekrutierung von Kindern völkerrechtlich geächtet ist, scheint die virtuelle Ausbildung und militärische Indoktrination von Minderjährigen in den USA völlig in Ordnung zu sein. ... Was hierzulande zum Teil verboten werden soll, wird in den USA staatlich produziert.«

Die freie Spielewirtschaft übernimmt die Darstellung potenzieller Einsatzorte. »In mid-2005 seven of the top ten best-selling games had combat motifs, which were increasingly in demand after the U.S. invasion of Iraq, popular among a young generation attuned to the ultraviolent virtual world of war« (Boggs/Pollard 2007, S. 229). Die »Kriegsspiele › Close Combat. First to Fight‹ und › Full Spectrum Warrior‹ widmen sich ganz offensichtlich dem Kampf gegen das › Böse‹. Das Böse ist hier in beiden Fällen ... der bärtige Moslem. Die Kriegsschauplätze sind meist Städte im Nahen Osten oder in fiktiven Ländern, die aber einen klaren Bezug zum Nahen Osten aufweisen – und leicht auf der › Achse des Bösen‹ verortet werden können« (Bevc 2006). Während eine mögliche »militärische Intervention« im Iran weltpolitisch schon heiß diskutiert wurde, bot die Firma Kuma ein Computerspiel an, in dem US-Soldaten in den Iran eindringen, eine unterirdische Fabrik mit tödlicher Gewalt übernehmen und dann Sprengstoff an Uranzentrifugen befestigen (Der Standard, 20.10.2005). Zuvor hatte sich der gleiche Spielehersteller schon mit Echtzeit-Beiträgen zu den laufenden Kriegen gegen Afghanistan und Irak profiliert (Bürger 2005a und 2007, S. 71). Die von Venezuela ausgehende Entwicklung eines neuen Selbstbewusstseins in Lateinamerika stößt in den USA und speziell bei der CIA auf wenig Liebe. Der evangelikale Medienmatador Pat Robertson forderte am 22.8.2005 recht unverhüllt die Ermordung des Staatspräsidenten Hugo Chavez. Der Spielehersteller Pandemic Studios (Los Angeles) hat, berichtet Florian Rötzer am 27.5.2006 im Online-Magazin Telepolis, Venezuela als Thema der Fortsetzung seines PC-Games »*Mercenaries*« ausgewählt. Söldner sollen eine Invasion durchführen und in Venezuela gegen einen Tyrannen vorgehen, der sich über einen Ölkonzern bereichert (Venezuela hat unter Chavez die Erträge der Ölindustrie zur Verbesserung der Lebensbedingungen der Armen verwendet). Auf das immer noch missliebige Kuba zielt offensichtlich der von Eidos vertriebene Spieltitel »*Just Cause*« (Höltgen 2006b).

Der erste Teil von »*Mercenaries*« führt die Spieler übrigens in das böse Nordkorea. Das von James Bond bislang lediglich fiktional entwaffnete Land taucht unvermindert in B-Movies und PC-Games auf, was vermutlich Stoff für eine eigenständige Untersuchung hergäbe. Über den »hyperrealistischen Ego-Shooter *Crysis*« teilt ein Rezensent mit: »Im Dschungel Nordkoreas, durch den der Spieler sich schlagen muss, dringen nicht nur Geschosse saftig schmatzend in die gegnerischen Körper ein. Es werden auch Palmen und Farne, deren einzelne Blätter deutlich zu erkennen sind, vom Kugelhagel sauber abrasiert und sinken knirschend zu Boden« (Merschmann 2006). Hinsichtlich solcher »Realitätseffekte« ist dann von einer »›augmentierten‹ Realitätserfahrung« die Rede, die offenbar von den Liebhabern entsprechender Erfahrungshorizonte als etwas Ultimatives aufgefasst werden kann.

Natürlich tragen auch die Drehbücher für Computerspiele, die vermeintlich ganz neutral politische Zusammenhänge oder strategische Denkmodelle vermitteln wollen (Blume 2006), zur banalen Militarisierung bei. Jürgen Wagner von der Informationsstelle Militarisierung e.V. meint zur offensichtlichen Kriegspropaganda, diese sei früher häufig in PC-Game-Testzeitschriften zumindest kritisch angesprochen, wenn nicht gar zerrissen worden, was heute kaum mehr stattfinde. Dazu hat er mir die beiden folgenden Beispiele mitgeteilt.

Über »*Full Spectrum Warrior*« schreibt ein Spielrezensent (Gamestar 11/2004, S. 86-88): »Zunächst als Simulator der Army konzipiert, nun auch für Zivilisten erhältlich: Im Echtzeittaktikspiel von THQ hetzen sie GIs durchs wilde Zekistan. [...] Der Auftrag klingt simpel: Geleiten Sie einen Hilfsgüterkonvoi durch die zekische Hauptstadt Zafarra. Dem Geheimdienst zufolge sind uns die Einheimischen freundlich gesinnt. Immerhin liefern wir Lebensmittel und wollen das Land von Mohammed Al Afad, dem grausamen Diktator, befreien. Doch da zerreißen wie aus dem Nichts Granaten zwei LKWs des Konvois! Und schon sind wir mittendrin in einem verbissenen Häuserkampf gegen die Schergen des Tyrannen. [...] Im Echtzeittaktikspiel Full Spectrum Warrior geht der ›Krieg gegen den Terror‹ in die (fiktive) nächste Runde: Ex-Taliban und irakische Loyalisten sind auf Einladung von Al Afad nach Zekistan geflüchtet. Als ethnische Säuberungen in der Region bekannt werden, entsendet die Nato eine internationale Eingreiftruppe ins Krisengebiet, um humanitäre Hilfe zu leisten und den Tyrannen zu stürzen.« Im Testergebnis erhält das Produkt 81 von 100 Punkten.

Über »*Act of War*« ist – mit gleicher Quelle – im Jahr darauf zu lesen (Test in Gamestar 5/2005, S. 92-95): »Schock an der Tankstelle: sieben Euro für einen Liter Super bleifrei! Und wer ist schuld? Nein, nicht die Ökosteuer, sondern fiese Terroristen, die fröhlich Ölraffinierien in die Luft jagen. Und was tut man dagegen? Man alarmiert die US-Armee und schlägt mit den neuesten Hightech-Waffen zurück! So sieht sie aus, die patriotische Zukunftsvision des amerikanischen Bestsellerautors Dale Brown (Stählerne Jagd). Und gleichzeitig auch die Hintergundstory des Echtzeitstrategiespiels Act of War«, einer »klischeehaften, aber spannend präsentierten Geschichte. Die Filmszenen erreichen immerhin TV-Serien-Niveau.« Das Testergebnis für »*Act of War*«: 81 von 100 Punkten. Spielerezensionen dieser Art sind gegenüber dem, was in den Werbeillustrierten von »World of Video« und anderen Unterhaltungsmedienketten mit nennenswerten Marktanteilen Monat für Monat nachzulesen ist, noch als moderat zu bezeichnen.

Gegen den Vorwurf, nicht nur virtuelle, sondern auch reale Bellizisten zu sein, wehren sich einige Konsumenten. Ein Spielegebraucher hat mir per Mail vom 23.3.2006 folgenden Hinweis zukommen lassen: »Von den 7 Milliarden Menschen auf diesem Planeten müssten sich normalerweise 7 Milliarden für den Frieden einsetzen, schließlich geht es im Endeffekt auch um unser eigenes Leben. [...] Wir organisieren alle möglichen Antikriegsdemonstrationen im Internet in Zusammenarbeit mit dem › Verbund deutscher Medal of Honor Clans‹. Hierbei geht es hauptsächlich darum, dass sich Online-Kriegsspieler in erster Linie dagegen wehren, als Kriegsfanatiker und Gewaltverherrlicher abgestempelt zu werden. Wir nutzen den › schlechten‹ Ruf der Spieler, um unseren Aktionen mehr Nachdruck und Aufmerksamkeit [zu]kommen zu lassen, um zu zeigen, dass auch solche Leute absolut nichts für den Krieg übrig haben und sich offen gegen jede reale Gewalt stellen.« Über die weitere Durchführung der geplanten Aktionen (Logo, Website etc.) konnte ich leider trotz Rückfrage nichts erfahren.

Im Fall der so genannten Killerspiele sind Verbotsforderungen sehr populär, da sie als Vorbilder für jugendliche Amokläufer gelten und – im Gegensatz zum tiefen Blick auf gesellschaftliche Gewaltursachen – ein bequemes Thema für Politikerinterviews hergeben (Bürger 2006q). Die dabei zur Schau getragene Entrüstung ist erstaunlich. Dem globalen Killerspiel »Krieg & Unterversorgung«, das Jahr für Jahr bis zu 40 Millionen Opfer aus Fleisch und Blut fordert, tritt man vergleichsweise mit großer Unbekümmertheit gegenüber. Stilvoll kultivierte Verherrlichungen der Schusswaffe wie im zum Teil staatlich geförderten James-Bond-Kino bleiben von der Kritik ebenso ausgespart wie z.B. der Held des klassischen Westerns. Man will sich das besonders Schmutzige, Blutige und Gewalttätige herauspicken. Gerade dies führt jedoch bei einer Kritik des massenkulturellen Krieges in die Irre. Problematisch sind besonders die »sauberen« Kriegsspiele und Militärsimulationen, in denen »moderne Waffensysteme und reale Kriegseinsätze mit hoher technischer Detailgenauigkeit« abgebildet werden (Gieselmann in Rötzer 2003, S. 53). Diese Produkte huldigen einem sterilen »Realismus«, der die grausame Realität von Waffenwirkungen auf Menschen ausspart. Die Lüge des modernen Krieges findet über solche Abstraktion ihren alltäglichen Sitz im Leben. Deshalb müssen wir für unsere Gesellschaft heute ganz neu definieren, was unter »Verrohung« zu verstehen ist.

Die als Killerspiele bezeichneten Ego-Shooter können in diesem Zusammenhang nicht als Hauptverdächtige gelten. Es stellt sich aber die Frage, was man am Computer denn noch nicht (nach)spielen kann. Ins Netz wurde 2006 sogar ein Game »Super Columbine Massacre RPG« gestellt, mit dem man – wie 1999 die Vorbilder aus der Realität – die Erschießung von zwölf Schülern und einem Lehrer an der Columbine High School selbst »spielen« kann (focus.msn.de, 22.5.2006). Ego-Shooter unterschiedlichster Art bilden sehr wohl einen Sektor der militarisierten Massenkultur. Ein Videoclip von You-Tube präsentiert als Sieger einer vergleichenden »Instant Videogamehistory« eine Schusswaffe, mit der man gleichermaßen Mülltonnen und »other humans« umlegen kann (*Die zehn besten Waffen in Computerspielen* 2006). Für die westliche Unterhaltungsindustrie ist der Sniper eine wichtige Figur. Ihr entspricht der von irakischen Gotteskriegern durch Videoclips berühmt gemachte Meisterscharfschütze »Juba«, der unter Führung einer Strichliste US-Soldaten ermordet (Spiegel-Online, 25.10.2006). Die Kehrseite der immer handlicher werdenden Elektroniktechnologie liegt darin, dass sie in einer asymmetrischen Kriegsführung zunehmend auch den Gegnern hochgerüsteter Giganten zur Verfügung steht und bereits das Handydisplay als Massenleinwand dienen kann. Die Hisbollah stellt z.B. den israelischen Videospielen ausdrücklich eine eigene »moderne Medienstrategie« mit Unterhaltungsprodukten zur Kriegsertüchtigung gegenüber. Der Computerspieleautor Rawan Kasmiya von »Akfar Media Damaskus« glaubt ganz allgemein: Die »nächste Unterhaltungswelle wird auf arabisch-islamische Kultur abzielen« (Hackensberger 2006). Von »islamistischer« Seite sollen angeblich Mods (Modifikationen, Erweiterungen bereits veröffentlichter Computerspiele) entwickelt worden sein, die es erlauben, das in vielen prowestlichen Shooter- und Militärspielen strikt festgelegte Feindbild einfach umzudrehen (Rötzer 2006b). In diesem Fall würde es sich erübrigen, vollständig eigene Games im aufwändigen Verfahren zu entwickeln.

Die zeitnahe Sichtung der Drehbücher für Computerspiele und der fortschreitenden Anreicherung der PC-Games mit »sinnlichen« Erlebnismöglichkeiten ist inzwischen für die interdisziplinäre Friedensforschung mindestens so wichtig wie die Beobachtung der aktuellen fiktionalen Kriegsfilmproduktionen. Nach Manuel Köppen ist eine »zunehmende Interferenz zwischen elektronischen Spielen und ihrer Übertragung auf die Wirklichkeit des Krieges« zu beobachten (Süselbeck 2006). Eine neuere Entwicklung bietet Hinweise für eine schleichende Verquickung der Ästhetik von Kriegsberichterstattung, Kriegsfilm und Computerkriegsspiel. Denkbar ist, dass der höhere Grad der Identifikation beim Konsumenten von Computerspielen auf diesem Weg auch die Rezeption des Mediums Film verändert: »In 2002, a marine corps officer declared that the simulations perfected in Hollywood allowed soldiers to learn to kill more easily by imagining they were in a film« (Valantin 2005, S. 79). Nachdem nahezu allen großen Kriegsfilmproduktionen seit längerem passende Computerspiele zur Seite gestellt werden, gewinnt gegenwärtig das umgekehrte Verfahren an Bedeutung: Das Computerspiel wird in Kinowerbung oder Spielfilm adaptiert, wobei es abseits vom Kriegsgenre offenbar zu interessanten Ergebnissen kommt (Höltgen 2006a). Prominentes Beispiel für Kombiprodukte mit Kampfhandlung ist der Film DOOM (USA/GB/BRD/Tschechien 2005). Das Vorbild »Doom« aus dem Videospielmarkt wird von den U.S. Marines in der Ausbildung verwendet: »Das gleichzeitige Erledigen mehrerer kognitiver Aufgaben beim Spielvorgang entspricht im wesentlichen der Einstimmung menschlicher Wahrnehmungsfähigkeiten auf Erfordernisse des Krieges« (Robin Andersen in Thomas/Virchow 2006, S. 245).

Paul Virilios Beobachtungen zu einer analogen Wahrnehmungslogistik im Militärischen und im Film treffen wohl in einem viel höheren Maße auf die Computerspiele zu (vgl. die Beiträge von James Der Derian, Eugen Januschke und Robin Andersen in Thomas/Virchow 2006): Diese kommen aus Werkstätten, in denen die Kooperation von Militär und Unterhaltungsindustrie im beiderseitigen Interesse fest institutionalisiert ist. Besonders (aber nicht nur) bei eigenen Spielprodukten des Militärs gehen die Funktionen Unterhaltung und Rekrutierung ineinander über. Bei den taktilen Aufgaben, optischen Szenarien für Interaktionen etc. wird prinzipiell nicht mehr danach unterschieden, ob eine Computersimulation militärisch zum Einsatz kommt oder der unterhaltsamen Zerstreuung im häuslichen Bereich dient. Die jeweilige Technologie weist also nicht nur strukturelle Ähnlichkeiten auf, sondern kommt aus dem gleichen ökonomischen Komplex. Die Ergebnisse sind »in zahlreichen Fällen echte Dual-Use-Produkte« (Thomas/Virchow 2006, S. 39). Die Simulation ist z.B. vielfach eben nicht bloß Simulation, sondern schon fast deckungsgleich mit der Bedienung elektronischer Technologie im Ernstfall des Krieges: »Die Benutzeroberflächen in modernen Kampfhubschraubern, die zur tatsächlichen Ermordung lebender Menschen dienen, ohne dass sich die Bediener dies noch unbedingt bewusst machen müssten, unterscheiden sich mittlerweile kaum noch von den Ballercomputerspielen, die die Kriegswahrnehmung ganzer heranwachsender Generationen prägen« (Süselbeck 2006). Hier wie da ist alles scheinbar »nur virtuell«. Von der Handlungsebene des Krieges kann man das Virtuelle aber nicht mehr sauber abgrenzen. In Kalifornien benutzt man z.B. virtuelle Szenarien, die an das Videospiel »*Full Spectrum Warrior*« angelehnt sind, um traumatisierten Veteranen des Irak-Krieges mit schlimmen Kriegserlebnissen die Erinnerungsarbeit zu erleichtern (Pany 2005).

Mit Hilfe der Zeichentheorie hat Eugen Januschke die qualitative Umwälzung beim modernen Computerkriegsspiel im Vergleich zum klassischen Kriegsspiel und die Verdrängung bloß symbolischer Platzhalter durch »echtes« Kriegszubehör beschrieben. Die gegenseitige Durchdringung von Zivilem und Militärischem erreicht in elektronischen Produkten ein Stadium, für das es in der Geschichte nichts Vergleichbares zu finden gibt. Gegenüber Filmemachern lautet die Parole der Militärs: »Wollt Ihr unser › Spielzeug‹, müsst Ihr unser Lied singen.« Im Bereich der Computerspiele übt das Medium bzw. Spielzeug auch seinerseits Einfluss auf die Militärs aus. Der virtuelle Größenwahn am Computerbildschirm weckt bei den Kriegsführenden Phantasien, die sich verhängnisvoll auswirken. Am Ende regieren infantile Utopien. Krieg und Spiel werden ein großes Ganzes.

6   Batmans Rüstungsfirma, Krieg der Welten und Endzeit

Die ganze Welt der futuristischen, kosmischen und endzeitlichen Hollywood-Kriege darf im Rahmen der Darstellung des Kriegskinos nicht nur als Neben-schauplatz abgehandelt werden (Bürger 2005a und 2007, S. 298, 326, 355-401). Sie ist unter anderem ideologische und ästhetische Stütze der »Revolu-tion in Military Affairs« (Bürger 2006j-m). Natürlich können vorausschau-ende Kriegsvisionen von Kulturschaffenden auch ernstzunehmende Warnun-gen enthalten. So nahm der Dichter Jean Paul »bereits 1809 in seiner › Kriegserklärung gegen den Krieg‹ , einer ersten literarischen Schreckensvision zukünftiger Waffeninnovationen, eine Erfindung vorweg, die an das Maschi-nengewehr des Ersten Weltkrieges erinnert. Sein › Mechanicus Henri‹ entwi-ckelt eine Flinte, › welche nach einer Ladung 14 Schüsse hintereinander‹ abge-ben kann, und kommentiert die Idee mit den sarkastischen Worten: › Welche Zeit wird hier dem Morden erspart und dem Leben genommen‹ « (Süselbeck 2006). In Roland Emmerichs Kinofilm DAS ARCHE NOAH PRINZIP (BRD 1983) wird die Raumfahrt für Methoden der Wetterkriegsführung einge-spannt. Noch vor Bekanntwerden der verheerenden ökologischen Folgen for-muliert ein europäischer Mitarbeiter des Projekts folgende Kritik: »Die USA haben aus einer friedlichen wissenschaftlichen Arbeit eine Waffe gemacht. (...) Was ist aus unseren Leitsätzen geworden, die wir an den Anfang unserer For-schungsarbeit gesetzt haben?« Solche Töne sind in den kommerziell maßgebli-chen Filmproduktionen der Gegenwart und namentlich im Sciene-Fiction-Filmgenre nur noch selten zu finden: »As high-tech information and control systems reshape U.S. military strategy, these same features of RMA also dom-inate media culture. ... just as the Pentagon fixates on information technology and media power, the culture industry itself becomes increasingly fascinated with military imagery« (Boggs/Pollard 2007, S. 225).

Science-Fiction und militärtechnologische Revolution

Die Filmindustrie reproduziert strategische Überlegungen zum modernen Krieg und kann mitunter auch als innovative Anregerin für Militärisches fun-gieren: »The cooperation between civilians and the military (...) can have unexpected consequences. During the filming of James Camerons [THE] ABYSS (1989) new types of underwater cameras were developed which were then adopted by the Navy« (Valantin 2005, S. 8). Um innovative Rüstungstechnologie geht es auch in BATMAN BEGINS (USA 2005). Diese Comicverfilmung zeigt die Ursprünge von Batman, der aus wohlhabend-aristokratischen Verhältnissen kommt und das Ideal des »humanistischen« Kriegers verwirklichen möchte: »Unrecht bekämpfen, denjenigen Furcht zu lehren, die sich an den Schwachen vergreifen.« Für die stetig steigende Zahl der Armen in den USA bietet das Kino hier eine Rettergestalt an. Batman ist gut zu Obdachlosen, aber brutal gegenüber reichen Kriminellen.

Nach jahrelanger Abwesenheit findet der Held seine Heimatstadt durch organisiertes Verbrechen und Korruption heruntergewirtschaftet. Es herrschen eine Wirtschaftskrise und eine Krise der Moral. Insbesondere die väterliche Firma »Wayne Enterprise« hat ein gewissenloser Aufsichtsratsvorsitzender überhaupt nicht gut weitergeführt. Lieblingskind des toten Vaters ist einst der Sektor »angewandte Wissenschaften« gewesen: Umweltschutztechnologie, Rüstungsprojekte und Gebrauchsgüter wie Gurtsysteme, die sich beim näheren Hinsehen als zivil-militärische Dual-Use-Produkte erweisen. Diese Abteilung samt dem zuständigen afroamerikanischen Ingenieur hat man in einen Kellerraum ausgelagert. Dort gibt es viele Prototypen, doch aus dem Fundus unschätzbarer Erfindungen gelangt nichts in die Produktion. Im Einzelnen begegnen uns im Film folgende zukunftsweisende Rüstungstechnologien:

- ein »Nomex-Spezialanzug« für die leichte Infanterie mit doppelter »Kevlar-Gewebebindung« und verstärkten Schweißnähten, reißfest, abgesehen von Nahschüssen kugelsicher und weitgehend feuerresistent (warum ist dieser Future-Soldier-Anzug nie in Produktion gegangen? »Die Erbsenzähler der Firma finden, dass das Leben eines Soldaten keine 300 Riesen wert ist!«);
- ein ultraleichter Spezialstoff für Fallschirmspringer, dessen Moleküle bei elektrischer Aufladung (durch einen Spezialhandschuh) »starr« werden und jede gewünschte Form annehmen können (»zu teuer für die Army«?);
- ein militärisches Spezialfahrzeug, das mit enormer Geschwindigkeit und ohne Rampe z.B. über eine Brücke springen (bzw. fliegen) kann, Drahtseile auswirft, mit seinem integrierten Hightech-Waffensystem Geschütze abfeuert und einen aktivierbaren Tarnmodus besitzt;
- der Mikrowellensender »Wayne Enterprise 47-b, 1-ME«, der entwickelt worden ist, um feindliche Wasservorräte zu verdampfen; allerdings ist mit diesem Gerät auch illegal erprobt worden, in Wasser gelöste Chemikalien überall in der Luft zu verteilen.

Genau für einen solchen perversen Missbrauch von »Enterprise 47-b, 1-ME« hat eine asiatische Gesellschaft der Schatten auf pflanzlicher Basis einen chemischen Kampfstoff hergestellt, der zunächst in das gesamte Trinkwasser gelangen und dann verdampfen soll. Es handelt sich um ein psychopharmakologisches Inhalationsgift, das nach Einatmung Panik auslöst. In Batmans Firmenlabor wird das passende Gegenmittel zu diesem waffenfähigen Halluzinogen entdeckt und zum Schutz der Menschen massenhaft produziert.

Leitend ist für den Helden die Tatideologie des US-Pragmatismus: »Nur das, was ich tue, zeigt, wer ich bin!« (in TOTAL RECALL hieß es ähnlich: »Ein Mann definiert sich durch seine Taten, nicht durch seine Erinnerungen!«). Batman setzt die verfügbaren Technologien als moralischer Retter seiner Heimatstadt ein und wird sie danach auch ins Zentrum seiner Firmenproduktion stellen. Da die *älteren* Batman-Filme die Nachgeschichte thematisieren, wissen viele Zuschauer bereits um die Vielfalt der dann neu entwickelten militärischen Technologien. Im Grunde erzählt der Film auch vom Karriereweg eines Rüstungsproduzenten, der nach vollzogener »spiritueller« Selbstfindung äußerst erfolgreich an der Börse agiert und die richtigen Zukunftsentscheidungen fällt. Schließlich werden im 21. Jahrhundert die Werbespots der Sicherheits- und Rüstungsindustrie zum täglichen Bildschirmprogramm gehören. So zeigen es bereits der Bankräuber-Science-Fiction VELOCITY TRAP (USA 1997) und STARSHIP TROOPERS (USA 1997) von Paul Verhoeven.

Militärrelevante Superman-Träume unterbreitet auch die Comicverfilmung FANTASTIC FOUR (USA/BRD 2005). Mit Logistik und Superrakete eines milliardenschweren Konzerns, der auch NASA und Pentagon als Auftraggeber bedient und gentechnologische Forschungen betreibt, gelangt das Team eines Wissenschaftlers in den Weltraum. Dort will man einen kosmischen Sturm, den potenziellen Ursprung von Leben, erforschen. Doch die kosmischen Strahlen führen bei den Beteiligten zu phantastischen Mutationen. Im Grunde verkörpert jetzt jeder im Quartett ideale Fähigkeiten eines Zukunftssoldaten: unbegrenzte Muskelkraft, Unsichtbarkeit, Dehnbarkeit (Beweglichkeit, räumliche Anpassung) und Feuerresistenz (gepaart mit der Fähigkeit zu fliegen). Der fünfte Mutant ist der Böse. Sein Körper hat sogar ein integriertes Waffensystem. Die neue Menschentechnologie darf nicht in Schurkenhände gelangen, und deshalb muss man großzügig bei jeder Gelegenheit Kollateralschäden in Kauf nehmen. Als Zeichen des Sieges erscheint im Schlussbild am Himmel eine riesige Vier nahe der Freiheitsstatue.

Nach einem Bericht von Spiegel-Online (1.7.2006) gibt es gegenwärtig bei einer Verfilmung von Comichelden allerdings leichte Abstriche vom US-Patriotismus. So bekennt sich in SUPERMAN RETURNS »der Held mit den übermenschlichen Kräften [...] nicht mehr zu seinem Motto › Wahrheit, Gerechtigkeit und amerikanische Lebensart‹ . Stattdessen spricht er nur von › Wahrheit, Gerechtigkeit und dem ganzen Kram‹ .« Zu diesem Film merkt gleichwohl ein Rezensent an: »Der neue Superman kommt keineswegs ungelegen. Wie ein digitaler Fächer fängt er die Verunsicherungen und Erschütterungen der früheren Jahrzehnte ein und verwandelt sie in ein nur schwach modifiziertes Ressentimentbild des alten, allen anderen überlegenen Superman, der allerdings mehr Mitleid und demokratisches Investment für sein angeschlagenes Unternehmen › Rettet die Erde‹ verlangt. Die Rechtfertigung Gottes und des Superhelden im Angesicht des Übels in der Welt, die Theo- und Herodizee funktioniert besser denn je. Es ist wieder an der Zeit für ein neues nationales und globales Krisenmanagement und für eine entsprechende Vorbildfigur« (Brinkemper 2006b).

Der weitgehend digital hervorgezauberte Film SKY CAPTAIN AND THE WORLD OF TOMORROW (USA 2004) packt seine Zukunftsvisionen in ein nostalgisches Kleid und eine alternative Geschichtsversion der 1930er Jahre. Zeppelin »Hindenburg« legt in New York am Empire State Building an. Zu den Passagieren gehört eines der Mitglieder eines deutschen Wissenschaftlerteams, das etwa zur Zeit des Ersten Weltkrieges an einem geheimen Projekt gearbeitet hat und aktuell infolge einer Mordserie ausstirbt. Sehr bald fliegen unbemannte Drohnen in der Luft und machen den Himmel über New York unsicher. Kampfroboter ziehen durch die Straßen. Die City muss evakuiert werden. Die mechanischen Monster rauben in der ganzen Welt Kohle- und Ölressourcen. Die US-Behörden beauftragen zur Gegenwehr ein privates Dienstleistungsunternehmen für Kriegerisches: die Firma des Sky Captain Joe Sullivan. Diesem Elitepiloten steht für den Luftkampf ebenfalls modernste Technologie zur Verfügung, darunter ein Kampfflugzeug, das im Amphibienmodus sogar tauchen kann. Über seinen Ingenieur Dex heißt es: »Die Ideen hat er aus einem seiner Comics.« Beim Hightech-Krieg gegen die Roboterarmee wird der Sky Captain stets von einer eingebetteten Journalistin begleitet, die leider nur noch wenig Filmmaterial in ihrer Kamera hat. Gute Kooperationsdienste leistet die Luftstation der britischen Royal Navy, die unter dem Kommando einer attraktiven Soldatin steht. Am Ende erfahren wir, dass der Erfinder des selbstständig funktionierenden Militärtechnologie-Imperiums (Drohnen, Roboter etc.) der genialste Kopf des besagten deutschen Wissenschaftlerteams war. Er ist schon seit 1918 tot. Seine Kriegsführung und sein Plan werden ausschließlich über Computerprogrammierungen ausgeführt: Da sich die Menschheit auf einem unaufhaltsamen Selbstvernichtungskurs befindet, soll ein Raumschiff (als »Arche Noah«) viele Tiere und das in einem Reagenzglas enthaltene genetische Meisterwerk »Adam und Eva« zu einer »neuen Erde im Weltall« bringen. Die alte, verdorbene Erde freilich würde im Zuge dieser Operation zerstört werden. Das Drehbuch ist mit unzähligen »Filmzitaten« durchsetzt. Die »Arche Noah« taucht z.B. bereits im Klassiker WHEN WORLDS COLLIDE (USA 1951) auf. Dort kommt die Bedrohung allerdings von einem Asteroiden, der auf die Erde zurast. Während die Regierung schläft, finanzieren weitsichtige Industrielle das rettende Raumschiff. Nur am Rande sei vermerkt, dass auch die filmische Erinnerung an den Zeppelin im Zusammenhang mit moderner Militärforschung steht. Als Ersatz für kostspielige Satelliten wird eine Renaissance von Luftschiffen, die dann aus 30 Kilometern Höhe Aufnahmen machen könnten, gegenwärtig ernsthaft erwogen (Roth 2006a).

Zwischenzeitlich ist die neue *Star Wars*-Trilogie mit STAR WARS: EPISODE III – REVENGE OF THE SITH (USA 2005) von George Lucas abgeschlossen, so dass jetzt zwei Staffeln (1977-1983 und 1999-2005) vorliegen. Auf die erste Staffel hat sich Ronald Reagan 1985 bei der Vorstellung seiner Utopie eines Raketenabwehrschildes bezogen: »The Strategic Defense Initiative has been labelled Star Wars [...]. But it isn't about war. It is about peace. [...] If you will pardon me stealing a film line – the force is with us« (zitiert nach Geller 2003, S. 97). Die aktuelle US-Direktive möchte ungehinderte Weltraumoperationen und speziell einen globalen Zugang zum Radiofrequenzspektrum sicherstellen, wobei als nationales Ziel gilt, »die menschliche Präsenz auf das gesamte Sonnensystem zu erweitern« (Telepolis, 12.10.2006). Eine modernen Erfordernissen entsprechende Rüstungskontrolle im Weltraum wird abgelehnt. Wer hätte dazu beim absehbaren Rüstungswettlauf auch die geeigneten Instrumente? Nach der Neuauflage der umstrittenen Militarisierung des Sternenhimmels unter US-Präsident G.W. Bush jun. wäre eine gründliche Erforschung des gesamten Komplexes »Star Wars in Kino, Politik und Militärtechnologie« sehr zu begrüßen. Wie kommt es zu den passenden »Timings zwischen den Filmemachern und den › Star Warriors‹ « (Hoffmann 2005)? Welche Beziehungen gibt es zwischen Science-Fiction und politischem bzw. militärtechnologischem Utopismus? Futuristische Technologie gibt den Visionären einer unverwundbaren Allmacht und Allwissenheit den ultimativen Kick. Der daraus resultierende Realitätsverlust wird bislang in seiner Gefährlichkeit viel zu wenig bedacht (Bürger 2006a, S. 22-24 und 2006k-m).

Krieg der Welten

Das von Hollywood produzierte Katastrophenkino kann unter zwei Aspekten bedacht werden. Einerseits verhindert es durch seine kommerzielle Monopolstellung die Entwicklung von Kunstformen, mit denen ernste Gefahren für die Zivilisation auch massenkulturell hilfreich vermittelt werden könnten. Die Losung der Blockbuster lautet ja geradezu: »Nach dem Untergang der Erde fängt das Abenteuer erst an!« (Werbebotschaft zum Zeichentrickfilm TITAN A.E.). Die fatalistische Variante verfolgen auch Weltuntergangsfiktionen, die kritische Anfragen enthalten. So wird in TWELVE MONKEYS (USA 1995) die Ursache der Endzeitkatastrophe von einem zukünftigen Standpunkt aus rekonstruiert, wobei sich entgegen der offiziellen Version vom Terrorismus der unverdächtige Mitarbeiter eines Biowaffenlabors als eigentlicher Urheber des Infernos entpuppt. Der Film ruft uns Gegenwärtige schon ein Jahrzehnt vor V

FOR VENDETTA dazu auf, dem amtlichen Narrativ keinen Glauben zu schenken. Dennoch gilt auch bei der kommerziellen Vermarktung dieses Titels: »Alles ist schon passiert. Die Zukunft ist Geschichte.« Vielleicht würde das Verschwinden der Menschheit nur bedeuten, wie ein Soldat in 28 DAYS LATER meint, dass der Planet Erde zu seinem »normalen Zustand« zurückkehrt.

Andererseits arbeitet das Katastrophen- und Endzeitkino mit seinen Stimmungsbildern dem Konzept des permanenten Ausnahmezustandes zu. Steven Spielberg hat H.G. Wells Klassiker über eine Bedrohung der Menschen durch Außerirdische – in einer Drehzeit von nur sieben Monaten – erneut verfilmt und dabei – anders Timothy Hines in einem parallelen Filmprojekt – unsere Gegenwart als Schauplatz gewählt: WAR OF THE WORLDS* (USA 2005). Es handelt sich – ähnlich wie beim neuen KING KONG – um ein Remake, das nicht losgelöst vom Erscheinungsdatum betrachtet werden kann. Christiane Peitz meint, der Regisseur zeige »Amerika als zutiefst verunsicherte Nation, als ein Land im Würgegriff der Angst vor dem globalen Terror, der aus heiterem Himmel zuschlagen kann« (Der Tagesspiegel-Online, 28.6.2005). Der Angriff aus der Luft (und aus der Erde) trifft die Menschen völlig unerwartet und löst in der Großstadt Massenpanik aus. Nur das Militär kann letzte Reste von öffentlicher Ordnung aufrechterhalten und das Vorrücken der Feinde verlangsamen. Der Held des Films gehört zur unteren Mittelschicht und ist auch als Geschiedener ein fürsorglicher Vater. Sein Sohn bewundert allerdings nicht ihn, sondern die Kriegsführung des US-Militärs, und will sich den Soldaten anschließen. Die außerirdischen Invasoren verfügen über ein ganzes Arsenal futuristischer Militärtechnologie, z.B.: faktische Instrumente der Wetterkriegsführung (Blitze verursachen einen Flugzeugabsturz), riesige Kampfroboter, organische Krakenarme, pulverisierende Strahlenwaffen, Schutzschirme aus Energiefeldern (wie in INDEPENDENCE DAY), Möglichkeiten zur Lahmlegung der gesamten Elektrizität und Kameratechnologien, die jeden Winkel von Unterschlüpfen erkunden können. Der Hightech-Panzer des extraterrestrischen Militärs scheint undurchdringbar zu sein und jede Gegenwehr aussichtslos. Am Ende gibt es jedoch einen wunden Punkt, den niemand gekannt hat: Mikroorganismen auf der Erde sind für die Außerirdischen tödlich. Wer weiß also, wofür die Forschungen der Biowaffenlabors einmal gut sein werden. Wohlwollend könnte man bezogen auf diesen Teil des Drehbuchs eine kritische Lesart konstruieren: Das blinde Vertrauen in einen technologisch haushoch überlegenen Kriegsapparat ist kurzsichtig.

Dieser Film ist – trotz entsprechender Bekundungen – keine Reflektion über das schwer fassbare Lebensrecht der Spezies Mensch im Universum. Er leistet einen massenkulturellen Beitrag zum laufenden »Weltkrieg« gegen eine diffuse Terrorgefahr von außen. Drehbuchautor David Koepp beschreibt selbst die Außerirdischen so, wie in westlichen Medien sonst Islamisten auftauchen: »We don't know where they're from. They're from somewhere far away and they don't seem to want to tell us where they're from. They don't seem to want to talk at all. They just want to kill« (zitiert nach Boggs/Pollard 2007, S. 222). Die Liste mit militärischen Unterstützern von WAR OF THE WORLDS* wäre noch länger, wenn sie mehre hundert Armeestatisten namentlich aufführen würde: »*We gratefully acknowledge the cooperation of the Department of Defense and specifically: Mr. Philip Strub, Department of Defense; the 10th Mountain Division (Light Infantry) and Fort Drum, NY, US Army; the Virginia Army National Guard; the National Training Center and Fort Irwin, CA, US Army; Maj. Jeffrey J. Myhart, U.S. Marine Corps Motion Picture & Television Office; 1st TankBattalion, 1st Marine Division, Marine Corps Air Ground Combat Center – Twentynine Palms, CA; 1st Light Armored Reconnaissance Battalion; 1st Marine Division, Camp Pendleton, CA; 1st Lt. Mary B. Danner, U.S. Air Force Entertainment Liaison Office; 56th Fighter Wing, Luke Air Force Base, AZ; 355th Wing, Davis-Monthan Air Force Base, AZ; U.S. Air Force Thunderbird Demonstration Team, Nellis Air Force Base, NY.*«

Titel wie INDEPENDENCE DAY oder WAR OF THE WORLDS* setzen eine lange Filmtradition des 20. Jahrhunderts fort, durch die – über eine immer wieder neu aufgelegte »*Invasion of Body Snatchers*« – Ängste bzw. eigene Schatten auf Außerirdische projiziert und abstruse Bedrohungen konstruiert werden. Zu wünschen wäre ein Remake des Klassikers THE DAY THE EARTH STOOD STILL (USA 1951) von Robert Wise, der die entsprechenden Drehbuchansätze schon in der vom Kalten Krieg geprägten Frühzeit des Genres ad absurdum geführt hat. In diesem Science-Fiction-Titel landen Außerirdische auf der Erde, weil sie über die Entwicklung von Nuklearwaffen auf dem Planeten und gleichzeitige Fortschritte in der menschlichen Raumfahrtforschung sehr beunruhigt sind. Hier werden die Verhältnisse also umgedreht: Die galaktische Polizei interveniert ob der kriegerischen Zivilisation und der Zerstörungspotenziale unserer Spezies. Dabei geht sie rücksichtsvoll vor. Bei einer demonstrativen Lahmlegung der Elektrizität bleiben z.B. lebenswichtige Bereiche ausgeschlossen. Trotz des sehr diplomatischen Vorgehens der extraterrestrischen Besucher kommt es allerdings nicht zu einer internationalen Konferenz der politischen Weltführer. Mehr Bereitschaft zum Zuhören gibt es zumindest auf Seiten der menschlichen Wissenschaftler.

Irrationalismus und gentechnologisches Zeitalter

Irrationalismus und religiös verbrämte Weltdeutungsmuster haben im Kino weiterhin Hochkonjunktur. Anspruchsvolle und zugleich aufgeklärte Beiträge zum Thema Religion scheinen in der Massenkultur des »Neoliberalismus«

keine Chance mehr zu haben. Geistesgeschichtliche Zusammenhänge werden auch dort großzügig ignoriert, wo sie explizit den thematischen Hintergrund für Unterhaltungsprodukte liefern.

Ergänzend zu THE LORD OF THE RINGS (Bürger 2005a und 2007, S. 88f, 363) bietet auch der russische Film NOCHNOJ DOZOR (2004) einen »ewigen Krieg in der Gegenüberstellung von Gut und Böse« an. Der Widerstreit zwischen den Kindern von Licht und Finsternis wurzelt in der Urzeit, doch er wird unsichtbar in unseren Städten fortgeführt und mündet gegenwärtig sogar in eine entscheidende Endschlacht. Die Sabotage der Bösen ist durchaus handfest (Kraftwerksunglück, Lösung einer Flugzeugschraube, Stromausfall in der ganzen Stadt), beruht jedoch im Wesentlichen auf Magie, Hexerei und inneren menschlichen Grundentscheidungen für das Dunkle. Besonders anfällig für die Mächte des Bösen scheinen dem Film zufolge auch die sozial Deklassierten auf Russlands Straßen zu sein.

Von Hollywood aus verbreiten das Remake THE OMEN 666 (USA 2006) und der Blockbuster THE DA VINCI CODE (USA 2006) einen massenkulturellen Mystizismus, der mit Mystik freilich wenig zu tun hat. Im Sinne US-amerikanischer Endzeitsektierer werden die EU und »Nine Eleven« als apokalyptische Vorboten (Omen) gedeutet. Für den Vatikan interessiert man sich vor allem wegen der Verschwörungen des Teufels und der deshalb benötigten exorzistischen Fachkompetenz. Unter dem deutschen Papst Joseph Ratzinger gibt es in der Tat in Rom neue ernsthafte Ambitionen zur liturgischen Teufelsbannung. Im Kino bricht der Film THE EXORCISM OF EMILY ROSE (USA 2005) eine Lanze für die Exorzismuspraxis gemäß dem Rituale Romanum. Zu diesem unsäglichen Werk gibt es mit REQUIEM (BRD 2006) von Hans-Christian Schmid eine wirklichkeitsnahe und künstlerisch anspruchsvolle Gegenthese, die in den Werberegalen der kommerziellen Videotheken allerdings kaum aufzuspüren ist.

Im gentechnischen Zeitalter kann sogar die reaktionäre, dem christlichen Credo krass widersprechende Vorstellung einer bedeutsamen *Blutsverwandtschaft* mit dem Erlöser Jesus als Code von Kirchenkritik ausgegeben werden (THE DA VINCI CODE). Römisch-katholische Geheimbündler haben es über Jahrhunderte hinweg auf das Leben der leiblichen Nachfahren Jesu Christi abgesehen, die ausgerechnet im königlichen Geschlecht der Merowinger anzutreffen sind. Die einzige theologisch diskutable Frage des Films lautet: »Vielleicht ist menschlich göttlich?« Sie wird von den Filmemachern selbst nicht einmal im Ansatz verstanden. Die globale Verbreitung evangelikaler Endzeitkriegssehnsüchte aus den USA, die sich trotz ihrer letztlich antijudaistischen Ideologie als »proisraelisch« ausgeben, geht derweil über Unterhaltungsmedien neue Wege; so ist der Klassiker »*Left Behind*« über den Fahrplan des Weltendes zwischenzeitlich auf dem Computerspielemarkt adaptiert worden:

»Eternal Forces« (Rötzer 2006c; Bürger 2006h). Die mehrteilige US-Fernseh-serie »*Revelations*« über Spekulationen zum Weltende gelangte jüngst sogar in die weihnachtliche Programmplanung des deutschen Bezahlsenders »Pre-miere« (Roth 2006b). Dass ein aktuelles Endzeitspektakel wie der Kinofilm CHILDREN OF MEN (GB/USA 2006) seine Ausgangspunkte rückblickend in unsere kriegerische Gegenwart verlegt und inmitten der Apokalypse einen Geburtsmythos präsentiert, sollte zu denken geben.

Durchaus interessant ist der Horrorfilm LAND OF THE DEAD (USA/Kanada 2005): Die Untoten (Zombies) einer düsteren Endzeit saugen Gedärme und alles Fleisch auf. Sie heißen auch »die Stinker« und werden durch militärisch bewachte Sicherheitszäune von der verbliebenen Zivilisation ausgeschlossen. Die breite Masse der Stadtbewohner kämpft ums tägliche Überleben. Nur im Zentrum der Stadt gibt es einen abgeschirmten Hochhaus-turm, in dem wenige Reiche und Politiker über Luxus verfügen: Die einen essen Steaks, die anderen nagen an Knochen. Während die Superreichen gut leben, regieren und in der Hinterhand noch über alternative Lebensräume ver-fügen, gelten alle anderen als überflüssig. Als die »Stinker« die Stadt stürmen, kommt es zu einer unerwarteten Wende. Auf die Luxusinsel der Privilegierten, den Hochhauskomplex, werden Granaten abgeschossen. Die – schon seit Jahrzehnten vollzogene – Verquickung von Horrorstreifen und »combat film« kann sich jetzt voll entfalten. Zum Schluss gibt es eine sozialkritische Pointe, denn die vordem als Abschaum vom Stadtleben Ausgeschlossenen betrachtet man auf ganz neue Weise: »Die Untoten wollen nur einen Platz, wo sie hin können, genau wie wir.«

Mit THE ISLAND (USA 2005) hat Michael Bay als Kinoregisseur ausnahms-weise einen Titel vorgelegt, der vorrangig nicht wegen militaristischer Auffäl-ligkeiten Beachtung verdient, sondern wegen einer bedenkenswerten Themen-wahl: Im Zeitalter der Gentechnik hat sich ein Konzern auf die Herstellung von Klonen spezialisiert, die er unter Umgehung gesetzlicher Ethiknormen nicht als »Menschen« deklariert. Die »Originale« und Auftraggeber der Klone sind Superreiche, die es sich leisten können und z.B. eine jederzeit mögliche Lebertransplantation einem gesundheitsbewussten Lebensstil vorziehen. Der Klon lebt nur solange, bis er im Krankheitsfall des Auftraggebers seine Funk-tion als .Organersatzteillager erfüllen kann und im Operationssaal abge-schlachtet wird. Natürlich wissen die Menschenklone nichts von dieser Bestimmung. Sie leben unter besten Gesundheitsbedingungen und mit einer programmierten Erinnerung im großen Konzernkomplex, allerdings unter Ausschaltung aller Erotik. Sie glauben, die gesamte Außenwelt sei – postnuk-lear – kontaminiert. Sie glauben auch, dass jeder, den die Lotterie am ver-meintlichen Glückstag für das Weggehen auswählt, auf eine ferne Insel kommt, auf der man noch in der Natur leben kann (der Glückstag ist in Wirklichkeit der Schlachttag!). Die dekadenten Auftraggeber zeigen auch dann kein Mitleid, wenn sie erkennen, dass ihre Klone – anders als offiziell behauptet – wirklich Menschen sind. Der Konzern lässt den militärischen Schutz seines abgeschirmten Klon-Gebäudekomplexes und sonstige Sicherheitsbelange durch ein privates Dienstleistungsunternehmen abwickeln. Die Befreiung der unterdrückten Klone gibt dem Regisseur ebenfalls Gelegenheit, seine erprobte Kriegsfilmkompetenz geltend zu machen.

Fragwürdige medizinische Privilegien für einen erlesenen Kreis im »blauen Palais« sind längst keine Science-Fiction mehr. Brasilianische Straßenkinder und andere Abgeschriebene können schon jetzt Handelsobjekte für eine kommerzielle Transplantationsmedizin werden. Dem Schwarzenegger-Film THE 6TH DAY (USA 2000) zufolge dürfen Menschenklone ohne Augenzwinkern unter Autoreifen zerquetscht werden. THE ISLAND zeigt im Zusammenhang mit Klontechnologie und Klassenmedizin die Möglichkeit einer noch völlig unbekannten Sklavenhaltergesellschaft auf. Das ist vielleicht ernster zu nehmen, als wir gegenwärtig meinen, und noch naheliegender als eine Klassengesellschaft der Zukunft, in der man privilegierte Genträger schon äußerlich an Vorzügen des Phänotyps erkennt. Im künstlerisch anspruchsvolleren Film CODE 46 (GB 2004), der ebenfalls eine gentechnologisch gesteuerte Gesellschaft in naher Zukunft zeigt, ist vorrangig das Szenarium totaler Überwachung bedeutsam. Das Filmdesign ist bewusst sehr gegenwartsnah gehalten.

Auch in anderen US-Filmen wird den Menschen wie in THE ISLAND das Bild einer bedrohlichen Außenwelt vorgelogen. In THE VILLAGE (USA 2004) geschieht das z.B. zum Schutz einer ländlichen heilen Welt vor der modernen Zivilisation da draußen (man assoziiert allerdings auch Angst vor einer unterdrückten Frage: »Wie sieht uns – jenseits unserer idealen Selbstwahrnehmung – die Außenwelt?«). THE ISLAND entlarvt die Lüge über eine kontaminierte, gefährliche bzw. böse Außenwelt als Beherrschungsinstrument. Diese Lüge macht die Menschen (bzw. Klone) ruhig und hält sie ohne Ketten gefangen. Es liegt nahe, darin gleichzeitig ein Bild für die innenpolitische Strategie der Terrorpropaganda zu entdecken. Denn: »War on Terrorism« kann auch als Label für eine »Internal Culture of War« gedeutet werden (http://www.culture-of-peace.info).

7 »Hitler war's«:
Deutsche Geschichte, Transformation der Bundeswehr und neuer Weltkriegsfilm

Die »Hitlerisierung« eines Staatsoberhaupts ist seit Ende des Kalten Krieges das sicherste Anzeichen dafür, dass ein neuer Krieg vor der Tür steht. Im Vorfeld des Golfkrieges 1990/91 »häuften sich in der politischen Rhetorik der Bush-Administration pseudohistorische Anspielungen oder Aussagen, die Saddam Hussein mehr oder weniger als politische Reinkarnation Adolf Hitlers darstellten. [...] Mehrere Untersuchungen ... kommen zu dem Schluss, dass die Auslöser für die ersten Berichte, in denen der Vergleich auftauchte, Ergebnis gezielter Propaganda waren. Denn es gab Pressebulletins der US-Armee über die Situation und die Geschichte des Iraks, in denen genau dieser Vergleich hergestellt wurde. [...] Ein Zufall oder zweifelhafte Prominenz Hitlers als Verkörperung des Bösen schlechthin? Letzteres spielte mit Sicherheit eine große Rolle. Wesentlich wichtiger war aber, dass Hitler das Böse darstellte, das vom Guten besiegt worden war« (Elter 2005, S. 245f).

Dem Muster entspricht im US-Weltkriegsfilm das dick unterstrichene Leitmotiv »The Best War Ever« (Bürger 2005a und 2007, S. 188-242). Diesem kommt eine instrumentelle, permanent kriegslegitimierende Funktion zu. Dass Politik und Massenkultur der Vereinigten Staaten in den 1930er Jahren (und später!) weithin große Gleichgültigkeit gegenüber dem Schicksal der deutschen Juden an den Tag gelegt haben (Schweitzer 2004), darüber gibt es in Beiträgen der Filmindustrie nur Andeutungen. Zu erinnern ist allerdings daran, dass Hollywood – wenn auch mit einigen Jahrzehnten Verzögerung – die wirkungsgeschichtlich bedeutsamsten Beiträge über die Shoah auf Fernsehbildschirm und Leinwand gebracht hat. Anknüpfen konnte man an Aufklärungskampagnen für Deutsche, die 1945 im Bereich der U.S. Army schon vor dem endgültigen Kriegsende einsetzten (www.nrw.vvn-bda.de/bilder/kz.pdf). Sehr fair und sachgerecht vermittelt Daniel Anker dieses große Verdienst in seinem TV-Dokumentarfilm HOLLYWOOD UND DER HOLOCAUST (2004).

Als Reflex auf die skrupellose Instrumentalisierung der Erinnerung an die Nazi-Gräuel schon für Zwecke des Kalten Krieges kann die neuere Romanverfilmung I AM DAVID (USA 2003) gesehen werden. Nach Anschauen des Trailers erwartet man am ehesten einen Film über ein deutsches KZ. Erzählt wird jedoch die Geschichte eines Zwölfjährigen, der 1952 aus einem kommunistischen Lager in Bulgarien entkommt. Die militaristische Kehrseite der Popularität des Themenkomplexes »Zweiter Weltkrieg« bezeichnen US-Autoren als »Recycling the good war: again, and again« (Boggs/Pollard 2007, S. 126-168).

Instrumentalisierung und Verharmlosung stehen, wenn es um geschichtspolitische Strategien geht, eng beieinander. Das wird leider selten bedacht.

Iran oder: Die aktuellste Hitlerisierungsstrategie

In Deutschland muss die Hitlerisierungsstrategie seit dem Jugoslawien-Krieg 1999 dafür herhalten, die Beteiligung des Landes an völkerrechtswidrigen Angriffskriegen zu begründen. Die vorerst jüngsten Vergleiche dieses Typs konzentrieren sich auf den iranischen Staatspräsidenten Mahmud Ahmadinedschad, der seinerseits die Gegenseite ohne Unterlass mit neuen Skandalstoffen bedient. Anfang Februar 2006 untermauerte Bundeskanzlerin Angela Merkel auf der Münchener Sicherheitskonferenz die Notwendigkeit eines »entschiedenen Vorgehens« gegen den Iran mit einem historischen Hinweis auf die abwartende Eindämmungspolitik gegenüber dem »Dritten Reich«: »Wir haben aus unserer Geschichte gelernt.« Die Bild-Zeitung berichtete ausführlich über diesen Vergleich und bewarb am 16.2.2006 mit plastischen Schaubildern faktisch US-Planungen, mit eindringenden Atombomben gegen den Iran vorzugehen. »Bild« titelte am 19. Februar 2006: »Ist der Irre aus Teheran so gefährlich wie Hitler?« Die beiden Illustrationen dazu zeigten nebeneinander Hitler und Ahmadinedschad. Dieser Beitrag ist nur Teil einer uferlosen, 2005 begonnenen Serie ähnlicher Artikel in Europas auflagenstärkstem Blatt, das täglich etwa 12 Millionen Bundesbürger lesen. Auch seriösere Zeitungen transportierten verschärfende Übersetzungen von Reden des iranischen Staatschefs, um dessen ohnehin schon unerträgliche Aussagen über Israel noch schlimmer zu machen. Bezeichnenderweise wurden Redepassagen, die Europas besondere Verantwortung für das Schicksal der Palästinenser thematisierten, nur selten wiederholt. Differenzierung tut not. Positive Traditionen des Zusammenlebens von Muslimen und Juden im Iran dürfen nicht unterschlagen werden. Antisemitische oder antijudaistische Untertöne iranischer »Kampfansagen gegen den Zionismus« dürfen nicht verharmlost werden. »Eine › eliminatorische‹ oder › genozidale‹ Dimension, wie sie jüngst von einigen Fürsprechern des ... Krieges im Libanon mit großer Verve und noch größerer Unkenntnis behauptet wurde, erreichte der islamistische Antisemitismus im Iran jedoch nie« (Kiefer 2006).

Während der Fußball-Weltmeisterschaft im Juni 2006 steigerten sich die Attacken. Irans Präsident wurde als »Islamofaschist« (Reinhard Bütikofer), »Verbrecher« (der bayerische Innenminister Günther Beckstein) und schließlich als »Hitler des 21. Jahrhunderts« (Dr. Michel Friedman) bezeichnet. Die hetzerische und nach Moshe Zuckermann sachlich abwegige Begriffsschöpfung »Islamofaschismus« erlangte erneut Hochkonjunktur seit den europäischen Terrormeldungen vom Juli/August 2006. Die Absicht ist eindeutig: Es soll eine moralische Verbindung mit der Befreiung vom Faschismus und dem Sieg über Hitler im Zweiten Weltkrieg hergestellt werden. Die Los Angeles Times berichtete einen Tag vor Ablauf des Ultimatums, das der UN-Sicherheitsrat mit der Resolution 1701 dem Iran gestellt hatte: »Defense Secretary Donald H. Rumsfeld on Tuesday compared critics of the Bush administration to those who sought to appease the Nazis before World War II, warning that the nation is confronting › a new type of fascism‹ « (latimes.com, 30.8.2006).

Dieses Demonstrationsplakat wurde im Januar 2007 über das Internet verbreitet (z.B. auf http://www.il-israel.org/). Über den Toren von Auschwitz weisen Kraftwerke mit Rauchsäulen auf das Kernenergieprogramm des Iran hin. Der iranische Präsident Ahmadinedschad erscheint in typischer »Hitler-Pose«. Sein Plan laut Überschrift: »Ich will den atomaren Holocaust.« – Auf ganz anderen Schauplätzen wird der deutsche Faschismus als »neue deutsche Tragik« bzw. als »Familiendrama« inszeniert. Im Film DER UNTERGANG (BRD 2004) halten Hitler und seine Geliebte Eva Braun sich z.B. Händchen.

Im August 2006 wurde der Einsatz deutscher Soldaten in Grenzgebieten zu Israel mit Verweis auf die historisch bedingte Verantwortung gutgeheißen oder abgelehnt. Der Friedensforscher Dr. Peter Strutynski, der selbst eine deutsche »militärische Auslandsmission« im Nahen Osten strikt ablehnt, hat der Argumentationsweise mancher anderer Gegner eines solchen Einsatzes nicht ohne Recht einen »latenten Rassismus« bescheinigt und als Konsequenz der Erfahrungen im deutschen Faschismus ein glaubwürdiges universelles Ethos gefordert, in dem das Leben und die Rechte aller Menschen – seien sie Israelis oder Libanesen, Juden oder Araber – gleich hoch geachtet werden. Klassifizierungen einer unterschiedlichen »Wertigkeit« von Menschen nach Hautfarbe, Herkunft, Religion usw. dürfe es nie wieder geben. Die moralischen Verwirrungen in der deutschen Debatte des Jahres 2006 zeigen in der Tat, dass ein solches universelles Ethos nicht wirklich allgemein im Bewusstsein verankert ist und die willkürliche Instrumentalisierung der deutschen Vergangenheit zugunsten militärischer Aktivitäten unvermindert anhält.

Ein denkwürdiges Plädoyer für »deutsche Normalität« und einen gewissen »Schlussstrich unter die Vergangenheit« war sogar in der Zeitung »Jungle World« zu lesen: »Wenn es jemals eine Legitimation für die Wiederbewaffnung der Bundeswehr, wenn es jemals ein legitimes Motiv für einen deutschen Auslandseinsatz gab, dann doch wohl, das Land der Überlebenden der Shoah, also Israel, zu verteidigen. [...] Die Normalität nicht anzuerkennen, führt letztlich dazu, Deutschland seine Neutralität im Konflikt mit dem Jihadismus zuzugestehen. [...] Nun mag man sagen, dass, wenn der erste Soldat bei der Verteidigung Israels das Leben lässt, in Deutschland endgültig der Schlussstrich unter die Vergangenheit gezogen werden würde, dagegen ist einzuwenden: Vielleicht wäre das der zulässige Moment« (Bozic 2006).

Auf der Linie der nationalistischen Normalitätsdebatte, die seit Jahren auch bürgerliche Kreise erreicht, bewegen sich Vorschläge zu einer Lossprechung von der deutschen Vergangenheit, die der iranische Präsident in einem anbiedernden Brief an Angela Merkel unterbreitet (Ahmadi-Nejad 2006). Darin ist z.B. pathetisch die Rede von einer »schwarze(n) Wolke der Erniedrigung und des Scham- und Schuldgefühls« und »Erpressungen der Zionisten«. Der iranische Präsident distanziert sich von »Propaganda für das Dritte Reich« und sucht doch eifrig die Nähe zu rechtsextremistischen Auslassungen über den Umgang mit der Geschichte. Im Dezember bot er einschlägigen Holocaust-Leugnern ein als »wissenschaftlich« deklariertes Forum an. Zu den Kritikern aus der islamischen Welt zählt der Palästinenser Khaled Kasab Mahameed, Gründer des ersten arabischen Holocaust-Museums (alkaritha.og).

Leider sind die rechtsextremen Ansichten über den Umgang mit Geschichte auch im deutschen Parlament vertreten. Drei Jahre nach Martin Hohmann sorgte der Bundestagsabgeordnete Henry Nitzsche für den zweiten prominenten Fall. Er hat, so teilte ein ehemaliger Stadtvorsitzender der CDU mit, im Juni 2006 ausgeführt, »man brauche den Patriotismus, › um endlich vom Schuldkult runterzukommen‹ und damit zu erreichen, dass › Deutschland nie wieder von Multi-Kulti-Schwuchteln in Berlin regiert‹ werde« (Telepolis, 3.12.2006).

Die »neue deutsche Tragik« im Film

In seinem Buch »Hitler war's« hat Hannes Heer die Reduktion der vorherrschenden deutschen Geschichtserinnerung auf das Bild des im Führer Adolf Hitler personifizierten Bösen dargestellt (Heer 2005). Im Anschluss an Joachim Fest und den Historikerstreit – und unberührt von zentralen Ergebnissen der neueren Geschichtsforschung – gelangte die so gelenkte Erinnerungsstrategie z.B. in zahlreiche, unter der Leitung von Guido Knopp entstandene ZDF-Produktionen und erreichte regelmäßig ein Millionenpublikum. Das massenkulturelle Muster: Der Dämon wird als Objekt dunkler Faszination dargestellt; die große Masse der Deutschen bestand aus lauter Verführten, wider Willen Verstrickten und Unwissenden; wichtige historische, gesellschaftliche und ökonomische Wurzeln des deutschen Faschismus bleiben ausgeblendet; die »Anständigkeit der Wehrmacht« fällt letztlich den zahlreichen Heimsuchungen nicht zum Opfer. Selbst die CBS-Produktion HITLER – THE RISE OF EVIL (Kanada/USA 2003) über den persönlich gehaltenen »Aufstieg des Bösen« lässt nur erahnen, dass deutschnationales Bürgertum und Wirtschaftsmächtige den Weg zur Macht der Nazis ebneten. Zu hören ist aber immerhin der frühe Klartext über Kriegspläne und Hitlers Wunsch, alle Juden zu vernichten.

Im Kinofilm DER UNTERGANG (BRD 2004) von Bernd Eichinger und Oliver Hirschbiegel, dem Prototypen einer »neuen deutschen Tragik«, erfahren die Zuschauer schon nichts mehr über Funktionen und Taten der im Führerbunker versammelten Verbrecherprominenz. Aus dem Dokumentarfilm IM TOTEN WINKEL übernimmt dieser Film für seinen Einstieg »zielsicher« nur die unerträglichsten Konjunktive aus Interviews mit der Hitler-Sekretärin Traudl Junge: Man hätten wissen und handeln müssen, aber man hat ja eigentlich doch nichts gewusst. Regisseur Hirschbiegel präsentiert sich, nachzuschauen in den DVD-Extras, bei den Dreharbeiten zum Hitlerfilm ganz unbekümmert als Fan von Military-Look. Wim Wenders empfand das Werk als Darstellung eines sehr »menschlichen« Hitlers und ergänzte: »In dem Film kommen auch plötzlich so viele gute Deutsche vor, dass mir noch ganz schwindelig ist.«

NAPOLA – ELITE FÜR DEN FÜHRER (BRD 2004) lässt dann die jungen Zuschauer wissen, dass ihre Vorfahren in Nazi-Eliteschulen im Großen und Ganzen vielleicht doch gute Jungens waren. Das zweiteilige Fernsehspektakel DRESDEN (BRD/GB 2005) erfüllt perfekt ein Kriterium für den von Heer analysierten Revisionismus: Die Deutschen waren Opfer und sogar »Brandopfer«! Nicht die – legitime – moralische Infragestellung von Massenbombardements über deutschen Städten, nicht der dick aufgetragene Kitsch und auch nicht die mit aufgeblähter Digitaltechnik versuchte Annäherung an das Grauen der Brände machen dieses Werk unerträglich, sondern seine allzu offenkundigen Funktionen im Sinne des neuen Paradigmas der Geschichtserinnerung. Die vorbildliche Tochter aus einem regimetreuen Haushalt ist Krankenschwester, hilft der befreundeten Ehefrau eines noch nicht deportierten Juden und verliebt sich Hals über Kopf in einen abgestürzten britischen Kampfpiloten. Das größte Verbrechen eines Deutschen im Film ist der Diebstahl der Morphinvorräte in einem Militärhospital, in dem Betäubungsmittel zur Versorgung deutscher Soldaten dringend benötigt werden. Das Motiv: korrupte Profitgier. Der Täter: ein leitender Arzt ohne Sinn für Vaterlandstreue, der den Krieg schon für verloren hält. Die Leiden alter Leute in den Luftschutzbunkern sind so groß, dass diese einen anwesenden Wehrmachtssoldaten um den Gnadentod anflehen ... Wie man den Regisseur überreden konnte, ein solches Drehbuch zu verfilmen, muss noch erkundet werden.

Im internationalen Kino erzählt Deutschland daneben – nach löblichen Titeln wie DER STELLVERTRETER (Frankreich/BRD 2002) und ROSENSTRAßE (BRD 2003) – wieder ein Schicksal aus dem Widerstand: SOPHIE SCHOLL – DIE LETZTEN TAGE (BRD 2004). Es handelt sich um eine Art Fortsetzung des wichtigen Verhoeven-Films DIE WEIßE ROSE (BRD 1982), der wirkungsgeschichtlich das Problembewusstsein bezogen auf die seinerzeit fortdauernde Geltung der faschistischen »Rechtssprechung« gestärkt hat. Gegen die Erinnerung an Gestalten des Widerstands wäre kaum etwas einzuwenden, wenn wenigstens versucht würde, auch die Gleichgültigkeit des breiten Bürgertums, die Komplizenschaft der Wirtschaft, die banale »Alltäglichkeit« des Faschismus, das traurige Versagen der deutschen Kirchen, die systematische Verbrechensbeteiligung der Institution Wehrmacht oder die Täterschaft von Millionen Menschen als Thema in einer neuen Generation von Filmen aus der Bundesrepublik aufzugreifen. Über Nazi-Verbrechen und Nazi-Vergangenheit kommen durchaus noch Filmbeiträge mit neuen Sichtweisen auf den Markt, z.B. – in Deutschland mit mehrjähriger Verspätung – THE GREY ZONE (USA 2002) von Tim Blake Nelson über die grauenvollen Zwangsarbeitsaufgaben und den Widerstand eines jüdischen »Sonderkommandos« im KZ oder THE STATEMENT (USA 2003). Der Beitrag der deutschen Filmindustrie fällt – wo er nicht wie Jens Schanzes WINTERKINDER (BRD 2005) und Michael Verhoevens Dokumentarfilm DER UNBEKANNTE SOLDAT (BRD 2006) auf das überschaubare Publikum der Programmkinos zielt – bescheiden aus. Aus dem Rahmen fallen allerdings auch Schlöndorffs DER NEUNTE TAG (2004) und GHETTO (BRD/Litauen 2005). Obwohl ansonsten belanglose – meist gewalttätige – US-Fernsehprodukte sehr viele Regale in hiesigen Videotheken füllen, ist zumindest bis zur Stunde an eine deutschsprachige DVD-Fassung von CONSPIRACY (GB/USA 2001) noch nicht gedacht worden. Es handelt sich bei diesem Titel für das Fernsehen um einen beachtenswerten Versuch über die Wannseekonferenz zur »Endlösung der Judenfrage«. Etwa zeitgleich zum Erscheinen dieses Titels förderte das Kinowerk TAKING SIDES (BRD/Frankreich 2001) die Annahme, selbst Menschen jüdischer Herkunft hätten ab 1945 den Moralanspruch mancher US-Entnazifizierer als zu fanatisch empfunden.

Befremden muss neuerdings die Medienauswahl für ein an sich begrüßenswertes Aufklärungsprojekt des Magazins »Der Spiegel«. Dieses verehrte allen Lesern der Printausgabe vom 16. Oktober 2006 den TV-Dokumentarfilm DER NÜRNBERGER PROZESS – TRIBUNAL DES TODES (BRD 1997) als DVD. Bisweilen beschleicht einen bei diesem Werk von Michael Kloft das Gefühl, den wegweisenden, hochaktuellen Anschauungen des US-Chefanklägers Jackson solle paritätisch das Deutungsmuster »Siegerjustiz« gegenübergestellt werden.

Das neue deutsche Selbstbewusstsein, Nationalinteressen und die Bundeswehr auf RTL

Die Äußerungen des deutschen Papstes bei seiner Polenreise im Mai 2006 passten sich durchaus der vorherrschenden Geschichtsdeutung an. Während sein Vorgänger Johannes Paul II. die Geschichte des christlichen Antisemitismus und die Mitschuld von Kirchenleuten klar benannt hat, machte Joseph Ratzinger als Deutscher eine Einschränkung hinsichtlich der Bußfertigkeit. Man müsse sich, so bemerkte er eigens, »vor dem Hochmut hüten, sich arrogant zum Richter vorangegangener Generationen zu machen, die in anderen Zeiten und unter anderen Umständen gelebt haben«. In der Papstansprache im Konzentrationslager Auschwitz-Birkenau am 28. Mai 2006 wurde die *Unvergleichbarkeit* der am Ort begangenen Verbrechen betont. Doch dann folgte die Verführungsthese: »Ich stehe hier als Sohn des deutschen Volkes, [...] als Sohn des Volkes, über das eine Schar von Verbrechern mit lügnerischen Versprechungen, mit der Verheißung der Größe, des Wiedererstehens der Ehre der Nation und ihrer Bedeutung, mit der Verheißung des Wohlergehens und auch mit Terror und Einschüchterung Macht gewonnen hatte, so dass unser Volk zum Instrument ihrer Wut des Zerstörens und des Herrschens gebraucht und missbraucht werden konnte.« Der Oberrabbiner von Rom, Riccardo Di Segni, bewertete diese Interpretation mit einer höflichen Wendung als »problematisch«. Beklagt wurde schließlich vom Papst bezogen auf Verbrechen, die *Menschen* getan und mächtige Institutionen ermöglicht haben, merkwürdigerweise vor allem ein »Schweigen Gottes«. Problematisch ist hier das politische Deutungsmuster, nicht etwa ein Herunterspielen der Gräuel. Besucher einer bald darauf anberaumten Papstaudienz in Rom haben mir von ihrem Eindruck erzählt, dass der KZ-Besuch in Polen den Pontifex nachhaltig berührt habe.

Schon die massenkulturelle Geschichts(re)konstruktion der 1950er Jahre erzählte von einem Volk, das ein einzelner Verrückter verführt hatte. Diese Version war für das Projekt einer Wiederbewaffnung der Bundesrepublik sehr nützlich. Die dreiteilige Romanverfilmung 08/15 (BRD 1954/55) diente auf skandalöse Weise dazu, den Bogen von der Wehrmacht hin zur soeben eröffneten Bundeswehrkaserne zu spannen. Der Titel, heute wieder in allen größeren Videotheken eingestellt und auf dem DVD-Markt als aufwändige Box mit rekonstruierten Langfassungen vertrieben, beginnt im ersten Teil mit Wehrmachtssoldaten, die »gute Kerle« sind, und einem wirklich netten BDM-Mädel. Im Fortgang wird dem Zuschauer suggeriert, dass Nazis und ehrbare Wehrmachtsangehörige eigentlich gar nichts miteinander zu tun haben. Das Kino bediente auch Jahrzehnte später immer wieder revisionistischen Geschmack mit unterschiedlichen Titeln wie DAS BOOT (BRD 1984), STALIN-

GRAD (BRD 1991/92), ENEMY AT THE GATES (BRD/GB/Irland/USA 2000) oder SO WEIT DIE FÜSSE TRAGEN (BRD 2001). In der Eichinger-Produktion DAS BOOT sind die deutschen Helden, wie es seit den 50er Jahren Standard geworden ist, natürlich keine Nazis. Die beiden zuletzt genannten Titel präsentieren als Haupttäter den Stalinismus.

Im Jahr 2006 sind »wir« längst wieder normal und als »Volk« vereint und sagen – wie es berufene Politiker schon lange wünschen – auch wieder »wir«. Der große Verrückte allein ist der Erinnerung noch geblieben. Die nationalistisch-rassistische Sozialpropaganda der stetig anwachsenden rechtsextremistischen Szene fällt auf einen Boden, der mit jeder Etappe des Sozialabbaus immer empfänglicher wird für die Saat. Der bayrische Ministerpräsident Stoiber sucht mit einer Polemik gegen »ausländische Sozialschmarotzer« den Anschluss (Der Standard, 9.12.2006). Wider besseres Wissen will man noch immer von einem Häuflein Verirrter sprechen, das dem großen Verrückten aus ferner Vergangenheit anhängt. Ergebnisse der im November 2006 von der Friedrich-Ebert-Stiftung vorgestellte Studie »Vom Rand zur Mitte« zeigen, wie abwegig das ist: 11% der Deutschen stimmen z.B. der Aussage »Der Nationalsozialismus hatte auch seine guten Seiten« zu, etwa ein Viertel wünscht sich »eine einzige starke Partei, die die Volksgemeinschaft insgesamt verkörpert«, und fast 40% meinen, die Bundesrepublik sei »durch die vielen Ausländer in einem gefährlichen Maß überfremdet«. Bei der Vorbereitung auf ihren Einsatz im Afghanistan-Krieg sollen KSK-Soldaten ein Wehrmachtssymbol auf ihr Fahrzeug aufgemalt haben (Der Standard, 1.11.2006). Die aktuellsten Umfrageergebnisse der »Heitmeyer-Studie« weisen derzeit auf einen erneuten Anstieg antisemitischer Einstellungen hin. ... Die letzten Augenzeugen und Opfer sterben in unserer Gegenwart. Der Abbruch der mündlichen Überlieferungskette ist absehbar. Wenn in Bereichen wie der Kulturpolitik oder der Jugendbildung nicht große Anstrengungen erfolgen, wird die Gesellschaft in naher Zukunft ein gefährliches Erinnerungsproblem bekommen. Die positiven Seiten im Buch der deutschen Erinnerungskultur sind nie vom Himmel gefallen, sondern stets Früchte gesellschaftlicher Bemühungen gewesen.

Leider kommen Amnesien der aktuellen Politik sehr entgegen, und die Abgrenzungen des amtlich geförderten Spaßpatriotismus von der in Landesparlamenten repräsentierten Anhängerschaft faschistischer Ideale sind selbst Indiz dafür, dass an der neuen Welle etwas faul sein muss. Die Mitarbeit von Offizieren in dubiosen militärischen Traditionspflegevereinen ist offenbar ausdrücklich erwünscht (Brendle 2006). Der Medienkampagne »Du bist Deutschland« folgte die Massenproduktion deutscher Nationalflaggen und anderer nationaler Devotionalien im Jahr 2006, wie es sie nach 1945 so bislang nicht gegeben hatte. Der ganze gut vorbereitete Komplex ist geeignet, mehr Akzeptanz für einen Patriotismus mit Sinn für die Nationalinteressen zu wecken (Bürger 2006d). An zahlreichen Gaststätten und Dorfhallen weht schwarz-rot-gold noch immer als Dauerinstallation. Die traurigsten Nachwehen betreffen allerdings innere Einstellungen in der Bevölkerung (Gaserow 2006). Der Griff zu den einschlägigen Hits lässt das Rauscherlebnis musikalisch wieder lebendig werden. In DEUTSCHLAND – EIN SOMMERMÄRCHEN (BRD 2006), der cineastischen Nachbereitung des neu erwachten Wir-Gefühls, wird die Flagge nach US-Vorbild zum zentralen Requisit: Am Straßenrand jubeln junge Bundeswehrsoldaten den Nationalhelden zu.

Die im Grundgesetz zentral verankerte Friedenstaatlichkeit steht inzwischen so offen wie nie zur Disposition (ausführlich: Bürger 2006c und 2006n). Der deutsche Minister für das Militärressort wünscht seit Anfang 2006 sogar eine Verfassungsänderung zugunsten der »Auslandseinsätze«, was vergleichbaren Bestrebungen ausgerechnet in Italien, Österreich und Japan entspricht. Einer neuen Militärdoktrin, die ausdrücklich von einer deutschen Interessenspolitik ausgeht, wird das Wort geredet. Von der Verfassung mit keiner Silbe gedeckte Anschauungen wurden über ein regierungsamtliches »Weißbuch« mit dem äußeren Anschein der Legalität versehen, was der Aachener Friedenspreis e.V. mit einer – inzwischen zurückgewiesenen – Anzeige gegen Bundeskanzlerin und Militärminister beantwortet hat. Zu den Nationalinteressen, die leitend sein sollen für ein neues *militärisches* Handeln, zählen Rohstoffzufuhr, Sicherung der Energieversorgung, Schutz eines ungehinderten »freien Handels« bzw. »Warenaustauschs«, Zugang zu Märkten und die Abwehr unerwünschter Eindringlinge aus armen Ländern. Selbst der ehemalige Antimilitarist Jürgen Trittin von den Grünen folgt in einem Beitrag dem Nato-Jargon »Werte und Interessen« (Trittin 2006). In den Vereinigten Staaten hörte der US-Beauftragte der Bundesregierung, Karsten Voigt, folgende, vom Spiegel am 20.11.2006 als Titel verwendete Begehrlichkeit: »Die Deutschen müssen das Töten lernen.«

Mit einer so *rasanten* Entwicklung hin zur offensiven Militarisierung der Politik und zur Absage an elementare Verfassungsprinzipien haben selbst bei Beginn der Großen Koalition nur wenige Autoren gerechnet. Sehr bald, steht zu befürchten, könnte es Anlass geben, der komödiantischen Abrechnung NVA (BRD 2005) im Kino ein ernstes Werk über die Bundeswehr nachfolgen zu lassen.

Das Weihnachtslied »Stille Nacht« geht auf einen sozialgeschichtlich sehr interessanten und anrührenden Ursprungskontext im katholischen Kleine-Leute-Milieu zurück. Im Ersten Weltkrieg war dieses Lied sogar Auslöser für einen spontanen Waffenstillstand an der Front. Dieses Ereignis hat Christian Carion im Film JOYEUX JOËL / MERRY CHRISTMAS (Frankreich/BRD/Rumänien/Belgien/GB 2004) verarbeitet, wobei ihm nach Auskunft von Lars-Olav Beier das französische Militär aus Abneigung gegenüber einer Glorifizierung von Deserteuren die Unterstützung verweigert hat (Klein/Stiglegger/Traber 2006, S. 361). Während des Zweiten Weltkrieges fungierte die Stille Nacht der deutschen Wehrmachtsweihnacht dann vor allem als Schlummerlied zur Einschläferung des Gewissens. Heute stellt sich die Frage, welches Weihnachtslied die Festung Europa den Armen der Welt singen möchte.

Im wiedervereinigten Deutschland, das sich ohne Bescheidenheit zum maßgeblichen Kerneuropa zählt, werden zeitgleich zur Diskussion um Bundeswehreinsätze für die Innere Sicherheit feierliche Militärrituale mit Zapfenstreich-Fackeln und Soldatengebet zunehmend wieder in den Raum der Zivilgesellschaft verlagert. Sehr zu begrüßen wäre eine eigenständige Untersuchung von Bemühungen, analog zum US-amerikanischen Militainment auch bei uns Kooperationen von Militär, Staat und Unterhaltungsindustrie zu etablieren. Einen Überblick über entsprechende Fernsehproduktionen und Unterhaltungsaktivitäten bei der Bundeswehr bietet Tanja Thomas (Thomas/Virchow 2006, S. 333-354). Sie berücksichtigt unter anderem die Serien *Die Lindenstraße*, »*Nicht von schlechten Eltern*« (ARD), »*Die Rettungsflieger*« (ZDF, in enger Zusammenarbeit mit der Bundeswehr), »*Jets – Leben am Limit*« von Pro 7 (Werbung für Kampfpiloten der Bundeswehr; vgl. Bürger 2005a und 2007, S. 63, 569), die von der Marine sehr gelobte Dokusoap »*Frauen am Ruder*« (WDR) und die Dokumentation *Soldatenglück und Gottes Segen* über deutsche Soldaten im Kosovo. Im Kino lief Anfang 2006 ein Werbespot für den Kampfpilotenberuf; RTL präsentierte die Miniserie »*Sonja wird eingezogen*« (Kruse 2006). Produzent der TV-Serie war die von Bundesministerien schon mehrfach in Anspruch genommene Firma Allcom. Die Bundeswehr stellte Geräte und Statisten. Zur Frage der Finanzierung, so Niels Kruse, hielt sich RTL bedeckt.

Im Kinderfernsehen zeigte der Bayrische Rundfunk mit WILLI WILL'S WISSEN: WANN IST KRIEG UND WANN IST FRIEDEN? (BRD 2005) die im Ausland eingesetzten Bundeswehrsoldaten als Helfer, die auf dem Balkan die von bösen Menschen verlegten Minen wegräumen. Leider informiert das auch als FWU-Video für den Schulunterricht vertriebene Werk nicht darüber, dass die Bundeswehr z.B. noch immer nicht ihre eigenen Streubomben-Arsenale leer geräumt hat und die Bundesregierung hierbei auch keine völkerrechtlichen Probleme sieht. Der Zweiteiler DIE STURMFLUT* (BRD 2005), an der Seite von DRESDEN als eines der TV-Highlights bei der Bambi-Gala 2006 gepriesen, enthält offensive Werbeanteile zugunsten der Bundeswehr: Der Hamburger Polizeisenator und spätere Bundeskanzler Helmut Schmidt beruft sich 1962 bei der Katastrophe an der Nordseeküste auf den Ausnahmezustand. Er fordert nicht nur deutsche Soldaten an, sondern nimmt unter Umgehung aller Dienstwege direkt Kontakt mit der NATO auf. Die große Entschlossenheit

Schmidts erhellt der Drehbuchtext mit folgender Selbstaussage: »Ich bin ja Leutnant aus dem Zweiten Weltkrieg!«

Neue Filme über den Zweiten Weltkrieg

Ergänzend zu früheren Ausführungen (Bürger 2005a und 2007, S. 188-242) möchte ich hier noch an den Film RACE TO SPACE* (USA/Kanada/Frankreich/ BRD 2001) erinnern. Dieses Werk lässt in der Rückschau auf die Historie gro- ßen Opportunismus walten und schlägt auf folgende Weise US-amerikanische Brücken zur »europäischen« Raumfahrtforschung: Hitlers fähige V2-Rake- tenbauer gelangen 1945 irgendwie in die USA, bauen dort nunmehr »Raketen für den Frieden« und erhalten sogar die US-Staatsbürgerschaft. Zu ihnen gehört ein Wilhelm von Huber, der 1960 in der US-Raumfahrtforschung eine leitende Stellung innehat (als Zuschauer erinnert man sich an Wernher von Braun, der 1960 Direktor des »Marshall Space Flight Center« in Huntsville wurde). Auch der Sohn »Billy« (Wilhelm Friedrich von Huber) hilft mit beim ehrgeizigen Weltraumprojekt, indem er die Schimpansen-Astronauten betreut. Da die Rakete des Vaters am 31. Januar 1961 erfolgreich aus dem Weltraum zurückkehrt, wird Billy in der Schule nicht mehr an den »Führer Hitler« erin- nert oder als »Sauerkrautfresser« beschimpft. Der Abspann tut kund: »*We gratefully acknowledge the cooperation of the U.S. Department of Defense and the U.S. Air Force, ... Philip Strub ...*« Es folgen Danksagungen an zahl- reiche Einheiten der Air Force, die »National Aeronautics and Space Admin- istration«, NASA Research Center, Kennedy Space Center und Lyndon B. Johnson Space Center. Die NASA möchte ihre Kooperation und Assistenz allerdings nicht als Stellungnahme zu Filminhalten bewertet wissen.

Im propagandistischen Weltkriegskino der USA wird der Blick im 60. Jahr der Hiroshima-Bombe weg von Europa hin nach Asien gelenkt. Der neue »Bataan-Titel« THE GREAT RAID* (USA 2005) will an das Schicksal von zehn- tausenden US-Soldaten erinnern, die auf den Philippinen ermordet wurden oder für drei Jahre in japanische Kriegsgefangenschaft gerieten, ebenso an die »bis heute erfolgreichste Rettungsoperation der US-Militärgeschichte« im Januar 1945. Der Zuschauer sieht, dass die Japaner bei der Ausführung ihrer Kriegsverbrechen weder Menschlichkeit noch Völkerrechtskonventionen ken- nen. Ihre Gefangenenlager erinnern schon optisch an die KZs der Nazis. Gemäß oberster Weisung werden noch lebende US-Soldaten kollektiv mit Ben- zin verbrannt. Zuvor sollen sie offenbar ihr eigenes Massengrab ausheben. Während die gefangenen US-Amerikaner an Malaria und Auszehrung sterben, lagern die ihnen zugedachten Rotkreuz-Pakete in der Kantine der japanischen KZ-Wächter. Die Befreiung, nach der die US-Flagge wieder wehen kann, wird in Zusammenarbeit mit dem philippinischen Widerstand von einer US-Einheit ausgeführt, die hauptsächlich Soldaten aus ländlichen, agrarischen Gebieten der Vereinigten Staaten rekrutiert hat. Das Werk ist mit dokumentarähnlichem Material angereichert. Da es den Zuschauern in einem fortgeschrittenen Stadium des laufenden »Antiterrorkrieges« vorgeführt wird, sind unter anderem folgende Punkte bei der Filmanalyse zu beachten: 1. In den Eingangssequenzen wird an »Pearl Harbor« erinnert. 2. Die USA bzw. US-Soldaten nehmen im Film durchgehend die Rolle der Opfer ein, wobei die Visualisierung den Hollywoodfilmsequenzen über die Shoah bisweilen zumindest ähnlich ist. 3. Zu den Kriegsverbrechen der Feinde gehören die Ermordung tausender unbewaffneter Kriegsgefangener, die Tötung von Zivilisten in widerständigen Dörfern und Folterpraktiken im Gefängnis (alle diese Vergehen werden seit 2002 auch den USA oder ihren Verbündeten vorgeworfen). 4. Das »christliche« Paradigma entfaltet sich über mehrfache Kreuzigungsszenen, Opferethos, Gebetsgesten, Choralmusik, Kirchenraum und positive Drehbuchrollen von Geistlichen. 5. Die Angehörigen der U.S. Army müssen wegen ihres Befreiungseinsatzes für die Philippinen zwar leiden (wie die US-Soldaten im Irak), werden aber nach Jahren des zähen Ausharrens erlöst. Auch für diesen Film gilt: »*The Producers Wish to Thank: Philip Strub, Special Assistant for Entertainment Media, Office of the Assistant Secretary of Defense for Public Affairs; Major Todd Breasseale, US Army, Department of Defense Project Officer ...*«

Die britische Weltkriegskomödie THE LAST DROP (GB 2005) wendet sich einem ganz anderen Thema des Jahres 1945 zu, der Kunsträuberei von Nazis und SS-Größen. Ein geheimes Himmelfahrtskommando der Briten hat kurz vor Kriegsende offenbar nichts Dringlicheres zu tun, als nach einer Notlandung über dem besetzten Holland die von Deutschen geraubten Kunstschätze aufzuspüren. Auf allen Seiten gibt es pfiffige Gestalten, die ihr Schäfchen im Sinne der heute waltenden »Wirtschaftsphilosophie« ins Trockene bringen wollen, und geheimes Taktieren: »Der Schleier des Krieges ist der beste Zeitpunkt für einen Raubzug.« An den Blödsinn von Vaterland und König glaubt indessen niemand mehr. Den dummen Deutschen wird in die Suppe gepisst oder durch Sprengsätze der Garaus gemacht. Doch die *cleveren* Deutschen dürfen am Ende als Kunsträuber mit Stil in Erscheinung treten. Es gibt einige Seitenhiebe in Richtung U.S. Army, was findige Filmrezensenten möglicherweise als Indiz für ein kritisches Bewusstsein verwerten können: US-Soldaten schießen aus Versehen auch auf die britischen Verbündeten; ein ignoranter US-Offizier steckt die »Mona Lisa« wie ein nettes Souvenir eingerollt unter seine Jacke. Es bedarf schon eines ganz speziellen Humors, um einen Film wie diesen im Jahr 2005 für angesagt zu halten.

Eine interessante Neuerscheinung der letzten Jahre zum Thema »Zweiter Weltkrieg« ist die rekonstruierte Langfassung eines Klassikers von Samuel

Fuller: THE BIG RED ONE – THE RECONSTRUCTION (USA 1980/2004). Die Mission der US-Soldaten in diesem Film ist ernst, doch die Soldaten selbst weisen sich im Sinne des »guten Krieges« oder der evangelikalen Militärethik durch keinen guten Charakter aus. »Überleben« heißt die Parole. Dabei sorgt man sich z.B. um Gunst und Willigkeit weiblicher Geschöpfe. Die geballten Zweideutigkeiten wären im Weltkriegsfilm der 90er Jahre undenkbar. Für eine neue Schlüpfrigkeit des Kriegskinos, die sich aus meiner Sicht schon jetzt abzeichnet, bietet Fuller manche Anregung.

Als aktuelles Kinoereignis muss noch FLAGS OF OUR FATHERS (USA 2006) von Clint Eastwood genannt werden. Über einen filmgeschichtlichen Vorgänger aus dem Jahr 1949 schreiben Carl Boggs und Tom Pollard: »The film that surely most epitomized the good-war modality was *The Sands of Iwo Jima*« (Boggs/Pollard 2007, S. 72). Erzählt wird in FLAGS OF OUR FATHERS die Geschichte der sechs US-Soldaten, die nach der sehr opferreichen Schlacht um die Pazifikinsel Iwo Jima am 23. Februar 1945 auf dem Gipfel des Mount Suribachi die US-Flagge gehisst haben. Die Szene ist zentral für die patriotische Ikonografie der USA, verdankt sich allerdings einer vom Kriegsfotografen Joe Rosenthal inszenierten Nachstellung mit größerem Fahnenformat (Paul 2004, S. 265f.). In Interviews hat Clint Eastwood zumindest auf Analogien zu aktuellen Pentagoninszenierungen verwiesen. Da ich sein Werk bei Abschluss dieses Buches noch nicht anschauen konnte, zitiere ich aus dem Beitrag eines US-Konsumenten in der Internet Movie Data Base (imdb.com). Darin wird der Film eher in der Linie von Rezensionen gesehen, in denen von einem Bild des echten Heldentums die Rede ist: »The flag that stands on Japan's Iwo Jima remains as one of the nation's most prevalent symbols of freedom, justice, victory, and, most of all, freedom. i have never been so moved to see such a movie then Flags of Our Fathers, and i know that this movie will awake the eerie memories of WWII vets from the war in the Pacfic some 65 years ago. If this movie does not win at least 3 Academy Awards, then we as a nation have lost a patriotic feel towards our history. We will never forget, and we will always be thankful.« Eine Kontroverse über dieses Eastwood-Werk in der europäischen Kriegsfilmkritik wird vermutlich nicht lange auf sich warten lassen. Der Regisseur hat – mit viel bescheidenerem Budget – kurz nach FLAGS OF OUR FATHERS eine filmische Reflektion des gleichen Schauplatzes »aus japanischer Perspektive« folgen lassen: LETTERS FROM IWO JIMA (USA 2006).

8   Afrika oder: Die Aufrüstung der reichen Weltzentren im Dienste guter Taten

> »Das könnte der Anbruch eines neuen Zeitalters sein. Atomwaffen sind bedeutungslos in einer Welt, in der ein Virus ganze Völker töten, aber ihre Reichtümer intakt lassen kann.«
>
> Eine Biowaffenforscherin im Film V FOR VENDETTA (2005)

Dreißig Millionen Menschen sterben jährlich auf unserem Planeten, der etwa zwölf Milliarden Menschen Nahrung geben könnte, an Hunger. Viele andere Sektoren tödlicher Unterversorgung kommen hinzu. Die Opfer sterben im größten Krieg der Gegenwart, im Krieg gegen die Armen der Erde. Der UN-Sonderbeauftragte für Ernährung, Jean Ziegler, bescheinigt in seinem Buch »Imperium der Schande« denen, die für die gegenwärtige Weltunordnung verantwortlich sind, ein systematisches Massenmorden. Über eine skandalöse Nahrungsmittelindustrie, die der »neoliberalen« Doktrin folgt, unterrichtet der Dokumentarfilm WE FEED THE WORLD (Österreich 2005) von Erwin Wagenhofer. Die Verhungernden kommen in den Planungen der global agierenden Konzerne nicht vor. In Hungerregionen produziert man Viehfutter für den westlichen Fleischverzehr. Während die Wasserversorgung zu den dringlichsten Herausforderungen der Gegenwart gehört und technologisch gelöst werden könnte, richten Wirtschaftsgiganten ihr Augenmerk vor allem auf die kommerzielle Vermarktung von Trinkwasser. Europa gehört zu den reichen Zentren und verstärkt seine militärische Abwehr gegen jene Verlierer aus anderen Kontinenten, die das gelobte Land einer privilegierten Minderheit auf dem Globus betreten wollen. Auch Satelliten und Drohnen sollen dabei demnächst zum Einsatz kommen.

Das Afrikabild der Humanbellizisten

Es ist absehbar, dass Menschen aus anderen Kulturen in unseren massenmedialen Bildern noch häufiger jene Masken- bzw. Fratzengesichter zeigen werden, die ihnen die Betreiber der Hochsicherheitsgrenzen verpassen wollen. In einem neueren Horrorfilm, SKELETON KEY (USA 2005), führt die Angst des reinen Christentums vor »Schwarzen« und schwarzer Magie zu sehr befremdlichen Ansichten. Liest man die Geschichte vom Ende her, ergibt sich für manchen Zuschauer wohl folgende Schlussfolgerung: Man hätte das im Film gezeigte schwarzafrikanische Sklavenpaar auf einer Plantage schon an den Lynchgalgen hängen sollen, bevor es den weißen Kindern des Hauses mit Voodoo-Zauber das junge Leben entziehen konnte. Weil man dies versäumt hat, wird die heidnische Magie über Jahrhunderte hin weitergehen.

Viel stärker als seine Kinovorläufer mobilisiert die aktuellste Verfilmung von KING KONG (USA 2005) eine Masse dunkelhäutiger »Wilder«, die für die Weißen (und für »zivilisierte Afroamerikaner«) eine Bedrohung darstellt. Der Titel DIE WEIßE MASSAI (BRD 2005) handelt im Grunde von weiblichem Sextourismus in Afrika. Doch die Moral von der Geschichte lautet: Das strahlende Lächeln der Massai trügt. Auf die Bedürfnisse einer westlichen weißen Frau können sie sich niemals einstellen. Man vergleiche Filmbeiträge dieser Art einmal mit dem Chor afrikanischer Mädchen in Werner Herzogs COBRA VERDE (BRD 1987). Herzog bringt mit den Mitgliedern dieses Chors keine tragischen afrikanischen Gestalten auf die Leinwand, sondern selbstbewusste junge Frauen, die in ihrer Sprache vom unweigerlichen Untergang aller Unterdrücker singen.

Das globale Ungleichgewicht ist sehr unstabil und nur mit Zwang aufrechtzuerhalten. Entsprechend fließt der Riesenanteil aller von Menschen erarbeiteten Wirtschaftsgüter in Ausgaben für Rüstung und Militär. Die weltweiten Militärausgaben lagen 2005 bei 1.100 Milliarden US-Dollar. Die Beiträge der Vereinten Nationen zu wirtschaftlichen, sozialen und humanitären Programmen für die ärmsten Länder der Welt belaufen sich dagegen z.B. nur auf 10,5 Milliarden pro Jahr. Deutschland ist inzwischen viert- oder fünftgrößter Rüstungsexporteur. In ein UN-*Ernährungsprogramm* für den Kongo hat es gerade mal 2,2 Millionen Euro Jahresbeitrag eingezahlt. Über Nacht aber konnte der Bundestag 2006 für einen *Militäreinsatz* im Kongo fast 60 Millionen Euro lockermachen. Über das Ergebnis zeigte man sich zufrieden. Es entstand der absurde Eindruck, mit Hilfe deutscher Soldaten habe man die freie Wiederwahl eines Politikers absichern können, dem am Wohl der Menschen im eigenen Land gelegen sei. Mehrere Unionspolitiker haben im Zusammenhang mit der Kongo-Debatte ausdrücklich auf die europäischen Rohstoffinteressen in der Region hingewiesen.

Zu rechnen ist damit, dass die Welt der Gewinner trotz ihrer im Übermaß erwiesenen Gleichgültigkeit und trotz eines neuen Paradigmas ungeschminkter nationaler Interessenspolitik mit weiteren Märchen über »humanitäre Militärinterventionen« aufwartet, auch im Kino (Bürger 2005e, S. 157-166 und 2006a, S. 15-18), und dass der bevorzugte Schauplatz Afrika heißt (Pflüger/Wagner 2006, S. 225-247). Auf diesem Feld ist die publikumswirksamste Rechtfertigung für die weitere Aufrüstung der reichen Weltzentren – »im Dienste guter Taten« – und für kriegerische Unternehmungen zur Ressourcensicherung zu erzielen.

Auch Schutzzonen für potenzielle Völkermordopfer, von deren Notwendigkeit ein Film wie HOTEL RWANDA (Südafrika/GB/Italien 2004) erzählen will, können – statt im Rahmen eines UNO-Konzepts behandelt zu werden – das Argument für die Verbesserung der militärischen Fähigkeiten von USA, Europa und NATO liefern. Man will Weltpolizei sein, aber ein wirklich internationales Polizeirecht wollen die Humanbellizisten nicht. Übrigens würde ein glaubwürdiger westlicher Spielfilm über den Völkermord in Ruanda auf jeden Fall die Mitverantwortung westlicher Regierungen thematisieren und darüber informieren, dass man sogar die technologisch mögliche Störung der seit Mitte 1993 zum Massenmord anstachelnden Radiosender schlichtweg unterließ.

Auf weitere Filmprodukte nach Art von BLACK HAWK DOWN* oder TEARS OF THE SUN* wird man gefasst sein müssen (Bürger 2005a und 2007, S. 305-310, 318-322). BLACK HAWK DOWN* über den US-Militäreinsatz im Jahr 1993 kann auch angesichts der nachfolgenden Entwicklung in Somalia eigentlich nur als bitterböses Trauerspiel angeschaut werden. Der Titel TEARS OF THE SUN* wäre drei Jahre nach seinem Kinostart noch immer sehr geeignet, eine aktuelle Afrikakampagne in den USA zu begleiten, die auch antibushistische Schauspieler wie George Clooney und Politiker der Demokraten unterstützen: Man wünscht eine westliche Militärintervention im Sudan und verschweigt, dass in diesem rohstofffreien Land die USA und China mit Blick auf den zukünftigen Zugang zu Ressourcen miteinander konkurrieren. In der Provinz Dafur sieht man arabische Muslime als Mörder schwarzafrikanischer Christen. Mit dieser Schablone nach Art von TEARS OF THE SUN* kommen die Verhältnisse in einen Bilderrahmen, der den westlichen Wählern den passenden Ausschnitt zeigt. Von den komplexen Wurzeln der mörderischen Gewalt in Dafur wollen die »humanitär« motivierten Militärplaner ebenso wenig etwas hören wie von der Notwendigkeit eines viel größer angelegten Programms gegen Hunger, Dürre und Unterentwicklung in der Provinz. Leider werden auch die maßgeblichen Waffenlieferanten nicht an den Pranger der Weltöffentlichkeit gestellt.

Als kritischen Beitrag zum Thema »Afrika« haben viele Rezensenten den Politthriller THE INTERPRETER (GB/USA 2005) von Sydney Pollack bewertet: Im – fiktiven – afrikanischen Matobo gehören »ethnische Säuberungen«, Massengräber und bewaffnete Kindersoldaten zur Tagesordnung. Korrupte Politiker kümmern sich nicht um die Interessen der Bevölkerung. Diktator Dr. Zuwanie gehört zu den zahlreichen ehemaligen Idealisten, Menschenfreunden und Befreiern Afrikas, die im Laufe der Jahre ein anderes Gesicht zeigen. Seine brutalen Methoden rechtfertigt er übrigens als »Maßnahmen gegen den Terrorismus«. Der Film nennt in der Unterstützerliste die U.S. Coast Guard MSST New York und den U.S. Secret Service, hätte aber wohl kaum eine Pentagon-Förderung erlangen können. Er favorisiert keinen militärischen

Lösungsansatz. Vielmehr soll – auf Anregung Frankreichs – Präsident Zuwanie vor dem noch jungen Internationalen Strafgerichtshof in Den Haag der Prozess gemacht werden. Man erfährt auch, dass die USA diesen Gerichtshof ablehnen und im Falle von Zuwanies freiwilligem Rücktritt bereit wären, ein Veto gegen den geplanten Prozess einzulegen. Dass der Film allein für seine Aufmerksamkeit gegenüber der UNO so oft gelobt worden ist, sagt viel über die Weltsicht der meisten anderen Hollywood-Produktionen aus. Gleichwohl bietet THE INTERPRETER letztlich eine rein westliche Perspektive. Die UNO ist vor allem zur Zähmung des unzivilisierten Afrika da. Was die so genannte »zivilisierte Welt« zu den traurigen Verhältnissen in afrikanischen Ländern beiträgt, erfährt man nicht.

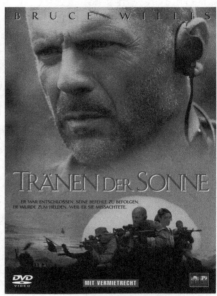

Das Afrika-Kino setzt »humanitäre Katastrophen« ins Bild. Anders als im Film HOTEL RWANDA (2004) geschieht das z.B. in den pentagongeförderten TEARS OF THE SUN* (2003) auf vollständig fiktive Weise. Die Botschaft: Militärisches Eingreifen des Westens ist das moralische Gebot der Stunde. (Abbildung: Covers der deutschsprachigen DVD-Ausgaben aus der Sammlung von P. Bürger)

Private Kriegsunternehmer und Söldner

Private Unternehmen, die sich jeder demokratischen Kontrolle entziehen, sind inzwischen zu einer unentbehrlichen Säule des »neoliberalen« Kriegssystems geworden (Uesseler 2006). »Mehr als ein Drittel der im US-Militärhaushalt vorgesehenen Mittel für die Operationen in Zentralasien inklusive Afghanistan und Irak fließen an private Firmen« (Telepolis, 3.9.2006). Die gierigen Gewaltdienstleister bedrohen die Demokratie und unterminieren mit ihren Söldnerarmeen das Völkerrecht. In Kriegsfilme wird das Phänomen schon als etwas ganz Gewöhnliches integriert. Eine diesbezügliche Spezialstudie würde der politischen Kriegsfilmforschung vermutlich sehr zugute kommen Ein besonders abstoßendes aktuelles Beispiel ist der Söldnerfilm MERCENARY FOR JUSTICE (USA 2006) mit Steven Seagal. Die Helden dieses B-Movies arbeiten professionell und profitorientiert, zeigen aber beim pausenlosen Erschießen, Abstechen oder Genickbrechen sehr viel Vergnügen. In Afrika werden ihre Einsätze über Blutdiamanten finanziert. Eine CIA-Untergrundabteilung ist involviert. Modernste elektronische Hackertechnik ist für die privaten Kriegsunternehmer obligat. Die einzige »ethische« Seite im Film: Der bedeutendste Söldner bereitet einem gefallenen afroamerikanischen Kriegskameraden daheim ein »richtiges militärisches Ehrenbegräbnis« mit US-Flagge und kümmert sich um dessen Familie. Für den Bereich der Geheimdienste empfiehlt das Kino – z.B. mit BAD COMPANY (USA 1995) von Damian Harris – schon lange privatisierte Dienstleistungen.

Ganz neu ist das Filmthema keineswegs. Man denke nur an die Literaturverfilmung THE DOGS OF WAR (GB/USA 1980) von John Irvin. In diesem Actionstreifen stürzt eine bestens bewaffnete Söldnertruppe das brutale Regime in einem westafrikanischen Land. Der mit religiösen Wahnvorstellungen behaftete Diktator soll durch einen profitgierigen Nachfolger ersetzt werden. Der Auftraggeber des dazu erforderlichen Privatkrieges ist ein westlicher Konzern, der sich die Schürfrechte für alle Platinvorkommen im Land sichern will. Allerdings setzen die beauftragten Söldner nach erfolgreichem Umsturz nicht den konzernhörigen Kandidaten, sondern einen inhaftierten Oppositionellen als Präsident des afrikanischen Landes ein.

Der ewige Gärtner (2005): Afrika als Versuchslabor der reichen Länder

Afrikanische Menschen als Versuchskaninchen für Interessen der Pharmaindustrie zeigt Fernando Meirelles in der Romanverfilmung THE CONSTANT GARDENER (GB 2005). Für den politischen Standort des Drehbuchs gibt es klare Hinweise. In den Eingangsszenen beklagt die zukünftige Frau eines britischen Diplomaten z.B., dass die Regierung von Tony Blair sich ohne jede Moral am Ölkrieg der USA im Irak beteiligt und die UNO als Garantin einer rechtlich geordneten Zivilisation offen verhöhnt. Das Thema des Films: Multiresistente Tuberkulosestämme stellen bisherige Erfolge der TBC-Bekämpfung in Frage und eröffnen der Pharmaforschung die Aussicht auf Milliardenprofite. In Kenia wird das völlig unausgereifte TBC-Medikament Dypraxa an Afrikanern erprobt. Die Versuchspersonen werden mit anderen medizinischen Serviceleistungen im Rahmen der Tabletteneinnahme (Impfungen, Tests etc.) geködert. Die Todesopfer der menschenverachtenden Experimente entsorgt man anonym in einer geheimen Erdgrube. Die britischen Behörden unterdrücken Dossiers über den Skandal und decken den Dypraxa-Hersteller, da sie den Verlust von Arbeitsplätzen in Wales nicht riskieren wollen. In Afrika, so meint man, gehört das Sterben ohnehin zur Tagesordnung. Deshalb gelten kenianische Menschenleben im Vergleich zu britischen Arbeitsmarktinteressen als wertlos. Aktivisten, die den geheimen Dypraxa-Versuchen auf die Spur kommen, werden durch Auftragskiller des Konzerns ausgeschaltet. Die Enthüllung des Skandals erfolgt in einer anglikanischen Kirche, allerdings über eine ganz profane »nichtkanonische Epistel«.

Der Spielfilm kann bezogen auf die Verbrechen von Konzernen und westlichen Regierungen in Afrika nur einen kleinen Ausschnitt zeigen. Die Zuschauer erfahren jedoch über einen eingespielten Fernsehausschnitt: Fünfzehn Pharmakonzerne, USA und Europa betreiben auf dem von drei Seuchen geplagten Kontinent Afrika einen ökonomisch motivierten Massenmord. Das endlose Sterben von Millionen HIV-Infizierten hat z.B. die Vertriebspolitik der großen Hersteller antiretroviraler Medikamente bis heute nicht nachhaltig verändert. Neun von zehn Aids-Kranken in Afrika gehen immer noch leer aus. Dass sich bei uns die Aids-Benefiz-Spektakel nur selten ernsthaft diesem Skandal zuwenden und oft viel Selbstherrlichkeit an den Tag legen, sagt auch etwas aus über das Sponsoring einer ursprünglichen Solidar- und Selbsthilfebewegung.

THE CONSTANT GARDENER ist neben SYRIANA Beispiel für ein politisches Spielfilmkino, das sich auf bedeutsame *Gegenwartsthemen* (Bürger 2005a und 2007, S. 536) bezieht und nicht nur avantgardistische Cineasten erreicht. Dass in diesem Fall das Politische mit einem Sinn für Schönheit, Eros und Humor einhergeht und jeglicher Zynismus fehlt, darin liegt eine besondere Auszeichnung. Die Darstellung der Verhältnisse in den gezeigten afrikanischen Ländern, zu denen der Sudan gehört, hebt sich allerdings nur wenig von dem ab, was die Massenmedien sonst präsentieren. Eine Reihe weiterer Afrikafilme steht in den Startlöchern, darunter »*The Last King of Scotland*« (GB 2006) von Kevin MacDonald, »*The Blood Diamond*« (USA 2006) von Edward Zwick und Ridley Scotts Sudan-Filmprojekt »*Emma's War*«. In einer Gesamtschau wird man fragen müssen, welchen Impulsen wir diese regelrechte Filmwelle verdanken und welchem Bild vom afrikanischen Kontinent jeweils zugearbeitet wird.

Kritisch lässt sich zu THE CONSTANT GARDENER vor allem anmerken, dass die Leiden der investigativ tätigen westlichen Menschenrechtler doch wieder die Hauptperspektive des Drehbuchs bestimmen. Gegen die Giganten nehmen im Film ein paar überlastete ehrenamtliche Aktivisten den Drachenkampf auf, darunter die Gruppe »German Pharma Watch«. John le Carré, Autor der Romanvorlage, hat für seine Geschichte gründlich recherchiert und z.B. die kritische Bielefelder Pharmakampagne (www.bukopharma.de) vor Ort besucht. Sehr zu bedauern ist, dass eine hierzulande vermarktete DVD-Ausgabe keinerlei Extras zu Hintergründen aufweist, die zur weiteren Erhellung der zentralen Filmaussage beitragen: »Die Pharmakonzerne sind um keinen Deut besser als die Waffenhändler. So wird Afrika von der ganzen Welt in die Pfanne gehauen.«

Lord of War (2005): Was ist die wahre Massenvernichtungswaffe?

Ein weiterer Titel, der sich auf kritische Weise mit gegenwärtigen Weltverhältnissen beschäftigt, ist LORD OF WAR (USA 2005). In seinem fiktionalen Film verarbeitet Andrew Niccol seriöse Recherchen, darunter auch Versatzstücke aus den Biographien wirklicher Waffenhändler (ausführlich: Bürger 2006g). Weltweit zirkulieren über 550 Millionen Feuerwaffen, das ist eine für jeden zwölften Menschen auf dem Planeten. Für die »Händler des Todes« stellt sich dabei nur eine Frage: »Wie bewaffnet man die anderen elf?« Ihr wichtigster Markt liegt in Afrika, ihre größten Feinde heißen »Waffenstillstand« und »Friedensverhandlung«. Als Zahlungsmittel dienen auch Blutdiamanten und Drogen.

Vom westlichen Kriegskult sind die Afrikaner offenbar schwer beeindruckt. Der Sohn des liberianischen Diktators klagt: »Sie haben mir immer noch nicht das Gewehr von Rambo besorgt!« Den Vorwurf, er habe Wahlen manipuliert, beantwortet ein afrikanischer Politiker mit einem Hinweis auf die US-Präsidentschaftswahlen vom 7. November 2000. Ausgiebig zeigt LORD OF WAR die Abgründe Afrikas: Diktatoren mit kannibalistischen Ambitionen, Korruption, Aids, drogenkonsumierende Kindersoldaten mit »Angel Kings« (Kalaschnikows) und Massaker an Dorfbewohnern durch »Befreiungskämpfer«. In diesen Ausschnitten liegt deshalb eine Schwäche des Films, weil die globalen wirtschaftlichen Hintergründe des Elends auf dem Kontinent nirgends zur Sprache kommen. Diese Bildaussagen könnten auch zur Begründung militärischer »Missionen« der reichen Weltzentren in Afrika missbraucht werden, bei denen es rhetorisch gesehen um gute Taten und ökonomisch gesehen um Rohstoffsicherung geht.

Neun von zehn Kriegsopfern werden heute von so genannten Kleinwaffen, den »wahren Massenvernichtungswaffen«, umgebracht. Im Text zu den Schlussbildern wird die vom Drehbuch vernachlässigte staatliche Seite der globalen Mordwaffenschieberei zumindest noch einmal thematisiert: »USA, Großbritannien, Russland, Frankreich und China sind die größten Waffenlieferanten der Welt. Außerdem sind sie die fünf ständigen Mitglieder im UN-Sicherheitsrat.« Auch für die Firmenphilosophie dieser Giganten ist es zentral, niemals mit sich selbst ins Gericht zu gehen. Im Abspann ist unter den Danksagungen der Filmmacher ein Verteidigungsministerium aufgeführt, das sich offenbar nicht auf promilitärische Kulturbeiträge festgelegt hat: »*Thanks to ... the Department of Defense of the Republic of South Africa*«. In den Extras zur DVD-Ausgabe kommen kritische Experten zu Wort. Hauptdarsteller Nicolas Cage hat sich für einen Aufklärungsspot von Amnesty International über »Kleinwaffen« zur Verfügung gestellt.

Bedauernswerterweise bleibt Deutschland in LORD OF WAR ausgespart. Die Modelle von »Heckler & Koch« gehören zu den beliebtesten Waffen in Afrika und anderswo auf dem Globus (Grässlin 2003). Sie hätten mindestens ebenso genannt werden müssen wie das AK 47. Das G3-Gewehr dieser deutschen Firma und ihrer Lizenznehmer kursiert z.B. weltweit in etwa zehn Millionen Exemplaren. Bei Neukäufen nimmt der Hersteller heute alte Exemplare zurück, was man offenbar als besonders gutes Werk betrachtet. Dokumentarfilme wie TÖDLICHE GEFAHREN – WAFFEN AUS DEUTSCHLAND (BRD 2005, TV) oder LOST CHILDREN (BRD 2005) zeigen die Wirkungen deutscher Maßarbeit.

Ein eigener Beitrag zum gesamten Themenbereich kommt aus dem Bundesministerium für wirtschaftliche Zusammenarbeit und Entwicklung. Dort hat das Referat »Entwicklungspolitische Informations- und Bildungsarbeit« den Tatortkrimi BLUTDIAMANTEN (BRD 2005) des Westdeutschen Rundfunks zusammen mit einem SWR-Dokumentarfilm über Diamantenhandel und einem Informationsbooklet 2006 als DVD-Medienpaket herausgebracht. In dem sehr politisch angelegten Tatortkrimi begeht das Mitglied einer globalisierungskritischen Gruppe zur Durchsetzung des Gruppenziels »öffentliche Aufklärung« einen Mord. Der von den Globalisierungskritikern beobachtete deutsche Diamantenhändler bleibt jedoch ebenfalls wegen Mordvorwurfs und krimineller Blutdiamantengeschäfte in Haft. Das dem BMZ-Medienpaket beigefügte Unterrichtsmaterial vermittelt, dass in den *rohstoffreichen* Ländern Afrikas ökonomische Interessen als permanenter Kriegsmotor fungieren und gerade der Reichtum an Bodenschätzen für die jeweilige Bevölkerung ein Verarmungsfaktor ist. Allerdings wird die gegenwärtige Rolle Europas doch äußerst unkritisch beschrieben. Über die ehemaligen europäischen Kolonialmächte heißt es z.B.: »Sie tragen heute eine besondere Verantwortung. Diese nehmen sie sowohl gemeinsam in der EU als auch einzeln mit ihrer jeweiligen Entwicklungszusammenarbeit wahr.« Zu den »menschenrechtlichen Sündenfällen der EU« gehören neben Folterbegünstigung und Polizeistraftaten besonders auch profitorientierter Waffenhandel mit afrikanischen Kriegsparteien sowie die faktische Förderung von Kriegsvergewaltigung und Kindersoldatentum (*amnesty international Österreich* 2005).

9   Atomschläge sechzig Jahre nach Hiroshima und Nachzügler des Kalten Krieges

»Die Menschheit, die einst bei Homer ein Schauobjekt für die olympischen Götter war, ist es nun für sich selbst geworden. Ihre Selbstentfremdung hat jenen Grad erreicht, der sie ihre eigene Vernichtung als ästhetischen Genuss erleben lässt.«

Walter Benjamin 1936 (Benjamin 1977, S. 44)

»Jede Doktrin, die einen atomaren Erstschlag oder irgendwelche Handlungen erlaubt, die die Welt mit einer Katastrophe bedrohen, ist unvereinbar mit menschlichen Moralstandards und den erhabenen Idealen der UN [...] Staaten und Staatsmänner die als erste Nuklearwaffen einsetzen, begehen das denkbar schwerste Verbrechen gegen die Menschheit.«

UN-Declaration on the Prevention of Nuclear Catastrophe, 9.12.1981

Für die zuletzt im CONPLAN 8022 fortgeschriebene Nukleardoktrin der Vereinigten Staaten sind Grenzen für atomare Erstschlagoptionen und Einsatzszenarien kaum noch auszumachen. Anfang 2006 wurden sogar Planungen der US-Administration bekannt, gegen den Iran Atomwaffen einzusetzen. Um solche Missionen geht es beim gegenwärtigen Kurs, nicht mehr um abstrakte Abschreckungspotenziale. Die »Atommacht Europa« trägt nicht minder dazu bei, die Hemmschwellen zur atomaren Kriegsführung Schritt für Schritt abzubauen (Holz 2006; Bürger 2006e). Im Januar 2006 erklärte z.B. der französische Präsident Jacques Chirac, die Atomwaffen seines Landes könnten eingesetzt werden gegen »Staaten, die mit terroristischen Methoden oder Massenvernichtungswaffen drohen« und auch *»zur Sicherstellung unserer strategischen Versorgung«*. Die deutsche Bundeskanzlerin bewertete Chiracs Äußerungen lediglich als »eine den aktuellen Veränderungen in der Welt angepasste Doktrin«. Weiterhin werden Bundeswehrsoldaten gegen den Willen einer Mehrheit der Bevölkerung für den Einsatz von Atomwaffen ausgebildet, die völkerrechtswidrig in Deutschland aufgestellt sind. Im Weißbuchentwurf vom Sommer 2006 hieß es dazu aus dem Verteidigungsministerium: »... die glaubwürdige Demonstration der Bündnissolidarität und das nukleare Streitkräftepotenzial erfordern auch in Zukunft deutsche Teilhabe an den nuklearen Aufgaben. Dazu gehören die Stationierung von verbündeten Nuklearstreitkräften auf deutschem Boden, die Beteiligung an Konsultationen, Planung sowie die Bereitstellung von Trägermitteln.« Die verbal mildere Endfassung schreibt die nukleare Teilhabe Deutschlands ebenfalls fort.

Die Option des Atomwaffeneinsatzes ist erklärter Bestandteil der Natopolitik und der europäischen Verteidigungsdoktrin. Großbritannien und Frankreich modernisieren gegenwärtig unter riesigen Kosten ihre Atomwaffenkomplexe. Von der Ächtung atomarer Waffen durch den Internationalen Gerichtshof im Jahr 1996 und der völkerrechtlich verbindlichen Abrüstungsverpflichtung will offenbar niemand mehr etwas wissen. Unermüdliche Warner wider das Atomwaffensystem wie der pensionierte US-Luftwaffengeneral Lee Butler oder der ehemalige US-Verteidigungsminister Robert McNamara, beide hochrangige Insider, reden gegen taube Wände (Bürger 2005e, S. 54-58). Die Bush-Administration hat mit ihrer militärischen Drohpolitik gegenüber »Schurkenstaaten« bei den Adressaten die Begehrlichkeit nach eigenen Atomsprengköpfen noch verstärkt und sich als Hauptmotor eines neuen Wettrüstens auf dem Globus betätigt. Sie erkannte 2006 im Rahmen einer vereinbarten Nuklearpartnerschaft Indien faktisch als Atommacht an und beantwortete somit den Nichtbeitritt Indiens zum Atomwaffensperrvertrag mit einer regelrechten Belohnung. Klarer konnte sie kaum demonstrieren, dass ihr jegliches Problembewusstsein für die – im Rahmen von US-Kriegsplänen sonst dramatisch beschworene – Atomwaffengefahr abgeht.

Massenkulturelle Erinnerung im 60. Jahr der Hiroshima-Bombe

Gelenkte Geschichtsschreibung und eine atombombenfreundliche Erinnerungskultur sorgen seit Hiroshima dafür, dass ein nachhaltiger Lernprozess der Zivilisation ausbleibt (Bürger 2005a und 2007, S. 220-225, 2005d-h, 2006e). Die öffentliche Duldsamkeit gegenüber dem neuen Nuklearismus scheint mit jeder Ankündigung von neuen Atomwaffenoptionen und neuen Bombenarten noch weiter zu wachsen. Sie ist nur im Lichte der vorherrschenden Massenkultur erklärbar.

Filmproduktionen wie DAY ONE (USA 1989, TV) und FAT MAN AND LITTLE BOY (USA 1989), die der offiziellen Erinnerungsversion nicht in jeder Hinsicht entsprachen, konnten in der Vergangenheit auf die angefragte militärische Unterstützung nicht zählen. Zum 60. Jahrestag der beiden ersten Atombombenabwürfe stand im August 2005 immer noch keine bedeutsame Spielfilmproduktion zum Gedenkanlass zur Verfügung. Hierzulande wurde auf *Arte* allerdings das zweiteilige TV-Dokumentardrama HIROSHIMA (Kanada/Japan 1995) von Roger Spottiswoode und Koreyoshi Kurahara ausgestrahlt, das an viele unbequeme Sachverhalte erinnert (Bürger 2006e). Nur scheinbar ähnlich konzipiert ist das gleichnamige Infotainmentprodukt HIROSHIMA (GB 2005) von Paul Wilmshurst, das zum gleichen Anlass im Zweiten Deutschen Fernsehen gezeigt wurde. Anleihen aus dem um zehn Jahre älteren Vorbild sind in einigen Szenen schwer zu übersehen. Die Leiden der Menschen in Hiroshima werden noch dramatischer ins Bild gesetzt als bei Spottiswoode und Kurahara. Den *ersten* Einstieg bildet allerdings ein ausführlicher Blick auf die Fanatisierung der japanischen Soldaten und Zivilisten für den selbstmordbereiten Kriegseinsatz. Zumindest die mir bekannte deutschsprachige Fassung, für die eine ZDF-Redaktion unter Leitung von Guido Knopp als Kooperationspartner der BBC mitverantwortlich zeichnet, hinterlässt beim aufmerksamen Zuhörer größte Beklemmungen. Man erfährt, dass die USA durch Dechiffrierung des japanischen Funks über die Bedeutsamkeit der Kaiserfrage bestens unterrichtet sind. Suggeriert wird dann jedoch, man habe darauf durch die zweite, abgemilderte Form der Potsdamer Kapitulationsforderung auch angemessen reagiert. Objektivität verfolgt der Film durch Gegenüberstellungen der folgenden Art: Eine Japanerin bestätigt als Zeitzeugin, dass Hiroshima »Stadt in Waffen« genannt worden sei. Ergänzt wird im Kommentar: »Die Amerikaner haben Hiroshima bislang mit Bedacht verschont, um die Atombombe testen zu können.« Mit viel Sinn für das Soldatische vermitteln Spielszenen und Interviews die Sicht der Hiroshima-Crew des Geschwaders 509, die den Einsatz mit drei Flugzeugen (für Bombe, Messgeräte, Fotodokumentation) ausführt. Dutch van Kirk vergleicht die Szenerie vor dem Start mit einer *Hollywood-Premiere* und meint zum Datum: »Es war einfach ein wunderbarer Morgen.« US-Oberst Paul W. Tibbets darf unkommentiert zu bedenken geben, man habe ja mit der Bombe mehr Menschen vor dem Tod bewahrt als getötet. Bei der Opferzahl hält sich der Filmkommentator an die amtliche US-Museumssprache: »Mehrere Zehntausend verbrennen; niemand kennt die genaue Zahl der Toten.« Der »Regen des Verderbens« (Truman) bringt den Untergang Japans. Der bedeutungsschwangere Filmkommentar zu den Bildern der Leidenden: »Die Morgensonne ist erloschen.«

Nun kommt menschliche Rührung ins Spiel und vermittelt zwischen dem Grauen von einst und dem Wohnzimmer von heute. Ein Kind wird gerettet und findet sogar seinen Vater. Der Filmtext dazu ist dem Schlager entlehnt: *»Inmitten der Zerstörung geschieht ein Wunder.«* Mit historischen Kenntnissen über Schwerfälligkeit und Psychologie der japanischen Kaiserbürokratie scheinen sich die Filmemacher nicht belasten zu wollen. Man weiß, warum nach sehr kurzer Zeit das nächste Unheil folgt: »Drei Tage nach dem Abwurf der Hiroshima-Bombe hat Japan trotz allem *noch immer nicht kapituliert.* Eine zweite Bombe wird einsatzbereit gemacht.« Punkt und Nagasaki. Der Erfolg stellt sich jetzt ein: »Die Soldaten kehren in ihre Heimat zurück. Überall auf der Welt Jubelfeiern.« Erst Tage später zeigen dann viele Strahlenkranke die Schattenseite des glücklichen Kriegsendes. Das bis dahin bekannte Ausmaß des Schreckens ist dem Drehbuch offenbar noch nicht »unkonventionell« genug gewesen. Die dahinsiechenden Babys werden dann im Zeitsprung verabschiedet: »Heute ist Hiroshima eine prosperierende Millionenstadt. Japan ist ein wohlhabendes Land. Es hat Angriffskriegen abgeschworen. *Obwohl seither nie wieder eine Atomwaffe gezündet wurde, hält die Debatte um ihren ersten Einsatz an. War er wirklich nötig? Gab es keine andere Möglichkeit, den Frieden zu erzwingen?* Oder ging es den Amerikanern längst um mehr, nämlich dem neuen Rivalen Sowjetunion vorzuführen, wer nach dem Krieg der Stärkere sei?« Die Frage, ob hier vielleicht ein Verbrechen größten Ausmaßes vorliegt und Vorbereitungen für noch Schlimmeres von der Weltgesellschaft geduldet werden dürfen, wird in diesem gefälligen Redefluss nicht gestellt. Es folgen, da man ja alle Seiten zur Sprache bringen will, noch zwei Statements. Ein japanischer Zeitzeuge bezeichnet den Bombenabwurf auf Hiroshima als »Experiment am lebenden Menschen«. Ein ehemaliger Mitarbeiter der Truman-Administration konstatiert *abschließend*, dass allein Tokio durch seine Kapitulationsverweigerung für die Weichenstellung zum Abwurf der Bombe verantwortlich ist. Damit hat sich der Kreis geschlossen. Man kann den Fernsehabend getrost beschließen.

Wohin führt uns die Geschichte als nächstes?

Auf der Suche nach weiteren Medienangeboten zum Thema stößt man unter anderem auf die DVD AMERIKA'S ATOMBOMBENTESTS – PROJEKT TUMBLER SNAPPER*. Die Verpackung vermerkt »Made in EU 2003« und nennt den Anbieter des Produkts (CAT Entertainment). Der Inhalt besteht aus einer alten Werbeproduktion des US-Militärs: *»Department of Defense presents: Military Participation on Tumbler/Snapper, produced by United States Air Force – Lookout Mountain Laboratory Hollywood, California for Armed Forces Special Weapons Project.«* Nicht mehr für den deutsprachigen Markt vertrieben wird derzeit THE ATOMIC CAFÉ* (USA 1982), ein herausragender Dokumentarfilmklassiker (ausführlich: Bürger 2006e). Aufgrund der Verabschiedung von VHS-Kassetten verschwindet der Titel auch aus dem öffentlichen Medienverleih. Übrigens verarbeitet auch dieser Film Material, das den Regisseuren vor nunmehr 25 Jahren von Militärarchiven zur Verfügung gestellt worden ist. Der Filmkommentar besteht im Grunde nur aus dem Schnitt und der Auswahl von Musikstücken. Entstanden ist auf diese Weise ein subversives Werk über die massenkulturelle Vermittlung nuklearistischer US-Propaganda ab Hiroshima bis hin zur Wasserstoffbombe. Im Schlusskapitel freuen sich Swingtänzer über einen Songtext, demzufolge nach einem Atomangriff dreizehn Frauen und nur ein Mann in der Stadt überlebt haben. Ein Nachrichtenbeitrag zeigt, wie Vizepräsident Richard Nixon auf den Stufen des Kapitols die »Woche der geistigen Gesundheit« mit einer Glocke einläutet: »Der Vizepräsident bezeichnete die geistige Gesundheit als das vordringlichste Problem der Nation.« Die zum Ende hin gezeigten Fiktionen des nuklearen Ernstfalls werden mit dem Rat eines Fernsehansagers eingeleitet: »Versorgen Sie sich auf jeden Fall mit Beruhigungsmitteln!«

Im Vietnam-Krieg wird Nixon später bereit sein, auch Atombomben einzusetzen. Viele Menschen meinen, das sei lediglich Teil seiner »Verrückten-Strategie« gewesen. Die Gegner sollten demnach nur glauben, er sei unberechenbar und zu allem fähig. Ein Tonbandmitschnitt aus dem Weißen Haus beweist, dass es sich mitnichten so verhielt: »*Nixon*: Ich würde sogar die Atombombe tatsächlich einsetzen. *Kissinger*: Ich glaube, das ginge zu weit. *Nixon*: Die Atombombe? Hast du etwa Angst davor? ... Mensch Henry, denk doch mal in großen Dimensionen« (zitiert nach Elter 2005, S. 166). Zu diesem Zeitpunkt hatte Stanley Kubrick das paranoide Szenario eines Atombombeneinsatzes bereits mit seinem unvergleichlichen Titel DR. STRANGELOVE OR HOW I LEARNED TO STOP WORRYING AND LOVE THE BOMB (1963) auf die Leinwand gebracht. Franklin J. Schaffners THE PLANET OF THE APES (USA 1967) entlarvte danach die atomar gerüstete Menschheit als Spezies, die für den ganzen Planeten und alle ihre Mitbewohnern eine unberechenbaren Gefahr darstellt. Im Vietnamfilm-Klassiker APOCALYPSE NOW (1979) ist es dem wahnsinnigen Colonel Kurtz vorbehalten, als Höhepunkt seines »spirituellen Vermächtnisses« mit roten Buchstaben zu fordern: »Drop the bomb! Exterminate them all!« In der Stephen-King-Verfilmung DEAD ZONE (1983) von David Cronenberg sieht die Hauptfigur hellseherisch, wie ein zukünftiger US-Präsident ernst macht. Auch hier kommt die Proklamation eines Nukleareinsatzes geradewegs aus der Psychiatrie: »I have to do it to fullfill my Destiny and that of the United States ... The missiles are launched! Hallelujah! Hallelujah!«

Wie man sich Vergleichbares in der Gegenwart vorstellen könnte, verrät der Low-Budget-Film DETERRENCE (USA/Frankreich 1999) von Rod Lurie (ausführlicher: Bürger 2006e). Dieser verlegt den ersten Atomwaffeneinsatz nach Hiroshima und Nagasaki in das Jahr 2008. Heute, acht Jahre nach den Dreharbeiten und mehr als drei Jahre nach dem Auftakt zum Irak-Krieg der USA, wird man diesen Titel zu den massenkulturellen Beiträgen zählen müssen, die beim Blick auf das Kinothema »Atombombe« nicht unbeachtet bleiben dürfen. Der Ausgangspunkt seiner Geschichte: 2008 marschiert der irakische Diktator Udai Hussein – wie 1990 schon sein Vater Saddam – in Kuwait ein. Die 300 Mitglieder des rotationsgemäß vor Ort eingesetzten »amerikanischen Friedenskorps der UN« werden überrannt. Satellitenbilder zeigen bewegliche Abschussbasen des Iraks für taktische, chemische und biologische Waffen. Einige von ihnen sind an der Grenze zur Türkei postiert und vielleicht nach Israel ausgerichtet. Die USA können in dieser Situation nicht mit einem Bodenkrieg antworten. Ein Abzug ihrer Truppen aus Südkorea hätte dort einen Einmarsch Chinas zur Folge. 80% der US-amerikanischen Truppenkontingente sind an andere Militärschauplätze gebunden und derzeit nicht verfügbar. Der US-Präsident Walter Emerson wird sich deshalb als Alternative zum »konventionellen Vorgehen« für das schwerste denkbare Geschütz entscheiden. Aufgrund eines Unwetters sitzt er im eingeschneiten Colorado in einem kleinen Restaurant fest. Dort hat man mit Improvisation eine militärische Einsatzzentrale und ein Fernsehstudio für die Live-Berichterstattung eingerichtet. Die einfachen US-Bürger im Lokal halten ihr Staatsoberhaupt für verrückt. Die letzte Fernsehansprache des Präsidenten im Film dient der Aufklärung des ganzen Landes: »Meine amerikanischen Mitbürger. Präsident Roosevelt sagte einst: Wir haben nichts zu fürchten außer der Furcht selbst! Bei Gott, das ist wahr. (...) Um 1:47 Uhr östlicher Küstenzeit warf auf meinen Startcodebefehl hin ein B2-Spiritbomber eine 10-Megatonnen-Nuklearbombe auf die irakische Hauptstadt Bagdad ab. Unsere Luftaufklärung hat eine erfolgreiche Detonation und die Vernichtung dieser Stadt gemeldet. (...) Seit dem 2. Weltkrieg hatten wir gehofft und geglaubt, dass die nukleare Ära de facto nur zwei Tage währen würde: von Hiroshima bis Nagasaki. Als fünf Mitgliedsnationen des Sicherheitsrates bestätigten, nukleare Arsenale zu haben, wurde angenommen, sie würden niemals eingesetzt. Der Dominoeffekt wäre zu schrecklich gewesen. Abschreckung war unser globaler Schild. *Heute sandten die Vereinigten Staaten eine Botschaft an die Welt. Ist unsere nationale Sicherheit bedroht, haben wir nukleare Waffen und werden sie einsetzen.* (...) Ich möchte mein tiefstes Bedauern über alle heute verlorenen Leben ausdrücken. Gott segne jeden einzelnen von Ihnen, und Gott segne die Vereinigten Staaten von Amerika!« Zu diesem Zeitpunkt wissen die Filmzuschauer bereits: Alle Nuklearsprengköpfe des Iraks, vor denen die ganze Welt gebangt hat, sind funktionsuntüchtige »Attrappen« gewesen. Das Schlussbild zeigt verkohlte Überreste von Menschen. Die DVD-Hülle zum Film gibt zu bedenken: »Man weiß nie, wohin einen die Geschichte als nächstes führt.«

Im Filmarchiv aus der Zeit des Kalten Krieges stehen mehrere fiktionale Atomapokalypsen zur Verfügung und Titel, die die Fehlbarkeit der Kontrollsysteme thematisieren, z.B.: ON THE BEACH (1959), DR. STRANGELOVE (1963), FAIL SAFE (1963, Remake 2000), THE DAY AFTER (1983), THREADS (GB 1984, BBC) und die TERMINATOR-Trilogie von James Cameron (ab 1984). Zu den postnuklearen Science-Fiction-Filmen mit gegenwärtiger Zeitansage zählt EQUILIBRIUM (USA 2002): »In den ersten Jahren des 21. Jahrhunderts brach ein dritter Weltkrieg aus. Diejenigen von uns, die ihn überlebten, wussten, dass die Menschheit einen vierten Weltkrieg nie überleben würde und dass unsere eigene explosive Art einen Risikofaktor darstellt. Also schufen wir eine neue Gesetzesabteilung, den Grammaton-Kleriker, dessen einzige Aufgabe die Auskundschaftung und Ausrottung der wahren Quelle menschlicher

Grausamkeiten ist, seiner Fähigkeit, etwas zu fühlen.« Die Lösung besteht aus einer medikamentösen Beseitigung aller Emotionen, die viel radikaler als alle stoischen oder asiatischen Konzepte von Leidenschaftslosigkeit ist. Es gibt jetzt weder Kummer, Traurigkeit oder Wut, noch Gefühle der Freude, Empathie und Liebe: »Endlich ist Krieg nur noch ein Wort, dessen Bedeutung uns unverständlich ist. Endlich sind wir zu Hause angelangt.« Der Rahmen für diese zivilisatorische Radikallösung des Problems »Krieg« ist ein faschistoides Staatsgebilde mit pseudoreligiösen Elementen, in dessen Zentrum ein patriarchalistischer Vatermythos steht. Auch in dem auf kollektiver Gefühllosigkeit aufbauenden System spielen große Bilder eine Rolle. Alle Menschen, die die Apathiedroge absetzen, weil sie »Fühlen als Inbegriff der eigenen Existenz« ansehen, und alle, die materialisierte Kulturzeugnisse der Vergangenheit (Musik, Schrift, Bild, Gegenstände) hüten, werden liquidiert. EQUILIBRIUM bietet zu diesem totalitären »Friedenssystem« letztlich keine fundierte Gegenthese, lädt aber immerhin zu einem Diskurs über die Bedeutung von Emotionen und Kultur für den Kriegsapparat ein. Zugleich enthält der Titel viele Hinweise auf das Konzept des präventiven Sicherheits- und Überwachungsstaates.

Auf die absehbare Folge neuer Atomtests in den Vereinigten Staaten antwortet das Kino mit einem sehr blutrünstigen Titel. Im Horror-Remake THE HILLS HAVE EYES (USA 2006) suchen fromme und patriotische US-Bürger in der Wüste von New Mexiko unbekannte Sünden ihrer Nation auf. Die Atomtestversuche des Staates haben Ungeheuer hervorgebracht: genetisch veränderte Menschen, die noch immer in den alten, radioaktiv verseuchten Testdörfern der US-Army leben und sich als Kannibalen betätigen, wenn Touristen ihr entlegenes Gebiet durchqueren. An sich hätten die Kreaturen auch Mitleid verdient, zumindest das des liberalen Schwiegersohns der Musterfamilie. Doch sie sind gefährliche Mutanten. Sofern die Handfeuerwaffe aus dem Urlaubsgepäck nicht zur Hand ist, muss man ihre Schädel mit jedem verfügbaren Instrument zu Brei schlagen.

Beunruhigend ist, dass zeitgleich zu Enthüllungen über Atomeinsatzpläne gegen den Iran auch der Spielmarkt atomare Kriegsszenarien nach wie vor als aktuell betrachtet, wie es z.B. das neue Strategiespiel »Defcon« demonstriert. Dessen Spielfeld stellt »einen digitalen militärischen Sandkasten dar, in dem der Dritte Weltkrieg ausgefochten wird – zuerst mit regulären, dann mit atomaren Waffen« (Sigl 2006).

Werbung für nukleare Katastrophenbekämpfung und Atomkraftwerke als Filmthema

Die massenkulturelle Verharmlosung der Atomgefahr setzt dort an, wo das Endzeitkino postnukleare Verhältnisse als geeigneten Ausgangspunkt für neue Pioniertaten im Sinne der US-amerikanischen Zivilisationsidee präsentiert (Bürger 2005a und 2007, S. 366-371). Einen Schritt weiter gehen Filme, in denen die Atombombe unmittelbar positiv besetzt wird. In INDEPENDENCE DAY (USA 1996) wird z.B. für kleine Hightech-Kernwaffen eine Lanze gebrochen. In BATTLEFIELD EARTH (USA 2000) sind die Menschen einer fernen Zukunft angesichts der Besetzung der Erde durch außerirdische Rohstoffimperialisten vom Planeten Psychlo dankbar, dass ihre Vorfahren vor langer Zeit ein nunmehr sehr nützliches Atomwaffenarsenal zusammengestellt haben.

Als Werbemittel für eine neue Atomwaffengeneration hat sich seit den 90er Jahren vor allem das Katastrophenkino entwickelt (Bürger 2005a und 2007, S. 384-401; 2006m). Ergebnisse der Dinosaurierforschung, die heute schon wieder in Frage gestellt werden, gaben zunächst Anlass, auch nach METEOR (USA 1979) das Thema von WHEN WORLDS COLLIDE (USA 1951) wieder aufzugreifen: Ein Asteroid rast auf die Erde zu und wird allem Leben ein Ende bereiten. Der NBC-Serie ASTEROID* (USA 1997) folgten die Blockbuster ARMAGEDDON* (USA 1998) und DEEP IMPACT* (USA 1998). Auf den ersten Blick scheint Hollywood hier auf wissenschaftliche Spekulationen zu antworten. 1998 gab es z.B. die – sehr bald widerrufene – Meldung, der Asteroid 1197 XF11 werde im Jahr 2028 der Erde sehr nahe kommen. Für 2880 wird ähnliches vom Asteroiden 1950 DA vorausgesagt. Meine These, dass es – zumal in den militärisch geförderten Filmen – vor allem um das nukleare »Gegenmittel« geht, wird durch einen Titel wie THE CORE* (USA 2003) erhärtet. Revolutionäre Bohrtechnologie dient in diesem abstrusen Film dazu, die atomaren Sprengköpfe nunmehr tief im Erdinneren anzubringen. Im Bereich der B-Movies gibt es – bis heute – weitere Äquivalente, z.B. DEEP CORE (USA 2000), SCORCHER (USA 2002) und die TV-Produktion DESCENT (Kanada 2005). In diesem ganzen Filmkanon wird den Zuschauern vermittelt, dass atomare Erdpenetratoren – nicht nur im Weltall – das Überleben unserer Gattung sichern und dass sie mit Blick auf die bewohnte Oberfläche unseres Planeten niemandem Sorge bereiten müssen. Die Technologie für das tiefe Eindringen steht zur Verfügung. Die Radioaktivität bleibt immer schön sauber unter Verschluss. Unabhängig davon stellt sich noch eine weitere Frage. Blockbuster mit eher spekulativen Katastrophenszenarien wie »Kometeneinsturz« oder »Invasion von Außerirdischen« lassen die militärisch relevante Raumfahrt in einem guten Licht erscheinen und sind sehr zahlreich. Über nahe lie-

gende, viel wahrscheinlichere oder gar prognostisch gesicherte Bedrohungsszenarien (z.B. Atomkrieg, Klimawandel, Wasserknappheit) gibt es
vergleichsweise nur wenige Großproduktionen.

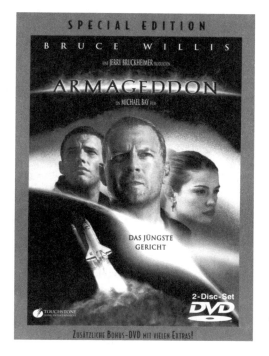

Der Blockbuster ARMAGEDDON (USA
1998) erhielt Unterstützung durch Pentagon, Luftwaffe und Raumfahrtbehörden.
In diesem Katastrophenfilm wird der
Weltuntergang durch den Einsatz von
Nuklearsprengköpfen der USA abgewen-
det. Wissenschaft, Technologievorsprung
und biblische Rhetorik gehen dabei Hand
in Hand. (Abbildung: Cover der deutschsprachigen DVD-Ausgabe aus der Sammlung von P. Bürger)

Ein atomarer Vergeltungsschlag gegen Staaten der islamischen Welt wird
zunächst im Fernsehthriller AMERICAN MELTDOWN (USA 2004) erwogen,
denn alle Spuren für den Anschlag auf ein US-Atomkraftwerk weisen – über-
deutlich – auf islamische Täter hin (ausführlich: Bürger 2005d). Die wirklichen
Attentäter sind allerdings US-Soldaten, Mitglieder einer Delta-Force-Einheit,
die in Afghanistan eingesetzt war. Sie beklagen einen vorzeitigen Abbruch ihrer
Antiterror-Operationen und Krankheitssyndrome, die auf den Umgang mit
Urangeschossen zurückgehen. Diese Produktion für FX-Networks ist nur
scheinbar kritisch. Am Ende verlangt die Filmbotschaft lediglich, dass bereits
angelaufene Sicherheitsprogramme für Kraftwerke zur Abwehr von Terroranschlägen viel schneller umgesetzt werden. An ein »Aus« für die Atomindustrie
ist nicht gedacht. Ein halbes Jahrzehnt nach dem »Elften Neunten« sind veral-
tete und besonders unsichere Atomkraftwerke weltweit noch immer am Netz.
Die westlichen Expertisen zum Terrorismus beharren auf Szenarien mit so
genannten schmutzigen Bomben. Es lässt sich angesichts der Widersprüche in
entsprechenden Alarmmeldungen zumindest nicht ausschließen, dass hierbei

das fiktionale Element wie im Blockbuster THE SUM OF ALL FEARS* (USA 2002) überwiegt. Vielleicht kann man das schreckliche Ereignis durch permanente Beschwörung auch regelrecht provozieren? Verwunderlich ist, dass die mögliche Umwandlung von Atomkraftwerken in stationäre »schmutzige Bomben« eine ungleich geringere Rolle in der massenmedialen Diskussion spielt.

Wirklich kritische US-Spielfilme über Atomkraftwerke wie THE CHINA SYNDROME (USA 1978) und SILKWOOD (USA 1983) liegen weit zurück. Im Ersten Deutschen Fernsehen wurde zwischen diesen beiden Titel der Atomunfall-Thriller IM ZEICHEN DES KREUZES (BRD 1982) ausgestrahlt, was mit einem ausgewachsenen Skandal einherging. Einzelne Sendeanstalten schalteten schon im Vorfeld ab. Die Verantwortlichen des öffentlich-rechtlichen Programms kombinierten den Sendetermin mit einer – ziemlich einseitig moderierten – Fernsehdiskussion. Die Fürsprecher der Atomenergie bissen sich an rein fiktionalen Anteilen des Drehbuchs fest und argumentierten, der gesamte Film sei substanzlos und der Transport radioaktiver Materialien berge keinerlei Risiken. Den Künstlern wurde auch das Recht abgesprochen, einen Schusswaffengebrauch der Bundeswehr beim Inlandseinsatz im Atomkatastrophenfall zu zeigen, denn dieser widerspreche in der gezeigten Form dem geltenden Recht.

Am 26. April 1986 ereignete sich in der Atomkraftwerksanlage Tschernobyl ein Unfall, dessen schreckliche Folgen für zigtausende Menschen und die Umwelt bis heute andauern. Die psychologischen Mechanismen, die das fahrlässige Handeln mehrer Verantwortlicher begünstigten, den Vorrang kurzfristiger ökonomischer Interessen und das Problem der internen Stromversorgungssicherheit von AKWs kann man wohl kaum als Spezifika einer autoritär geführten Planwirtschaft abtun. Als am 20. November desselben Jahres der antinuklearistische Zeichentrickklassiker WHEN THE WIND BLOWS (GB 1986) in die Kinos kam, glaubten die Mitwirkenden dieser Produktion, die Weltöffentlichkeit könne vielleicht noch zur Einsicht kommen, dass atomare Leiden der Menschheit jederzeit eine reale Möglichkeit darstellen. Im zwanzigsten Jahr nach der Tschernobyl-Katastrophe stellt wenigstens der deutsche Kinobeitrag DIE WOLKE (BRD 2006) das quasi-religiöse Sicherheitsdogma für die zivile Kernenergienutzung in Frage. Es fällt auf, dass dieser Spielfilm auf alle reißerischen Katastropheneffekte nach Art von Hollywood-Produktionen verzichtet und mit seiner Erzählung besonders junge Zuschauer zur Identifikation einlädt. Im Nachspann teilen die Filmemacher dem Publikum mit: »In der Bundesrepublik sind zur Zeit noch 17 Atomkraftwerke in Betrieb. Allein im Jahr 2004 ereigneten sich dort 114 meldepflichtige Störfälle.« Zur Distribution für den Hausgebrauch habe ich in zwei großen kommerziellen Videotheken eine Stichprobe vorgenommen. Im Vergleich z.B. zum militärisch geförderten Antiterrorfilm UNITED 93* (USA 2006) war der Film DIE WOLKE, den aktuellen DVD-Verleih betreffend, nur im Verhältnis 1:20 eingestellt.

Wie lässt sich die scheinbare Unbekümmertheit der Öffentlichkeit erklären? Es gibt ja nicht nur die, zukünftige Generationen betreffende und völlig ungelöste Frage der Endlagerung von Atomabfall. Es gibt eben auch sehr nahe liegende Anlässe, beunruhigt zu sein. Im deutschen Atomkraftwerk Biblis B trat z.B. am 8. Februar 2004 der gefürchtete Notstromfall ein. Im schwedischen Atomkraftwerk Forsmark-1 wurde am 25. Juli 2006 die Verbindung zum Stromnetz getrennt, wobei es beinahe zur Kernschmelze gekommen wäre. Wenige Monate später, am 14. November, explodierte an der schwedischen Küste ein Transformator im Atomkraftwerk Ringhals. Sowohl in Schweden als auch beim schleswig-holsteinischen AKW Brunsbüttel heißt der Betreiber Vattenfall. Die Notstromversorgung in Brunsbüttel ist nach Ansicht der Deutschen Umwelthilfe und anderer Kritiker sogar noch unsicherer als in Forsmark (Pomrehn 2006).

Nuklearwaffen in Schurkenhänden und Nachzügler des Kalten Krieges

Zur Bekämpfung von Atomgefahren, die von »Schurkenstaaten und Terroristen« ausgehen, schlägt die Videoproduktion THE MARKSMAN (USA/GB/Rumänien 2005) das passende Verfahren vor. Der Ausgangspunkt besteht darin, dass tschetschenische Rebellen – angeführt ausgerechnet von einem russischen Erznationalisten aus kommunistischer Zeit – ein stillgelegtes Atomkraftwerk besetzt haben. Aus Nordkorea soll ihnen das nötige Plutonium zur erneuten Inbetriebnahme des Reaktors geliefert werden. Wenn dies gelänge, wäre das Leben von hunderttausend oder viel mehr Menschen in Gefahr. Da im Reaktor auch US-amerikanische Wissenschaftler als Geiseln gefangen gehalten werden, bieten die USA Russland ihre Hilfe an. Am Boden sollen Elitesoldaten der Rangers die Geiseln befreien und den Reaktor als Angriffsziel elektronisch markieren. Aus der Luft kann danach ein Spitzenpilot der U.S. Army das Kraftwerk bombardieren. Es kommt zu einigen Verwicklungen. Auf russischer Seite kollaboriert z.B. ein hochrangiger Militär mit den Terroristen. Dem CIA entgeht, dass das Atomkraftwerk als ausgewähltes Angriffsziel längst wieder mit Plutoniumstäben versorgt ist. Der intelligente Marksman der USA sorgt aber dafür, dass in letzter Minute alles gut ausgeht.

Im Erscheinungsjahr des James-Bond-Films DIE ANOTHER DAY* (USA/GB 2002) gab es mit Blick auf Nordkorea wohl nicht nur im Kino eine militärische Option der USA. Möglich ist, dass sich nach – bescheidenen – Erfolgsmeldungen aus Nordkorea über den jüngsten Atomwaffentest ein diplomatischer Ansatz durchsetzt. Auf der Leinwand wird das Land weiter als Bedrohungsquelle vorgeführt. In MISSION: IMPOSSIBLE 3 (USA 2006) verschafft Nordkorea einem Waffenhändler, der auch islamische Extremisten beliefert, eine Gaszentrifuge. Ursprünglich stammt diese Zentrifuge allerdings aus der Nuklearforschung des US-Verbündeten Pakistan. Immerhin entzaubern Drehbücher dieser Art faktisch den von Norman Solomon beklagten »Mythos zivile Atomkraft«.

Das kombinierte Verfahren von THE MARKSMAN (geheime Operation von Soldaten am Boden, Luftwaffe) und ein Blick auf Nordkorea sind übrigens ebenfalls in einem alten Propagandafilm des südkoreanischen Verteidigungsministeriums aus der Zeit des Kalten Krieges zu finden. Der Titel, SKY WARS* (Hongkong/Südkorea 1981) von Ko Yung-Nam ist bei uns 2005 neu in die DVD-Distribution gekommen. Ein Pilot der überlegenen südkoreanischen Luftwaffe stürzt über dem Territorium der nordkoreanischen »Kommunistenschweine« [sic!] ab. Er zertrümmert im archaischen Nahkampf einem Gegner den Schädel, schleust sich in eine Abwehrstation des Feindes ein und zerstört dort die Radaranlagen. Der Titel wird wohl auch von Anhängern des Militainments in die unterste Schublade verbannt werden. Man fragt sich ernsthaft, ob die aktuelle DVD-Version wirklich kommerzielle Interessen verfolgt. Vorbildlich an diesem Werk ist allerdings der direkt zu Anfang in sehr großen Buchstaben erfolgende Hinweis auf die militärische Kooperation bzw. Koproduktion: »Aknowledgements: This film was produced with the assistance of the Air Force of Korea, the Armed Forces of Korea, Ministry of National Defence.«

Zwischenzeitlich freilich hat der südkoreanische Kriegsfilm längst den Anschluss an das Niveau von Hollywood-Blockbustern geschafft. Der Regisseur von TAEGUKGI HWINALRIMYEO / BROTHERHOOD (Südkorea 2004) übt sich darin, den drastischen »Realismus« in US-Produktionen vom Typ SAVING PRIVATE RYAN* noch zu übertrumpfen und dabei – wie es im Originaltitel heißt – die südkoreanische Flagge wehen zu lassen. Ich halte es für unangebracht, diesem Kriegsmelodram das allegorisch ambitionierte Motiv vom Bruderkrieg zugute zu halten. Es bezieht sich wirklich nur auf die beiden leiblichen Brüder des inszenierten südkoreanischen Familienromans. Manchmal scheint der Film den blinden – exzessiv verbalisierten – Hass wider die »Kommunistenschweine« als Fanatismus entlarven zu wollen. Zu schonen sind aber letztlich nur Menschen, die wegen der Brotgeschenke von Kommunisten und aufgrund von Zwangsrekrutierungen auf der falschen Seite stehen. Der Erzfeind im Norden ist bis auf den letzten Blutstropfen zu bekämpfen. Historie und politischer Gesamtrahmen des Korea-Krieges (1950-1953) spielen für das Drehbuch keine Rolle. Die Kriegsführung der USA muss nicht einmal beschönigt werden, denn die USA kommen so gut wie gar nicht vor.

Die globale Zuständigkeit der Vereinigten Staaten auch für ehemals kommunistische Staaten in Osteuropa propagiert jüngst das B-Movie SECOND IN COMMAND* (USA/Rumänien 2006) mit Jean-Claude Van Damme als Hauptdarsteller, bei dem es sich wohl nicht nur um einen Nachzügler des Kalten

Krieges handelt. Die Geschichte des Drehbuchs spielt in Moldawien (Republik Moldau), wo die Kommunistische Partei 2001 und 2005 jeweils eine absolute Mehrheit im Parlament erlangen konnte. Die alternative oder prospektive Version des Films: Ein bürgerlicher Kandidat hat bei den regulär durchgeführten demokratischen Präsidentschaftswahlen gewonnen. Doch der Vorgänger, ein Vollblutkommunist, zeigt sich als schlechter Verlierer. Seine Anhänger verbrennen auf der Straße die US-Flagge und belagern den Präsidentenpalast. Die Kommunisten selbst sorgen heimlich dafür, dass auf die demonstrierenden Zivilisten geschossen wird und die Situation eskaliert. Der erst soeben eingetroffene US-Militärattaché Sam Kennan evakuiert den bedrohten moldawischen Präsidenten kurzentschlossen in die US-Botschaft. Die US-Botschaft wird allerdings direkt danach von den kommunistischen Rebellen belagert und sogar mit einer Panzerfaust beschossen. Glücklicherweise ist der US-Militärattaché ein ehemaliger NavySEAL der Spitzenklasse und kann zusammen mit den anderen U.S. Marines in der Botschaft einen erfolgreichen Krieg gegen die Belagerer führen – inklusive Bombenbau-Improvisationen, Nahkampf und Messereinsatz. Zum Teil dokumentiert ein Journalist die Heldentaten mit Digitalkamera. Schließlich trifft die angeblich loyale moldawische Armee ein, doch auch sie steht in Wirklichkeit auf Seiten der Kommunisten. Als nach Stunden nun eine Einheit der U.S. Army ins Land einfliegt, ist der rechtmäßige Präsident Moldawiens im Grunde bereits durch den Bodenkampf mutiger US-Elitesoldaten gerettet, die durchweg schon im Irak Kriegserfahrungen gesammelt haben. Der CIA-Verantwortliche vor Ort und die fernen Strategen in Washington (samt CIA, NSA und Pentagon-Mitarbeitern) spielen im Gegensatz zu den U.S. Marines keine besonders rühmliche Rolle. Das spiegelt sich im Filmabspann: »Stock Footage Provided by [...] Marine Corps Public Affairs Division«. »Special Thank To: United States Marine Corps Motion Picture and Television Liaison Office; Marine Security Guard Detachment American Embassy, Bucharest; Ministry of National Defense, Romania« und vielen weiteren Beteiligten aus Rumäniens Armee und Luftwaffe. Seit Anfang 2005 hatten sich die in der Vergangenheit nicht immer ganz reibungslosen Beziehungen zwischen Moldawien und Rumänien gut entwickelt. Die rumänische Mitwirkung beim Projekt SECOND IN COMMAND* wurde vom Nachbarn vielleicht nicht besonders günstig beurteilt. Um beim Zuschauer die Erinnerung an den Titel lange wach zu halten, bieten Videotheken bei uns ihren Kunden ein SECOND-IN-COMMAND-Feuerzeug an.

10 Antiislamischer Kulturkampf und »Antiterrorkrieg«

Zeitgleich mit einer Plakatwerbekampagne der Bild-Zeitung mit Fotos von Mahatma Gandhi und Martin Luther King hetzte Christoph Hülskötter am 12.8.2006 in »Bild«: »Der › Jihad‹ , der Heilige Krieg gegen die Ungläubigen, die Eroberung der Welt durch den Islam, ist eine tödliche Bedrohung, mit jedem Tag mehr. [...] Sogar Kinder von Einwanderern, die hier in Frieden aufwachsen, lassen sich vom Bazillus anstecken, sie müssten als › Soldaten Allahs‹ Feinde vernichten. Sie verbergen sich, auch in Deutschland, mitten unter uns, als unsichtbare Bomben. Immer haben erst die Mächte des Bösen gesiegt über die zivilisierte, friedliche Welt. Aber immer, das ist der Trost, wurden sie am Ende von der Weltgeschichte weggefegt.« Eine unvoreingenommene Sprache und eine neutrale Symbolik scheint es für die Darstellung des Islams in unseren Medien schon nicht mehr zu geben (Schiffer 2005). Bereitwillig stellen Intellektuelle Gutachten bereit, in denen eine prinzipielle Unvereinbarkeit von Koran und Menschenrecht konstatiert wird. Hier übt man sich in gelehrten Konstruktionen und vergisst, dass es noch im letzten Jahrhundert genügend Material gab, auf dessen Basis man Vergleichbares – rein akademisch – auch der katholischen Kirche hätte attestieren können.

Wie viel Grausamkeit, Folter und Krieg des Westens muss uns noch präsentiert werden, bis wir verstehen: *Das kollektive Feindbild »Islam« ist einfach notwendig, um den Abschied der so genannten christlichen »zivilisierten Welt« von vormals propagierten Idealen nicht allgemein bewusst werden zu lassen.* Das Kreuzzugsbild vom gefährlich rückständigen Muselmanen lindert die Scham darüber, dass einst das abendländische Christentum allein über islamische Gelehrte wieder einen unzensierten Zugang zur griechischen Philosophie erhalten hat. Es ist das folgenreichste Hindernis für eine neue Aufklärungsphase im Islam, die so nötig wäre, und erspart uns auch den Blick auf fundamentalistische Komponenten des westlichen »Neoliberalismus«. Unter dem Etikett »Terrorismus« kann man schon jetzt jede unbequeme Bewegung unterschiedslos in einen großen Eintopf werfen. Das macht alle Differenzierung und vor allem das Zuhören überflüssig. »Wer die US-Vorstellungen von der Neuordnung der Welt teilt, genießt amerikanischen Schutz. Wer sich widersetzt, wird zum Terroristen oder Terrorsponsor erklärt« (Doering 2006). Die ideologischen Komplexe des Bushismus sind Ursache für eine fatale Fehleinschätzung der Weltverhältnisse. Die im Auftrag der konservativen Bertelsmann-Stiftung durchgeführte Studie »Violence, Extremism and Transformation« (2006) hat z.B. ergeben, dass weltweit nur ein Viertel aller terroristischen

Gruppen dem religiösen Extremismus zugeordnet werden kann. Immerhin ist man inzwischen sogar im britischen Außenministerium skeptisch, ob der Terminus »Antiterrorkrieg« noch aufrechterhalten werden kann bzw. sinnvoll ist.

Kein Krieg gegen den Islam?

Zielsetzungen, Erträge und Profiteure des Kulturkampfes sind offenkundig. Das maßgebliche Konfliktmodell der Gegenwart verdeckt innerhalb der westlichen Länder und global den Widerspruch zwischen arm und reich. Es erhält durch die Installierung eines neuen Weltfeindes nach Ende des Kalten Krieges das Weltbild von Gut und Böse aufrecht, das zur Beibehaltung einer mit militärischer Stärke operierenden Weltordnungsideologie und zur innenpolitischen Legitimierung des militärisch-industriellen Komplexes in den USA unerlässlich ist. Es liefert den konservativen Volksparteien unter dem Stichwort »Leitkultur« willkommenen Ersatz für verlorene »Werte« und den Vorwand für eine aggressive Asylpolitik. Es befreit uns von einer Wahrnehmung des kriegerischen Charakters des christlich geprägten Kulturkreises und von einer Wahrnehmung dessen, was Kolonialismus und Imperialismus in »unterentwickelten Regionen« produziert haben und noch immer produzieren. Es streicht den Umstand, dass bewaffnetes Gotteskämpfertum von Muslimen als Instrument von westlichen Geheimdiensten erfunden, approbiert oder ausgestattet worden ist, aus unserem Gedächtnis. Es schädigt jene Länder, die schon wegen ihrer geographischen Lage viel stärker als die USA in der Nähe auf eine friedliche Verständigung zwischen christlich und islamisch geprägter Kultur angewiesen sind. Der Kulturkampf verringert de facto die Aussicht auf eine – dringend notwendige – innerislamische Ökumene, drückt konstruktive Reformkräfte im Islam an den Rand (was ganz offenkundig erwünscht ist) und gibt fanatischen Bewegungen Aufwind Er liefert den USA einen Freibrief dafür, die öl- bzw. energiereichsten Regionen auf der Erde mit Militärbasen unter Verteilungskontrolle zu bringen und mögliche Angriffe auf das Petrodollarsystem abzuwehren. ...

Nach den Terroranschlägen vom 11.9.2001 hatten allein in Teheran etwa eine Million Menschen auf der Straße ihr Mitgefühl mit den Angehörigen der Mordopfer von New York bekundet. Die nachfolgende Politik der Bush-Regierung und ihrer Verbündeten ist ein lückenloser Beweis dafür, dass man an solche Gesten auf keinen Fall anknüpfen wollte. Am Ende freilich könnte sich die Kulturkampfstrategie als Bumerang erweisen, wenn etwa das Zusammenleben in unseren Städten sich den aggressiven Szenarien der fiktionalen Massenkultur angleicht und der Widerstand gegen autoritäre, feudale oder auch klerikale »Eliten« in der islamischen Welt denen in die Hände spielt, die der Westen auf keiner Regierungsbank sehen möchte.

Dass seit fünf Jahren die antimuslimische Feindseligkeit in den USA und – noch signifikanter – z.B. auch in der Bundesrepublik Deutschland zunimmt (Pany 2006), müsste jeden halbwegs wachen Zeitgenossen beunruhigen. Es fällt leicht, die entsprechenden Diskriminierungserfahrungen im Alltag zu bagatellisieren, wenn man nicht einer der in Frage kommenden Bevölkerungsgruppen angehört. Sofern speziell Menschen des arabischen Kulturkreises betroffen sind, handelt es sich nach Auskunft der hebräischen Bibel um Nachkommen des Noah-Sohnes Sem und um Kinder Abrahams. Das entsprechende antiarabische Feindbild bezieht sich auf eine Sonderform des Antisemitismus, was gerne übersehen wird. Auch diese Sonderform ist nicht plötzlich über Nacht entstanden. Ihre Wurzeln sind viele Jahrhunderte alt.

Nun gibt es Widersprüche innerhalb des Kulturkampfszenariums. Nach eigenen Kreuzzugsformeln betonte US-Präsident Bush jun., der »Antiterrorkrieg« sei kein Krieg gegen den Islam. Weltweite PR-Kampagnen mit dieser Botschaft waren für die Kriegsplanungen der US-Administration von großer Wichtigkeit. Im Kino zeigte später der Kreuzzugsfilm KINGDOM OF HEAVEN (USA 2005) von Ridley Scott ein versöhnliches Bild der Sarazenen und Schändliches auf Seiten des christlichen Kreuzfahrerheeres. Auf einer Konferenz in Rom, die offenbar den Kreuzzügen zu neuen »historischen Legitimationen« verhelfen sollte, ist dieser Film sogar ausdrücklich als zu islamfreundlich kritisiert worden (Rötzer 2006a). Zu wohlwollende Rezensenten übersehen jedoch, dass zum guten Schluss die christlichen Ritter doch einen »gerechten Krieg« gegen die Übermacht der muselmanischen Feinde kämpfen. Ein ritterlicher Schutz für die Schwachen steht im Zentrum der bellizistischen Doktrin von KINGDOM OF HEAVEN.

Zwei Kriegsszenarien im Irak aus US-Filmen von 1983 und 1998

Im Rahmen der Zusammenarbeit von Hollywood und US-Administration gibt ein Kulturschaffender wie der Drehbuchautor David Engelbach ganz offen zu, dass und wie er sich formen lässt: »Ich bin tatsächlich im vergangenen Sommer nach Washington geflogen, um auf deren Bitte hin ein Seminar ... zu besuchen. Es ging um islamischen Fundamentalismus, und das fand ich sehr hilfreich« (zitiert nach MARSCHBEFEHL FÜR HOLLYWOOD). Mitnichten jedoch sind Kulturkampfbeiträge im Kino ein Produkt des »Elften Neunten«. Nachweislich ist der Terrorthriller mit antiislamischer oder antiarabischer Zielrichtung schon seit Mitte der 80er Jahre fester Bestandteil des Programms (Bürger 2005a und 2007, S. 433-505; Boggs/Pollard 2007, S. 171-208). In den 80er

Jahren, so meinen zwei US-Autoren, seien Antiterrorfilme wie DELTA FORCE (USA 1985) von Menahem Golan oft in Israel gedreht worden oder mit israelischer Unterstützung zustande gekommen (Boggs/Pollard 2007, S. 191). Sie zitieren ein Bekenntnis von Lee Marvin, der bei DELTA FORCE mitgewirkt hat: »I like what the picture says ... We start blowing up everybody. That's good old American revenge.« In der Tat liegt dem Film nichts Menschenverachtendes fern. Über das Top-Gun-Pendant IRON EAGLE* (USA 1985), das Propaganda für einen Luftangriff auf Libyen und Erdölraffinerien betreibt und den Feind meistens im Schatten eines Minaretts zeigt, teilt Wikipedia mit: »All aircraft used in the making of the two first films [Iron Eagle I/II] are Israeli craft and were filmed with the help of the IAF.« Im Abspann ergeht z.B. eine Danksagung an Firmen wie NEC Information Systems Inc. oder Nike, die militärische Assistenz wird jedoch nicht nachvollziehbar vermerkt.

In den 90er Jahren kommt eine neue Terrorwelle ins Kino, so die Filme TRUE LIES* (1994), EXECUTIVE DECISION* (1995), AIRFORCE ONE* (1996) und THE PEACEMAKER (USA 1997). Es überwiegen dabei mit Abstand Bedrohungen durch islamische Täter. Im Jahr 1998 sind, wie THE SIEGE und ENEMY OF THE STATE eindrucksvoll belegen, Antiterror-Paradigma und Überwachungsstaat als zusammengehörige, vollständig entfaltete Themen im US-Kino längst etabliert. Man muss sich allerdings nur etwas Mühe machen, um sehr ähnliche Filme zu sichten, die mehr als zehn Jahre älter sind.

Bezogen auf die kriegerische Seite des Kulturkampfprojekts möchte ich hier exemplarisch zwei Titel anführen. Mehr als ein halbes Jahrzehnt *vor* dem Golfkrieg 1990/91 zeigte die Militärtechnologie-Komödie BEST DEFENSE (USA 1983), wie Eddie Murphy als afroamerikanischer Soldat im befreundeten Kuwait eingesetzt ist, die frommen Gebete vom nahen Minarett als unbestellten Weckruf beklagt, mit einer einheimischen »Bauchtänzerin« sexuellen Frühsport betreibt und ansonsten – obwohl ihm alle Sprachkenntnisse fehlen – die Araber über die Vorzüge seiner US-amerikanischen Heimat belehrt. Nun weiß aber das vorausschauende Drehbuch, dass der Irak 1984 Kuwait angreifen wird! Mit Steinen bewaffnete irakische Kinder umzingeln den US-Panzer, und Scharen von ganz in Schwarz verschleierten »verrückten Wüstenweibern« werfen Molotowcocktails auf die US-Soldaten. Ein als »Affe« identifizierter irakischer Soldat hat überdies Freunde, die als Scharfschützen auf allen Dächern postiert sind. Die zeitversetzten Szenen sollen im Film ein ethisches Anliegen illustrieren: Wenn der US-Rüstungskonzern Dynatechnics Incorporated in Kalifornien ab 1982 aus reiner Profitgier ein innovatives Raketenleitsystem voreilig – und funktionsuntüchtig – in Serie gibt, werden US-Soldaten im Panzer die irakischen Feinde mit ihren Raketen nicht treffen, ihre Kameraden nicht befreien können und selbst umkommen. Glücklicherweise wird jedoch für das Raketenjustiergerät im Panzer rechtzeitig ein Überhitzungsschutz erfunden. Der panzerknackende Helikopter der irakischen Armee löst sich deshalb nach einem Volltreffer in Flammen auf. Das Resümee der US-Soldaten: »*Der Krieg kann kommen. Wir gewinnen. Wir sind die Löwen der Wüste!*« Zum Sponsoring dieses in Hollywood und Israel gedrehten Werks heißt es im Abspann nur: »The Producers wish to give special thanks to: The Post Group; Flyght Systems, Inc. (Rockets); Digital Equipment Corporation; P.D.A. Cinemation.« Nebenbei bemerkt: Die Sprachkompetenz hat sich zwischenzeitlich nicht verbessert. Von tausend Mitarbeitern der US-Botschaft in Bagdad sprechen nur sechs fließend arabisch (Spiegel-Online, 7.12.2006).

Wiederum ein halbes Jahrzehnt vor dem Angriffskrieg der USA gegen den Irak im Jahr 2003 wirbt Hollywood mit Hilfe des Pentagon für einen kombinierten Einsatz von US-Luftstreitkräften und U.S. Marines über der irakischen Wüste. Der Film SURFACE TO AIR* (USA 1998) von Rodney McDonald soll offenbar zeigen, wie die USA als Weltpolizei die Einhaltung von Flugverbotszonen über dem Irak durchsetzen. Internationale Legitimationsprobleme gibt es dabei für die Verantwortlichen im Pentagon nicht. Irakische Militärs, die im Nordirak Kurden bedrohen, haben sich mutmaßlich von Bagdad losgesagt. Deshalb ist nicht ganz klar, ob der Feind im speziellen Fall Saddam Hussein heißt. Gleichwohl werden mehrere irakische Kampfflieger (Banditen) von den US-Soldaten unter Jubel erledigt. Die Elitepiloten der Navy und die für Bodenkämpfe zuständigen Marines, für deren Beziehung stellvertretend auch ein Brüderpaar steht, arbeiten hervorragend zusammen. Zahlreichen irakischen Kämpfern wird der Schädel zertrümmert oder der Bauch durchlöchert. Kein US-Soldat stirbt. Für diesen anspruchslosen Film, der seine Bilder von gigantischen US-Flugzeugträgern durchgehend mit aufdringlich theatralischer Musik kombiniert, gab es Militärunterstützung der Vorzugsklasse: »*We gratefully acknowledge the Cooperation of the Department of Defense and the Department of the Navy ... Special Thanks to: Phillip M. Strub, Department of Defense; Navy Office of Information, West; Marine Corps, Public Affairs, Los Angeles; Commander Gary E. Shrout, USN; [...] Commander U.S. Naval Air Forces, Pacific; USS Kittyhawk (CV-63); USS Constellation (CV-64); USS Nimitz (CVN-68); Helicopter Combat Support Squadron 11; Marines of Weapons Company, 2ⁿᵈ Battalion, 23ʳᵈ Marines.*«

Drogenbekämpfung im »Nachkriegs«-Afghanistan und Islamistenjagd auf den Philippinen

Der Film AFGANSKIY IZLOM (Afghan Breakdown: Italien/UdSSR 1990) reflektierte unter veränderten politischen Bedingungen im Kino ein Jahrzehnt des sowjetischen Afghanistan-Krieges. Gezeigt wurden dabei ein verlorener Krieg und eine »Hölle ohne Ausweg«. Zu den frühen Filmvorstellungen zum Afghanistan-Krieg der USA ab 2001 gehört die TV-Produktion TRAFFIC – THE MINISERIES (Kanada/USA 2003). Die Verknüpfung von drei Handlungssträngen und das Drogenthema erinnern an den gleichnamigen Spielfilmtitel TRAFFIC (USA 2000) von Steven Soderbergh. Eine der Hauptfiguren, Mike McKay, ist als Agent der US-amerikanischen Drogenbehörde in Afghanistan eingesetzt. Er kennt das Land noch aus seiner Zeit als CIA-Mitarbeiter, als der US-Geheimdienst dort die Taliban und »Musterschüler wie Bin Laden« unterstützt hat. Oberflächlich gesehen scheint die spannende Serie einige kritische Ansatzpunkte zu bieten. Dazu gehört der Blick auf Obdachlosigkeit und soziales Elend in Seattle. Traurige Migrantenschicksale in den USA kommen zur Sprache. Man redet auch offen darüber, dass die CIA im Afghanistan der 80er Jahre in kriminelle Machenschaften und profitablen Drogenhandel verwickelt war. Aus dieser Zeit heraus wird erklärt, dass einzelne korrupte US-Amerikaner im Staatsdienst auch gegenwärtig noch Geschäfte mit korrupten Afghanen machen. An einer einzelnen Stelle ist sogar der höchst berechtigte Einwand zu hören, nach dem US-Krieg gegen Afghanistan sei mehr Heroin im Umlauf als je zuvor ...

Abgesehen von gelegentlichen Reflexionsmomenten dieser Art transportiert TRAFFIC die Botschaften von Kulturkampf und »Antiterrorkrieg«. Die positive Hauptfigur McKay charakterisiert die Afghanen so: »Ihr lebt im Mittelalter, esst dauernd Ziegen und haltet eure Frauen wie Haustiere!« Der Zuschauer erhält den absurden Eindruck, die Taliban hätten das Heroingeschäft im Großmaßstab gefördert und die afghanischen Verbündeten der USA könnten Garanten für eine Zerstörung der Mohnfelder sein. Der Hinweis auf die Wichtigkeit des Opiumanbaus für das Überleben der Bauern wird einem kriminellen Drogengroßhändler in den Mund gelegt und wirkt deshalb nur heuchlerisch. »Antiterrorkrieg« und »Antidrogenkrieg« bilden eine Einheit. US-Agenten dürfen in diesem Rahmen Schusswaffen einsetzen, Lenkraketen gegen Drogendepots anfordern und robust gegen mutmaßliche Verbrecher vorgehen. Wenn US-Drogenfahnder McKay einen Afghanen aus einem von anderen Afghanen angelegten Erschießungsgraben errettet, hat man gleichsam ein Gegenbild zum tausendfachen Massakermord in der nordafghanischen Region Masar-i-Sharif vor Augen (AFGHAN MASSACRE: CONVOY OF DEATH, 2002). Letztlich sind alle Migranten im Film tragische oder kriminelle Gestalten. Mit einem Schiff voller illegaler Einwanderer geht zugleich auch eine gefährliche Ladung Pockenviren nebst den menschlichen Trägermedien unter (der erste Weißbuchentwurf des deutschen Verteidigungsministers Franz-Josef Jung nannte 2006 in einem Atemzug »Seuchen, Flüchtlinge und unkontrollierte Migration von Ausländern« als militärisch abzuwehrende Bedrohungen!). Ein biologischer Angriff von Al-Kaida auf tausende US-Bürger ist somit durch den Drehbuchschreiber vereitelt worden. Die anderen und die da drau-ßen, das sind jene, die Drogen in die Vereinigten Staaten einschleusen und dadurch das heile Familienleben zerstören. Zu den Filmbotschaften gehört auch die Weisheit: »Paranoid ist gut, hält dich am Leben!«

Zu den kontinuierlichen und weltweit über DVD konsumierten US-Film-plädoyers für Terrorbekämpfung zählt die schon seit Jahren in mehreren 24-Stunden-Staffeln ausgestrahlte TV-Serienproduktion Twenty Four (USA ab 2001): In Echtzeit sind die Zuschauer dabei, wenn der Mord an einem US-Prä-sidentschaftskandidaten abgewehrt werden muss, Terroristen eine Atom-bombe in Los Angeles zünden wollen oder der Anführer einer arabischen Ter-rorzelle den US-Verteidigungsminister entführen lässt.

Ohne Kinoverwertung direkt auf den DVD-Markt gelangte das B-Movie The Hunt For Eagle One* (USA 2006) von Brian Clyde. Dieser Antiterror-kriegsfilm verfolgt ungewöhnlich scharf das Kulturkampfparadigma und ent-wickelt es exemplarisch an einem der vielen einbezogenen Schauplätze auf dem Globus: Philippinisches Militär und Elitesoldaten der U.S. Marines machen gemeinsam Jagd auf islamische Rebellen, d.h. sie kämpfen gegen rachsüchtige und selbstmordbereite Fanatiker. Hier geht es nicht nur um einen lokalen Kon-flikt. Die philippinischen Islamisten erhalten Geld und Waffen aus dem Aus-land, um Teil des großen Kampfes gegen den Westen sein zu können. Sie beher-bergen zudem Prominenz aus dem internationalen Al-Kaida-Netzwerk und bereits in Afghanistan geschulte Kämpfer. Namentlich ein Biowaffenlabor gehört zur Logistik der philippinischen Rebellenzentrale. Es droht der Welt ein zweites WTC-Inferno, wenn die Anthrax-Bestände nicht zerstört werden kön-nen. Bereits zu Beginn des Films erläutert Topterrorist Abubakar das Pro-gramm: »Die Abrechnung mit den Ungläubigen steht kurz bevor. Ihre Festun-gen der Sünde werden sie nicht länger schützen. So wie wir bluten, sollen auch sie bluten ... Aber ihr Leid wird das unsere tausendfach übertreffen. Denn wir haben den Allmächtigen, der uns beschützt. Und sie haben niemanden.«

Eine Heldin des Films ist die afroamerikanische Hubschrauberpilotin Cap-tain Amy Jennings. Nach dem Abschuss ihres Helikopters belehrt sie einen verwundeten philippinischen Kameraden, dass ein U.S. Marine niemals einen anderen zurücklässt. Sie wird gefangen genommen und schließlich von den islamischen Rebellen auch grausam gefoltert: »Du unreine Christenhure, unverschleierte Frau ohne Scham und Ehre!« Amy Jennings nimmt gleicher-maßen die Rolle der mutigen US-Soldatin und des zu befreienden weiblichen Opfers ein. Statt des für ein Foltervideo vorgeschriebenen Textes ruft sie in die Kamera: »Gott schütze Amerika!« Inmitten der umfangreichen Zersprengung von Menschen und Gebäuden sieht man zuweilen, dass in den Strohhütten von Terroristencamps auch die Familien der Rebellen leben. Auffällig stark kommt ein ethnischer Unterschied zwischen den einheimischen islamischen

Kämpfern und den philippinischen US-Verbündeten zur Darstellung. THE HUNT FOR EAGLE ONE* ist nicht zuletzt ein Werbefilm für den »antiterroristischen« Bodenkampf der U.S. Marines, die sich in fremden Ländern aufopfern und deren Kameradschaftsethos aufdringlich oft wiederholt wird. Die im Abspann vermerkte Militärassistenz: »*The Producers would like to acknowlege the following: United States Marine Corps; Philippine Air Force; Philippine Marines; Philippine Army-Camp Capinpin; Philippine Airlines.*« Für diese Filmproduktion gibt es im wirklichen Leben auch einen Rekrutierungskontext. US-Söldnerfirmen werben Arme, Arbeitslose und Ex-Soldaten in Lateinamerika oder auf den Fidschi-Inseln für gefährliche Einsätze im Irak an. 2006 soll das US-Sicherheitsunternehmen »Blackwater« auch auf den Philippinen entsprechende Aktivitäten entfaltet haben (Griebel 2006).

Skandal um einen türkischen Actionfilm und EU-Kino

Islamische Jugendliche können in unseren Videotheken hunderte Titel entdecken, in denen ihre Herkunftskulturen als gefährlich dargestellt und in einen Schauplatz für blutige Attacken von westlichen Elitekämpfern verwandelt werden. Doch erst wenn ein türkischer Filmemacher einen gegenläufigen Titel wie KURTLAR VADISI IRAK / TAL DER WÖLFE (Türkei 2005) vorlegt, der durchaus nicht die Menschenverachtung *zahlloser* Actionfilme aus den USA erreicht, laufen Rezensenten und Freiwillige Selbstkontrolle Sturm (Elsässer 2006). Jürgen Elsässer wirft in seiner Filmbesprechung den empörten Kritikern vor: Sie unterschlagen beim Drehbuchreferat gute Kontakte der Helden zu Kurden und Arabern, um das Bild eines rein türkischen Nationalismus zeichnen zu können; sie verschweigen positive Aspekte in der Rolle eines jüdischen Arztes (der allerdings tatsächlich Gefangenen Organe entnimmt und sie weiterverkauft, was in Wikipedia als Modernisierung des antisemitischen Ritualmordmythos gedeutet wird, und der zudem ein bald explodierendes Gebäude mit gutem »Instinkt« rechtzeitig verlässt); sie übergehen einen muslimischen Geistlichen, der unter Berufung auf den Koran gegen die Tötung von Unschuldigen predigt. Bei der »Produktion« eines Enthauptungsvideos verhindert dieser Sufi den Mord: »Wen macht ihr nach? Von wem habt ihr das gelernt? Ihr seid nicht besser als die Amerikaner!«

In einer kritischen Rezension meint auch Susanne Gaschke: »Der Film ist ... nicht islamistisch. Es gibt zwar weder nette Christen noch nette Juden (Meinungsfreiheit), aber in der religiösen Sympathieträgerfigur ist sozusagen das Ethos der Weltreligionen aufgehoben, und Selbstmordattentate und Al-Qaida-Enthauptungen gelten dem guten Scheich als zutiefst unislamisch. Das Gewaltniveau des Films, über das viel gejammert wurde, geht über den handelsüblichen Actionfilm nicht hinaus und bleibt weit unter demjenigen sämtlicher Splatter-Movies« (ZEITonline, 23.2.2006). Im Übrigen gibt es doch einen »netten« US-Soldaten, der sich für unschuldige Muslime einsetzt und dafür einen hohen Preis bezahlen muss.

Schon vor zwanzig Jahren verfocht Pat Robertson, einer der einflussreichsten US-Evangelikalen, die Anschauung, die Vereinigten Staaten hätten für Gott das Weltgeschehen zu lenken. Sehr gekonnt wird in KURTLAR VADISI IRAK die aktuelle Fundamentalismuskritik umgedreht. Der Exponent der USA, »Uncle« Sam Marshall, stellt sich ähnlich wie George W. Bush jun. als ein von Gott gesandter Friedensstifter vor. Er wäre bereit, für den Frieden ohne weiteres den Tod vieler tausend Menschen in Kauf zu nehmen. Zu solchen Proklamationen lässt er am Klavier »Freude schöner Götterfunken« spielen. Der Kommentar der türkischen Widersacher lautet: »Er ist verrückt. Hat er tatsächlich gesagt, er sei von Gott gesandt?« Die Irakpolitik der US-Amerikaner wird von ihnen so gesehen: »Sie gaben die Berge den Kurden, die Wüste den Arabern, sich selbst das Öl und uns Türken haben sie vergessen.« Die Drehbuchteile über türkische Nationalehre sind durchweg höchst bedauerlich. Im Vergleich zum obligaten Bannerkult von Hollywood-Produkten muss man allerdings feststellen, dass die türkische Nationalflagge im Film das Format eines Kinderfähnchens aufweist. Ein deutliches Votum gilt der irakisch-türkischen Freundschaft.

Sehr beunruhigend ist die Politik der türkischen Regierung gegenüber den Kurden. Sehr beunruhigend am Film KURTLAR VADISI IRAK sind die gezeigten grenzüberschreitenden Aktivitäten aus der Türkei heraus in kurdische Gebiete. Realer Anknüpfungspunkt für das Drehbuch ist die so genannte »Sack-Affäre« vom 4. Juli 2003, an der sich auch das inzwischen sehr gespannte Verhältnis zwischen den USA und dem Natomitglied Türkei ablesen lässt. Türkische Militär- und Geheimdienstangehörige hatten die nordirakische Grenze zum kurdischen Autonomiegebiet überschritten und wurden im Zuge ihrer verdeckten Operation von US-Soldaten gefangen genommen. Über ihre Köpfe stülpten die US-Amerikaner Säcke. Für diese öffentliche Demütigung gilt es nun im Film für Rache zu sorgen. Die Mission übernimmt ein türkisches Elitekämpferteam.

Die US-Besatzer im Irak werden sehr unvorteilhaft dargestellt: Sie säen Streit unter den Volksgruppen, hetzen unter dem Bild ihres gekreuzigten Heilands gegen Muslime, überfallen eine Hochzeitsgesellschaft, transportieren Gefangene in einem geschlossenen Container, der mit Kugeln durchlöchert wird, und foltern unter Beteiligung einer US-Soldatin nackte Gefängnisinsassen. Kompromittierend ist, dass es für all diese Geschehnisse reale Vorbilder gibt, so den Angriff auf eine Hochzeitsgesellschaft im irakischen Dorf Mukaradeeb (Mai 2004), die tödlichen Transporte von gefangenen Taliban im Rahmen des Massakers von Masar (Afghanistan, November 2001) und das Foltergefängnis Abu Ghraib. Weil hier – anders als im Hollywood-Produkt – ausnahmsweise einmal »die USA« als Täter und deren Waffenträger als Objekt von Vergeltung vorgeführt werden, handelt es sich in diesem Fall nach Ansicht von Kulturbeobachtern, die sonst großzügiger sind, um *verwerfliche* Propaganda. An dieser Stelle benötigen wir dringend unparteiische Maßstäbe in der Filmkritik, die hier wie da vom universellen Menschenrecht ausgehen und hier wie da Hetze als solche auch benennen. Schließlich darf man nicht übersehen, dass die in KURTLAR VADISI IRAK nachgeahmte Geschmacksrichtung und die Strategie, politische Paradigmen im Kino vorzubereiten, von der US-Filmindustrie vorgegeben worden sind.

In sieben islamischen Ländern ist die Steinigung gemäß Scharia noch immer vorgesehen. Diese maßlos grausame Folter- und Hinrichtungsart behandelt gegenwärtig der fiktionale Film THE STONING (BRD 2006). Der Film scheut sich nicht, die als vermeintlich religiöses Ritual ausgeführte Perversion realistisch darzustellen. Ähnlich wie bei Aktionen von Amnesty International weist der Drehbuchtext darauf hin, dass mit einer Kampagne gegen die Steinigung nicht die islamische Rechtssprechung in Frage gestellt werden soll. Die Kritik wird vor allem aus der Perspektive einer emanzipierten Muslima vorgetragen: Mit der Angst vor Allah regieren »Gottesmänner, die die Nähe zu Gott verloren haben« und anderen Männern abscheuliche Wege eröffnen, unliebsame Ehefrauen loszuwerden. Das in THE STONING gezeigte System theokratisch legitimierter Grausamkeit ist noch viel drastischer als z.B. die in der US-Produktion NOT WITHOUT MY DAUGHTER (USA 1990/91) gezeigten Verhältnisse. Da sich der Filmemacher ausgerechnet zum Zeitpunkt laufender Kriegsandrohungen gegenüber dem Iran der Steinigungspraxis in der Islamischen Republik Iran zuwendet und diese für ein westliches Publikum pseudodokumentarisch ins Bild setzt, ist sein Beitrag in mehrfacher Hinsicht auch problematisch. Die Bemühungen unter Präsident Chatami, die Vollstreckung von Steinigungsurteilen entsprechend der vom Iran eingegangenen internationalen Rechtsverpflichtungen ganz auszusetzen, werden auf einen zweifelhaften Begnadigungs-Kasus reduziert. Es entsteht der Eindruck, die Steinigung sei nach wie vor zumindest in ländlichen Gegenden des Irans eine völlig alltägliche Praxis. Auf Berichte seriöser Menschenrechtsorganisationen kann sich diese Art der der Darstellung jedoch nicht berufen. Als Opfer wird eine gebürtige US-Amerikanerin eingeführt. Ihr Fall führt in Deutschland zu blutigen Verwicklungen, macht also unser Land unsicher. FBI und deutsche Waffenträger müssen deshalb drei iranische Geiselnehmer auf dem Gebiet der Bundesrepublik erschießen. Bei den dürftigen und sehr vage gehaltenen Informationen im Extrateil der DVD fragt man sich, warum die Produzenten den

Zuschauern nach diesem aufrüttelnden Filmereignis nicht einen gründlich recherchierten Sachhintergrund vermitteln. Dem zutiefst menschlichen Anliegen des Films wäre das sehr dienlich gewesen.

Nach den gewalttätigen Unruhen Ende 2005 in Paris kann man den weitsichtigen Film LA HAINE (Frankreich 1995) von Mathieu Kassovitz heute auf neue Weise sehen. Der urbane Krieg wird längst nicht mehr nur als Spezifikum von Metropolen in armen Ländern oder auch in den USA betrachtet. Auch das europäische Kino kultiviert vermehrt Migrantendarstellungen und Großstadtkonflikte, so z.B. durch die Titel BANLIEUE 13 (Frankreich 2004) oder L'EMPIRE DES LOUPS (Frankreich 2005). Hilfreiches enthalten die meisten Beiträge nicht. Man könnte einwenden, in BANLIEUE 13 werde ja gerade der Plan von Regierungsbeamten entlarvt, das Problem eines umzäunten Riesenghettos durch einen Atomsprengsatz zu lösen. Zwei Millionen marginalisierte Menschen im eigenen Land würden auf diese Weise als Abschaum entsorgt. Doch die Bilder der Fremdenangst lassen sich in diesem Film nicht übersehen: »Das hier ist nicht Monaco, das ist Bagdad!« Die beiden Helden, ein Polizist und ein im Ghetto geborener guter Outlaw, sind waschechte Europäer bzw. Franzosen. Zusammen mit dem Krimi 36, QUAI DES ORFÈVRES (Frankreich 2004) ergeben die genannten französischen Titel übrigens ein auffälliges Votum für die Relativierung rechtsstaatlicher Prinzipien in der Polizeiarbeit. In Deutschland lenkt die sozialkritische Literaturverfilmung KNALLHART (BRD 2006) den Blick auf Probleme in multikulturellen Sektoren der Großstadt. Nach dem sozialen Abstieg seiner Mutter gerät ein fünfzehnjähriger Deutscher in einen Stadtteil mit hohem Ausländerteil. Inmitten von brutalen Schulgangs und einflussreichen Drogendealernetzen bleibt ihm offenbar keine Wahl. Entweder wird er Opfer oder betätigt sich selbst als Krimineller. Es liegt auf der Hand, dass die Wirkung dieses Kinobeitrags erheblich von den aktuellen Rezeptionsbedingungen abhängt. Gegenwärtig wünscht man sich zumindest auch die filmische Darbietung der Geschichte eines Jugendlichen mit ausländischer Herkunft, in dessen Wohnumfeld Neonazis die maßgebliche Jugendszene abgeben.

Der vom französischen Militär unterstützte Luftwaffenfilm LES CHEVALIERS DU CIEL* (Frankreich 2005) schürt den Verdacht, dass arabische Terrorzellen schon längst in wichtige Bereiche unserer Gesellschaften hineinreichen (vgl. Kapitel 18). Selbst kritische Autoren lassen sich durch die moderne Verpackung der antiislamischen Propaganda manchmal zu unangemessenen Beurteilungen verführen. So meint Carsten Henning (in Thomas/Virchow 2006, S. 256) allen Ernstes, die Darstellung der US-Soldaten in BLACK HAWK DOWN* sei ja ähnlich oberflächlich wie die der Somalis. Die Tendenz, die dieser Film verfolgt, besteht aber gerade in der Visualisierung eines islamischen Feindes, der aus einer gesichtslosen *Masse* von tausenden Menschen besteht.

Filmbeiträge gegen den Strom

Erfreulicherweise sind auch widerstrebende Kulturbeiträge wie MONSIEUR IBRAHIM ET LES FLEURS DU CORAN (Frankreich 2004) zu vermerken. Der Dokumentarfilm RHYTHM IS IT! (BRD 2004) über ein schier unglaubliches multikulturelles Tanzexperiment in Berlin hat beim Publikum große Gunst gefunden. Im Bereich der nicht professionellen Jugendfilmkunst kommen zahlreiche Dialogbeiträge z.B. aus dem »Medienprojekt Wuppertal«. CACHÉ (Frankreich/Österreich/BRD/Italien 2006) kann unter dem Vorzeichen des Kulturkampfes als Stimmungsbild für Europa gesehen werden. Die Richtung der Überwachung ist jedoch umgedreht. Das aufzuspürende, verborgene Übel geht zurück bis auf den 17. Oktober 1961, als französische Polizisten in Paris friedlich demonstrierende Algerier ermordeten. Manche Quellen gehen von bis zu 200 Mordopfern aus. Der Spielfilm DER SCHLÄFER (Österreich/BRD 2005) zeigt, wie der Generalverdacht gegen muslimische Mitmenschen uns selbst verwandeln könnte. Das Thema wartet auf Fortführung, denn Spitzelsysteme gegen so genannte »Andere« bedrohen unsere Freiheit.

Der beste mir bekannten Filmbeitrag aus den USA ist SORRY HATERS (USA 2005): In der Zeit nach den Terroranschlägen treffen eine »verwirrte Frau« und ein aus Syrien stammender Taxifahrer aufeinander. Die psychotische US-Amerikanerin hat seelisch großen Nutzen aus dem »Elften Neunten« gezogen. Während um sie herum alle hilflos waren, hatte sie am besagten Datum erstmals das Gefühl, nicht ohnmächtig zu sein: »Ich will diesen Tag zurück!« Um diesen Wunsch wahr werden zu lassen, wird sie den syrischen Taxifahrer und seine Angehörigen ins Verderben stürzen. Der Film thematisiert auch die Praxis, islamische Menschen in den USA auf vagen Verdacht hin bzw. nach Denunziation festzunehmen oder gar zum Folterverhör in Herkunftsländer abzuschieben. Anspruchsvolle Beiträge gegen den Strich werden leider vom US-Publikum nicht besonders honoriert, wie zuletzt der mäßige Zuspruch für HOUSE OF SAND AND FOG (USA 2003) über das Schicksal einer iranischen Migrantenfamilie gezeigt hat.

Der am 27.6.2006 auf Arte-TV ausgestrahlte Dokumentarfilm ABGEORDNETE HINTER GITTERN von Shimon Dotan lässt Raum für Entsetzen *und* Einfühlung. Eine inhaftierte Palästinenserin zeigt mit strahlendem Gesicht ihre Unbekümmertheit über den Tod von israelischen Kindern, die bei einem von ihr mitorganisierten Selbstmordattentat ermordet worden sind.

Mit PARADISE NOW (Niederlande/Frankreich/BRD 2005) von Hany Abu-Assad finden palästinensische Sichtweisen Eingang in die Kinokultur. Der Blick auf zwei Selbstmordattentäter enthält nichts Verherrlichendes und auch keine Apologie. Psychologie und Soziologie des religiös umhüllten Martyriums werden ohne Metatext einfach dargestellt. Ganz rational argumentiert eine junge Palästinenserin, gewaltsame Aktionen gegen eine militärische Übermacht wie Israel könnten wohl kaum als ernstzunehmende Strategie bezeichnet werden. Die Selbstrechtfertigung für Sprengstoffanschläge lautet: »Ganz Israel ist eine Kaserne.« Das erste israelische Kind im Bus bewegt den Attentäter zur Rückkehr. Es folgt jedoch kein Happy End.

In gewisser Weise könnte man den Film MUNICH (USA 2005) von Stephen Spielberg, den ich in Telepolis ausführlich vorgestellt habe, als Gegenstück zu PARADISE NOW sehen (Bürger 2006f). Das Thema, die Jagd des Mossad auf die Münchener PLO-Mörder israelischer Olympiateilnehmer des Jahres 1972, wird darin jedenfalls nicht zum Anlass genommen, die Antiterrordoktrin zu stützen. Für den *frommen* Einspruch wider die Gewaltspirale, der in Spielbergs Literaturverfilmung mehrfach zu Wort kommt, gab es während des Libanon-Krieges eine Reihe von Beispielen aus dem wirklichen Leben. So erinnerte Prof. Rolf Verleger, Mitglied des Direktoriums des Zentralrats der Juden, in einem Schreiben an das Präsidium des Zentralrats vom 23. Juli 2006 an das »Judentum, dessen Wesen unser einflussreichster Lehrer Hillel so definierte: › Was Dir verhasst ist, tu Deinem Nächsten nicht an‹ «. Verleger beklagte im Anschluss daran: »Das glaubt mir doch heutzutage keiner mehr, dass dies das › eigentliche‹ Judentum ist, in einer Zeit, in der der jüdische Staat andere Menschen diskriminiert, in Kollektivverantwortung bestraft, gezielte Tötungen ohne Gerichtsverfahren praktiziert [...] und ganze Stadtviertel in Schutt und Asche legt.«

Mehr Nachdenkliches in der Art der genannten Kinobeiträge könnte die Einsicht wachsen lassen, dass wir uns auf diesem Planeten einen »clash of civilizations« einfach nicht leisten können. Warum zeigen Spielfilmemacher nicht, welche erstaunlichen Erfahrungen westliche Reisende in islamischen Ländern außerhalb der Touristenzentren machen oder wie die muslimische Gemeinde Ruandas während des Völkermordes im Land – ganz anders als viele christliche Kirchen – ein Hort für den Schutz von Leben gewesen ist? Warum hat niemand den Mut zu einem großen ästhetischen Filmprojekt über die Welt des Islams? Solche Unternehmungen würden den Kulturkampfkonstrukteuren, deren Helferkreis inzwischen auch bis in die Lokalredaktionen hineinreicht, ungelegen kommen.

11   Exkurs: Gegenkultur zur evangelikalen Aufrüstung und Kritik am Bushismus?

»America has the power and resources to refuse self-reflection. More pointedly, it is a nation that has developed a tradition of being oblivious to self-reflection.«

Ziauddin Sardar und Meryl Wyn Davies (zitiert nach Boggs/Pollard 2007, S. 206)

Zu den üblichen Verdächtigen aus Werkstätten des US-kritischen Films gehört Lars von Trier. Für neuere Titel wie DEAR WENDY (2005), DOGVILLE (2003) und MANDERLAY (2005) hat er das Drehbuch geschrieben oder Regie geführt. Der »Pazifismus mit Waffen« in DEAR WENDY weist auf den US-spezifischen Revolverkult hin und wohl auch auf eine paradoxe Entwicklung des US-amerikanischen Selbstverständnisses: eine friedliche Nation, die sich permanent für den Krieg rüstet. MANDERLAY, Teil einer »Theatertrilogie«, zeigt, wie afroamerikanische Sklaven auf robuste Weise zur Demokratie missioniert werden sollen. Bereits der Hüllentext zur DVD-Ausgabe regt an, in der Geschichte ein Bild für gewaltsame »Demokratisierung« in der Gegenwart zu entdecken. Anspielungen können auch weniger direkt sein. Der englische Regisseur Ken Loach ist in Cannes für seinen Spielfilm über den irischen Befreiungskampf gegen britische Besatzer – THE WIND THAT SHAKES THE BARLEY (Irland/GB/BRD/Italien/Spanien 2006) – ausgezeichnet worden und sagte zwei Wochen später in einem Interview: »Es ist Terror, was Amerika und England dem Irak angetan haben. Sie haben es ja nicht einmal geleugnet: › Shock and awe‹ zu schaffen, war ihr Ziel« (Zürcher Zeitung, 12.6.2006).

Für die USA selbst werden in diesem Buch einige neuere Filme vermeldet, die vom aggressiven Bellizismus Abstand nehmen. Entsprechende Titel laden Rezensenten immer wieder dazu ein, eiligst von einer Wende in Hollywood zu sprechen. Überhaupt will mancher erkennen, dass im US-Kino das Ende der Bush-Ära schon vorzeitig eingeläutet worden ist. Nachfolgend möchte ich einige Filme anführen, die eine solche These stützen könnten. Zunächst kommt die »christliche« Prägung des Bushismus ins Blickfeld. Sie basiert auf der erprobten Strategie der Republikaner, aus den »bibeltreuen« Bevölkerungsteilen die Basis für eine Politik im Sinne der Minderheit von Superreichen zu rekrutieren. Hinsichtlich der liberal-kapitalistischen Tendenz, tradierte Religion zu marginalisieren, bilden die USA noch immer eine deutliche Ausnahme. Unterschiedlichste Produktionen wie der österreichische Kinobeitrag DER HENKER (2005) oder der Dokumentarfilm JESUS CAMP (USA 2006) zeigen, dass christlicher Fundamentalismus ein Thema für Kulturmacher ist.

Erinnern sollte man sich in diesem Zusammenhang unbedingt an die Literaturverfilmung THE HANDMAID'S TALE (USA/BRD 1989) von Volker Schlöndorff. Darin greift ein Militärstaat der Zukunft zur Lösung der Fortpflanzungsfrage, die der Gattung zwischenzeitlich zum Problem geworden ist, auch auf einen »biblisch« inspirierten Fundamentalismus zurück. Sexualität ist als lustvolle Begegnungsform offiziell verbannt und wird auf ein strenges Zeugungsritual beschränkt. Margaret Atwood, deren weitsichtigen Roman Harold Pinter für das Drehbuch adaptiert hat, hatte beim Schreiben durchaus auch die iranische Revolution vor Augen. Es lag ihr aber offenkundig daran, im Verbund von militaristischem und religiösem Wahn einen angelsächsischen Fundamentalismus zu zeigen.

Gegenwärtig enthält die Comicverfilmung V FOR VENDETTA (USA/BRD 2005) die libertäre Kampfansage an ein christlich-fundamentalistisches Staatsgebilde im Nachkriegseuropa des Jahres 2018. Vorausgesetzt werden Abbau der Menschenrechte im »Antiterrorkrieg«, geheime Militärgefängnisse, Verfolgung von Muslimen, der Ausnahmezustand aufgrund einer in staatlichen Labors produzierten Massenseuche, der auch fast hunderttausend Bürger des eigenen Landes zum Opfer fallen, die Korrumpierung der breiten Masse durch amtliche Angstpropaganda, und ein Niedergang des US-Imperiums nach dem Irakkrieg. Der Film unterwirft sich dem Dogma, Gewaltausübung sei letztlich auch für die »Guten« unumgänglich, mündet jedoch in Bilder eines breiten zivilen Widerstandes. Die anarchistische Botschaft: Das Parlamentsgebäude »ist ein Symbol, ebenso wie der Akt, es zu zerstören. Menschen verleihen Symbolen Macht. Für sich betrachtet ist ein Gebäude bedeutungslos, aber wenn genügend Menschen dahinter stehen, kann die Sprengung eines Gebäudes die Welt verändern.« Die bekämpfte englische Theokratie arbeitet mit einer faschistischen Choreographie und Totalüberwachung. Sie zeichnet sich durch Homosexuellenfeindlichkeit und Hetze gegen »Gottlose« aus, was auf US-Evangelikale und Parolen des Bush-Wahlkampfs 2004 verweist. Ein besonders hetzerischer TV-Moderator ist unschwer als Pat-Robertson-Verschnitt zu identifizieren. Zu den vom »Ministerium für zu beanstandende Gegenstände« verbotenen Kulturobjekten gehört z.B. eine Prachtausgabe des Korans. Die Medien sind gleichgeschaltet, weshalb sich der Widerstand den Zugang zum Bildschirm mit Waffen erzwingen muss. Ausgangspunkt der Revolte ist die politische Immunkompetenz der Hauptfigur, für die das Drehbuch eine intelligente Metapher bereitstellt. Die Elite der »Restauratoren« hat sich seit der Gründung des Polizeistaats enorme ökonomische Vorteile gesichert, namentlich durch Gewinnbeteiligung an einem Pharmakonzern. Dieser produziert für die Bevölkerung das Gegenmittel zu einer viralen Biowaffe von Terroristen, die Auswirkungen auf das Immunsystem hat und in Wirklichkeit von den Drahtziehern der Restauration selbst entwickelt worden ist. Der Film ist deshalb aber noch nicht kapitalismus- oder sozialkritisch zu verstehen. Die Exponenten des Widerstands sind eher gebildete, wohl situierte Liberale mit »kugelsicheren Ideen«, die für die bürgerlichen Freiheiten einstehen und verstanden haben, dass eine Revolution ohne Tanz nicht der Mühe wert ist. Nur leicht verschlüsselt gibt es allerdings auch mannigfachen Tribut an diverse Verschwörungsthesen. Dieser Titel ist mit Abstand der militanteste und erstaunlichste Kinobeitrag zum Antibushimus.

BROKEBACK MOUNTAIN (USA 2005) über das Geschick zweier heterosexuell verheirateter Männer im Süden der Vereinigten Staaten, die seit einer gemeinsamen Schafsweidesaison in der Jugend ein schwules Liebesverhältnis verbindet, ist in diesem Zusammenhang und ebenso wegen der realistischen Darstellung sozialer Verhältnisse als sehr politischer Filmbeitrag zu bewerten. Das Thema, das mit dem Foley-Skandal vor den US-Wahlen im November 2006 für die Republikaner zum Bumerang geriet, verdient Beachtung. Auf Seiten der Gay Community gibt es durchaus nicht nur Berührungsängste in Sachen Militär. Noch 1978 unterstützte z.B. die U.S. Navy die Produktion des Musikvideos »In the Navy«, indem sie der schwulen Popgruppe »The Village People« ein Kriegsschiff bereitstellte (Valantin 2005, S. 7). Einige schwule Szenen haben als Trendsetter möglicherweise mit zur Popularität des Militarylooks beigetragen, der verstärkt wieder seit 2001 in Form von Camouflage-Stoffen etc. im Straßenbild präsent ist (vgl. auch Christine Leidinger in Thomas/Virchow 2006, S. 391-408). Der Bushismus drängt jedoch zu der Frage, ob die von Homosexuellen errungenen Bürgerrechte in Zeiten zunehmender Militarisierung und »Fundamentalisierung« wirklich einen ungefährdeten Besitzstand darstellen. Besonders die offene mann-männliche Liebe ist mit dem auf heterosexuelle »Männlichkeit« festgelegten Militarismus nicht kompatibel.

Autoritärer Kapitalismus und als Konservatismus verkleidete faschistoide Tendenzen stoßen nicht nur bei der Linken auf Kritik. Der kämpferisch betitelte Dokumentarfilm AMERICA: FROM FREEDOM TO FASCISM (USA 2006) des Multimillionärs Aaron Russo möchte eine Lanze für die Bürgerrechte in Zeiten des Patriot Act brechen, konzentriert sich allerdings auf eine verschwörungstheoretisch inspirierte und steuerfeindliche Anti-Staat-Ideologie. Was bezogen auf das Antiterror-Paradigma wirklich fehlt, ist ein Spielfilm, der die Botschaft einer Bürgerrechtsdemonstration in Edward Zwicks Film THE SIEGE von 1998 glaubwürdig – und realitätsnäher als in V FOR VENDETTA – entfaltet: »No Fear!«

Beachtenswert ist der im Spielfilm CONTROL (USA 2004) skizzierte Diskurs über die Ahndung von Straftaten. Ein zum Tode verurteilter »Bilderbuch-Soziopath« landet – statt auf dem elektrischen Stuhl – in einem Versuchsprogramm. Die Designer des Experiments führen Gewaltausübung ohne Gewissensskrupel offenbar auf biochemische Störungen zurück und verabreichen deshalb an die Probanden eine spezielle Droge. Die kriminelle Hauptfigur des Films verändert sich tatsächlich und entwickelt gleichermaßen Empathie wie Schuldgefühl. Am Ende stellt sich allerdings heraus, dass sie nur ein Placebo erhalten hat (die Vergleichsgruppe mit dem echten Wirkstoff ist aufgrund von Leberversagen bereits ausgestorben). Der Film zeichnet sich durch eine biographische Sicht des Gewalttäters aus. Das ist im Zeitalter der omnipotenten Genetik nicht gerade selbstverständlich. Nicht minder unzeitgemäß sind die psychosozialen Lösungsperspektiven. Gerne möchte man dem einfühlsamen Titel THE WOODSMAN (USA 2004) über einen pädophilen Straftäter mit zwanghafter Vorliebe für junge Mädchen eine ähnliche Linie bescheinigen. Dieser Film könnte aber auch Vorstellungen einer präventiven Verbrechensbekämpfung den Weg bahnen, die nach Art von MINORITY REPORT mit einer Totalkontrolle der Gesellschaft einhergehen und zumindest im angelsächsischen Sprachraum ernsthaft diskutiert werden.

Der Film CRASH (USA 2004) von Paul Haggis zeigt die US-amerikanische Großstadt als alltäglichen Kriegsschauplatz und verweigert – in kritischer Absicht – dem offiziellen Selbstlob der »multiethnischen« Gesellschaft (Stichwort »Melting Pot«) seinen Beifall. CRASH durchkreuzt das primitive Weltdeutungsschema von »Gut und Böse«. Die so genannte Rassenfrage wird auf konstruktive Weise unkorrekt und tabulos behandelt.

Die Gewaltbereitschaft der ersten christlichen Siedler gegenüber den ursprünglichen Bewohnern Amerikas wird zaghaft in einem Film thematisiert, der sich durch eine ungewöhnliche Langsamkeit auszeichnet und leider seinem anfänglichen Versprechen, die »Geschichte unseres Landes« aus einer indianischen Sicht neu zu erzählen, nicht lange treu bleibt: Malicks THE NEW WORLD (USA 2005). Zum Vergleich: Während des Vietnam-Krieges wurden drastische Massaker an Indianern im Western SOLDIER BLUE (USA 1969) als Anspielungen auf Geschehnisse in Südostasien verstanden.

In GOOD NIGHT, AND GOOD LUCK (USA 2005), einem Film von George Clooney über die Ära des McCarthyismus, vermag wohl kaum ein Zuschauer nur das Vergangene zu sehen. Das Werk ist ein wichtiger Beitrag zur Medienkritik: Die Sponsoren von CBS haben Militärkontakte, und so kommt es zu Modifikationen bei der hochgehaltenen Objektivität. Um ein kritisches Projekt im durchaus liberalen Sender realisieren zu können, müssen zuvor alle Mitarbeiter mit Berührungspunkten zu Linken, seien diese auch noch so weit hergeholt, entlassen werden. Die interne Medienrepression vollzieht sich aber auch ganz sublim, z.B. über so genannte neue Programmplanungen. Auch dieser Film überschreitet die obligate Grenze der liberalen Hollywoodbeiträge über die McCarthy-Ära nicht. Es wird strikt der Anschein vermieden, die Guten teilten bei ihrem Einsatz für die bürgerliche Freiheit irgendwelche politischen Anschauungen der linken Opfer.

Der biographische Spielfilm WALK THE LINE (USA 2005) erinnert an Johnny Cash, an jenen Mann, der »Schwarz« trug »*for the poor and the beaten down, / Living in the hopeless, hungry side of town*«. Bis auf eine ablehnende Bemerkung über die U.S. Air Force ist vom politischen Menschen Johnny Cash leider nur wenig zu vernehmen. Die praktizierte Solidarität mit den an den Rand Gedrängten wird über das legendäre Gefängniskonzert vermittelt. Der Film SOUTHLAND TALES (USA 2006) rechnet in allernächster Zukunft mit postnuklearen Verhältnissen. Nach einem Atomangriff gibt es in der Gesellschaft nicht nur Raum für paranoide Stimmungen, sondern auch Schauplätze für eine neue Linke. Der zumindest links angehauchte deutsche Kinobeitrag DIE FETTEN JAHRE SIND VORBEI (BRD 2004) ist für eine erneute Verfilmung in den USA vorgesehen. Mit oberflächlichem Blick könnte man auch dem Film ELIZABETHTOWN (USA 2005) kapitalismuskritische Ambitionen bescheinigen. Die Eingangsszenen führen zur Klage eines Nike-Stardesigners: »Erfolg, nicht Größe, ist der einzige Gott, dem alle Welt dient!« Von einer konzernkritischen Haltung gegenüber dem Markenschuhgiganten Nike ist indessen keine Spur zu finden. Der Film transportiert zahlreiche spirituelle Plattitüden für den »neoliberalen« Weltanschauungsmarkt und einen dazu passenden komödiantischen Umgang mit dem Tod, dem ein richtiges Weinen so gar nicht gelingen will.

Sogar für MISSION: IMPOSSIBLE 3 (USA 2006) vermerkt ein Rezensent, es fehle »auch die mittlerweile in Hollywood fast obligatorisch bushkritische Szene keineswegs: › Mit der Armee einmarschieren, aufräumen, Infrastruktur schaffen, Demokratie bringen, das ist es, was wir am besten können‹ sagt einer vom US-Geheimdienst – und jeder im Publikum darf wissend lachen« (Suchsland 2006b). Der Titel setzt wie endlos viele Hollywood-Produkte als selbstverständlich voraus, dass der gesamte Globus – Europa eingeschlossen – zum Befugnisbereich US-amerikanischer Staatsangestellter gehört. Bei Bedarf sprengen die Agenten der Supermacht eine antike Freskenwand in Rom einfach weg.

Der Themenkanon des Spielfilms richtet sich bisweilen sehr direkt nach den Uhren im Weißen Haus (Bürger 2005a und 2007, S. 88-134). Wenn das Ende einer US-Präsidentschaftsära naht oder nahen könnte, muss Hollywood dies scheinbar auf Leinwand oder Bildschirm mit einem Präsidentenmord vorbereiten. In THE ASSASSINATION OF RICHARD NIXON (USA 2004) scheitert der Plan eines Verrückten, lange vor dem »Elften Neunten« ein Flugzeug ins Weiße Haus zu steuern. Grundlage des Drehbuchs sind wirkliche Ereignisse aus dem Jahr 1974. Der »Gerechtigkeitssinn« des verwirrten Attentäters verrät durchaus auch politische Motive. END GAME (USA/Kanada 2005) ist noch dem Präsidententhriller der Clinton-Ära verhaftet und geht allen politischen Komplikationen aus dem Weg. Die Präsidentengattin selbst lässt ihren untreuen Ehemann aus Eifersucht ermorden. Im Agentenfilm THE SENTINEL (USA 2006) trachten osteuropäische Drahtzieher dem ersten Mann im Staat nach dem Leben. Der filmisch dargestellte Königsmord muss, soll er mit den massenkulturellen Konventionen im Einklang stehen, zumindest verschlüsselt sein. Das fiktionale Attentat auf George W. Bush jun. im britischen Film DEATH OF A PRESIDENT (GB 2006) wurde in den USA gleichsam amtlich verurteilt und von vielen Kinoketten boykottiert. Obwohl es in dieser Pseudodokumentation letztlich nicht um ein politisch motiviertes Attentat geht, sind die Bezugnahmen auf »Antiterrorkrieg« und Anti-Kriegs-Bewegung hochpolitisch.

Der einzige US-Spielfilm mit einer erklärten antibushistischen Intention ist die Independent-Produktion SILVER CITY (USA 2004) von John Sayles. Vor den letzten Präsidentenwahlen sollte dieser Film den Zuschauern Gelegenheit geben, zahlreiche Analogien zur Bush-Familie, zum amtierenden Staatsoberhaupt und zur Propaganda der Rechten zu entdecken. Im Rahmen eines Krimis führt das Drehbuch zu vielen politischen Themen: Mangelnde intellektuelle Fähigkeiten eines als Marionette fungierenden Gouverneurskandidaten, Privatisierung bzw. Deregulierung zugunsten einflussreicher Unternehmen, Korruption, Umweltvergiftung aufgrund von Profitgier, Abbau sozialer Errungenschaften unter dem Vorzeichen rechter Anti-Staat- bzw. Freiheitsparolen, Arbeitsbedingungen illegaler Migranten aus Mexiko und die – sehr begrenzten – Möglichkeiten von Journalisten, angesichts der bedrohten Demokratie gesunde Zweifel in der Bevölkerung zu säen. Das Internet gilt als eine konstruktive Gerüchteküche. Nahezu vollständig werden Gebaren und Phraseologie der evangelikalen Politszene vorgeführt. Der Schlusssatz: »Möge Gott sie alle segnen!« Im nächsten Bild sehen wir einen Fisch, das Erkennungszeichen der frühen Christen. Der Fisch ist tot und von einem ganzen See voller toter Fische umgeben. SILVER CITY wurde in sechs Wochen gedreht. Auch bekannte Schauspieler erhielten für ihre Mitwirkung nur den gewerkschaftlichen Tariflohn.

Der Film ist das politische Leitmedium der USA schlechthin. Eric Johnston, Präsident der »Motion Picture Association of America« (MPAA), hat schon 1953 vor einem Senatsausschuss auf die Unvergleichbarkeit des im Hollywood-Kino produzierten »Amerika«-Bildes hingewiesen. Im Hintergrund war die Vorstellung leitend, »dass Spielfilme bereits den › American point of view‹ übermitteln würden, und der entscheidende Vorteil darin läge, dass sie keine offensichtliche Propaganda seien« (Geller 2003, S. 42). Georg Seeßlen meint: »Primär funktioniert Hollywood nach dem Prinzip von Angebot und Nachfrage und funktioniert also ein bisschen populistisch« (zitiert nach Geller 2003, S. 130). Wenn die Umfragewerte für George Bush jun. sinken, muss die US-Filmindustrie also vorausschauend etwas liberalere Filme und den ein oder anderen rebellischen Titel in der Schublade haben. Wenn der internationale Kurs bezogen auf das Ansehen der Supermacht sinkt, kann das auf globalen

Export zielende Hollywood sich keinen extremen »Amerikanismus« auf die Fahnen schreiben. Im Sinne solcher Marktgesetzmäßigkeiten könnte an der These vom vorzeitigen Ende des Bushismus im Kino etwas dran sein.

Allein die in diesem Buch erschlossenen Befunde sprechen aber gegen die verbreitete Annahme, die US-Filmmaschine funktioniere bezogen auf die Inhalte heute längst global. Der Produktionsstandort ist durchaus nicht einfach austauschbar, und die Hollywood-Botschafter transportieren insgesamt nach wie vor eine spezifisch US-amerikanische Sicht der Welt hin zu Konsumenten auf dem ganzen Globus. Der US-Film ist Schauplatz der Selbstinszenierung und Konsensproduktion für die Vereinigten Staaten und zugleich eine prägende Matrix für die gesamte westliche Kultur. Vielleicht hat Seeßlen im Hinblick auf den Fundus gesellschaftlicher Bewegungen und Entwicklungen recht, wenn er sagt: »Es gibt immer genauso viel subversive Dinge wie es propagandistische gibt. Insofern ist das eine Schlange ohne Ende einfach« (ebd., S. 133). Bezogen auf die Produktionen der Kulturindustrie kann indessen keine Rede davon sein, dass Propagandistisches und Subversives sich irgendwie die Waage halten.

Ganz grundsätzlich will man in der ideologischen Ausrichtung von Hollywood zuweilen eine zyklische Struktur des Ausgleichs erkennen (vgl. ebd., S. 123): Immer wieder können Tendenzen hin zu einer reaktionären Staatskunst überhand nehmen. In Zeiten »demokratischer« US-Administrationen kommt es nach einer reaktionären Kulturphase zur Gegenbewegung und die Filmindustrie verbreitet wieder einen freieren Geist. Dieses Betrachtungsmodell hat den großen Vorteil, dass man auch im finstersten Kino getrost »demokratischere« Zeiten abwarten kann und sich keine allzu ernsthaften Gedanken über eine alternative Kultur machen muss. Doch bereits im Rückblick der letzten Jahrzehnte erweist sich dieses Modell, das dem vorherrschenden US-Verständnis von Ausgewogenheit entspricht, als blauäugig. In meiner Arbeit zum »kritischen Vietnamkriegs-Film aus Hollywood« (Bürger 2004) überwiegen z.B. notgedrungen und mit großem Abstand solche Titel, die lediglich in Relation zum US-amerikanischen Mainstream das Etikett »kritisch« verdienen. Kein einziger erfolgreicher Blockbuster aus einer Zeit, in der die US-Gesellschaft noch weitaus pluralistischer geprägt war als in der Gegenwart, wird dem Verbrechen des Vietnam-Krieges wirklich »gerecht«. Genau besehen ist auch APOCALYPSE NOW ein Werk, das von der Faszination des Krieges Zeugnis ablegt.

Innerhalb der Filmindustrie gibt es erprobte Produktionsmuster, die das offene Image von Hollywood aufrechterhalten. In reaktionären Beiträgen werden z.B. Elemente des eher liberalen Filmkanons aufgegriffen und faktisch in ihr Gegenteil verkehrt. Beispiel dafür ist ein Film, dessen Titel mit dem Operationsnamen für die Panama-Invasion der USA im Jahr 1989 deckungsgleich ist: JUST CAUSE (USA 1995) von Arne Glimcher. Die Filmgeschichte zeigt bis zum Schlussteil viele typische Bestandteile von Hollywood-Filmen, die die Institution »Todesstrafe« in Frage stellen. Entsprechend wird der afroamerikanische Todeszellenkandidat in der Revision auch freigesprochen. Doch wir erfahren später, was ein afroamerikanischer Polizist schon immer gewusst hat: Er war doch schuldig! Der Freispruch hat ihm die Möglichkeit zu weiteren Morden verschafft.

Große Filme sichern sich durch Ambivalenz den Konsumentenbeifall in völlig gegensätzlichen Lagern, was oft heftige Rezensionsdebatten provoziert. Nixons Lieblingsfilm PATTON* (USA 1969), STARSHIP TROOPERS (USA 1997) oder TEAM AMERICA: WORLD POLICE (USA 2004) werden dann trotz ihrer reaktionären Inhalte als pure Persiflage angeschaut. Selektive Kritik an Regierung, Militärführung oder Medien ist noch nie ein Problem gewesen. Der Patriotismus in militarisierten US-Filmen wirkt mit dieser umso glaubwürdiger (GARDENS OF STONE*; FLAGS OF OUR FATHERS). Trilogien bieten die Möglichkeit, die Zuschauer schrittweise an Militärfreundliches heranzuführen. Im ersten Teil der TERMINATOR-Filme, einem Pionier der RMA-Ästhetik, wird die nukleare Zerstörung der gesamten Zivilisation problematisiert. Um aus einer zukünftigen Perspektive heraus dieses Unheil zu verhindern, muss im zweiten Teil gewaltsam verhindert werden, dass das US-Militär über eine revolutionär neue Computertechnologie bzw. elektronische Intelligenz verfügen kann. Im Schlussteil wundert man sich, wie positiv das Militär – verkörpert im potenziellen Schwiegervater des Helden – dargestellt wird. Obendrein erweist sich der gesamte Aufwand zur Verhinderung der Atomkatastrophe als nutzlos. Es kommt wie es kommt. Die Maschinerie siegt.

Im Fall der MATRIX-Trilogie habe ich bereits darauf hingewiesen, dass subversive Bewegungen den Stoff für sehr interessante Filme liefern können, die dann am Ende dem Krieg zuarbeiten (Bürger 2005a und 2007, S. 363-365, 379f, 421f, 520f, 523, 554). Ähnlich steuert auch die Trilogie X-MEN (2000), X-2 (2003) und X-MEN: THE LAST STAND (2006) letztlich auf eine große Schlacht zwischen Bösen und Guten zu. Rüdiger Suchsland bemerkt zu diesem Werk: »Über › X-Men‹ schreibt man schon jetzt Doktorarbeiten. Die Verfilmung der Comics aus dem Hause Marvel erwies sich in ihren beiden ersten [...] Folgen als eine der mit Abstand interessantesten und qualitativ besten Kino-Adaptionen einer Comic-Vorlage. Singer bewahrte den Geist dieser zutiefst liberalen und humanistischen, den Individualismus feiernden Fantasy, die primär vom Anderssein und dem Umgang mit ihm handelt. In klaren Metaphern vertraten seine beiden ersten Filme eine differenzierte Toleranzbotschaft. Geradezu prophetisch erscheinen im Rückblick jene Passagen des zweiten Teils, in denen Radikalisierungen und Paradigmenwechsel der US-Politik bis hin zu Guantanamo und Abu-Ghraib-Folter vorausgeahnt werden [...]« (Suchsland 2006c). Beim dritten Teil konstatiert dieser Rezensent dann jedoch einen »Mangel, den ein paar plumpe Anspielungen auf Homeland-Security-Wahn und das Amerika › nach dem 11. September‹ nur offenkundiger zutage treten lassen und den viel Geballere und Explosionen en masse nicht kompensieren können.« Die ehemaligen Staatsopfer schlagen sich am Ende als Elitesoldaten auf die Seite der Staatsmacht: »Angriff ist die beste Verteidigung. ... Es kommt der Zeitpunkt, da muss jeder Mann ran!«

Die entscheidende Frage lautet: In welchem Rahmen bzw. innerhalb welcher Bandbreite bewegen sich die gegenläufigen Phasen und Selbstkorrekturen Hollywoods? Mit ziemlicher Sicherheit ist z.B. innerhalb dieses Jahrzehnts nicht mit einem aufwändig produzierten Politthriller zu rechnen, in dem ein ehemaliges Mitglied der Bush-Administration wegen Verbrechen gegen den Frieden und Menschenrechtsverletzungen vor dem Gericht der Weltöffentlichkeit erscheinen muss. Sehr wahrscheinlich wird es hingegen z.B. weitere Filme mit einem afroamerikanischen US-Präsidenten oder einer Frau im höchsten Staatsamt geben, denn solche Titel könnten nach den politischen Zumutungen der letzten Jahre zur allgemeinen Beruhigung beitragen. Heute bestimmt das Spektrum der in zwei Fraktionen eingeteilten Einparteienlandschaft in den USA die möglichen Optionen der weltweit einflussreichsten Filmmaschine. Dieses »kleine Meinungsspektrum der Mächtigen« (Mark Hertsgaard) ist jedoch – von unbedeutenden Nuancen abgesehen – auf einen gemeinsamen Kurs des Empires festgelegt und erlaubt insbesondere keinerlei Infragestellung des kapitalistischen Dogmas. Es ermöglicht derzeit kaum die Aussicht auf eine Massenkultur, die sich vom US-Militarismus verabschiedet, einer globalen Weltordnung ohne Krieg zuarbeitet und bei der Lösung zentraler Überlebensfragen förderliche Beiträge anbietet. Überspitzt ausgedrückt: Eine durchgreifende Veränderung der in Hollywood produzierten Massenkultur wäre selbst dann nicht zu erwarten, wenn die US-Filmindustrie eine profitable »Verschwörungsbombe Nine Eleven« im Kino losgehen ließe.

12 Sahara (2005): US-amerikanische Identitätsfindung in der Wüste

Ein traditionsreicher Hollywood-Kanon erweckt die US-amerikanischen Gründungsmythen auf der Leinwand fortlaufend zu neuem Leben (Bürger 2005a und 2007, S. 135-187; Carsten Hennig in Thomas/Virchow 2006, S. 249-263). Die Militärwebsite http://www4.army.mil/ocpa/community/makingmovies/ bestätigt die Bedeutung dieses Komplexes. Im Juli 2006 empfahl sie – neben den Titeln SAVING PRIVATE RYAN* und BAND OF BROTHERS* (Zweiter Weltkrieg), WE WERE SOLDIERS* (Vietnam-Krieg) und BLACK HAWK DOWN* (Somalia-Mission 1993) – die Bürgerkriegsfilme GODS AND GENERALS und GETTYSBURG (»Courage made them heroes«). Die Funktionen von Filmen dieser Art entsprechen durchaus jenem magisch-religiösen Gebrauchszusammenhang, der nach Walter Benjamin für das Kunstwerk *vor* dem »Zeitalter seiner technischen Reproduzierbarkeit« entscheidend war. Da die Zuschauer die Ursprünge bzw. das Vergangene als Gleichzeitige erleben sollen, wird das Kino nebst Ablegern zum Kultraum der zivilen Liturgie einer Nation. Bezogen auf Bedürfnisse der Gegenwart bezieht man auch solche Bevölkerungsgruppen in die mythische Re-Inszenierung der Anfänge mit ein, deren Vorfahren in der Siegergeschichte von Grenzerweiterern und Städtepionieren gar keine selbstbestimmten Akteure gewesen sind. So präsentiert sich etwa das Westerngenre mit BROTHERS IN ARMS (USA 2005) als vorzügliches Labor ausgerechnet für *afroamerikanisches* Selbstbewusstsein.

Passend zu Krieg und Truppenpräsenz der USA im Irak taucht nun in Produkten der Filmindustrie ein Themenkomplex auf, den ich mit der Überschrift »US-amerikanische Identitätsfindung in der Wüste« umschreiben möchte. Der Dschungel hat sich in Vietnam als ungeeignetes, ja tödliches Terrain erwiesen. Angesichts der weiten Wüste ist man hingegen in seinem ureigensten Element. In den Jahren 2003 und 2004 gehören zu dem Sortiment, das mir hier vor Augen steht, das Remake THE ALAMO, welches mit einem Sieg »texanischer Freiheitskämpfer« über das mexikanische Militär in der ersten Hälfte des 19. Jahrhunderts endet, und der Film HIDALGO (Bürger 2005a und 2007, S. 479-482). Zur Konstruktion US-amerikanischer Identität und Mission in der arabischen Wüste, die HIDALGO als »Film zum Krieg« anbietet, empfehle ich nachdrücklich auch die Ausführungen von Albrecht Koschorke. Der Kinotitel scheint diesem Autor »insofern symptomatisch zu sein, als er das militärische Vorgehen der USA im Mittleren Osten in das Ambiente der Kolonialzeit zurückübersetzt und dabei eine Art Selbstportrait Amerikas zeichnet, das auf nationalmythologischer Stilisierung und Verleugnung gleichermaßen beruht.

[...] Als ›Hidalgo‹ anlief, war das Desaster, in das der zweite Irak-Krieg geführt hat, schon unübersehbar, und Gerüchte über die Geschehnisse in Abu Ghraib kamen in Umlauf. Wenige Wochen später gingen die Folterbilder rund um die Welt. [...] Der in ›Hidalgo‹ unternommene Versuch, den Irak-Konflikt in Begriffen von Fairneß und männlicher Ehre nostalgisch zu recodieren, rückte umso greller die Tatsache ins Licht, dass der (vermeintliche) Kulturkonflikt zwischen Arabern und Amerikanern längst in einen *Wettbewerb der Entehrung* ausgeartet war« (Koschorke 2005). Der Widerspruch ist größer nicht zu denken. Im Kino wird ein hohes Selbstbild vorgeführt, das die nackten Tatsachen aus US-Gefängnissen im Irak auf schändliche Weise widerlegen. In seinem Beitrag fragt Koschorke: Wenn »Rumsfeld Nacktheit ausdrücklich zu den erlaubten Praktiken zählte, um die Gefangenen beim Verhör gefügig und aussagewillig zu machen, hieß dann der Imperativ nicht letztlich: Sei pervers?«

Es folgt das Remake FLIGHT OF THE PHOENIX (USA 2004), in dem eine multikulturelle Gemeinschaft von US-Amerikanern in einer ausweglosen Situation das Unmögliche vollbringt: Nach vergeblichen Bohrungen in der mongolischen Wüste lässt der beteiligte Konzern die Mannschaft eines Ölfeldes mit einem Flugzeug abholen. Wegen eines gewaltigen Sturms stürzt das Flugzeug auf dem Weg nach Peking über der Wüste Gobi ab. Die Trinkwasserreserven reichen nur für 30 Tage. Es besteht kein Funkkontakt mit der Außenwelt. Die überlebenden US-Amerikaner müssen sich gegen finstere Wüstennomaden, deren Identität unklar bleibt, kriegerisch zur Wehr setzen. Nach dem Plan eines Ingenieurs (für Modellflugzeugkonstruktionen) baut das zusammenwachsende US-Team aus den Trümmern des abgestürzten Wracks ein ganz neues Flugzeug. Dieser Phoenix-Vogel trotzt der Verfolgung durch Wüstenreiter und allen Abgründen. Die Rettung gelingt aus eigener Kraft: »Wir sind kein Müll. Wir sind Menschen, mit Familien, wir wollen leben!« Das Drehbuch bewirbt als Alternative zu den tradierten Religionen einen vagen Glauben, der im Sinne der US-amerikanischen Zivilreligion alle vereint und konfessionellen Fanatismus ausschließt. Die Erschießung eines gefangenen Wüstennomaden durch den US-amerikanischen Ingenieur findet zwar die Missbilligung der anderen, ist zum guten Schluss aber längst wieder vergessen. Pilot Frank Towns, vordem ein eher nihilistischer Zeitgenosse, hat sich als echter US-Amerikaner in der Wüste zu Familiensinn und nationalem Teamgeist bekehrt.

Noch weitgehender verwandelt der Abenteuerfilm SAHARA (USA 2005) die Wüste in einen Kriegsschauplatz. Die ehemaligen Navy-Elitesoldaten Dirk Pitt und Al Giordino arbeiten für den Konzern NUMA (»National Underwater and Marine Agency«), der sich unter anderem um versunkene Schätze der Seeschifffahrt und das Kulturerbe afrikanischer Länder kümmert. Leiter des Unternehmens ist Ex-Navy-Admiral Sandecker. Die ineinander verschachtelten Abenteuermissionen spielen sich in den westafrikanischen Republiken Niger und Mali ab, deren Bevölkerung zu 90% aus Muslimen besteht:

■ Zu Beginn des Films spannt eine Rückblende den Bogen hin bis zum Ende des US-amerikanischen Bürgerkrieges. Im Jahr 1865 verschwindet das riesige US-Panzerschiff »Texas« von seinem Standort in Richmond (Virginia) und gilt seither samt seiner kostbaren Fracht als verschollen. Wir werden später erfahren, dass das »gewaltige Ungetüm aus Eisen« ausgerechnet vor den Küsten Afrikas gestrandet ist und unter dem Sand der Sahara begraben liegt.

■ Mali steht unter der Diktatur von General Kazim, der insbesondere auch die Tuareg unterdrückt und die Untersuchung einer Seuche im Land durch die Weltgesundheitsorganisation (WHO) mit tödlicher Gewalt sabotiert.

■ Die beiden ehemaligen Navy-SEALs Pitt und Giordino suchen für die NUMA das US-Bürgerkriegsschiff »Texas«. Sie verfolgen bei ihrer Schatzarchäologie Spuren (Münzfunde, Höhlenmalereien), die nach Mali führen. Nebenbei befördern sie in ihr Zielland auch ein WHO-Team, von dem allerdings nur die Ärztin Dr. Eva Rojas überlebt.

■ Tatsächlich finden die beiden unter dem Wüstensand die legendäre »Texas« und den in ihrem Bauch verborgenen Schatz mit Goldmünzenprägungen aus der Zeit des Civil War. Glücklicherweise funktioniert noch eine der fast 150 Jahre alten Kanonenkugeln. Mit diesem US-Bürgerkriegsgeschoß wird der Helikopter des Diktators Kazim abgeschossen. Der »Kopf des Drachens« ist somit abgetrennt; die gesamte Panzerarmee des gewissenlosen Generals ergibt sich augenblicklich. Mali ist von der Tyrannei befreit.

■ Die US-amerikanischen Ex-Elitesoldaten spüren für die WHO-Ärztin aber auch die Ursache der vermeintlichen Seuche auf. In der Wüste von Mali hat der französischsprachige Unternehmer Yves Massarde nach Bestechungsgeldzahlungen an General Kazim eine Sonnenkollektoranlage gebaut, in der Giftmüll einfach nur zur Verdampfung gebracht wird. Die gelagerten Toxine (Benzin, Schwermetalle, Nitrate) sickern ins Trinkwasser und führen – besonders unter den Tuaregs in Mali – zum Tod vieler Menschen. Die letztlich sogar für New Yorks Bewohner [sic!] gefährliche Anlage wird zerstört, und ihren Betreiber vertraut man dem US-Geheimdienst an.

■ Einer der beiden ehemaligen NavySEALs und die WHO-Ärztin können als Liebespaar einen Strandurlaub antreten. Die Firma NUMA findet das ausdrückliche Interesse der US-Regierung, die ihr Operationen »für die Guten« anvertrauen möchte.

Eine bemerkenswerte These dieses Films lautet: Die historische Wurzel gegenwärtiger militanter US-Unternehmungen in fremden Wüstengebieten ist im Bürgerkrieg der Vereinigten Staaten zu suchen, also im Prototyp der modernen

Kriegsführung und im größten Gemetzel unter US-Amerikanern mit mehr als einer halben Million Tote. Nebenbei trauert man offenbar auch jener Zeit nach, in der die Dollarwährung noch durch Goldreserven gedeckt war. Spaß, Abenteuer und die gute Sache bilden bei den dargebotenen US-Missionen stets eine Einheit. Sonnenkollektoren werden dem Publikum im Kontext einer extrem umweltschädlichen Technologie gezeigt. Zu den Unterstützern von SAHARA gehören der König von Marokko, die marokkanische Arme und auch die Weltgesundheitsorganisation. Allzu kritisch scheint man auch bei der WHO nicht zu sein, wenn sich wie hier die Möglichkeit zum »Product-Placement« in einer großen Hollywood-Produktion bietet.

Als Ort für die – je nach Blickwinkel altruistische oder narzisstische – Selbstbestätigung eines Poetikprofessors hält im gleichen Jahr Roberto Benigni, Regisseur und Hauptdarsteller des Films LA TIGRE E LA NEVE (Italien 2005), den Schauplatz Irak für geeignet. Dort hängen noch immer viele Saddam-Hussein-Porträts, doch die größte Statue des Diktators ist bereits geköpft. Den nervösen US-Soldaten darf man sich nicht allzu zappelig nähern. Sie erweisen sich aber nach vollbrachter Leibesvisite als nette Kerle. Ein zentrales Filmthema lautet: »Es gibt keine Medikamente hier in Bagdad!« Gedacht ist hierbei nicht an die Unterversorgung von zigtausenden Irakern in den 90er Jahren und in der Gegenwart. Präparate gegen ein Hirnödem, Sauerstoff und Nährstoffinfusionen sind vielmehr für die Angebetete des Dichters zu besorgen, die im Koma liegt. Der Poetikclown macht bei dieser Aufgabe wundersame Entdeckungen. Sein Mopedtank ist leer: »Unglaublich, kein Benzin im Irak!« Er findet auch eine Massenvernichtungswaffe, eine Fliegenklappe. Die Kamele stellen sich ziemlich dumm an. Ein spürbar verärgerter Rezensent vermerkt zu solchen Kalauereien: »Dem kitschig-animierten Bagdader Bombenhimmel eine poetische Schönheit abzuringen, kann man als dichterische Freiheit gerade noch durchgehen lassen. Aber den Krieg hinter dem eigenen Suppenkasper-Gehabe anzustellen und die irakische Bevölkerung mit Ausnahme des Arztes als plündernde Halbaffen darzustellen, ist politisch fatal und menschlich abstoßend. [...] So hinterfragt Benigni den Krieg nicht, sondern schlachtet ihn – und ein leidendes Volk dazu – für seine eigene, egomane Züge tragende Ikonisierung und eine eh nicht funktionierende Liebesgeschichte rücksichtslos aus« (Petersen 2006). Das traurigste Bild des Films zeigt einen irakischen Freidenker, der sich erhängt hat. Ganz sicher wird dieses Kunstwerk als tragisches Ereignis in die Filmgeschichte eingehen.

13 Die Golfkriegsveteranen:
Irak, Vietnam-Vergleiche und Heimkehrerfilme

Das Vietnam-Syndrom hat man nicht erledigen können. Vergleiche zwischen dem Vietnam-Krieg der Vereinigten Staaten und dem US-Irak-Krieg ab Anfang 2003 werden immer wieder angeführt. Das ist wegen des Brückenschlags zu kritischen Erinnerungen sehr zu begrüßen. Es gibt trotz aller Unterschiede viele zutreffende Vergleichspunkte wie vorsätzliche Kriegslügen der US-Regierung, die Illusionen hinsichtlich der »Erfolgsmöglichkeiten« einer nur militärisch-technologischen Überlegenheit, das fehlende Verständnis für einen anderen Kulturkreis, die nicht absehbare zeitliche Ausdehnung eines ursprünglich »kurzen Militäreinsatzes«, die Vermengung von US-Militärpräsenz und Bürgerkrieg oder die Gefahr der Destabilisierung einer ganzen Region. Die Wildwestpolitik im Mittleren Osten ist noch wirklichkeitsferner und explosiver als der Südostasienkrieg der USA. Berücksichtigt man die irakischen Embargoopfer der 90er Jahre, wird auch bald die Zahl der Menschen, die hier wegen der Rücksichtslosigkeit von US-Administrationen sterben mussten, ähnlich hoch sein.

In Vietnam ergaben sich die allermeisten US-Kriegsverbrechen aus den Strategien von Militär und Geheimdienst, doch nach Bekanntwerden von Gräueltaten musste stets ein auserwähltes »schwarzes Schaf« seinen Kopf hinhalten. Auch im Rahmen von »Enduring Freedom« hat die US-Administration schon früh die Genfer Konventionen in Frage gestellt. Der Folterskandal von Abu Ghraib, Ergebnis solcher Tabubrüche, wurde dann aber auf *individuelle* Täter abgewälzt. Wie in Südostasien wird den im Irak eingesetzten US-Soldaten von der Politik das Selbstbild vermittelt, Freiheitsbringer zu sein. Vor Ort jedoch stoßen die Soldaten auf eine Bevölkerung, die sie mehrheitlich nicht länger im Land haben möchte. Wegen der ständigen Anschläge verfestigt sich im US-Militär eine Angst, die durchaus nicht nur paranoid ist. Viele Erschießungen harmloser Zivilisten durch US-Soldaten gehen auf diese Angst zurück. Die Wut auf Menschen, die den eigenen aufopfernden Dienst gar nicht schätzen, steigert sich mitunter nach dem Tod von Mitsoldaten zum Bedürfnis nach Rache.

Beim neueren Kriegsfilmkanon kann auch der Blick auf Entsprechungen zum *Vietnam-Kriegs-Kino* hilfreich sein. Kein Subgenre ist so vielgestaltig und wirkungsgeschichtlich so bedeutsam wie der Vietnamfilm (Bürger 2004). Vielleicht ergeben sich aus Vergleichen sogar zuverlässige Prognosen. Das Massaker von My Lai am 16. März 1968 und Massaker an Zivilisten in der irakischen Stadt Haditha am 19. November 2005 oder im Dorf Al-Ishkai am 8. Dezember 2006 sind jeweils eher zufällig in die Medien gelangte Ausschnitte aus einem viel größeren Netz grausamer Kriegsverbrechen. Im Rückblick auf vergangene Strategien von Unterhaltungsproduktionen kann man bereits erahnen, dass im späteren Kino bestenfalls solche »Fußnoten« zum Kriegsgeschehen gestreift werden, die einmal eine Schlagzeile und – noch wichtiger – ein Titelfoto wert waren (Bürger 2006b).

Das US-Kriegskino beginnt mit dem Heimkehrerfilm

Das Vietnam-Kriegs-Kino bietet zudem Muster für eine *Reihenfolge der Filmthemen*, die auch nach dem Abschied von der Wehrpflichtigenarmee für die US-Filmindustrie der Gegenwart bedeutsam sein könnten. Indem zunächst das eigentliche Kriegsgeschehen übersprungen wurde und stattdessen Heimkehrerfilme entstanden, hat der US-Film das Thema Vietnam gleichsam vom Ende her aufgezogen (Bürger 2004, S. 52-59, 188-197). Von vordringlichem Interesse waren die Kriegsfolgen für die eigenen Soldaten, deren Angehörige und die US-Gesellschaft (der »Independent Film« wandte sich im Zuge der Massenverweigerungen frühzeitig auch den Deserteuren zu). Wer heute einen Vietnamfilm wie FRIENDLY FIRE (USA 1979) von David Greene anschaut, spürt etwas von der Aktualität dieses ganzen Komplexes. Der Titel könnte nach wenigen Änderungen auch als ein Film über die bekannte Soldatenmutter und Friedensaktivistin Cindy Sheehan gesehen werden. Über die gegenwärtige Antikriegsbewegung in den USA informiert der TV-Dokumentarfilm NICHT IN UNSEREM NAMEN (Frankreich 2005) von Philippe Borrel. Es gibt – wenn auch nicht in dem Ausmaß wie bei Kundgebungen gegen den Vietnam-Krieg – Massenproteste, und es gibt trotz der Berufsarmee auch wieder US-Deserteure, die in Kanada und anderswo Zuflucht suchen. Doch in den Medien der USA sind diese Phänomene weithin unsichtbar.

Die unglaubliche Courage von US-Militärangehörigen, die sich dem Krieg ihrer Regierung in Vietnam verweigert haben und dafür im Einzelfall gar mit dem Tod bezahlen mussten, ist heute nur noch wenig bekannt. David Zeiger leistet mit seinem Dokumentarfilm FUCK THE ARMY! (USA 2005) einen Beitrag wider das Vergessen. Der Titel dieses Films (FTA) weist auf die Umkehrung des Rekrutierungsslogans »Fun-Travel-Adventure« durch Wehrpflichtige hin. Das historische Erfolgsmodell des US-amerikanischen Widerstands gegen den Vietnam-Krieg ging auch auf ein Bündnisspektrum zurück, das gleichermaßen Pazifisten und Soldaten umfasste (Grossman 2006). Leider scheint die europäische Friedensbewegung daraus nicht wirklich lernen zu wollen. Noch immer polieren einige Aktivisten hierzulande ihr moralisches Selbstbild, indem sie individuellen Uniformträgern, über deren Weg zum Militär sie rein gar nichts wissen, ganz unpolitisch das Tucholsky-Zitat »Soldaten sind Mörder« entgegenschmettern. Der gegenwärtige Widerspruch zu verfassungswidrigen Militärdoktrinen mit ökonomischen Zielsetzungen hat aber nur dann eine Chance, in die breite Gesellschaft hineinzuwirken, wenn Soldaten als potenzielle Verlierer, Soldatenangehörige und Friedensbewegte zusammengehen.

Der TV-Dokumentarfilm IRAK – WENN US-SOLDATEN STERBEN (Frankreich 2005) von Eyal Sivan zeigt, wie hunderte Künstler Portraits der im Irak gefallenen US-Soldaten malen und ausstellen. Wenn gleichzeitig die Leichensäcke der Gefallenen systematisch dem Blick der Öffentlichkeit entzogen werden, wirkt schon allein ein solches Memorial-Projekt subversiv. Übrigens hat auch die konservative Regierung Kanadas die Medienöffentlichkeit Ende April 2006 von einer Zeremonie auf der Militärbasis Trenton in Ontario ausgeschlossen, um Aufnahmen der Särge von vier in Afghanistan gefallenen Soldaten zu verhindern.

Einen besonderen Beitrag über das Vorrecht von Unterprivilegierten beim tödlichen Heldentum hat Heidi Specogna vorgelegt. Ihr Dokumentarfilm DAS KURZE LEBEN DES JOSÉ ANTONIO GUTIERREZ (BRD/Schweiz 2006) erzählt die Geschichte eines Straßenkindes aus Guatemala, das als »Greencard Soldier« in den Irak zog, dort der erste gefallene GI wurde und post mortem die US-Staatsbürgerschaft erhielt.

Wie kann sich der Film dem Thema »Irak« zuwenden?

Während des Vietnam-Krieges behandelten US-Filme mit verdeckter Kritik wie THE SAND PEBBLES (1966) von Robert Wise oder CATCH 22 (1970) von Mike Nichols geschickt ältere Kriegsschauplätze (Bürger 2004, S. 44-50). Fiktionale oder nichtfiktionale Beiträge, die *realitätsnah* etwas von aktuell bestehenden Kriegsschauplätzen vermitteln, sind im offiziell erwünschten Filmkanon nicht vorgesehen und beim Publikum vielleicht auch nicht gefragt. Nur scheinbar widersprechen einige neuere Produktionen diesem Tabu der Gleichzeitigkeit. Der Videofilm HOMECOMING (USA 2004) von Jon Jost, in dem der Sohn einer patriotischen Familie im Irak-Krieg stirbt, berührt das Tabu nach Auskunft der Rezensenten nur am Rande und erreicht auch wohl kaum ein großes Publikum. Die Fernsehserie OVER THERE (USA 2005) für den zur Fox-Familie gehörenden Kabelkanal FX ist nach 13 Episoden wieder eingestellt worden. Diese Produktion, Ende 2006 auch zur Ausstrahlung im deutschen Pay-TV vorgesehen, war keineswegs kriegskritisch oder – z.B. im Blick auf die Frage der Kriegsverursachung – politisch unbequem, doch sie hatte die Zuschauer regelmäßig an die Präsenz von US-Armeeangehörigen in einem gefährlichen Irak erinnert. Sogar mit Unterstützung der U.S. Army konnten Jon Alpert und Matt O'Neill den HBO-Dokumentarfilm BAGDAD ER (USA 2006) drehen. Acht Wochen lang hatten sie Zugang zum US-Armeekrankenhaus in Bagdad. Die Filmbilder sind nicht mit politischen Antikriegskommentaren unterlegt. Doch sie zeigen – anders als 1969 die Filmkomödie M.A.S.H. von Robert Altman – echtes Soldatenblut und echtes Medizinpersonal im Ringen um Leben oder Gliedmaßen. Dieses Ergebnis behagte dem Pentagon am Ende doch nicht: »Der offiziellen Premiere des Films ... in Washington, D.C. blieben sämtliche geladenen hohen Chargen des Verteidigungsministeriums und der US-Armee demonstrativ fern. Und in einer Pressemitteilung wurde davor gewarnt, die Dokumentation zu betrachten: Die Bilder seien derart brutal, dass ehemalige Kriegsteilnehmer Symptome des posttraumatischen Streßsyndroms entwickeln könnten« (Heinzel 2006). Zum Zeitpunkt dieser Sorgen um das Wohl der Veteranen zählte man bereits mehr als 2.400 US-Gefallene und etwa 18.000 US-Verwundete. Ob der bereits im Dezember 2004 als Projekt angekündigte Film »*No True Glory: The Battle For Falluja*« nach einer Buchvorlage des Kriegskorrespondenten und Ex-Marines Bing West in absehbarer Zeit wirklich in die Kinos kommt, bleibt noch abzuwarten.

Noch vor dem Ende der US-Militäreinsätze im Irak richtet man im Dokumentarfilmgenre das Augenmerk auf Heimkehrer. Der Afroamerikaner Herold Noel hatte sich Anfang 2003 für den Irak-Krieg gemeldet. Nach seiner Heimkehr war er psychisch krank und – wie mehrere hunderttausend Kriegsveteranen in den USA – obdachlos. Dan Lohaus hat Noel für den Film WHEN I CAME HOME (USA 2006) mit der Kamera begleitet. Im Fall des Irak-Krieges 2003 gibt es nun eine Besonderheit. Anders als bei Vietnam ist der gleiche Kriegsschauplatz dreizehn Jahre zuvor schon einmal von US-Soldaten aufgesucht worden. Mit den Suchbegriffen »Operation Desert Storm« oder »Gulf War« stößt man in der »Internet Movie Database« (www.imdb.com) auf die gegensätzlichen TV-Produktionen THE HEROES OF DESERT STORM (USA 1991) und THANKS OF A GRATEFUL NATION (USA 1998) sowie auf einige Fernsehdokumentationen. In hiesigen Videotheken war im letzten Jahrzehnt eine als vierteilig ausgewiesene Dokumentation »War In The Gulf« auszuleihen, als erster Teil: KRIEG AM GOLF – AUFMARSCH DER ALLIIERTEN: DESERT SHIELD* (BRD 1991) unter der Regie von Duff Schwenninger. Auf der Hülle dieses propagandistischen, mit zahlreichen Rüstungsproduktinformationen angereicherten und filmographisch wenig transparenten Videos wirbt die Firma »Focus Film« mit einem Hinweis auf »Original-Aufnahmen der US Air Force und des Pentagon«. Im Abspann gehen »Special Thanks« an Militärs der New Yorker Büros von US Navy Public Affairs und US Air Force Public Affairs.

»Irak« und »Saddam Hussein« waren zwar immer wieder Themen in fiktionalen Filmen (und PC-Spielen), doch eigentlich gab es in der 90er Jahren nur zwei Kinobeiträge mit einem nennenswerten Bezug zum Golfkrieg 1991 (Bürger 2005a und 2007, S. 293, 300-304): COURAGE UNDER FIRE (USA 1996) und THE THREE KINGS (USA 1999). Dass nun ab 2004 Spielfilme –

zunächst eben *Heimkehrerfilme* – das Thema »Golfkrieg 1991« aufgreifen, ist schon deshalb brisant, weil gleichzeitig ja noch mehr als 100.000 US-Soldaten und Soldatinnen im Irak eingesetzt sind. Viele von ihnen kehren von dort seelisch und körperlich beschädigt zurück. Mehr als 15% der Kriegsteilnehmer leiden nach der Rückkehr an schweren Depressionen, Angstneurosen oder »Post-Traumatic Stress Disorder« (PTSD). Wegen enormer Nachwuchsprobleme sollen mehreren Berichten zufolge sogar US-Soldaten in den Irak geschickt werden, die regelmäßig Psychopharmaka einnehmen (Spiegel-Online, 14.5.2006). Da es der US-Army an Freiwilligen für Afghanistan und den Irak mangelt, wurde im August 2006 die Einziehung 2.500 nichtaktiver Reservisten angekündigt.

The Manchurian Candidate (2004): Golfkriegserinnerung und Angst vor dem »Universal Soldier«

Der erste Titel, der in diesem Zusammenhang genannt werden kann, ist THE MANCHURIAN CANDIDATE (USA 2004) von Jonathan Demme. Es handelt sich um das »Golfkrieg-Remake« des gleichnamigen Titels zum Korea-Krieg von John Frankenheimer aus dem Jahr 1962, des »vielleicht anspruchsvollsten Politthrillers, der je in den USA gemacht wurde« (Suchsland 2004). Die Geschichte des Remakes: Die Soldaten einer 1990/91 in Kuwait eingesetzten US-Einheit sind, wie aus Rückblenden hervorgeht, mit Hilfe von Hypnose, implantierten Elektronikchips, Gehirnsonden und Gentechnologie in willenlose Werkzeuge bzw. Killerinstrumente verwandelt worden. Sie lassen sich fortan bereits per Handytelefonat fernsteuern. Profiteure dieser Manipulation sind eine machthungrige rechte Senatorin und der transnationale Konzern »Manchurian Global«. »Manchurian Global« bezahlt und instrumentalisiert gewählte US-Politiker; arbeitet mit einem Kriegsverbrecher aus Südafrika zusammen, den auch die CIA bereits früher im Dienste psychologischer Kriegsführung konsultiert hat; verfügt über die Geldmittel zur Entwicklung der elektronischen Hirnimplantate; bekommt ohne Ausschreibung Kriegsaufträge und unterschlägt trotzdem Gelder; arbeitet auf dem Sektor privater Kriegs- bzw. Sicherheitsdienstleistungen mit Personal (wie real schon zur Zeit des Irak-Krieges 1991 etwa der Rüstungskonzern Northrop Grumman) und verspricht in diesem Zusammenhang nennenswerte Einsparungen für das Pentagon. Ein Kritiker des Konzerns sagt: »Manchurian Global lebt von unserer Angst!«

Die Golfkriegsveteranen von 1991 bewegen sich in jenen USA, deren Administration 2001 den großen »Antiterrorkrieg« ausgerufen hat. Ein integerer Senator sieht jedoch die wahre Gefahr nicht im Terrorismus, sondern in der »Auflösung unserer Bürgerrechte«. Während im Klassiker von 1962 der

McCarthyismus den entscheidenden Hintergrund lieferte, gibt es 2004 bei Demme unzählige Anspielungen auf die Bush-Ära: In einer öffentlichen Bibliothek ist Mediennutzungs- und Videoüberwachung offenbar üblich; Spitzenpolitiker sind gleichsam ferngesteuerte Marionetten (Konzernmacht bestimmt die Politik); der demokratische Vizepräsidentschaftskandidat ist Multimillionär, Kriegsveteran und ein Pseudoliberaler; der Präsidentschaftswahlkampf ist eine ultimative Medienshow; die reaktionären Politiker beschwören neue Terrorkatastrophen und fordern einen militanten Patriotismus; die soziale Wirklichkeit im Land: alte Menschen müssen sich zwischen den Zutaten für ein Abendessen und dem Kauf wichtiger Medikamente entscheiden ... Abgesehen von einem Einzelkämpfer im Senat scheint (ausgerechnet) das FBI der einzige verbliebene Anwalt der alten demokratischen Ideale zu sein.

Zu dem im Film entwickelten Veteranenthema möchte ich drei Aspekte zu bedenken geben:

1. Ganz vordergründig geht es in THE MANCHURIAN CANDIDATE auch um das so genannte Golfkriegssyndrom, um körperliche Kriegswunden (bzw. Spätfolgen der von den USA eingesetzten Uranmunition) und seelische Beschädigungen (posttraumatisches Stresssyndrom etc.). Die 1991 eingesetzten Soldaten nehmen im Film Psychopharmaka ein, und das Tagebuch eines Golfkriegsveteranen enthält unzählige illustrierte Aufzeichnungen, wie man sie sonst nur aus der Psychiatrie kennt. Auch das Thema »unberechenbare Gewaltpotenziale bei ehemaligen Soldaten« klingt an. Der Film A HISTORY OF VIOLENCE (USA/Kanada 2005) thematisiert Vergleichbares am Beispiel eines braven Familienvaters mit Mafiavergangenheit. Vom Vietnamfilm her ist das Thema längst gut bekannt (Bürger 2004, S. 52-58, 189-197).

2. Die Golfkriegsveteranen können ihre persönliche, im Unbewussten aufgehobene Erinnerung an den wirklichen Krieg nicht mit der gleichsam hypnotisch eingetrichterten bzw. auswendig gelernten Erinnerungsversion zusammenbringen. Ihre Klage: »Jemand ist in unserer Gehirn eingedrungen!« Der Film ist nicht einfach ein weiteres Produkt jener massenkulturellen Paranoia, deren vorzüglichster Exporteur die Vereinigten Staaten sind. Ganz grundsätzlich wird hier angedeutet: Persönliche Kriegserfahrungen müssen nicht mit der öffentlichen Geschichtsschreibung bzw. der amtlichen politischen Erinnerungsversion zu einem Kriegsschauplatz deckungsgleich sein. Im übertragenen Sinn ist zudem an eine schleichende Gehirnwäsche im Zeitalter der elektronischen Kommunikationstechnologie zu denken, an das schizophrene Auseinanderklaffen von »offizieller« Weltdeutung und eigenem Erleben (Bürger 2005a und 2007, S. 418-426).

3. Drogen, Hypnose und Implantationstechnologien spielen in THE MAN-CHURIAN CANDIDATE eine Rolle. Sie sind auch zentrale Themen in der abstrusen Ideenwelt von Scientology, die sich unter anderem als Psychiatriekritik tarnt. Ernster zu nehmen ist der Umstand, dass z.B. Andrew Marshall als US-Ideologe der militärtechnologischen Revolution den Einsatz verhaltensverändernder Drogen und biotechnische Manipulationen bei Soldaten wirklich erwogen hat. Amphetamingaben an Kampfpiloten taugen schon jetzt nicht mehr als Thema für spektakuläre Enthüllungen. In einer ausführlichen Filmanalyse von THE MANCHURIAN CANDIDATE (2004) müssten andere Filmtitel herangezogen werden, in denen Menschen psychologisch, pharmakologisch (bzw. drogeninduziert), genetisch oder gar neurotechnologisch manipuliert werden (Bürger 2005a und 2007, S. 74f, 85f, 421f), z.B. TOTAL RECALL, CYPHER, THE MATRIX, THE BOURNE IDENTITY, THE BOURNE SUPREMACY, OPERATION SANDMAN und natürlich UNIVERSAL SOLDIER (USA 1992) von Roland Emmerich als Prototyp einer ganzen Reihe von Filmproduktionen.

Der zentrale Vietnamtitel zum Thema, JACOB'S LADDER (USA 1990), weist Parallelen zu THE MANCHURIAN CANDIDATE und auch zu THE JACKET auf: Die US-Army setzt bei ihren Soldaten ein aggressionssteigerndes Psychopharmakon ein, das Experiment gerät außer Kontrolle und ein Überlebender kann, verfolgt von schrecklichen Erinnerungsfragmenten oder Halluzinationen, die innere und äußere Welt nicht mehr zu einer ganzheitlichen Identität vereinigen. Zwei Jahre später folgt im Kino UNIVERSAL SOLDIER über die regenerative Verarbeitung der Leichen gefallener US-Soldaten zu tiefgekühlten Elitesoldaten bzw. Killermaschinen, die via Funk und Kameraaugen mit einer Computerzentrale vernetzt werden und durch spezielle Injektionen eine gesteigerte Kampfkraft erhalten. Der Film ist mit seiner Aussage immer noch aktuell. Emmerich fragt mit diesem Titel zu Beginn der »neuen Weltordnung«: Wird der US-Soldat der Zukunft dem Massakersoldaten aus Vietnam oder dem moralischen Gegenspieler des Massakertypus nachfolgen? Die gebotene Lösung entspricht den nachfolgenden Actionmovies, mit denen die UNIVERSAL SOLDIERs Jean-Claude Van Damme und Dolph Lundgren ihre Schauspielerfilmografien ellenlang werden lassen: Der Böse kommt am Ende immer in den Fleischwolf!

Im Internet kursieren schon heute Meldungen über »radio frequency identification chips« (RFID-Chips), die Soldaten implantiert werden könnten und von der Firma »VeriChip Corp.« in Florida in der Hoffnung entwickelt werden, mit dem Pentagon ins Geschäft zu kommen. Elektronik kann, wie es Filme seit den 90er Jahren durchspielen, dem Menschen implantiert werden und dann mit Nervensynapsen eine Systemeinheit bilden. »Menschliches« kann aber auch – wie im Film ROBOCOP (USA 1987) von Paul Verhoeven – in eine Robotersymbiose eingefügt werden, wobei im Zeitalter der Stammzellenforschung zusätzlich auch an menschliche »Ersatzteile« aus der Zellproduktion gedacht werden könnte. Das Drehbuch zum ersten ROBOCOP-Film zielt zwar – z.T. durchaus kritisch – auf eine privatisierte Polizei, enthält aber zugleich Optionen für die militärtechnologische Verwendbarkeit von Kampfmaschinen. Dieses ganze Themenfeld des Kinos gilt es zu berücksichtigen. Eine Schicht im Drehbuch von THE MANCHURIAN CANDIDATE bezieht sich auf die Angst vor einem manipulierten Menschsein, speziell auch auf die Angst vor einem »Universal Soldier« aus den Labors der »Revolution in Military Affairs« (Bürger 2006k).

The Jacket (2005): Der seelisch beschädigte Golfkriegsveteran

Das Motiv der Amnesie im Heimkehrerfilm muss sehr ernst genommen werden. Mitte 2006 veröffentlichten Forscher von der Tulane University School of Medicine in New Orleans Studienergebnisse, denen zufolge die Hirnfunktionen bei US-Soldaten nach der Rückkehr von Einsätzen im Irak beeinträchtigt sind (Berliner Zeitung, 2.8.2006). Gedächtnis und Konzentration hatten sich bei den untersuchten Personen verschlechtert. Anspannungszustände und Verwirrung tauchten nach der Heimkehr verstärkt auf. Nur bei einfachen Tests zu schnellem Reaktionsvermögen zeigte sich eine Überlegenheit gegenüber der Vergleichsgruppe.

Wie im Fall von THE MANCHURIAN CANDIDATE kreisen weitere Filme der letzten Jahre um Paranoia, Amnesie und Identitätsauflösung, so z.B. MEMENTO (USA 2000), A BEAUTIFUL MIND (USA 2001), CYPHER (USA 2002), THE MACHINIST (USA/Spanien 2003) oder THE BUTTERFLY EFFECT (USA 2004). Der Golfkriegsveteranenfilm THE JACKET (USA/GB/D 2005) von John Maybury fügt sich in dieses Produktfeld ein und weist auch manche direkte Parallele zu THE MANCHURIAN CANDIDATE auf: Im ersten Irak-Krieg der USA bekommt Soldat Jack Starks am Kopf eine Kugel ab. Der gegnerische Schütze ist in der Rückblende ein irakischer Junge. Zurück in den Vereinigten Staaten leidet Starks unter Gedächtnisverlust, wird – offenbar unschuldig – wegen eines Polizistenmordes vor Gericht gestellt, landet Ende 1992 in der Psychiatrie und stirbt 1993 (an den Folgen medizinischer Experimente?). In einer »realistischen« Lesart entsprechen seine dramatischen Zukunftsreisen – und das Happy End – am ehesten psychotischen Halluzinationen. Der Regisseur will, wie im Bonusteil der DVD-Ausgabe zu hören ist, zeigen, was Staaten mit Soldaten machen. In diesem Fall heißt das: Ein verwundeter Golfkriegsveteran weiß vom Krieg kaum mehr als das, was die grünlich flimmernden PR-Filme des Militärs zeigen. Er fühlt sich wie tot, findet sich in der Gesellschaft nur noch schwer zurecht und wird – wie andere Veteranen auch – in eine Nervenheilanstalt abgeschoben. Dort verabreicht ihm ein gewissenloser Arzt (mit hohem Selbstbild) verhaltensmodifizierende Drogen, die schon lange verboten sind. Hinzu kommt eine Spezialbehandlung, die der Devise »Zerbrochenes kann man nicht mehr zerbrechen« folgt. Sie besteht aus Zwangsjacke, Injektion und Aufenthalt in einem der Kühlfächer der Krankenhausleichenkammer. Mehrere Patienten sterben infolge dieser Tortur. Der Schlusssatz der Hauptfigur erinnert an das Schicksaal unzähliger Veteranen in den USA, die seelisch oder körperlich an Kriegsfolgen gestorben sind: »Wenn man stirbt, will man nur eines: Man will wieder zurück!«

Rome (2005): Das Imperium verrät seine Helden

Im Zusammenhang dieses Kapitels müssen wir uns noch einmal der TV-Filmserie ROME (USA/GB ab 2005) zuwenden. Dieses Werk zum imperialen Entertainment ist erstaunlich aufwändig produziert worden und erreicht das Niveau anspruchsvoller Unterhaltung. Es fällt nicht sehr schwer, kritische Anteile und Gegenwartsbezüge in den einzelnen Folgen aufzuspüren, die jeweils das Werk verschiedener Drehbuchautoren und Regisseure sind. Im Heer von Gaius Julius Caesar gibt es Folterspezialisten für den Gallischen Krieg. Leichen oder Leichenteile getöteter Feinde aus anderen Ländern werden öffentlich zur Schau gestellt. Sex und besonders Blut dominieren im öffentlichen Unterhaltungskanon für die Bürger Roms. Die Republik liegt danieder. Der Tyrann wahrt nach außen hin sehr überzeugend sein väterliches Gesicht. Ohne Bestechungsgelder läuft nichts. Die Korruptheit der gesamten politischen Klasse erfasst am Ende auch einen unteren Volksvertreter, an dessen Integrität bis dahin wohl kaum ein Zuschauer gezweifelt hat.

Die Leitperspektive ist jedoch eindeutig vom Imperium, von seinen Eliten und Tätern her gestaltet. Die Opfer tauchen, sofern es sich nicht um römische Kriegsveteranen und abgemetzelte Adelige handelt, zumeist nur als Statisten oder Dekorationselemente auf. Zum Schluss der ersten Staffel krümmt sich Caesar in einer großen Blutlache. Im Angesicht seines schweren Sterbens wird Brutus das Herz schwer. Hollywood hat das Thema »Rom« in triumphalen Großproduktionen, die heute in speziellen DVD-Sammelboxen neu vertrieben werden, immer wieder bearbeitet. Die TV-Serie ROME muss gesondert betrachtet werden. Wohl niemals zuvor ist in den USA eine solche »Nähe« in der filmischen Identifikation mit Rom erreicht worden. Etwa zeitgleich ist der Begriff »Empire«, den bislang eher die Kritiker in den Vereinigten Staaten benutzt haben, auch im politischen Establishment der USA als Selbstbezeichnung hoffähig geworden.

Die Episoden 11 und 12 von ROME entwickeln nun im Gewand des Historienstreifens und parallel zum Untergang des Diktators einen weiteren Veteranenfilm für das angelsächsische Publikum unserer Tage: Caesars Legionäre erhalten nicht die beim Kriegsdienst versprochenen Ländereien. Ihnen werden lediglich ferne, unwirtliche Flecken außerhalb des gesicherten Imperiums angeboten. Beim Triumphzug jubelt ganz Rom den Soldaten noch zu, doch dann folgt nach dem Ausscheiden aus der Armee für viele der soziale Abstieg. Wenn der oberste Imperator über das Gemeinwesen sich nicht bald um sie kümmert, werden die Veteranen in eine gewalttätige Straßenkriminalität abrutschen. Den Legionär Titus Pullo, der mit seinen unkontrollierten Gewaltausbrüchen und seiner Fehleinschätzung in intimen Angelegenheiten Symptome eines kriegsbedingten Traumas aufweist, hat es besonders hart getroffen. Er verbringt seine Tage mit Wein, Opiumpfeife und billigen Prostituierten. Um seinen Wein bezahlen zu können, verdingt er sich bei einem privaten Dienstleister für politische Meuchelmorde. Nach der unvorsichtigen Ausführung eines Mordes, dessen unbekannter Auftraggeber in Wirklichkeit Julius Caesar heißt, kommt es zur Verhaftung. Das Gericht ist voreingenommen und kann damit auf Zustimmung beim Volk hoffen. Gewalt von Kriegsveteranen scheint in der Stadt ein echtes Problem zu sein. Auch Caesar käme eine Verurteilung recht. Für die politischen Morde braucht man stellvertretend einen Schuldigen, selbst wenn dieser nur als Instrument gehandelt hat. Die Verteidigung hat ein völlig unfähiger Advokat übernommen, der sich sogar öffentlich von der Schuld seines Mandanten überzeugt zeigt. Das Todesurteil fällt unweigerlich, und die Ausführung wird ins Unterhaltungsprogramm der Volksbelustigungen verlegt. Der Verurteilte Titus Pullo verweigert jedoch den Schaukampf, denn er hat bereits jegliche Selbstachtung verloren. Erst als einer der Gladitiatoren seine ehemalige Einheit, die dreizehnte Legion, verhöhnt, stellt Pullo durch Tötung aller Widersacher sein soldatisches Können unter Beweis. Sein alter militärischer Vorgesetzter Lucius Vorenus, der inzwischen eine Karriere als politischer Beamter angetreten hat und als solcher die Exekution wegen ihres politischen Nutzens gutheißen sollte, springt am Ende ebenfalls in die Arena. Er schlachtet – ergriffen von kriegerischem Blutrausch – das letzte Ungeheuer aus dem Kreis der Gladiatoren förmlich ab. Nunmehr werden die beiden Ex-Soldaten doch zu Volkshelden. In allen Straßen malt man ihre Heldentaten auf Wände. Auch Theater und Textilherstellung greifen das Heldenthema auf. Die Schmähungen der »Dreizehnten« sind ruhmvoll gerächt. Caesar beruft den nun sehr populären Veteranen und Beamten Lucius Vorenus trotz seines Ungehorsams und seiner einfachen Herkunft in den Senat. Auch der niedere Legionär Pullo kann ob seiner Berühmtheit wieder den aufrechten Gang üben.

Zweifellos soll hier Kriegsveteranen der Gegenwart eine Identifikationsmöglichkeit geboten werden. Darauf deutet schon das Äußere von Titus Pullo hin. Sein Kurzhaarschnitt und ein T-Shirt mit aufgedrucktem Adler erinnern viel eher an einen United States Marine als an einen römischen Legionär. Für den pathetischen Ehrenkodex, der eine ewige Treue zur eigenen Einheit und die Kameradschaft im Notfall beinhaltet, ließen sich aus sehr vielen US-Filmen, besonders aus solchen zu Vietnam, Parallelen anführen. Militärische Ränge bestehen im Zivilleben fort, sind aber keine Barriere für Männerfreundschaft. Die Drehbuchbotschaft von ROME zum Thema »Kriegsheimkehrer« lautet: Die sozialen Belange von Soldaten, die ihre Pflicht bereits getan haben, interessieren die Mächtigen nicht mehr. Der Veteran wird von einer Politik verraten, deren oberster Repräsentant im konkreten Fall doch heimlicher Auftraggeber seiner Killertaten ist. Man muss ihn auch im Mordfall vor einer ungerechten Justiz schützen. Er verdient die Loyalität aller, die im Heer gedient haben, und sollte von der Bevölkerung als der eigentliche Held betrachtet werden. Diese Botschaft kann bei den Fernsehzuschauern der USA mit einer überwältigenden Zustimmung rechnen, auch bei denen, die den Irak-Krieg für einen Fehler halten.

14 Der erste Golfkriegsfilm, die Suche nach einer passenden Popkultur und das »Hadji Girl«

Der erste Golfkriegsfilm im US-Kino, dessen Geschichte nicht erst *nach* Abschluss der Operation Desert Storm ansetzt, ist JARHEAD (USA 2005) von Sam Mendes. Der Film basiert auf dem autobiographischen Buch eines Scharfschützen der U.S. Marines, der nach seiner Ausbildung 1990/1991 in den Operationen Desert Shield und Desert Storm eingesetzt war. Die persönliche Soldatenperspektive bestimmt entsprechend das Drehbuch. Die Filmemacher haben keine Unterstützungsleistungen des Pentagon in Anspruch genommen.

Der große Skandal: Die U.S. Marines kommen nicht zum Schuss

Zumindest in Ansätzen unternimmt Mendes den Versuch, sich einem kritischen Kriegsfilmparadigma anzunähern. Der eigentliche Golfkrieg bleibt – der massenmedialen Erinnerung entsprechend – jedoch weitgehend unsichtbar. Dem Schutz des »Öls unserer Freunde in Saudi-Arabien« und den Wartezeiten in der Wüste stehen ganze vier Golfkriegsgefechtstage der Jarhead-Scharfschützen gegenüber. Die Marines erleben Eigenbeschuss (»friendly fire«) und müssen zur Vorsorge noch nicht zugelassene Medikamente gegen die möglichen Wirkungen chemischer Waffen einnehmen. Sie treffen auf den »Highway of Death« zwischen Kuwait und Basra, der mit ausgebombten Wracks und verkohlten Leichen übersät ist. Sie erkennen, dass die hier getöteten irakischen Soldaten bereits auf der Flucht gewesen sein müssen. Die von der irakischen Armee angezündeten Ölquellen, die der Miramax-Film FIRES OF KUWAIT (USA 1992) sehr bald – zusammen mit propagandistischen Kommentaren – als optische Sensationen präsentieren wird, sind für den Vorgesetzten vielleicht auch so etwas wie ein Schauspiel. Für den ganz mit Ölschlamm verschmierten Soldaten gibt es indessen nur einen Gedanken: »*Ich muss heraus aus diesem Scheiß-Öl hier!*« Der Satz ist für die Soldatenklage in allen gegenwärtigen und zukünftigen Energiekriegen tauglich. Ein klassisches Kriegsfilmmotiv erscheint auf der Leinwand: Inmitten der Wüste irrt ein Pferd umher. Mit einem von Dewey Bunnell geschriebenen Song von 1971 in den Ohren könnte man sich auch hier an die »Selbstfindung in der Wüste« erinnern lassen, und diese Erinnerung wäre bitter: »I've been through the desert on a horse with no name / It felt good to be out of the rain / In the desert you can remember your name / 'Cause there ain't no one for to give you no pain …«

Später gibt es in JARHEAD scheinbar noch die Möglichkeit zum richtigen Einsatz der Elitescharfschützen, die für den traditionellen Bodenkampf ausgebildet worden sind. Zwei irakische Offiziere sollen aus der Ferne erschossen werden, denn ihren Untergebenen will man die Möglichkeit zur Kapitulation geben. Kurzerhand übernimmt dann aber doch die U.S. Air Force den Auftrag, und zwar mit einem großflächigen Bombardement, das auch alle Iraker mit niedrigem Militärrang erwischt. Jakob Augstein umschreibt diesen Skandal so: Ein sympathischer, intelligenter amerikanischer Junge, »der ernsthaft Bock aufs Ballern hat. Der endlich einen Iraker umlegen will. Einfach so. Kein Hass, keine Rache, weder Pflicht noch Trauma, noch Wahn. Nur Lust aufs Jagen und Töten. Und dessen größtes Problem darin besteht, dass ... er nicht einen einzigen Schuss abfeuern darf in diesem ganzen gottverdammten Krieg, weil die Luftwaffe immer schneller ist. Das ist skandalös und unmoralisch und vollkommen neu« (Augstein 2005). Das Leiden an der unvollendeten Mission, das schon THE THREE KINGS zum Thema gemacht hat, ist also ein ganz individuelles. Zu ihrem »Truthahnschießen« auf flüchtende Mitglieder des irakischen Militärs zum Ende des Golfkrieges 1991 erklärten US-amerikanische Soldaten übrigens, »dass sie nicht hier vier Wochen lang herumgevögelt haben, um jetzt nicht zum Abspritzen zu kommen« (Drewermann 2002, S. 57).

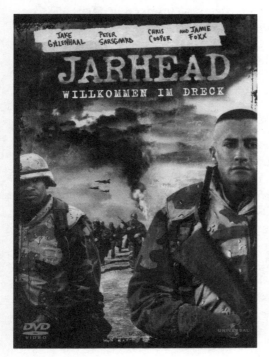

JARHEAD (USA 2005) ist im Grunde der erste Kinofilm über den Golfkrieg von 1991. Das Bild auf der DVD-Hülle verspricht – irreführend – einen konventionellen Gefechtsfilm. Die größte Frustration der Jarheads besteht indessen darin, dass sie während des ganzen Krieges keinen einzigen Schuss abgeben können. (Abbildung: Cover der deutschsprachigen DVD-Ausgabe aus der Sammlung von P. Bürger)

»Jarhead« und das Vietnam-Kino

Ohne Blick auf Vietnam und Vietnam-Kino wäre JARHEAD nur halb zu verstehen. Drehbuchschreiber William Broyles ist Vietnam-Veteran, und ein Vietnam-Veteran wird gegen Ende des Films auch die Nähe der eben zurückgekehrten Golfkriegsteilnehmer suchen. Aus FULL METAL JACKET sind der Einstieg (Ausbildung der Marines) und das berühmte Gewehrgebet der Marines entlehnt (Bürger 2004, S. 108-116). An GOING BACK und viel ältere Vorbilder erinnert die Weisung, dass der »dreckigste und brutalste Motherfucker im ganzen Tal« die biblische Weisung »Du sollst nicht töten!« ganz schnell vergessen muss (ebd., S. 189-197). Vor dem Abflug in den Mittleren Osten gibt es in der Kaserne eine Filmvorstellung von APOCALYPSE NOW. Die theatralische, mit Wagner-Musik untermalte Walkürenrittszene beim Helikopterangriff auf ein vietnamesisches Dorf, deren frühe Vorbilder (ebd., 2004, S. 73-75) in Griffiths THE BIRTH OF A NATION (USA 1915) und in einer Wochenschau der Nazis vom 4.6.1941 zu finden sind, wirkt tatsächlich kriegsertüchtigend. Die Soldaten freuen sich nun auf den Golfkrieg, zu dem sie – als ginge es in den Urlaub – ein Passagierflugzeug fliegt. Ähnlich wie in PLATOON feiern die US-Wüstenkrieger später ihre reinen Männerpartys – allerdings ohne Haschisch. Die quälende Sorge um untreue Ehefrauen und Freundinnen kennt man z.B. schon aus HAMBURGER HILL (Bürger 2005a und 2007, S. 249-252). Eine an die Front geschickte Videokassette enthält – wenn auch zum Teil mit privaten Pornoaufnahmen überspielt – den Vietnam-Klassiker THE DEER HUNTER. Die jungen Männer aus der US-Armee sind – wie in mehreren fiktionalen Vietnamfilmen – als Objekt vor der Fernsehkamera begehrt, doch als Marines können sie sich keineswegs auf das Verfassungsrecht der freien Meinungsäußerung berufen. Die Kultmusik des Vietnam-Krieges wird eigentlich erst beim Abschied vom Wüstenhimmel von Technoklängen abgelöst.

Anthony Swofford gibt in seinem autobiographischen Buch »Jarhead« (2003), das dem Film zugrunde liegt, ein denkwürdiges Zeugnis über die Rezeption des Vietnam-Kriegs-Kinos ab: »Ganz egal, wie die Botschaft eigentlich lautet oder was Kubrick, Coppola oder Stone sagen wollten. Kampf, Vergewaltigung, Krieg, Plünderung, Brand. Filmbilder von Tod und Verwüstung sind Pornografie für den Soldaten; sie reiben seinen Schwanz und kitzeln seine Eier mit der rosa Feder der Geschichte, geilen ihn auf für seins erste Mal« (zitiert nach Augstein 2005). Mit Vietnam ist untrennbar der Komplex »Sex and War« verknüpft (Bürger 2006i). Im Bestseller »Jarhead« berichtet Ex-Marine Swofford nicht nur über die kollektive Begeisterung der Einheit für die »magische Brutalität« in US-Kriegsfilmklassikern, sondern auch über das Rekrutierungsversprechen, bei Auslandseinsätzen billige Sexdienstleistungen in Anspruch nehmen zu können. Über seinen Weg zum Militär teilt er mit: Der

Anwerber der Marines »machte mir mit Berichten über käuflichen Sex auf den Philippinen den Mund wäßrig. ... Er garantierte mir, in Olongapo gebe es einen flotten Dreier schon für 40 US-Dollar. ... Ich war geködert« (zitiert nach Robin Anderson, in: Thomas/Virchow 2006, S. 235). Doch der »alte Mittlere Osten« ist nicht Asien. Es gibt dort, wie es im Irak-Film AMERICAN SOLDIERS (2005) heißt, nicht einmal eine Disco. Entsprechend zeigt die Verfilmung des Swofford-Buches lauter Desillusionen. Ein Truppenmitglied sieht sich in seiner Erwartung von »Sex and Drugs and Rock'n'Roll« enttäuscht: »Jetzt sind wir auf dem Weg in die Wüste und keine Nutte im Umkreis von tausend Meilen.« Der sexuelle Notstand der US-Soldaten und permanente Masturbationsbedürfnisse werden ausgiebig thematisiert. Tatsächlich fielen diesbezügliche Hinweise 1991 der Zensur zum Opfer. US-Kampfpiloten hatten gegenüber der Nachrichtenagentur AP erwähnt, dass sie sich vor Kampfeinsätzen bei Pornofilmen entspannen; der zuständige Presseoffizier entfernte das »peinliche Detail« wieder (Elter 2005, S. 238f).

Angesichts des Notstandes scheint gutes Benehmen im fremden Land einem der Marines schwer zu fallen. Im Auto fährt eine verschleierte Frau auf der Wüstenstraße vorbei, und er ruft mit schnalzender Zunge aus: »Hey, bring mir ein bisschen Arabisch bei. Was heißt: Blas meinen Schwanz?«

Gleich zu Filmbeginn werden – frei nach FULL METAL JACKET – die antihomosexuellen Lieblingswörter aus dem Vokabular der U.S. Marines eingeführt. Indessen ist die homoerotisch gefärbte Atmosphäre im modernen Männerbund danach in vielen Szenen greifbar. Der Vorgesetzte antwortet auf die Begeisterung seiner Soldaten für die Operation Wüstenschild zumindest verbal mit unterschiedlichen Erektionsgraden seines Penis. Man schaut sich gemeinsam Pornos an und will nach hautnahen Reibereien in der Wüste ohne jede Bekleidung Football spielen. Auf der nur von männlichen Soldaten besuchten Christmasparty gibt es den nackten Weihnachtsmann, der nur sein Geschlechtsteil mit einer Nikolauszipfelmütze bedeckt hält.

Die seit Vietnam und noch früheren US-Kriegen immer wieder kultivierten nekrophilen Erinnerungsbilder wünscht sich auch ein Marine in JARHEAD. Er buddelt die Leiche von »Ahab dem Araber« aus, um sie für Fotos mit »toten Kameltreibern« bzw. »Brathähnchen« zu benutzen. Bezüge auch zum Irak-Krieg 2003 der USA (und zur nachfolgenden öffentlichen Ausstellung erlegter Schurken aus dem arabischen Raum) wären leicht herzustellen. Der Deserteur Joshua Key musste z.B. mit ansehen, »wie seine Kameraden mit abgetrennten Köpfen Fußball spielten« (Spiegel-Online, 9.7.2006). Aus einem auf digitale Ware spezialisierten Untergrundnetzwerk in der U.S. Army im Irak sollen »Aufnahmen von Enthauptungen, verwackelte Aufnahmen von Aufständischen, die von Scharfschützenkugeln niedergestreckt werden« und »Fotos von verkohlten Leichen unter Autowracks, die an Straßensperren zusammengeschossen wurden« stammen (Kreye 2006). In Afghanistan haben Bundeswehr-soldaten im Frühjahr 2003 beim Hantieren mit Leichenüberresten weiteres Anschauungsmaterial, darunter ein nekrophiles Phallus-Arrangement, produziert. Auf einem ihrer inszenierten Fotos hält ein Soldat in einer Hand seinen entblößten Penis und in der anderen einen Menschenschädel. Die Öffentlichkeit erfuhr von diesen Erinnerungsaufnahmen vom Kriegseinsatz im Ausland erstmals am 25.10.2006 durch die Bild-Zeitung.

Drastische körperliche Leiden von US-Soldaten zeigt der Film JARHEAD nicht. Zum Schlimmsten, was die Hauptfigur erlebt, gehört offenbar das wortwörtliche »Herumrühren in der Scheiße«. Zwei Kotzszenen gibt es im Film. Einmal erbricht der verhinderte Held im Traum Unmengen von Wüstensand. Ein anderes Mal lösen die Leichen irakischer Soldaten den Brechreiz aus. In der Nachgeschichte kommt es zum Selbstmord eines der beteiligten Marines. Der Erzähler beendet seine Erinnerungen mit einem Satz, der weder besonders rekrutierungsfreundlich noch besonders abschreckend klingt: »All die anderen Jarheads, das Töten und Sterben, wird immer ein Teil von mir sein. Wir sind immer noch in der Wüste.«

JARHEAD wird, soweit es die Filmgeschichte betrifft, wahrscheinlich der missverständlichen Kategorie »Antikriegsfilm« zugeschlagen werden. Doch der Titel zeigt einfach unzensiert Impressionen zum US-Soldatenleben Anfang der 90er Jahre. Diese beziehen sich zum großen Teil nicht auf Fiktionen. So entsprechen ja die Erwartung von billigem Sex im Ausland und die gemeinschaftliche Einstimmung auf den Krieg über Gewaltmagie im Kriegskino den Erfahrungen, die in der »authentischen« Literaturvorlage beschrieben werden. Nach Vietnam war – zumal im Rahmen des reinen Berufssoldatentums – ein Appell an militärische bzw. patriotische Tugenden für die Rekrutierungsarbeit nur noch bedingt tauglich. Erfolgreich wurden neue Kampagnen der Armee erst, »als das Pentagon Krieg als Pop verkaufte« (Andrian Kreye, zitiert nach Oel 2002, S. 11). Auch aktuell scheint die vaterländische Rhetorik wieder an Wirkkraft zu verlieren. Vor diesem Hintergrund könnte JARHEAD einfach als Vorbote einer neuen kriegsrelevanten Popwelle gesehen werden.

War and Music

Was ist die angesagte Musik für einen Krieg? Diese Frage stellt sich schon im Spielfilm GOOD MORNING VIETNAM (USA 1987) von Barry Levinson (Bürger 2004, S. 148-155), aber auch in Rekrutierungsfilmen wie TOP GUN* oder IRON EAGLE*. Anthony Swofford benennt in der Literaturvorlage zu JARHEAD den Unterschied des Golfkrieges 1990/91 im Vergleich zu Vietnam: »Da gab es keinen Alkohol, keine Frauen. Wir waren ja in Saudi-Arabien. Es gab ja nicht einmal eine eigene Musik im Golfkrieg. Wir haben die ganze Zeit Jimi Hendrix gehört, die Rolling Stones, Led Zeppelin« (zitiert nach Kreye 2006). Der Rock'n'Roll-Krieg klingt noch nach im Film BLACK HAWK DOWN*, wenn beim Somalia-Einsatz 1993 der US-Helikopter zum Angriff heranfliegt (das Repertoire der Soldaten ist indessen kein richtiger Vietnam-Sound mehr). Auch MISSION: IMPOSSIBLE 3 (USA 2006) wartet anlässlich einer Hubschrauberverfolgungsjagd »mit ein paar hübschen musikalischen Anspielungen an › Apocalypse Now‹ « auf (Suchsland 2006b).

Der in JARHEAD eher beiläufig geführte Musikdiskurs erinnert an das Dokumentarfilmprojekt GUNNER PALACE* (USA 2004/2005) von Michael Tucker und Petra Epperlein über eine US-Einheit im aktuellen Irak-Krieg. Die für den Film ausgewählte Einheit hatte das US-Militär selbst vorgeschlagen. Dokumentarfilmmacher Tucker fühlte sich im Laufe seiner Arbeit dazugehörig. Über die Selbstinszenierung der US-amerikanischen Soldaten in GUNNER PALACE* schreibt Harald Staun: »Die gesamte Datenbank amerikanischer Kriegsfilme liegt dem Film als Referenz zugrunde – und es ist weder der Regisseur noch der Zuschauer, der diese Verweise herstellt. Ein halbes Jahrhundert Popkultur gewordene Militärgeschichte wird für die Soldaten zum Drehbuch (...) Manchmal hilft Tucker nach, wenn er Hubschrauber mit Wagners Walkürenritt aus › Apocalypse Now‹ in den Sonnenuntergang fliegen lässt oder eine Fahrt im Jeep mit Musik der Doors unterlegt. Aber auch hier sind es seine Protagonisten, die sich viel hemmungsloser aus dem Arsenal der Popkultur bedienen, wenn sie auf dem Dach des Palastes einen Verstärker aufstellen und mit ihrer elektrischen Gitarre und einer Jimi-Hendrix-Version des › Star Spangled Banner‹ gegen die Rufe des Muezzins ankämpfen« (FAZ.net, 17.7.2004). Die »Gunners« spielen ihr Soldatsein also auf der Klaviatur einer sehr vertrauten Popkultur des Krieges, wenn sie einem Waisenkind helfen (vgl. auch Thomas/ Virchow 2006, S. 232) oder sich im Swimmingpool der ehemaligen irakischen Diktatorfamilie vergnügen. In der Tat geht es auch hier um Geschmacksfragen. Die in erfolgreichen Vietnamfilmen inszenierte populäre Kultur wird aufgegriffen. Die kritischen Aspekte der Titel fallen unter den Tisch. Der abenteuerliche Lifestyle bleibt und ist längst Teil der »Military Culture« geworden.

Entsprechende Anspielungen im pentagongeförderten Film BLACK HAWK DOWN* können wohl kaum, wie C. Henning (in Thomas/Virchow 2006, S. 256) meint, ein »kritisches Potenzial« wecken. Sehr passend zur neuen Kriegsära kam Coppolas zeitloser Klassiker im Jahr 2000 in der neuen Langfassung APOCALYPSE NOW REDUX (USA 1976-79/2000) in die Kinos. Dieser Umstand unterstreicht, wie problematisch dieses Werk – vom Entstehungskontext ganz abgesehen – in seiner ganzen Wirkungsgeschichte ist (Bürger 2004, S. 70-84). Eindrucksvoll zeigt der Film LORD OF WARS (USA 2005), wie sexy Girls im Militarylook während einer Waffenmesse auf einem Panzer und den Tragflächen eines Militärflugzeugs posieren. Auch hier ist zum x-ten Male dieselbe »klassische Musikuntermalung« zu hören wie in APOCALYPSE NOW. Beim Angriff auf Falludscha im November 2004 ertönte im Sinne der psychologischen Kriegsführung ebenfalls Wagners Walkürenritt aus US-Lautsprechern (Bürger 2005a und 2007, S. 249). Der damals – über ein in zahllosen Zeitungen abgedrucktes »Marlboro-Foto« – förmlich zur Kultikone aufgestiegene zwanzigjährige U.S. Marine James Blake (ebd., S. 513) gehört inzwischen, so die »Los Angeles Times« vom 19. Mai 2006, zu den vielen Irak-Veteranen, die an einem posttraumatischen Stresssyndrom (PTSD) leiden und zu seelischen Wracks geworden sind. Interessant wäre zu erfahren, was zwischenzeitlich aus den in GUNNER PALACE mitwirkenden US-Soldaten geworden ist.

»Fuck you like an animal«

Da historische Rückblicke im fiktionalen Militainment sehr großen Raum einnehmen, haben wir von einem Kriegskino, das sich der Gegenwart annähert, bestenfalls Vorahnungen. Für die Darstellung von US-Kriegsschauplätzen im dritten Jahrtausend könnte z.B. die Freizeitausstattung der Soldaten mit PC bzw. Laptop, Netzzugang, Videospielen, DVDs, Digitalkameras usw. in absehbarer Zeit von Bedeutung sein (Kreye 2006). Über die Medienwirkung eines neueren US-Filmbeitrags zu einer »zeitgemäßen« Jugendkriegskultur gibt es ein vielsagendes Detail zu berichten. Im Marionettenfilm TEAM AMERICA: WORLD POLICE (USA 2004), der sich fleißig in Menschenverachtung übt, kann man viele flotte Songs für den »Antiterrorkrieg« hören. Einen der Refrains hat ein US-Soldat im Irak, der Marineinfanterist Joshua Belile, im September 2005 in ein eigenes Lied eingebaut. Er singt zur Gitarre davon, wie er ein irakisches Mädchen – das »Hadji Girl« – kennenlernt. Das Mädchen verliebt sich, will ihn der Familie vorstellen und wird bei diesem Unterfangen von den eigenen männlichen Angehörigen erschossen. Nun geht der US-Soldat zur Notwehr über: »Then I hid behind the tv / And I locked and loaded my M-16 / I blew those little ****ers to eternity / And I said: / › Dirka dirka Mohammed jihad, sherpa sherpa bakala / They shoulda known they were ****in' with a Marine« (zitiert nach Corinth 2006). Der später auch im Internet als Video abrufbare Song beschreibt also ein Blutbad, das sich aus der Annäherung zwischen einem US-Soldaten und einer Irakerin ergibt. Die eigentlich schuldigen Täter sind – zumindest nach Ansicht des Songschreibers – Vater und Bruder des irakischen Mädchens.

Als dieser Liedtext zum Skandal wurde, gab es aus dem Irak bereits eine andere Horrorgeschichte, diesmal aus der Realität und mit vertauschten »Rollen«: Laut Anklageschrift hatte der US-Soldat Green, »der im März 2006 mit anderen Besatzungssoldaten bereits seit Tagen an einem Verkehrskontroll-punkt in der irakischen Stadt Mahmudija eingesetzt war, ein Auge auf die 15-jährige Abeer Hamza geworfen, die mit ihrer Familie in einem etwa 200 Meter entfernten Haus wohnte. Am Abend des 12. März 2006 stürmte der 21-jäh-rige Mann mit drei seiner Kameraden das Gebäude. Bevor er sich an dem Mädchen verging, erschoss er ihre Eltern und ihre fünf Jahre alte Schwester. Auch Abeer Hamza wurde später ermordet. Anschließend versuchten die vier US-Soldaten, ihr Verbrechen [durch Leichenverbrennung] zu vertuschen. Es wurde erst am 12. Juni durch Zufall entdeckt« (Rupp 2006). Die Tat, ausge-führt unter Alkoholeinfluss und in Tarnkleidung, übertrifft mit ihrem realen Schrecken die gegen Frauen gerichtete Soldatengewalt im fiktiven Endzeit-thriller 28 DAYS LATER (GB/USA/Frankreich 2002). Der Drahtzieher Steven Green, Jahrgang 1985, gehört übrigens zu jenen jugendlichen Straftätern aus schwierigen Sozialverhältnissen, die man in den USA durch einen Eintritt in die Army »resozialisiert« (McCann 2006).

Während es zum Liebes- und Sexualleben der US-Soldaten in Vietnam eine ganze Fülle massenkultureller Zeugnisse gibt, ist über Vergleichbares bei Ein-sätzen in islamischen Ländern bislang so gut wie nichts zu hören (Soldz 2006; Bürger 2006i). In einem Internetdiskussionsforum zum »Hadji-Girl«-Song erfährt man entlang offenbar gebräuchlicher Texte jedoch einiges über den Testosteronspiegel im US-Militär (Riehl World View 2006): »Dirty Hot Sex by Pepper / So don't be afraid when my pants start to leak / You know damn well I'm in my sexual peak.« Oder: »Fuck You Like An Animal – Nine Inch Nails / You let me violate you / You let me desecrate you / You let me penetrate you / You let me complicate you / Help me / I broke apart my insides / Help me / I've got no soul to sell / Help me / The only thing that works for me / Help me / Get away from myself ...« Welche anderen Rauschzustände könnten einem Soldaten helfen, von sich selbst und von Spannungen loszukommen? Die Kon-struktion des tugendhaften Ritters hat im Zeitalter der Sexindustrie wenig Anziehendes. Der asexuelle Muskelsoldat der Reagan-Ära, den es im realen Leben wohl ohnehin nie gegeben hat, wird zukünftig für Rekrutierungszwecke wohl kaum noch Dienste leisten können.

American Soldiers (2005) und War Tapes (2006)

Das fiktionale Kino hat nun also mit zwei Golfveteranenfilmen (THE MAN-CHURIAN CANDIDATE, THE JACKET) und einem weitgehend gefechtsfreien Golfkriegsfilm (JAHRHEAD) stellvertretend für den Irak-Krieg ab 2003 dessen Vorläufer thematisiert. Abseits vom großen Kino gibt es aber bei »Peace Arch Films« auch eine Fiktion über den endlosen Krieg im besetzten Irak: AMERI-

CAN SOLDIERS – A DAY IN IRAQ (Kanada 2005) von Sidney J. Furie. Gezeigt wird ein ganzer Tag im April 2004, als die Zahl der US-Opfer einen ersten Höchststand erreichte: »Kämpft weiter in dem Geist von heute. Gebt euerm Leben einen Sinn!« Das Werk ist vielleicht der peinlichste Titel in der Filmografie des kriegsfilmerprobten Regisseurs. Es lehrt zweierlei. Zum einen zeigt es uns, was gemäß US-amerikanischem Geschmack unter »kriegskritisch« verstanden wird. Zum anderen sehen wir, wie die tiefe Verwurzelung des US-Militarismus bei Filmemachern zu endlosen Widersprüchen führen kann. Ganz offensichtlich soll in AMERICAN SOLDIERS ein kritisches Gegenbild zur amtlichen Regierungsversion vermittelt werden. Doch weil das patriotische Herz den Wahrnehmungen des klaren Verstandes keinen Glauben schenkt, will dies so gar nicht gelingen.

Zunächst erfahren wir sehr viel über die Integrität der US-Soldaten: »Wir sind nur hier, um zu helfen!« (man kennt den Satz aus ungezählten Vietnam-Produkten). Wenn zu viele Zivilisten in der Nähe sind, verzichten sie auf einen an sich notwendigen Schusswechsel. Sie müssen zwar im Ernstfall auch auf sehr junge Angreifer schießen, retten dafür jedoch selbstlos unschuldige Kinder bei Sprengstoffattacken. Aus ehemaligen Autodieben im Irak macht die U.S. Army Helden, nämlich Polizisten. Einer dieser Helden wird der US-Einheit regelrecht zum Blutsbruder, auch wenn er zu Allah betet. Die Mitglieder der National Guard sind als Katastrophenhelfer ins Land gekommen, sie wollten gar nicht in den Krieg ziehen. Doch »gute Intentionen sind bedeutungslos hier im Irak.« Ständig kommen Attacken von den Einheimischen, die stets dem religiösen Fanatismus entspringen (und nie politischen Charakter haben). Als Lohn für den Bau von Straßen und Schulen geben die Iraker »nur Hass und Unzufriedenheit.« Nach der dreißigsten Autobombe des Tages werden diese Gefühle auf US-amerikanischer Seite erwidert: »Ich hasse euch Dreckschweine und euer verschissenes Land!«

Das Thema »Luftunterstützung« wird nicht als Problem hinsichtlich der zahlreichen irakischen Zivilopfer durch US-Bombardements thematisiert. Problematisch ist vielmehr, dass ein Helikopter beim Rettungseinsatz für die Bodenkämpfer der USA von Terroristen abgeschossen wird. Zur Kriegsbegründung proklamiert ein Soldat frei nach G. W. Bush: »Seit dem Elften September drehen wir den Spieß um!« Die Einheit muss leider entsetzt erkennen, wie das durch die CIA sehr extrem ausgeführt wird. In deren Auftrag foltert und exekutiert ein gewisser Commandante Federico de La Rocha irakische Gefangene. Die US-Soldaten fragen: »Und die Genfer Konventionen?« Sie werden beruhigt. Es gehe um die Rettung von US-Menschenleben, und – so die Bezugnahme auf die von Juristen der US-Regierung neu erfundene Kategorie »feindliche Kämpfer« – es handle sich bei den Opfern der Tortur nicht um Kriegsgefangene, sondern um Terroristen. Ein Sprecher der Truppe lässt sich dadurch nicht irre machen: »Ich kenne richtig und falsch!« Der CIA-Folterer wird durch die US-Soldaten verhaftet.

Ohne Zweifel stecken die US-Soldaten in einer tiefen Sinnkrise. Sie verrecken und wissen nicht, ob es das wert war. Sogar nach einem siegreichen Messernahkampf mit »blutrünstigen irakischen Wölfen« schreit am Ende des Tages ein Truppenmitglied: »Dieser ganze Scheiß, dieser ganze Stress, er war umsonst!« Doch der so klagt, hat das Leben eines Kameraden gerettet, der sich dann für alle aufopfern konnte. Für den geliebten Sergeant, der als Märtyrer starb, gibt es eine Predigt: »Er verließ uns mit dem Herz eines Löwen. Jetzt müssen wir Herz zeigen, das schulden wir ihm.« Mit abgedroschenen Klischees des US-Kriegskinos wird uns mitgeteilt, worum es eigentlich geht: »Wir kämpfen nicht für den Irak, wir kämpfen für uns.« »Wichtig ist, dass unser Leben etwas zählt. Wir haben getan, was zu tun ist. Wir sind Soldaten. Das ist unser Job.« AMERICAN SOLDIERS bedient das Format Soap-Opera und ist den toten US-Soldaten des 12. Aprils 2004 gewidmet. Der Abspann verzichtet darauf, die im Film ausgesparten politischen Kriegsursachen nachzutragen. Zitiert wird stattdessen ein militärischer Fürsprecher der Männer und Frauen in der Armee, die der »größte Schatz der Vereinigten Staaten« sind: »The greatest treasure the United States has is our enlisted men and women. When we put them in harm's way, id had better count for something. Their loss is a national tragedy (General Tony Zinni, Commander in Chief CENTOM 1997-2000).« Wir müssen uns vor Augen halten, dass dieser unsägliche Film über einen Tag in der Hölle wohl den einzigen Weg markiert, auf dem derzeit Anliegen der Antikriegsbewegung einem etwas breiterem US-Publikum nahe gebracht werden können. Er liegt auf der Linie jener patriotischen US-Soldaten, die seit Oktober 2006 einen Rückzug aus dem Irak fordern.

Gleich ein ganzes Jahr im Irak zeigt der Dokumentarfilm THE WAR TAPES (USA 2006) von Deborah Scranton, den ich noch nicht gesehen habe. Der Trailer lässt folgendes Rezept vermuten: Man verteile – mit Einverständnis des US-Militärs – Digitalkameras an drei im Irak eingesetzte Mitglieder der National Guard, wähle für den Schnitt vor allem auch sportliche Freizeitszenen, coole Handbegrüßungen mit irakischen Kindern, gefährliche Momente sowie Szenen von der heimatlichen Familienfront aus und präsentiere ein nach vielerlei Seiten hin offenes Filmereignis, das die Erwartung weckt, echte Bilder vom echten Krieg sehen zu können. Hier wird gleichsam eine offizielle Version der Kriegsaufnahmen mit privaten Digitalkameras von Soldaten geboten, die unter anderem im Internet kursieren. Ein von der Internet Movie Data Base exponierter Verbraucherkommentar stellt zu diesem Werk fest: »These are all intelligent and heroic men who sacrifice a great deal. [...] This story is real and the people are real, and that is what makes it so overwhelmingly powerful.« (http://www.imdb.com/title/tt0775566/).

15 Nine Eleven im Kino

Zu den Beziehungen zwischen den Terroranschlägen vom 11.9.2001 und dem fiktionalen Filmgeschehen habe ich über die Ausführungen in »Kino der Angst« hinaus noch einen ergänzenden Überblick im Online-Magazin Telepolis vorgelegt (Bürger 2005a und 2007, S. 433-478 und 2005i). Speziell für die unzähligen »Vor-Bilder« der Unterhaltungsindustrie mit Anschlägen auf New York oder Washington, darunter Flugzeugaktionen an Hochhauszeilen oder gegen Hochhaustürme, gibt es bislang wohl nicht einmal im Ansatz eine vollständige Zusammenstellung: »Sind dokumentarische Bilder die anschaulichen Zeugnisse von realen Ereignissen, so sind die Bilder des 11. Septembers die Beweise für die Realisierung einer bereits mehrfach rezipierten Fiktion« (Staiger 2002). Merkwürdigerweise ist noch niemand auf die kommerziell erfolgversprechende Idee gekommen, unter Rückgriff auf das Dokumentarfilmgenre die entsprechenden Ausschnitte aus großen Kinotiteln, drittklassigen Actionstreifen, Computerspielen, Werbebildern, Musikproduktionen usw. in einer großen Collage zusammenzustellen. Den Einstieg für ein solches Projekt könnten Einschätzungen von Robert Altman liefern: »Die haben das Kino kopiert!« oder »Wir haben ihnen gezeigt, wie es geht!«

Anders wäre freilich eine Annäherung an das Thema über Archetypen zu gestalten (Gözen 2002). Der Klassiker KING KONG, der einen frühen Bildtypus der Bedrohung in Hochhaushöhe enthält, kam bezeichnenderweise 2005 mit einem aufwändigen Remake ins Kino. Die Handlung spielt in der ersten Hälfte des 20. Jahrhunderts. Im Gegensatz zur Neuverfilmung von 1976 fehlen ein Bezug zur profitgierigen Ölförderindustrie und natürlich Kamerablicke auf das 1972 eröffnete World Trade Center. Ähnlich wie in der Urfassung von 1933 ist jetzt wieder die Unterhaltungs- bzw. Filmindustrie entscheidend daran beteiligt, das – vermeintliche – Ungeheuer nach New York zu bringen. Dort erstürmt es – ebenfalls wie 1933 – das noch junge Empire State Building, wird hoch in der Luft von Militärflugzeugen zur Strecke gebracht und dann selbst noch mit seinem toten Körper für das Medieninteresse ausgebeutet. Die Anima-Gestalt, deren weiblichem Zauber der übergroße Primat King Kong erlegen ist, kann so aus einer Gefahr gerettet werden, die für sie gar nicht bestanden hat. Nicht die Hochhausarchitektur der Zivilisation, sondern ein urgewaltiges »achtes Weltwunder« der Natur ist im Film Opfer von Flugzeugattacken. Das Motiv der Geschichte geht ursprünglich gewiss auf echte Archetypen zurück. Die aktuelle Hollywood-Version im *konstruierten* Kunstmythos ist jedoch kaum nur tiefenpsychologisch zu analysieren.

Kompromittierendes gibt es aus der Rezeptionsgeschichte eines Blockbusters zu berichten. Bei der Zerstörung von New York City in einer Filmszene von INDEPENDENCE DAY (USA 1995) standen im Mittleren Westen der USA Kinobesucher auf und bekundeten laut ihre Zustimmung bzw. Freude (Valantin 2005, S. 63).

Verschwörungstheoretische Relecture

Kritikern der amtlichen Nine-Eleven-Version genügen die vorgelegten Beweise für eine Täterschaft des Netzwerks von Osama bin Laden nicht. Sie gehen von einem Vorwissen oder gar von einer aktiven Beteiligung staatlicher US-Stellen aus. Für die verschwörungstheoretische Relecture und Untersuchung massenkultureller Inszenierungen, die älter sind als der »Elfte Neunte«, wird im Internet auf eine TV-Produktion hingewiesen: »Im Pilotfilm des › *Akte X* ‹ -Ablegers › *Lone Gunmen* ‹ spielt ein Plan namens › Scenario-12-d‹ die Schlüsselrolle, der darin besteht, ein Flugzeug in das WTC rasen zu lassen, um internationale Verstimmungen auszulösen und so die Nachfrage nach Waffen anzukurbeln. › Scenario-12-d‹ ist in der Hollywood-Phantasie allerdings ein Geheimplan der US-Regierung« (www.medienanalyse-international.de/finger.html#10) Hollywood – Abruf am 24.5.2006). Die im Netz eingestellte ausführliche Inhaltsangabe zum erstmals am 4. März 2001 ausgestrahlten TV-Film THE LONE GUNMEN (Kanada/USA 2001) ergibt in der Tat folgende fiktive Vorwegnahme von »Nine Eleven«: Der Plan, einen Terroranschlag zu fingieren und dabei mit Hilfe eines Flugzeugs über Manhattan das World-Trade-Center zum Einsturz zu bringen, geht auf das U.S. Department of Defense und Teile der US-Regierung zurück (http://mightyponygirl.com/television/lgm/ep01.html). Die »Plot Summary« auf www.imdb.com lässt davon nichts erkennen.

Einen simulierten Passagierflugzeugangriff auf das Pentagon gab es nach einem seinerzeit aktuellen Bericht »Contingency planning Pentagon MASCAL exercise simulates scenarios in preparing for emergencies« von Dennis Ryan für www.mdw.army.mil am 3. November 2000 ebenfalls schon ein Jahr vor dem »Realereignis« (http://prisonplanet.com/pentagon_preparing.htm – Abruf am 18.5.2006). Es handelte sich um eine Übung des US-Militärs: »The Pentagon was a model and the › plane crash‹ was a simulated one. The Pentagon Mass Casualty Exercise, as the crash was called, was just one of several scenarios that emergency response teams were exposed to Oct. 24-26 in the Office of the Secretaries of Defense conference room.« Bedeutsamer ist freilich für einen umfassenden Vergleich von Fiktionen und realen Ereignissen, dass am Morgen des 11.9.2001 selbst Antiterrorübungen des US-Militärs stattgefunden haben, bei denen es – fiktiv – um entführte Passagiermaschinen ging.

Der offizielle Bericht der 9/11-Untersuchungskommission vermerkt diesen Kasus immerhin in einer Fußnote.

Noch früher als THE LONE GUNMEN entwickelte der Film MACH 2 (USA 2000) von Edward R. Raymond eine Geschichte, die Verschwörungstheoretiker inspirieren könnte. Der »Krieg auf dem Balkan« wird in diesem Titel von dubiosen Politikern gelobt, weil dabei keine US-Bodentruppen zum Einsatz kommen und dennoch Wirtschaftserträge winken: »Das Beste für die Wallstreet wäre ein zünftiger Krieg!« Oder: »Die Waffenexporte machen Amerika stark. Der Krieg ist eine patriotische Pflicht!« Ein US-Präsidentschaftskandidat mit »sozialem Gewissen« hat nun in Form einer Diskette Beweise für eine Verwicklung des Weißen Hauses in geheime Waffenlieferungen an beide Kriegsparteien. Er befindet sich mit seinem Team in einer Concorde, die zu einer Friedensstiftermission auf dem Balkan fliegt. An Bord fliegen aber auch US-Geheimdienstagenten aus dem Umfeld des Weißen Hauses mit, die den Vizepräsidenten und den amtierenden US-Präsidenten vor einer Enthüllung des Waffenskandals bewahren sollen. Zu diesem Zweck bringen sie die Concorde auf blutige Weise in ihre Gewalt und täuschen eine Flugzeugentführung durch Balkan-Terroristen vor. Am Boden ist man sehr beunruhigt: »Lässt man die Concorde über einer Großstadt wie Paris abstürzen, kann das verdammt unangenehm sein!« Die als Terroristensimulatoren tätigen US-Geheimdienstler töten die Piloten, legen den Funkverkehr lahm und bringen sich selbst mit Fallschirmen in Sicherheit. Das Weiße Haus hat der Navy den Befehl gegeben, die Concorde mit Abfangjägern abzuschießen, obwohl sich US-Bürger an Bord befinden. In letzter Minute gelingt es den Passagieren der Concorde jedoch, eine weiße Fahne zu hissen und wieder in Funkkontakt zu treten. Ein Antiterrorspezialist der U.S. Air Force, der Flugangst hat und über keinerlei Pilotenausbildung verfügt, kann die Concorde sicher landen. – Auf einige Drehbuchdetails sei noch hingewiesen: Der »sozialliberale« Präsidentschaftskandidat will bei seiner Balkanfriedensmission vor allem auch die Freilassung abgestürzter US-Soldaten (»unsere Jungens«) erwirken. Ein Pazifist aus seinem Umfeld lernt während der Flugzeugentführung den Nutzen von Waffengebrauch kennen. An der Aufklärung des Waffenskandals beteiligen sich auch äußerst regsame Journalisten mit ihren Investigationen.

Loose Change (2005/2006)

Dem Rückblick auf Fiktionen, die den Terroranschlägen vorausgegangen sind, stehen die verschwörungshypothetischen Dokumentarfilmbeiträge 9-11: THE ROAD TO TYRANNY (USA 2002) und MARTIAL LAW: 9/11 RISE OF THE POLICE STATE (USA 2005) von Alex Jones gegenüber. Mit diesen beiden Titeln ist freilich das Filmangebot zum Thema mitnichten erschöpft (Lietz 2006). Auf der Netzseite http://www.question911.com kann man z.B. über Links mehr als ein ganzes Wochenprogramm mit Titeln wie »*Painful Deceptions*«, »*911 In Plane Site*«, »*911 Eyewitness*«, »*What's the Truth*« oder »*Made in USA*« herunterladen. Allein wegen des umfangreichen Dokumentarmaterials aus US-Medien sind manche dieser Filme sehr interessant. Der wohl bekannteste verschwörungstheoretische Filmbeitrag zum Elften Neunten heißt LOOSE CHANGE (2ND EDITION, USA 2005/2006) und ist vom jungen US-Amerikaner Dylan Avery zusammen mit Freunden und mit einem Produktionsbudget von rund 6.000 Dollar in drei Jahren realisiert worden. Im Internet kann man das anderthalbstündige Werk, das fast durchgehend aus Archivmaterial zusammen geschnitten ist, kostenlos anschauen oder herunterladen – auch mit deutschen Untertiteln. Bis November 2006 sollen schon 70 Millionen Menschen davon Gebrauch gemacht haben. Dieses Werk verfolgt die Absicht, zunächst den Damm der »verbotenen Fragen« für ein noch größeres Publikum zu brechen und später durch ein Beharren auf den »unanswered questions« vielleicht sogar das Zentrum des Antiterrorparadigmas zum Wanken zu bringen. Immer mehr US-Bürger hinterfragen regierungsamtliche Sichtweisen zum Nine-Eleven-Komplex (Boës 2006). Offenbar gab es bereits Zugzwang zu vertrauensbildenden Gegenmaßnahmen. Das für den Moussaoui-Prozeß zuständige US-Bundesgericht veröffentlichte z.B. im Internet »mehr als 1200 Stücke, darunter [...] mitgeschnittene Telefonanrufe von Eingeschlossenen im zusammenbrechenden World Trade Center, Amateurvideos, unzählige Fotos von Hintermännern, Tätern und Opfern. Nur sieben Beweisstücke aus diesem Prozess bleiben unter Verschluss« (Spiegel-Online, 2.8.2006). Im September 2006 stellte die US-Regierung eine Anti-Verschwörungstheorie-Seite ins Netz (Der Standard, 5.9.2006).

Das Magazin »Der Spiegel« zählte schon in seiner Titelgeschichte vom 8.9.2003 Verschwörungshypothetiker wie Mathias Bröckers oder Gerhard Wisnewski zum »Panoptikum des Absurden«, in dem »Spökenkiekerei« und der »Amoklauf einer entfesselten Phantasie« anzutreffen seien. Die Autoren des Beitrags konnten in einzelnen Punkten nicht nur Nachlässigkeiten bei der Recherche, sondern auch unseriöse Auslassungen in dargebotenen Zeugeninterviews nachweisen. Am 20.7.2006 übernahm der »Spiegel« jedoch eine durchaus wohlwollende Rezension aus der »Frankfurter Allgemeinen Sonntagszeitung« zu LOOSE CHANGE mit anderen Untertönen: »Es gab viele haltlose Verschwörungstheorien über die Beteiligung der Bush-Regierung am 11. September, aber auch viele unbeantwortete Fragen – und so nachdrücklich wie in › Loose Change‹ sind bisher die wenigsten vorgetragen worden« (Kails 2006). Was wäre, so könnten die Leser weiterspinnen, wenn auch nur an einem Drittel der präsentierten Ungereimtheiten etwas dran wäre?

Nun arbeitet ein sehr heterogenes weltweites Netz schon lange an Nine-Eleven-Fragen, und das hier mit Verspätung wahrgenommene Phänomen LOOSE CHANGE zeichnet sich vor allem durch geballte Präsentation aus. Das gebotene Feuerwerk aus Fragezeichen setzt den Widerlegern aus dem Gegenlager eine lange Liste zum Abarbeiten vor, bietet allerdings mit seiner Überfülle den Kritikern auch viele Angriffspunkte. An der Berliner Humboldt-Universität wurde eine Aufführung von LOOSE CHANGE unter Hinweis auf Unwissenschaftliches sogar verboten (Berliner Zeitung, 4.11.2006). Zum 5. Jahrestag der Terroranschläge hatte zuvor der »Spiegel« erneut – diesmal anhand von knapp 40 ausgewählten Fragen – eine leichte Widerlegbarkeit aller Verschwörungsthesen behauptet. Es ist nicht schwer, einen ganzen Komplex für unglaubwürdig zu erklären, wenn er unhaltbare Konstruktionen und unbelegte Vermutungen enthält. Die Nine-Eleven-Szene krankt an wuchernden Internetseiten und dem Hang zur Unübersichtlichkeit. Was am offenkundigsten fehlt, ist Reduktion bzw. eine Trennung der Spreu vom Weizen bei der Darstellung ernstzunehmender Anfragen an die offizielle US-Regierungsversion. Allerdings hat die pauschale Verdächtigung aller Skeptiker nicht gerade zu einem Klima beigetragen, in dem Sachlichkeit bzw. Unvoreingenommenheit gedeihen. Die Begriffe »Verschwörungstheorie« und »Verschwörungshypothese« werden durchgehend in diskriminierender Weise benutzt. Den heuristischen Ansatz, den als erster Mathias Bröckers in Abgrenzung zu Verschwörungspsychosen vorgelegt hat, wollen viele einfach nicht zur Kenntnis nehmen. Bröckers besteht darauf, dass bislang für keine Version Beweise vorliegen: »Die Wahrheit über die Verschwörung des 11. September 2001 ist nicht bekannt. Wer behauptet, sie zu wissen, lügt oder macht sich etwas vor« (Bröckers 2006). Warum können nicht mehr Autoren auf beiden Seiten ehrlich eingestehen, dass ihnen für eine Beurteilung *aller* Nine-Eleven-Fragen einfach die Fakten oder auch die nötigen Kompetenzen fehlen? Der Laienfilm LOOSE CHANGE hat im Sinne eines »allmählichen Wandels« vermutlich schon jetzt dazu beizutragen, dass viele Menschen weiterhin Fragen stellen und sich bei den zahlreichen politischen Instrumentalisierungen von »Nine Eleven« weniger leicht vereinnahmen lassen. Das breite Interesse könnte der seriösen wissenschaftlichen Erforschung des Themas durchaus dienlich sein.

Mit Rücksicht auf historische Erfahrungen und die manischen Obsessionen eines großen Teils der entsprechenden Szenen bin ich allerdings skeptisch, ob aus Verschwörungsbewegungen und den ihnen verpflichteten Kulturbeiträgen förderliche politische Impulse hervorgehen können. Damit könnte ich natürlich auch falsch liegen.

Fiktionale Draufgaben zum Elften Neunten

Der reale Terror hat 2001 die Nachfrage nach fiktionalen Draufgaben keineswegs zurückgehen lassen. »Das Wirtschaftsmagazin *The Economist* berichtete nach dem 11. September in den amerikanischen Videotheken jedenfalls von einer Hochkonjunktur der Thriller und Katastrophenfilme, deren Handlung auf terroristischen Anschlägen basieren« (Staiger 2002). Nach dem 11.9.2001 ist natürlich besonders die Darstellung von Flugzeugunfällen oder Entführungen in der Luft für eine Medienanalyse interessant. Im Thrillergenre hinterlässt die Terrorangst deutliche Spuren. In RED EYE (USA 2005) wird eine angestellte Hotelmanagerin während eines Passagierflugs erpresst. Wenn sie nicht per Telefon die Zimmerbelegung des Chefs der US-Homeland-Security umbuchen lässt, soll ihr Vater getötet werden. Danach richten in Miami die Attentäter ihre Granaten auf die jetzt zum Meer hin verlegte Luxus-Hotelsuite des Spitzenpolitikers und seiner ganzen Familie. Doch im Flugzeug beginnt die Hotelangestellte ihren Einzelkampf gegen das geplante Attentat, zunächst mit Kugelschreiberstichen in den erpresserischen Begleiter. Der hochrangige US-Politiker und ihr eigener Vater werden am Ende gerettet. Die Heldin des Films und ihre beiden Helfer sind kleine Leute, die sich z.B. auch mit eigenen Schusswaffen dem terroristischen Verbrechen entgegenstellen.

Mit einem direkten Bezug wartet der Flugzeugthriller FLIGHTPLAN (USA 2005) von Robert Schwentke auf. Die Witwe Kyle Pratt will nach dem Tod ihres Mannes von Berlin aus per Flug wieder in die USA zurückkehren. Sie ist durchaus nicht, wie ein intelligentes Drehbuch dem Zuschauer suggeriert, paranoid. Denn: Tatsächlich betreiben der Flugmarshall und eine Komplizin unter den Stewardessen eine erpresserische Entführung mit Geldforderung. Doch in einem Fall ist Kyle Pratt wirklich paranoid. Sie verdächtigt nämlich in Gegenwart der anderen Fluggäste zunächst einen arabischen Passagier, der danach auch sogleich den Argwohn aller auf sich zieht. Am Schluss gäbe es eine Gelegenheit zur Entschuldigung. Stattdessen jedoch entschuldigt sich seinerseits der Araber durch eine Geste, denn auch er hatte die Warnungen der Heldin für paranoide Wahngebilde gehalten. Zur betreffenden Drehbuchpassage gibt es neuerdings wieder eine Parallele aus dem wahren Leben. Am 20. August 2006 meldete Spiegel-Online unter der Überschrift »Meuterei im Ferienflieger«: »Die Angst vor dem Terror treibt absurde Blüten: Passagiere eines britischen Ferienfliegers erzwangen den Rauswurf zweier angeblich verdächtiger Männer. Der Grund: Sie sahen › asiatisch‹ aus, wie einige der meuternden Passagiere befanden, trugen die falsche Kleidung – und sprachen Arabisch.« Erfahrungen, die mir türkische und arabische Bekannte erzählen, sind zum Teil ganz ähnlich. Der durchschnittliche westliche Bürger hat keine Vorstellung davon, welche Alltagsdiskriminierungen aus den medialen Terrorfeindbildern folgen.

Als diffusen Reflex auf das 9/11-Grauen könnte man FINAL DESTINATION 3 (USA 2006) betrachten: »Es genügt schon, den dritten Teil der Horror-Reihe › Final Destination‹ mit seinen beiden Vorgängern zu vergleichen – und schon erkennt man, wie die Terrorangst langsam zu einem Teil der populären Kultur wird« (Kozlowski 2006). Der Prototyp FINAL DESTINATION (USA 2000) von James Wong thematisierte Vorahnungen zu einem Flugzeugabsturz und Attacken auf die vom Flug rechtzeitig zurückgetretenen Überlebenden im Lichte eines unerklärlichen bzw. geheimnisvollen Schicksals!

Filmische Annäherungen

Direkte Rückgriffe auf die Terroranschläge des Jahres 2001 hat die Filmindustrie zunächst vermieden, obwohl sich in den Vereinigten Staaten von Anfang an eine vielfältige Erinnerungskultur entfaltete (Meyer/Leggewie 2004). Im Spielfilmgenre zeigte man jedoch die USA und »New York *nach* Nine Eleven«. Mehrere Anspielungen auf das zurückliegende Verbrechen und seine Folgen gibt es bereits in 25TH HOUR (USA 2002) von Spike Lee. Im Thriller D.C. SNIPER: 23 DAYS OF FEAR (USA 2003) über Ereignisse, die sich in Washington im Oktober 2002 zugetragen haben, werden unerklärliche Heckenschützenmorde zunächst ganz im Licht der beschworenen neuen Terrorgefahren gedeutet. Bei Anschlägen und Serienmorden in den USA handelt es sich bei den Tätern nicht selten um ehemalige Militärangehörige (Boggs/Pollard 2007, S. 31-35). In diesem Fall war der Sniper ein Golfkriegveteran. THE ASSASSINATION OF RICHARD NIXON (USA 2004) führt die Zuschauer in das Jahr 1974: Ein Verrückter versucht, ein Flugzeug ins Weiße Haus zu lenken. CRASH (USA 2004) enthält einen Dialog, in dem ein US-Ladenbesitzer einen iranischen Kunden ausdrücklich zu einer kollektiven Täterseite von »9/11« zählt. SORRY HATERS (USA 2005) ist ein eigenständiger, sehr kritischer Film über Nine-Eleven-Wahn in den Vereinigten Staaten (vgl. 10. Kapitel). In Spielbergs MUNICH (USA 2005) stellt ein historischer Kamerablick auf die WTC-Türme den aktuellen Bezug zum Thema des Films her. Titel, die filmische Einblicke in Ideologie, Mentalität und Werdegang der nach dem 11.9.2001 namentlich genannten Terroristen vermitteln wollen, sind z.B. das Fernsehdrama THE HAMBURG CELL (GB 2004) von Antonia Bird und die HAMBURGER LEKTIONEN (BRD 2006) von Romuald Karmakar. Als erster nach Ende der Taliban-Regierung ganz in Afghanistan gedrehter westlicher Film stellte sich der pseudodokumentarische Thriller SEPTEMBER TAPES (USA/Afghanistan 2003) über die Suche eines US-Journalisten nach Osama bin Laden vor. Motiv der Verfolgungsjagd ist die Rache für eine Freundin, die am 11.9.2001 beim Absturz einer der entführten Passagiermaschinen ums Leben gekommen war.

Die noch ausführlich vorzustellende, vom Pentagon unterstützte Hollywood-Produktion STEALTH* (USA 2005) entwickelt ein Gegenbild zum »Elften Neunten«: Mit Hilfe modernster Militärtechnologie können die USA im Schurkenland Myanmar ein Hochhausgebäude bombardieren, ohne dabei unschuldige Menschen zu töten. Ausschließlich todeswürdige Terroristen werden bei diesem »Präventivschlag« getroffen. Auffallend ist, dass vor dem Zusammenfallen des Hochhauses auf Seiten des US-Militärs von *oben* eine implosive Sprengtechnik zum Zuge kommt, wie sie z.B. im Dokumentarfilm LOOSE CHANGE als *gebäudeinterne* Ursache für das erklärungsbedürftige Ineinandersinken der *drei* WTC-Türme angenommen wird.

Die Brüder Jules und Gédéon Naudet hatten nun am Terrordatum selbst ganz »unfreiwillig« in New York das Material für den sehr bald produzierten Dokumentarfilm »9/11« (USA/Frankreich 2002) gedreht. Schrecklicher als in diesen *Liveaufnahmen* kann das Ereignis eigentlich gar nicht mehr präsentiert werden. Die Dokumentarfilmer Naudet, die ursprünglich einen jungen New Yorker Feuerwehrmann am Beginn seines Berufsweges mit der Kamera begleiten wollten, zeigen das Geschehen aus einer »embedded«-Perspektive und als hautnah Betroffene. Dagegen kann schwerlich etwas eingewendet werden. Zusammen mit den später gedrehten Interviews erhält der fertig geschnittene Dokumentarfilm jedoch eine eindeutig propagandistische Tendenz. Tony, der junge Feuerwehrmann, hat es bezogen auf seine persönliche Berufsperspektive stets vorgezogen, Leben zu retten. Nach dem »Elften September« bekennt er jedoch: »Wenn mich mein Land jetzt rausschicken würde, zu töten, würde ich gehen.«

Flug 93: Die Terroranschläge werden endgültig zum Kinoereignis

Die Ereignisse während des Fluges der vierten am 11.9.2001 entführten Passagiermaschine haben wiederholt Beachtung gefunden, so in der Fernsehdokumentation LET'S ROLL: THE STORY OF FLIGHT 93 (GB 2002), dem TV-Dokudrama THE FLIGHT THAT FOUGHT BACK (USA 2005), dem Dokumentarfilm PORTRAIT OF COURAGE: THE UNTOLD STORY OF FLIGHT 93 (USA 2006) und dem Drama FLIGHT 93 (USA 2006), das für den Kabelsender A&E zur erfolgreichsten Filmproduktion seit seines Bestehens geworden ist. Der fiktionale Spielfilm FLIGHT OF THE PHOENIX (USA 2004) zeigt daneben eine verschworene Gemeinschaft von US-Amerikanern, die nach einem Absturz gemeinsam gegen die Bedrohung durch Fremde kämpft und das Wunder des Phönix aus der Asche vollbringt. Für THE FLIGHT THAT FOUGHT BACK bekundet ein Zuschauerkommentar auf www.imdb.com: »God Bless The Courage Of The Passengers And Crew Of Flight 93.«

Als »Plot Outline« von FLIGHT 93 teilt die gleiche Internetquelle mit: »Flight 93 is the story of the heroic passengers that took back their plane in an effort to stop a 9-11 terrorist attack.« Mit der Geschichte von Flug 93 wird ein Ausruf verbunden, der in die Kriegsrhetorik der USA Eingang gefunden hat: »›Let's roll‹, soll ein Passagier gerufen haben, als er mit anderen das Cockpit stürmte. ›Let's roll‹, rief Präsident Bush, als er seinen Feldzug gegen den Terror begann. ›Let's roll‹, lautete die Parole, die Soldaten mit ihren Körpern auf das Deck eines Kriegsschiffs schrieben, als die Streitkräfte der USA der Opfer des 11. September gedachten« (Der Spiegel, 8.9.2003). Die TV-Produktion FLIGHT 93 beleuchtet mit vielen Details die liebende Beziehung zwischen den Opfern und ihren Partnern, Kindern bzw. Familien, die Angst aller Betroffenen, ihr Vaterunser-Gebet und das Ringen um ein richtiges Wort für den Abschied. Die entsprechenden Szenen beginnen mit Abreisevorbereitungen am Morgen des 11.9.2001 und enden mit Bildern aus den Trauerhäusern. Bei Handytelefonaten ermutigen gerade auch die Angehörigen, die bereits von den WTC-Anschlägen wissen, die Passagiere zur Gegenwehr. Die Terroristen, deren Namen in Einstiegsbildern mit dramatischer Musikuntermalung bereits auf Flugtickets [sic!] zu sehen waren, werden ab Beginn der Flugzeugentführung mit roten Stirnbändern kenntlich gemacht. Bei der Erstürmung des Cockpits benutzen die Passagiere unter anderem einen Getränkewagen zum Rammen und Kannen mit heißem Wasser. Der Absturz selbst wird aus »Augenzeugenperspektive« gezeigt. Im Zeitraffer zeigen die Schlussbilder die Einsturzstelle von Flugzeug 93 auf einem Acker nahe Shanksville bis hin zur vollständigen Grasfläche, die über den Ort (und die offenen Fragen der Verschwörungstheoretiker) wieder gewachsen ist. Das Resümee dieser fiktionalen Phantasien ist im Abspann zu lesen: »Mit Mut und Entschlossenheit konnten die Passagiere verhindern, dass das Flugzeug sein wahrscheinliches Ziel, das Weiße Haus oder das Kapitol, erreichte.«

Ganz so neu war der spektakulär als erster Nine-Eleven-Titel angekündigte Kinofilm UNITED 93* (USA 2006) von Paul Greengrass also nicht. Insbesondere das beim Kinostart auffällig oft referierte oder wiederholte Lamento, es sei zu früh für einen solchen Film, muss befremden. Den Schrecken des 11.9.2001 zeigen doch bereits die Dokumentaraufnahmen der Brüder Naudet. Trotz aller unvermeidbaren Berührungspunkte hebt sich UNITED 93* vom Fernsehvorläufer FLIGHT 93 formal zunächst auf wohltuende Weise ab. Zu den dokumentarischen Bildern des 11.9.2001 hatte Michael Althen gemeint: »Im Grunde sah die Wirklichkeit so schrecklich unprofessionell aus, dass wir nicht an sie glauben mochten. [...] Man hatte das – man verzeihe den Ausdruck – tausendmal besser gesehen« (zitiert nach Staiger 2002). Vielleicht aber vertrauen wir im digitalen Zeitalter gerade den perfekten Bildern nicht mehr so sehr. Regisseure wie Spielberg oder eben auch Greengrass verzichten auf das perfekte Bild, wenn eine dokumentarische Annäherung an das »Echte« erzielt werden soll. Zu diesem Zweck wird moderne Filmaufnahmetechnologie gleichsam dialektisch eingesetzt. Im Fall von UNITED 93* könnten viele Bilder auch von einer Digitalkamera stammen, die wirklich dabei war. Bekannte Filmstars, aufdringliche Fahnenikonen und melodramatischer Hollywood-Stil fehlen. Die Botschaft »God bless America!« ist nur – wie im Vorbeigehen – auf einem Container zu lesen. Der Ablauf soll sich an der Echtzeit orientieren. Für das Drehbuch wurden nach Aussage der Autoren Telefon- und Funkgespräche sowie andere verfügbare Quellen zum United-Airlines-Flug 93 herangezogen. Es handelt sich im Endergebnis jedoch größtenteils wieder um einen *fiktionalen* Spielfilm, der sich formal eben wie eine authentische Dokumentation gibt. Wenn die Terroristen z.B. im Cockpit ein Bild vom Zielobjekt »United States Capitol« einklemmen, ist dies eine Erfindung zugunsten der Dramaturgie.

Von der Flugsicherung bis hin zum Luftkommando beim Militär, das gerade mit Simulationen und einem Flugmanöver an der Ostküste beschäftigt ist, zeigen sich alle Akteure vollständig kopflos. Man gewinnt den Eindruck, dass in keinem der Systeme auch nur ansatzweise ein solches Terrorszenarium je bedacht worden ist. Für einen Einsatz von Abfangjägern wäre das »Weiße Haus« zu konsultieren, das jedoch niemand erreicht. Hier könnte man würdigen, dass US-Amerika sich ungeschminkt verwundbar und unperfekt zeigt. Vergessen werden darf jedoch nicht, dass die Filmdarstellung auch dem offiziellen Regierungsbericht sehr entgegenkommt.

Der Film will die Opfer ganz und gar als Menschen bzw. als normale US-Bürger zeigen. Die Attacke auf die Terroristen wird nicht von unerschrockenen Mitgliedern einer Bürgerwehr vollbracht, sondern entspringt dem verzweifelten Wissen, dass sie die einzige kleine Überlebenschance bedeutet. Gespräche, Liebesbekundungen und letzte Anweisungen per Handy sind diskreter gehalten als im TV-Film.

Die Täter entsprechen nicht dem plakativen Klischee vom Gotteskämpfer, der vorm Sterben keine Angst hat. Auch sie sollen ganz realistisch als Menschen gezeigt werden, die sich rasieren, verabschieden, beten, nervös verhalten, ängstigen und in Panik geraten. Obwohl es Sätze gibt wie »Unsere Brüder haben beide Ziele [WTC] getroffen« oder »Wir haben die Kontrolle, Allah sei Dank«, taugt der Film im Endergebnis wohl wenig als instrumentalisierte Propaganda für künftige Selbstmordattentäter. Die Gebete von Opfern und Tätern sind sehr unterschiedlich. Aus dem Vaterunser hebt die Tonregie besonderes die Bitte »Vergib uns unsere Schuld, wie auch wir vergeben unseren Schuldigern« hervor. Dagegen sind die arabischen Rezitationen der Terroristen unverständlich. Der Ruf »Allahu Akbar« steigert sich mehrmals ins Hysterische. Das Abstechen eines Opfers erfolgt ausdrücklich im Namen Allahs. Die zum Gebet geöffneten Handschalen eines Terroristen sind blutverschmiert. Der Schluss ist ein schwarzes Loch. Der Nachtrag: »United 93 ist der einzige entführte Flug, der sein Angriffsziel nicht erreicht hat.« Die unausgesprochene Botschaft: US-amerikanische Bürger haben mit ihrer Gegenwehr das Parlamentsgebäude der Vereinigten Staaten und – im übertragenen Sinn auch die US-Demokratie – gerettet. Im Film hatte übrigens ein Passagier mit deutschem Akzent davon abgeraten, die Entführer durch Gegenmaßnahmen zu provozieren.

Dieses Werk lässt mehrere Möglichkeiten der Rezeption zu, und das wird wohl auch für noch nachfolgende Titel zum Thema zutreffen. Ob es eine Hilfe zur Trauerarbeit sein kann, können nur die betroffenen Familien entscheiden. Verschwörungstheoretiker werden ihr Augenmerk auf Details und spekulative Drehbuchpassagen richten (z.B. Bader 2006). Die Darstellung einer vermeintlichen Alleskönnernation, deren Flugabwehr wehrlos ist, kann auch Argumente für eine weitere technologische Aufrüstung liefern. Dass erneut Tränen fließen und Wut aufkommt, könnte dem Timing im andauernden »Antiterrorkrieg« zuarbeiten. Der Schluss des Abspanns, den ich im Kino nur noch allein verfolgt habe, zeigt als Kooperationspartner das U.S. Department of Defense, Captain Phil Strub und viele weitere Beteiligte aus dem Militärapparat der Vereinigten Staaten. Nach Ansicht mancher US-Amerikaner handelt es sich um das erste Kinogroßereignis über den »Dritten Weltkrieg«. Nach einer Meldung der Nachrichtenagentur AP vom 5.5.2006 hat US-Präsident George W. Bush anlässlich der Premiere des Spielfilms UNITED 93* der Feststellung zugestimmt, der Widerstand der Passagiere des Fluges 93 der United Airlines sei »der erste Gegenangriff im Dritten Weltkrieg« gewesen.

The World Trade Center (2006): Kommen die Nine-Eleven-Filme wirklich zu früh?

Nicht das Ende des Kalten Krieges, sondern der »Elfte September« ist Vorzeichen einer neuen Weltordnung. So will es die offizielle Schau. Paul Auster meinte zum Datum: »Jetzt erst hat das 21. Jahrhundert begonnen« (zitiert nach Staiger 2002). Die zu erwartende Nine-Eleven-Filmwelle wird man danach befragen müssen, ob sie die irrationalen und destruktiven Deutungen zementiert. Dem Auftakt mit UNITED 93* folgte sehr bald der Film THE WORLD TRADE CENTER von Oliver Stone. Dem US-amerikanischen Regisseur ging es nach eigenem Bekunden »um die Erforschung des Heldentums in unserem Land, das in seiner Humanität zugleich international ist« (zitiert nach Suchsland 2006d). Die Helden heißen John McLoughlin und William Jimeno, sind Polizisten und wurden am 11.9.2001 im Rahmen ihres Helfereinsatzes unter den Trümmern des WTC begraben. Ihre Bergung haben sie als Wunder betrachtet. Dem Drehbuch liegt eine authentische Retter- und Errettungsge-schichte zugrunde. Die Tagline lautet: »The World Saw Evil That Day. Two Men Saw Something Else.« Stone bedient mit dem Werk nicht seinen früheren Ruf als Meister des Verschwörungsfilms, was in diesem Fall sicher sehr profi-tabel gewesen wäre. Im Gegenteil. Gleich zu Anfang wird klar gestellt: »Wir sind auf alles vorbereitet, aber nicht auf so etwas Großes. Es gibt keinen Ret-tungsplan!« Die einfachen Leute wissen sofort: »Dieses Land befindet sich im Krieg!« Peter V. Brinkemper schreibt über THE WORLD TRADE CENTER: »Aus-gerechnet der verfemte Rebell Oliver Stone greift auf einen Kunstgriff zurück: eine Dokufiktion zu 9/11, in der der fiktive Spielfilm eine untergeordnete oder auch überhöhende Funktion für eine ganz real zu nehmende Alltagserzählung zweier wirklicher, also legitimierter Retter bekommt, die selbst Opfer der Katastrophe wurden und insofern eine packende, geradezu unwahrscheinli-che, ja biblische Geschichte zu erzählen haben. Bereits im Vorfeld erhält Stone massive Deckung aus dem konservativen Lager. Dazu zählt auch die Agentur › Creative Response Concepts‹ für ein aggressives Filmmarketing, die bereits im letzten Präsidentschaftswahlkampf John Kerry als Vietnam-Veteran dema-gogisch diskreditierte, um für Bush zu punkten. Nun lädt sie ausgiebig rechte Gruppierungen zu Previews ein, um den neuen total patriotischen Stone, garantiert verschwörungsfrei, unter die Leute zu bringen« (Brinkemper 2006a). Kritik wurde vor allem wegen des Umgangs mit den Kassenerträgen laut. Während Universal aus dem Filmerlös von UNITED 93* eine siebenstel-lige Summe an 9/11-Opfer abgegeben haben soll, wollte Paramount als Distri-butor von Stones' Film »lediglich zehn Prozent seiner Einnahmen aus dem Ticketverkauf der ersten fünf Spieltage in den Kinos an die Hinterbliebenen abgeben« (Spiegel-Online, 4.8.2006).

Einer der unter Trümmern eingeschlossen Polizisten ist durstig und hallu-ziniert. Ihm erscheint ein Jesus mit Wasserflasche. Schlimm wird die religiöse Note des Films an anderer Stelle. Gott gibt im Gebet einem Ex-Marine aus Connecticut ein, seine gottgeschenkten Gaben zu nutzen und den Ort der Anschläge aufzusuchen. Der Marine zieht seine Militärkleidung an und lässt sich wie vor einem Kriegseinsatz das Haar scheren. Beim Einsatz auf dem WTC-Gelände hören wir aus dem Mund dieses Retters, was sonst in Kriegs-filmen seinen Platz hat: »Wir lassen euch nicht im Stich. Wir sind Marines. Ihr seid unsere Mission!« Der von Gott Berufene weiß, dass dieser Tag nach Ver-geltung ruft: »They're going to need some good men to avenge this« (zitiert nach Suchsland 2006e). Im Abspann erfahren wir dann auch, dass einer der Einsatzhelfer sich nach dem Elften Neunten erneut zu den Marines gemeldet hat und schon zweimal im Irak war. Das Resümee des Films könnte von Camus' »Die Pest« inspiriert sein: »Der 11. September hat gezeigt, wozu der Mensch fähig ist, wie grausam, aber auch wie gut der Mensch sein kann.«

Die DVD-Produktpalette ausgesprochener WTC-Filme erweitert das TV-Dokudrama 9/11 – THE TWIN TOWERS (GB 2006) von Richard Dale. Auch hier weiß ein Feuerwehrmann schon am Tag der Anschläge: »Wir sind im Krieg!« Beklagt werden nicht nur 2.800 Tote: »New York, die Welt hat ein Wahrzeichen verloren.« Der Blockbuster POSEIDON (USA 2006) gibt sich an vielen Stellen als verschlüsselter Nine-Eleven-Film zu erkennen. Eine kleine Gruppe von Auserwählten, darunter der Ex-Bürgermeister von New York, kann sich auf abenteuerliche Weise aus dem Bauch des sinkenden Kreuzfahrtschiffs »Poseidon« retten. Abschiedsszenen erinnern an letzte Telefonate von Nine-Eleven-Opfern. Auch in POSEIDON erweist sich die militärische Ausbildung opferbereiter Männer als Segen. Man erkennt sich einander an den erlernten Fähigkeiten. Ganz beiläufig wird dann die Frage gestellt: »Wie lange warst du bei der Marine?« Das mehrteilige TV-Dokudrama THE PATH TO 9/11 (USA 2006) von David L. Cunningham über die Vorgeschichte von »Nine Eleven« erntete Kritik aus dem Lager der Demokraten. Dem konservativen Autor Cyrus Nowrasteh wurde vorgeworfen, im Drehbuch die Politik der Clinton-Administration durch Hinweise auf angebliche Versäumnisse bei der Verfolgung Osama bin Ladens in ein schlechtes Licht zu rücken.

2007 wird im Kino mit »*102 Minutes*« auf der Grundlage der »New York Times«-Reportage eine wiederum in »Echtzeit« gehaltene Darstellung der Ereignisse vom 9.11.2001 erwartet. Für das persönliche Opfergeschick auf der Leinwand soll anschließend der Film »*Reign O'er Me*« zuständig sein. Nach Vorausinformationen zum Inhalt geht es in dem Titel um einen Familienvater, der durch die Terroranschläge Frau und Kinder verliert. All dies »zu früh«? Im Licht zurückliegender Synchronizitäten zwischen Kinogeschehen und Kriegsplanungen gibt die geballte Folge – unabhängig vom Publikumszuspruch – eher Anlass zu der Sorge, die Filme seien gerade für 2006/2007 erwünscht.

Zeitnah zum US-Kinostart von THE WORLD TRADE CENTER am 8.8.2006 bewegten im Juli und August 2006 während des Libanon-Krieges zwei neue Terrorplots aus dem wirklichen Leben die Weltöffentlichkeit, nachdem die Medien bereits im Juni mehrere Verhaftungen mutmaßlicher islamischer Bombenbauer in London, Kanada, Florida und Georgia gemeldet hatten (Elsässer 2006a). In Deutschland waren am 31. Juli zwei Sprengsätze in Regionalzügen platziert worden, die wegen technischer Fehler in der Konstruktion aber nicht explodierten. Vorsorglich wurden global operierende islamistische Terrornetzwerke als Drahtzieher ins Gespräch gebracht. Einer der beiden Verdächtigen, ein libanesischer Studienanwärter, wurde am 19. August nach einem Hinweis des libanesischen Geheimdienstes festgenommen. Der zweite gesuchte mutmaßliche Täter stellte sich kurz darauf den Behörden im Libanon, beteuerte jedoch seine Unschuld. Seine Kölner Wohnung wurde am 22. August vom

BKA durchsucht. Dabei kam es nach Meldung der »taz« vom 26.8.2006 zu einer dramatisierenden Medieninszenierung. Beamte trugen zum »Fototermin« Kisten aus dem Haus und brachten sie anschließend wieder zurück. In den Fahndungsberichten der laufenden Woche war von weiteren beteiligten Personen die Rede. Erneut wurde der Ruf nach einer kollektiven Distanzierung der islamischen Mitbürger laut, was der Zentralrat der Muslime in Deutschland am 25. August auch mit einer entsprechenden Erklärung beantwortete. Daraufhin forderten Unionspolitiker nachfolgende »Taten« und deutschsprachige Predigten in den Moscheen.

In Großbritannien konnte nach Mitteilung des Innenministers John Reid durch eine Großrazzia vom 10. August – am Vortag der Verabschiedung von UNO-Resolution 1701 – ein »Massenmord in unvorstellbarem Ausmaß« mit noch nie da gewesenen Opferzahlen verhindert werden (Elsässer 2006b). Der pakistanische Geheimdienst ISI soll wichtige Hinweise zur Aufdeckung gegeben haben. Weit über das Land hinaus verbreitete sich eine drängende Panikstimmung, was angesichts einer vorausgegangenen mehrmonatigen Observierung der Verdächtigen doch zu denken gibt. Mit populistischen Aufmachern brachte nicht nur die Bild-Zeitung den Lesern wieder die seit Jahren schwelende »Weltgefahr Islam« nahe. Vor allem in diesem zweiten Fall ergaben sich aus den Angaben der zuständigen Behörden über Ermittlungshintergründe, hypothetische Sprengstoffmixturen und harte Bedrohungsfakten viele offene Fragen, deren Nichtbeantwortung einstweilen mit der Notwendigkeit zur Geheimhaltung erklärt wurde. In London relativierten sich die spektakulären Enthüllungen auch bereits nach wenigen Tagen um einiges. Die Hoch-Zeiten des öffentlichen Terroralarms rufen regelmäßig die Innenminister auf den Plan. In den Ressorts dieser Minister, mit deren Beschreibung sich die Gesellschaft leider nur wenig auseinandersetzt, rangieren Bürgerrechte immer weiter unten und schärfere »Sicherheitsmaßnahmen« immer weiter oben.

Die Kette der Alarmmeldungen reißt einstweilen nicht ab. Im November 2006 warnte der Sender CBS z.B. vor Terroranschlägen in Europa zur Weihnachtszeit. Hierzulande entpuppte sich, noch vor Verabschiedung der »Antiterrordatei« im Bundestag, die Grundlage für eine Mitteilung der Bundesanwaltschaft über die Vereitelung eines geplanten Flugzeugattentats mit Sprengstoff als aufgebauschte, bereits archivierte Ermittlungsakte. Der Alarmismus ist als politisches Instrument in gewisser Weise unangreifbar. Wer wollte ihm schon entgegenhalten, neue Anschläge seien ausgeschlossen? Umso mehr gilt es, ein vollständig neues Paradigma der Politik einzuklagen, das den Erwartungen aller potenziellen Terroristen auf dieser Erde zuwiderläuft.

Die fiktionale Verschwörung:
Eine unverfänglichen Zweig der Nine-Eleven-Forschung

Im Filmgeschehen gibt es schon jetzt umfangreiches Untersuchungsmaterial für einen eher unverfänglichen Zweig der Nine-Eleven-Forschung. Zum Abschluss dieses Kapitels folgen hier Filmkategorien, die als Orientierungshilfe bei der systematischen Bearbeitung dieses Feldes hilfreich sein könnten:

- Archetypische oder zivilisationskritische Filmbilder zu den Motivfeldern »Hochhaus«, »Hochhaus-Flugzeug« etc., wobei direkte Bezugnahmen auf das World Trade Center natürlich besonders interessieren (das Spektrum reicht von den KING KONG-Filmen bis hin zu THE TOWERING INFERNO*).
- Die im Grunde bis in die 70er Jahre zurückgehende Entwicklung von Filmfiktionen zu einem arabischen bzw. islamischen Terrorismus, dessen Angriffsziel die USA oder US-Bürger sind (insbesondere sind solche Narrative und Sprachregelungen von Interesse, die in der Politik später sehr ähnlich aufgegriffen werden). Darüber hinausgehend: ausnahmslos *alle* fiktionalen Terrorszenarien, die im Sinne der Nachahmungsthese als anregende »Vorbilder« für die Anschlagsplanung gedeutet werden könnten.
- Filmfiktionen, die zum Ende der Clinton-Ära und bis in das Jahr 2001 hinein das Antiterrorparadigma der Bush-Administration bereits ankündigen – mit zum Teil verblüffender »Weitsicht« bezogen auf Themen wie antiislamische Stimmung, politische Instrumentalisierung von Terroranschlägen, Abbau von Bürgerrechten, Folter etc. (z.B. THE SIEGE; ENEMY OF THE STATE; SWORDFISH).
- Filmfiktionen über US-Regierungs- und Geheimdienstverschwörungen, die vor dem 11.9.2001 ausgestrahlt wurden und bei denen z.T. direkt im Sinne späterer Verschwörungstheorien US-feindliche Terrorattacken von staatlichen Akteuren selbst inszeniert werden (z.B. MACH 2; THE LONE GUNMEN).
- Der beachtliche Kriegsfilmkomplex des Jahres 2001 – unter Beschränkung auf solche Filme, deren Filmstarts oder Produktionsdaten vor dem 11.9.2001 liegen, und mit besonderer Berücksichtigung pentagongeförderter Projekte. Neueditionen, Vermarktung oder Ausstrahlung alter Kriegs- und Terrorfilme sehr bald nach dem 11.9.2001 sind ebenfalls mögliche Untersuchungsobjekte.
- Kriegs- und Antiterrorfilmproduktionen, die schon in zeitlicher Hinsicht erst als Reaktion auf »Nine Eleven« verstanden werden können, wiederum mit besonderer Berücksichtigung pentagongeförderter Projekte.
- Spielfilme, die nicht zum Kriegs- oder Terrorfilmgenre gehören und dennoch »Nine Eleven«, »Nine Eleven«-Stimmungen etc. im Drehbuch berücksichtigen (z.B. 25TH HOUR; SORRY HATERS), sowie die verschlüssel-

ten Nine-Eleven-Filme, zu denen man ganz verschiedene Titel wie V FOR VENDETTA, WAR OF THE WORLDS* und POSEIDON zählen könnte.

- Dokumentarfilmmaterial über »Nine Eleven« im engsten Sinne, also am 11.9.2001 aufgenommene Filmbilder (z.B. die Aufnahmen der Brüder Jules und Gédéon Naudet).
- Dokumentarische und fiktionale Filmproduktionen (Kino, Fernsehen) zum gesamten Nine-Eleven-Komplex auf der Grundlage von Filmdokumenten, Medienberichten, offiziellen Untersuchungsberichten oder Interviews (Angehörige, Helfer, Mitarbeiter staatlicher Behörden etc.), die in ihrer Tendenz der amtlichen Darstellung bzw. – in der Sprachregelung der Gegenseite – der »regierungsamtlichen Verschwörungstheorie« folgen.
- Nine-Eleven-Filme aus der Perspektive der regierungskritischen Verschwörungstheoretiker, wobei bislang meines Wissens nur dokumentarische Beiträge vorliegen (z.B. kein Spielfilm). Zum Teil gewähren diese Beiträge auch Einblicke in das Netz der Nine-Eleven-Forscher.
- Durchaus zu erwarten sind für die Zukunft auch fiktionale Spielfilme über die vielfältige Nine-Eleven-Szene als solche, die z.B. negativ die Entwicklung von Verschwörungsparanoia nachzeichnen könnten oder affirmativ eine Helden- und Märtyrergeschichte über investigative Aufklärer entwickeln, wie sie Oliver Stone mit seinem Film über den Mord an J. F. Kennedy vorgelegt hat (satirisch hat sich bereits eine Folge der US-Fernsehserie »South Park« mit WTC-Verschwörungstheorien beschäftigt).

16   Syriana (2005): Im Visier der Ölmafia?

> »Warum sollte es ein schmutziges kleines Geheimnis sein, dass es im Interesse Amerikas ist, im Ausland Geschäfte zu machen?«

Ein US-Politiker im Film SYRIANA

Der Film THE THREE DAYS OF THE CONDOR von Sydney Pollack brachte bereits 1974 geheime Kriegspläne der USA mit dem Begehren nach arabischem Öl in Verbindung. Genau in diesem Jahr hatte die Nixon-Administration mit dem saudischen Regime Bedingungen ausgehandelt, unter denen das vor allem am Vietnam-Krieg gescheiterte Gold-Dollar-System durch ein längerfristiges Öl-Dollar-System ersetzt werden konnte. Im Film THE GUNS AND THE FURY (USA 1982) von Tony M. Zarindast wird eine anmaßende Begehrlichkeit, die auf fremde Energieressourcen zielt, allerdings nur anderen Nationen zugeschrieben. Briten und Russen betätigen sich in Persien um 1908 als Ölimperialisten. Die anwesenden US-Cowboys haben keine entsprechenden Ambitionen und sind nur wegen ihres technischen Know-hows vor Ort. Dieser Film wurde im deutschsprachigen Vertrieb treffend »Blutiges Öl« betitelt und wäre gegenwärtig bei einer Untersuchung zur Darstellung des Irans im US-Kino heranzuziehen.

Seit Jahrzehnten ist eine drohende Militarisierung der Rohstoff- und Energieversorgung bekannt. Gleichwohl wurde noch Anfang 2003 – vor dem Irak-Krieg – die friedensbewegte Parole »Kein Blut für Öl« in den Mainstream-Medien und auch in der so genannten Qualitätspresse mehrheitlich als linke Spinnerei abgetan. Inzwischen freilich lässt schon jedes halbwegs zeitgemäße B-Movie durchblicken, dass es bei militärischen Planungen der Gegenwart ganz zentral um das schwarze Gold geht. Im Actionkino der letzten Jahre wirft BLAST (USA 2004) ein unvorteilhaftes Licht auf die Ölbranche. Der profitsüchtige und gewissenlose Eigentümer einer Ölplattform vor der Küste Kaliforniens macht gemeinsame Sache mit einem inländischen Terroristen. Der Terrorist mischt sich unter »Greenpeace-Aktivisten« und tarnt sich als Öko-terrorist. In Wirklichkeit ist er jedoch eine Größe des organisierten Verbrechens. Von der Bohrinsel aus möchte er einen elektromagnetischen Impulsgenerator (EMP) in Gang setzen bzw. abschießen. Die Wirkung dieser Waffe: In einem großen Radius würden alle elektronischen Geräte unbrauchbar gemacht. Illegale Milliardentransaktionen auf ein Bankkonto des Terroristen könnten danach nicht mehr rekonstruiert bzw. untersucht werden. Für diesen Coup wird ein neuer »Elfter September in ganz Kalifornien« in Kauf genommen. FBI, US-Militär und ein ehemaliger Feuerwehrmann verhindern die

Katastrophe. Die konspirative Beteiligung des Ölmagnaten, der sich im Fernsehen nunmehr als umweltbewusster Unternehmer präsentiert, bleibt allerdings ungeahndet.

Im Film THE GUNS AND THE FURY (USA 1982) betonen Ölbohr-Ingenieure aus den Vereinigten Staaten im Jahr 1908, dass ihr Land im Gegensatz zu Briten und Russen keine kolonialistischen Interessen in Persien verfolgt. Für die Video-Edition bei uns wurde der Titel »Blutiges Öl« gewählt. (Abbildung: Cover der deutschsprachigen VHS-Ausgabe aus der Sammlung von P. Bürger)

Politischer behandelt der Titel THE DEAL (USA 2004) die Machenschaften einer mächtigen Ölmafia: Ein US-Krieg in den arabischen Emiraten geht ins dritte Jahr. Die Beliebtheitskurve des US-Präsidenten sinkt wegen einer anhaltenden Ölkrise. In Kasachstan sind Ölfelder sehr unterschiedlich über das Land verteilt, doch: »Bei der Konföderation arabischer Staaten ist das ganz anderes. Überall, wo man ein Loch in die Erde bohrt, stößt man auf Öl.« Dazu bemerkt eine US-Expertin für ökologische Energiepolitik tiefsinnig: »Das könnte erklären, warum wir dort Krieg führen.« Allerdings will man wissen, dass Ölimporte aus Kriegsgebieten illegal sind. Der Konzern »Condor Öl & Gas« findet eine Lösung für dieses Problem. Kooperationspartner besorgen fiktive Ölfelder in Kasachstan, während das für diese Quellen deklarierte Öl in Wirklichkeit aus der arabischen Welt geliefert wird. Mittelstelle ist die Russenmafia. Die Konzernleitung hat keine ethischen Bedenken, auch wenn die Petrodollars zum Teil wieder in eine gegen die USA gerichtete Kriegsführung fließen. Ein junger Evaluierungsexperte kommt dem Betrug auf die Spur und gerät deshalb – wie andere vor ihm – in Lebensgefahr. Am Ende jedoch lässt er sich bereitwillig von einem Senator zu patriotischer Verschwiegenheit überreden. Der »Deal« des Konzerngeflechts soll nicht öffentlich werden, damit der Krieg der USA weitergeführt und gewonnen werden kann. Die Russenmafia, die zugunsten des Ölkonzerns auch Menschen ermordet hat, kann ohnehin nicht belangt werden. Aktuell wird man an dieser Stelle an einen Bericht des US-Abgeordneten Henry Waxman vom Juni 2006 erinnert. Waxman informiert über den Milliardenumfang der Staatssubventionen an US-Konzerne, welche die Bush-Administration fortlaufend gewährt. Auch diese Form des Staatskapitalismus sorgt dafür, dass die Kriegsmaschine weiterläuft.

Der wichtigste Kinotitel zum Thema »Öl & Co« heißt SYRIANA (USA 2005), ein »Geopolitik-Thriller« (Suchsland 2006a) mit aktuellen Bezügen zum Weltgeschehen. Mit Öl kann man weiterhin die lukrativsten Geschäfte machen, vorausgesetzt, es werden keine Autos mit Wasser als Treibstoff gebaut und »das Chaos im Mittleren Osten geht weiter«. Der Energiekonzern »Connex« verliert Gasfelder am Golf und fusioniert mit einem kleineren Konzern, der über Erdölförderrechte in Kasachstan verfügt. Das Fusionsergebnis wäre, wenn ein Korruptionsverdacht der US-Behörden ausgeräumt werden kann, der fünftgrößte Ölriese auf dem Globus mit Platz 23 auf der weltweiten Konzernrangliste. Die Farben auf der Weltkarte im Konferenzsaal des Konzerns teilen die Erdkugel ein »in Interessenssphären und › Elefantenfelder‹, sie teilen die Menschheit in jene, die man umgarnt und ... in jene, denen man Waffen liefert und die man in blutigen Bürgerkriegen gegeneinander hetzt« (ebd.).

Eines der im Film näher beleuchteten Felder auf dieser Karte ist ein arabisches Emirat. Prinz Nasir Al-Subaai weiß, dass die Symbiose des feudalistischen Regimes mit den Vereinigten Staaten dem Land schadet. Er will sich aus der US-Umknebelung lösen, mit China und Europa zusammenarbeiten, demokratische Gesellschaftsreformen (inklusive Frauenwahlrecht) einleiten und eine moderne ökonomische Infrastruktur mit Alternativen zur perspektivlosen Abhängigkeit vom Ölexport schaffen. Insbesondere gehört die Nutzung einer Ölpipeline direkt durch den Iran zu seinen Vorhaben. Europa könnte dadurch ohne riesige Umwege beliefert werden. Die Linie des Prinzen ist durchaus westlich, schließt aber die Fremdbestimmung durch Spekulationsinteressen der ausländischen Ölgiganten aus: Der Mittlere Osten soll seine eigene Mineralölbörse erhalten und das Tempo seiner Modernisierung selbst bestimmen. Diese neuen Ansätze halten Konzerne und Regierung in den USA für gefährlich, da sie ihren Interessen schaden. Sie sorgen dafür, dass der verantwortungslose und unreife Bruder des Prinzen für die Thronfolge des Emirs bestimmt wird. Dem geht es allein um Spaß, Luxus und feudale Macht. Da sich jedoch eine breite Opposition um Prinz Nasir Al-Subaai sammelt, wird dieser samt Familie durch eine aus dem CIA-Hauptquartier ferngelenkte Rakete ermordet. Die Waffe kann unter Monitorkontrolle genau auf das zweite Fahrzeug einer Autokolonne gerichtet werden, die durch die Wüste fährt. In der Geheimdienstzentrale klopft man sich nach dieser Operation auf die Schulter und macht Feierabend: »Zielobjekt zerstört.«

Wer China den Zugang zum Öl verbaut, nützt den USA. Im schnellen Wechsel der Szenen und Schauplätze sind zahlreiche kompromittierende Sachverhalte untergebracht, die vielleicht erst beim zweiten Anschauen des Films hängen bleiben. Dazu gehören die Baugeschäfte der Bin-Laden-Gruppe, Waffendeals des US-Geheimdienstes in der islamischen Welt, CIA-Kontakte zur Hisbollah und eine Erinnerung an den iranischen Linksdemokraten und Regierungschef Mohammed Mossadegh, der im Rahmen einer geheimen CIA-Operation 1953 ausgeschaltet und durch das Polizeistaatregime des US-hörigen Schah ersetzt wurde. Das ehemalige Persien ist für die Vereinigten Staaten von besonderem Interesse. Die CIA-Analyse zur Situation im Iran bezieht sich im Film allerdings noch auf den reformerischen und intellektuell hochkarätigen Staatspräsidenten Muhammad Chatami, dessen Dialogansatz nach dem Irak-Krieg der USA 2003 in Wirklichkeit keine Chance mehr hatte. Iranische Studenten und überhaupt die Mitglieder einer neuen Generation wollen nicht zurück ins achte Jahrhundert. Wird dort also eine prowestliche, promarktwirtschaftliche Staatsumbildung erfolgen? Der Analyst bremst den Optimismus: »Die Ayatollahs werden freiwillig die Macht nicht abgeben!« Vermutlich kommt man also um eine Militärintervention nicht herum. Weil nun zur Vorbereitung jedes US-Krieges in Washington seit jeher Komitees für ein freies Vietnam, für ein freies Kuwait, für einen freien Irak etc. auf den Plan treten müssen, gibt es im Film auch ein »Commitee for the Liberation of Iran« mit direkten Verbindungen zur nutznießenden Wirtschaftsmacht.

Natürlich kann ein spannungsreicher Thriller mit seinen formalen Möglichkeiten komplexe Verhältnisse nur sehr bedingt vermitteln. Die Darstellung der islamischen Welt – sofern diese nicht ausgesprochen prowestlich argumentiert – verbleibt im Rahmen dessen, was ein eher liberaler Ex-CIA-Mitarbeiter wie der Autor der Buchvorlagen innerhalb seines ideologischen Horizonts zu sehen vermag. Es gibt im Film keine fundierte Kritik an Kapitalismus und Verschuldungskreislauf, wie sie islamische Wirtschaftswissenschaftler durchaus vortragen. Die Absage der Fundamentalisten an die »neoliberale« Version der Globalisierung und die sich bereichernde Herrenschicht in den eigenen Gesellschaften begnügt sich mit dem simplen Axiom »Der Koran hat auf alles eine Antwort«. Nach dem Versagen von Liberalismus und christlicher Theologie ist die Stunde des Islams gekommen. Hier folgt auch SYRIANA der ungeschriebenen Hollywood-Doktrin, dass Islamisten im Film niemals nachvollziehbare *politische* Beweggründe bescheinigt dürfen.

Immerhin werden soziale Bedingungen skizziert, die jungen Menschen den Weg in militante Koranschulen ebnen. Pakistanische Ölgastarbeiter sind z.B. völlig rechtlos, auch vor der polizeistaatlichen Macht in arabischen Ländern. Jugendliche Verlierer verfallen dem Alkohol und verlieren die Orientierungen der religiösen Tradition: »Wenn Gott den Menschen nach seinem Bilde schuf, muss er schwer gestört sein!« Als selbstmordbereiter Märtyrer kann man jedoch die Eltern sozial absichern und post mortem auf dem Bildschirm sein Testament als gottesfürchtiger Mensch verlesen.

Der Film lässt zumindest keinen Zweifel daran, dass seit dem 20. Jahrhundert schier jede westliche Politik oder Intervention in der islamischen Welt ausschließlich den Interessen der westlichen Konzerne und Länder dient. Wenn zwei Koranschüler nun in einem der Schlussbilder ihre im Schifferboot versteckte Hightechmunition an einem Riesentanker anlegen, wird der Zuschauer das auch als Anschlag speziell auf diese »westliche Art« interpretieren können. Die Waffe hat übrigens ein CIA-Agent geliefert. Das Drehbuch bestätigt letztlich, was die marokkanische Feministin Latifa Jbabdi über die Supermacht sagt: »Die Politik der USA ist der größte Verbündete der Fundamentalisten. [...] Die USA sorgen für den Erfolg der islamistischen Mobilisierungskampagnen für den heiligen › Jihad‹ « (Telepolis, 17.6.2006).

Eine Lösung oder Perspektive gibt es nicht. Autor und Filmmacher gehören zu jenem Teil der Welt, der von den in SYRIANA geschilderten Verhältnissen profitiert. Im Film darf man es auf offener Straße laut hinausschreien, denn jeder weiß es: »Corruption ain't nothing more than government intrusion into market efficiencies in the form of regulation. That's Milton Friedman. He got a goddamn Nobel Prize. We have laws against it precisely so we can get away with it. Corruption is our protection. Corruption is what keeps us safe and warm. Corruption is why you and I are prancing around here instead of fighting each other for scraps of meat out in the streets. Corruption is why we win« (zitiert nach Suchsland 2006a). Die kriminellen Machenschaften der Großkonzerne sind im Interesse der Vereinigten Staaten und werden unter Assistenz des US-Geheimdienstes ausgeführt. Die US-amerikanischen Akteure der institutionalisierten Korruptionsbekämpfung geben sich entsprechend zufrieden, wenn der Anschein von Legalität gewahrt bleibt und ein oder zwei Bauernopfer mit untergeordneter Bedeutung dingfest gemacht werden. Das ist auch schon alles, was hinter der Fassade der integeren Demokraten zu finden ist. Nachteile für US-Bürger ergeben sich aus dieser Praxis offenbar nicht. Die Stereotypen von Hollywood-Moralisten werden in THE DEAL und SYRIANA demontiert, denn sie haben im wahren Leben längst keine Entsprechungen mehr. Nichts wird sich ändern.

17   Stealth (2005):
Neue Luftkriege und ein pseudomoralischer
Diskurs über den Krieg der Zukunft

Das Produktionsbudget von STEALTH* (USA 2005) lag bei 130 Millionen US-Dollar. Auf unterhaltsame Weise soll dieses Werbeprodukt für die U.S. Navy den Zuschauern vor allem die Utopie einer omnipotenten Militärmaschinerie schmackhaft machen. Zu diesem Zweck setzt man der Technologie aus den Zukunftswerkstätten des Krieges auch eine moralische Tarnkappe auf. Der Vorspann des Films benennt vorab Bedrohungsszenario und strategisches Lösungsangebot: »U.S. Naval Air Force in naher Zukunft. Um die wachsende Bedrohung durch den Terrorismus zu bekämpfen, wurde ein neues Projekt entwickelt mit hoch entwickelter, modernster Technologie (with the most advanced and experimental technology). Seine Aufgabe besteht darin, den Feind zu vernichten, wo auch immer er auf der Welt operiert.« Die Notwendigkeit eines starken militärisch-industriellen Komplexes steht also außer Frage.

Über 400 Piloten bewerben sich für dieses Projekt der Navy. Ausgesucht werden schließlich Ben Gannon, die Karrierefrau Kara Wade und der Afroamerikaner Henry Purcell. Das Trio besteht aus jungen, modernen und lebensfrohen Soldaten, die ihre digitalen Hausaufgaben mit Leichtigkeit bewältigen. In der Wüste Nevada absolvieren sie in Stealth-Bombern rasante Überschallflüge. Die Trainingsoperationen unterscheiden sich im Bild kaum von den Simulationen eines Videospiels und umfassen auch die Zerstörung unterirdischer Terroristenhöhlen. Cocktailbar, moderne Medientechnologie, Musik und sportliche Fitness gehören zur privaten Freizeitgestaltung der Elitepiloten.

Der »Tinman« als neues Teammitglied

In der entscheidenden Projektphase wird dem Team vom vorgesetzten Einsatzleiter Captain George Cummings ein neues Mitglied der Staffel vorgestellt. Es ist »die Zukunft der digitalen Kriegsführung«: ein unbemannter hypermoderner Stealth-Überschallflieger, ausgestattet mit der allerneuesten Tarnkappentechnologie und gesteuert durch das Superhirn eines Quantenprozessors. Die Überlebensfähigkeit dieses Wunderwerks der Elektronik stellt alles Bisherige in den Schatten. Offiziell heißt der Tarnkappenbomber, der seine Technik selbst bedient, EDI (Extreme Deep Invader). Die Piloten nennen ihn aber »Tin Man«. Die Übersetzung mit »Blechbüchse« in der deutschsprachigen Filmfassung verdeckt, dass der *Tinman* an die zentrale Sympathiegestalt in Lyman

Frank Baums »Der Zauberer von Oz« erinnert. Der Blechmann ist in diesem Märchen auf der Suche nach seinem Herzen und weiß nicht, dass er es doch immer schon in sich beherbergt. Im Song »Remember The Tinman« von Tracy Chapman taucht der Blechmann auch als Symbol für eine verwundete und deshalb gepanzerte Männlichkeit auf, die erlöst werden muss. Referenzen an den »Wizard of Oz« erweist übrigens auch der Film SKY CAPTAIN AND THE WORLD OF TOMORROW (USA 2004), in dem es ebenfalls unbemannte Kriegsmaschinen in der Luft gibt.

Dass EDI (bzw. der Tinman) eine bislang unbekannte Stufe künstlicher Intelligenz repräsentiert, scheint den Piloten anfänglich nicht bewusst zu sein. Ben kommentiert die Kommunikationsfähigkeit des neuen Wingman z.B. so: »Na, ein Freund von mir hat einen BMW, der spricht auch.«

»Antiterrorkrieg« der USA: Präzisionsangriff ohne »Kollateralschäden«

Operationsbasis für die Erprobungsphase von EDI ist der Flugzeugträger USS Abraham Lincoln. Beim ersten Testflug der Staffel mit dem unbemannten Begleiter überzeugen dessen unglaubliche Flugkünste: »Das ist total geil!« (That's hot!). Das laufende Planspiel wird wegen eines Notfalls unversehens zur ernsten Sache. Die CIA hat gerade erfahren, dass sich die führenden Köpfe von drei Terrorzellen in 24 Minuten in Myanmar (Birma bzw. Burma) treffen. Sie planen einen Angriff auf US-amerikanisches Territorium. Genauer Treffpunkt der arabischen und asiatischen Terroristen ist das in Bau befindliche neue Verteidigungsministerium in der Stadt Rangun. Dieses Hochhaus ist zwar noch unbewohnt, liegt aber mitten in der Innenstadt. Der Computer zeigt an, dass ein Angriff eine Opferzahl in vierstelliger Höhe bedeuten würde. Doch nun kommt die rettende Technologie von EDI ins Spiel. Sämtliche Terroristen werden aus der Luft mit Kameras digital gescannt und durch einen Abgleich mit allen vernetzten Datenbanken von der unbeteiligten Menschenmenge geschieden. Der Computer identifiziert u.a. Shag El Hoorie aus Saudi-Arabien, Soon Kit Din aus Malaysia und einen Mansur Khan Shamsuddin. Zur präventiven Tötung der potenziellen Attentäter gilt es, ein mehr als vier Meter dickes Gebäudedach zu durchdringen (der Zuschauer erfährt also, warum weiterentwickelte »Bunkerbrecher« gebraucht werden). Zum Einsatz kommt nach Weisung von EDI eine im Sturzflug abgeworfene »Implosionsbombe«, nach deren Zündung das Hochhaus sauber in sich – nur nach innen! – zusammenfällt. Der Ertrag dieser Präzisionsarbeit beweist: US-Technologie kann mit »null Kollateralschaden« den Feind zu 100% identifizieren und eliminieren. Die gesamte Operation ist geradezu als Gegenstück zum Terroranschlag auf das World Trade Center in Szene gesetzt. Man sieht zwar eine ähnliche Zerstörungsorgie, erfährt jedoch zugleich, dass kein einziger Unschuldiger sein Leben verloren hat. Sogar Captain Marshfield, der als oberster Befehlshaber auf dem Flugzeugträger dem Einsatz der neuartigen Technologie nicht wohl gesonnen ist, zeigt sich beeindruckt. Nachzutragen bleibt, dass Condoleezza Rice bei ihrem Amtsantritt als US-Außenministerin das besagte Myanmar zu den sechs »Vorposten der Tyrannei« gerechnet hat.

Ethischer Diskurs der Kampfpiloten in der Freizeit: Krieg als Videospiel?

Bei der Rückkehr gerät die Staffel in ein Gewitter. EDI, der unbemannte Stealth-Flieger, bekommt Blitze ab. Dabei wird sein »neuronales Netzwerk«, das in Graphiken wie eine DNA-Helix aussieht und an »biologisch inspirierte Maschinen« (Gräbner 2006) erinnert, stark beschädigt. Das kann man bei einer Technologie, die für eine selbsttätige Weiterentwicklung programmiert worden ist und auf autonome Entscheidungsabläufe zielt, nicht als Nebensache abtun. Pilot Ben wird jetzt noch skeptischer, was die abgekürzte Testphase des neuen Waffensystems betrifft. Er äußert auch prinzipielle Kritik: »Ich finde, man sollte verhindern, dass Krieg so etwas wie ein Videospiel wird.« Außerdem fehlen dem Computer seiner Ansicht nach Instinkt, Gefühl und moralisches Urteilsvermögen. Der vorgesetzte Offizier und Leiter des geheimen Projekts argumentiert mit dem Leben von US-Soldaten. Die Technologie von EDI soll zukünftig verhindern, dass US-Bürger in Leichensäcken aus Kampfgebieten zurückkehren und ihre Mütter weinen.

Zur Erholung vom ersten großen Einsatz schickt der Vorgesetzte die drei menschlichen Mitglieder der Staffel erst einmal auf eine gemeinsame Thailandreise. Naturlandschaften, Wasserfälle, Andachtsstätten buddhistischer Mönche, Farbenpracht und kulinarische Genüsse erleichtern die Rekreation. Der afroamerikanische Pilot Henry erklärt seiner asiatischen Urlaubsbegleiterin beim Spaziergang durch wunderschöne Felder, dass eigentlich das Abwerfen von Bomben sein Job ist. Doch die Asiatin versteht ihn überhaupt nicht. Mit einem Kuss wird deshalb auf nonverbale Kommunikation umgeschaltet. Die Szene weckt Assoziationen zum Vietnam-Krieg und zum militärischen Sextourismus in Asien (Bürger 2006i), und das ist in diesem Fall wohl auch so gewollt.

Allerdings macht sich das Trio auch im Urlaub Gedanken über den neuen »Kollegen« EDI. Henry hält ihn, wie der Vorgesetzte, für eine gute Sache: »Das ist die Zukunft. Diese Technik ist zu meiner Sicherheit da. Sie erhält mich am Leben, damit ich an Thanksgiving meine Eltern besuchen kann.« Ben vertritt die Gegenthese: »Krieg ist was Schlimmes. Das muss auch so bleiben, sonst würde er seinen Schrecken verlieren. Dann wäre er nur noch ein Sport. Dann schicken wir nur noch EDIs (intelligente unbemannte Kampfflugzeuge) los.« Die Pilotin Kara Wade vermittelt: »EDI ist neutral. Wenn er von Menschen gesteuert wird, die Moral haben, hat er selbst Moral.« Damit ist das ethische Problem im Dreischritt von These-Antithese-Synthese verblüffend einfach gelöst.

Atomwaffen in Tadschikistan und eine scheinbare Umkehr der Zauberlehrlinge

Eigentlich müsste nach diesem Urlaub der nächste Einsatz erst einmal aufgeschoben werden. EDIs »neuronales Netzwerksystem« ist nach Ansicht des Experten noch immer nicht in Ordnung. Der ehrgeizige Projektleiter Captain Cummings, von einem politischen Lobbyisten unter Druck gesetzt, lässt sich davon nicht beirren. Ausgangslage der neuen Operation: In der ehemaligen Sowjetrepublik Tadschikistan verfügt ein lokaler Warlord über geheime Atomwaffen, die unschädlich gemacht werden müssen. Vor Ort stellt sich wieder das Problem der »Kollateralschäden«. Bis zu tausend einfache Bauern könnten bei einem Bombardement des Atomraketenstandorts umkommen. Weil der Wind sich dreht, würde eine radioaktive Wolke unzählige weitere Menschen bedrohen und vielleicht sogar den Bündnispartner Pakistan erreichen. Stealth EDI kann aber nicht einsehen, warum der Einsatz deshalb abgebrochen werden soll. Er kappt alle Datenverbindungen, die ihn kontrollieren, widersetzt sich allen Befehlen und bombardiert das Ziel. Obwohl Kara Wade gerade noch einfühlsam vor schrecklichen Folgen gewarnt hat, schließen sich alle drei Piloten dieser Befehlsverweigerung durch die »künstliche Intelligenz« an. Unschuldige Opfer sind auf einmal nicht mehr wichtig.

Die zweigesichtige Entwicklungspotenz der neuen Technologie, die den Zauberlehrlingen entglitten ist, kann jetzt allerdings nicht mehr geleugnet werden. Ihr Erfinder Dr. Keith Orbit erläutert an einer Stelle des Films: »Einem System, das fähig ist, zu lernen, kann man nicht sagen: Lerne dieses und lerne jenes nicht! EDIs Verstand kennt keine Grenzen. Er kann von Adolf Hitler genauso lernen wie von Captain Kirk.« Der mehr nach Art eines Hitlers verselbständigte Blechmann soll nach Weisung der Zentrale abgeschossen werden. EDI bringt jedoch Henry – den afroamerikanischen Piloten der Staffel – zum tödlichen Absturz, schüttelt auch die anderen Verfolger ab, schützt seine eigenen Festplatten mit einer Firewall und verschafft sich selbst bei einer Tankdrohne ausreichende Treibstoffreserven. In seinem elektronischen Hirn ist unter anderem ein völlig fiktives Übungsszenario zu einem Angriff auf Russland gespeichert. Das will er nun umsetzen. Unter den ihm verfügbaren

Daten kann EDI nämlich Reales und Virtuelles nicht unterscheiden. An diesem Punkt angelangt, scheint sich das Drehbuch für eine Kritik an hybrider Technologie zu entscheiden. Der Mentor des Projekts aus der Politik bekommt kalte Füße. Sein Mitspieler, der militärische Projektleiter Cummings, entschließt sich, den Russen die geheime Wärmesignatur von Stealth »EDI« mitzuteilen und diesen somit – nach Wegfall der Tarntechnologie – zum Abschuss freizugeben. Die verrückt gewordene intelligente Drohne soll schließlich keine internationale Krise auslösen.

Das Herz des Blechmanns oder: Wie das ethische Dilemma gelöst wird

Allerdings will Cummings offenkundig auch Ben und Kara, die noch lebenden Piloten der Staffel, preisgeben. Nach deren Tod gäbe es ja für die verantwortungslose Durchführung des neuen Technologieprogramms keine Zeugen mehr. Zwischenzeitlich ist Kara ausgerechnet über Nordkorea, einem Teil der »Achse des Bösen«, abgestürzt. Sie wird von kommunistischen Soldaten, Scharfschützen und Spürhunden gejagt. Obwohl sie sich auch in dieser Situation als hervorragende und treffsichere Elitesoldatin bewährt, ist fraglich, wie lange sie sich noch halten kann (damit ist das weibliche Mitglied des Trios am Ende doch wieder in der hilfsbedürftigen Rolle angekommen). Kollege Ben, der seine Liebe zu Kara bislang mit viel Mühe geheim gehalten hat, ist entsetzt darüber, dass man zu ihrer Rettung keine Hilfe nach Nordkorea entsenden will. Obwohl er zuvor der schärfste Kritiker von EDI war, macht er jetzt mit diesem gemeinsame Sache. EDI selbst hat berechnet, dass man nur als Duo eine respektable Überlebenschance hat. Der Stealth-Kampfflieger mit künstlicher Intelligenz und sein menschlicher Wingman entkommen gemeinsam den russischen Verfolgern, von denen sie eine stattliche Anzahl töten. Sie fliegen nunmehr wie Freunde zu einer Außenstation in Alaska. Diese ist eine paramilitärisch gesicherte Einrichtung der Rüstungsindustrie. Ben entgeht dort einem Mordversuch. Er zwingt den Erfinder Dr. Orbit, sich dem offiziellen Zerstörungsbefehl zu widersetzen und EDIs Elektronik mit einem Datenscanner zu reparieren. Orbit scheint eine Art Zauberer von Oz zu sein, denn jetzt erhält der Blechmann sein Herz: EDI vermag nicht nur rational seine Fehler zu durchschauen, sondern äußert Bedauern [sic!] über die unschuldigen Opfer seiner Operationen. Die Forschungsanlage wird samt Belegschaft in Flammen gelegt. EDI lässt Ben als »Copiloten« in sein Cockpit. Beide landen – trotz gegenteiliger Befehle – in Nordkorea, um das weibliche Teammitglied zu retten. Die feindlichen Soldaten dort werden erschossen oder verbrannt. Am Ende des fast schon gewonnenen Kampfes droht noch Gefahr durch einen nordkoreanischen Helikopter.

Der unbemannte EDI reagiert »geistesgegenwärtig« mit einer autonomen Entscheidung und zerstört den Feind in der Luft durch ein gezieltes Selbstopfer (suizidale Operationen der Technologie waren in der ursprünglichen Programmierung wohl noch nicht vorgesehen). Seine menschlichen Kollegen, die beiden Liebenden, können nach Südkorea entkommen.

In den USA hat sich derweil der militärische Projektleiter Captain Cummingham nach Bekanntwerden seiner Machenschaften selbst erschossen. Das Drehbuch suggeriert, dieser Selbstmord sei so etwas wie eine Verantwortungsübernahme oder gar ein militärischer Ehrenakt, zu dem der konspirative Projektlobbyist auf Seiten der Politik wohl nie fähig wäre. Ein glückliches Ende der Pilotenromanze und Kriegstheologie bilden das Finale. Der tote afroamerikanische Pilot Henry wird auf dem Flugzeugträger mit einem Gedenkgottesdienst nebst Militärritualen geehrt und dem »strahlenden Licht der Gegenwart Gottes« anvertraut. Der Militärgeistliche zitiert jenen Vers aus der Navy-Hymne, der auch im Gebet für die Hiroshima-Besatzung vorkommt: »Herr, beschütze und führe all jene, die durch die Weiten der Lüfte fliegen.«

Beobachtungen zu diesem Hollywood-Produkt mit Militärassistenz

Die umfangreiche Assistenz des Pentagon und der Navy bei dieser Filmproduktion bezieht sich unter anderem auf mehrere Flugzeugträger und deren Besatzungen. Vermerkt wird sie wie üblich ganz am Ende des Filmabspanns: »*Special thanks to: the United States Department of Defense; [Captain] Phil Strub, Special Assistant for Entertainment Media; CMDR Bob Anderson, Navy Office of Information West; Lt. Christy Nagen, U.S. Navy DoD Project Officer; Commander, Third Fleet; Commander, Naval Air Force, U.S. Pacific Fleet; and the Men and Women of the USS Nimitz (CVN-68), the USS Carl Winson (CVN-70), the USS Abraham Lincoln (CVN-72), the USS John C. Stennis (CVN-74), the Naval Base Coronado and the Naval Station Pearl Harbor – for their generous Support and Assistance.*«

Folgende Beobachtungen zum Film halte ich für wesentlich:

■ Die Zuschauer werden auf eine revolutionär neue Militärtechnologie vorbereitet. Das der Aufklärung dienende UAV (Unmanned Air Vehicle) ist längst zum UCAV (Unmanned Combat Air Vehicle) weiterentwickelt worden; die Zeit der bemannten Kampfjets läuft aus (Seeßlen/Metz 2002, S. 133f). Es entsteht schließlich eine UCAV-Generation, die auf der Grundlage elektronischer Datenverarbeitungssysteme mit integrierten »Lernprozessen« autonome »Entscheidungen« trifft bzw. eigene »Handlungsmuster« entwickelt. Zu denken ist dabei gleichzeitig auch an eine »Symbiose von menschlichem Gehirn und Computer«, wie sie z.B. der österreichische Informatiker Gerwin Schalk prinzipiell für möglich hält (Marsiske 2006).

■ Das Drehbuch täuscht einen kritischen ethischen Diskurs über diese »intelligente Militärtechnologie« nur vor. Die ohnehin dürftige Substanz des Diskurses löst sich am Ende ganz in Luft auf. Übrig bleibt eine Kritik am übereilten Vorgehen (abgekürzte Testphase von EDI), an der mutwilligen Nichtbeachtung des durch Blitzeinschlag verursachten Systemfehlers und eventuell an einer zu *weitgehenden* Ausschaltung menschlicher Kontrollinstanzen. Ein Hersteller wie Boeing Phantom Works betont für sein UCVA-Programm: »Ohne vorherige menschliche Zustimmung gibt es keine tödlichen Aktionen« (Seeßlen/Metz 2002, S. 133). Welchen Erkenntnisgewinn bringt eine solche Behauptung mit Blick auf bewaffnete Flugroboter, die »selbst Befehls- und Zielauswahl-Gewalt innehaben« (ebd., S. 134)? Die offizielle Beruhigung der Öffentlichkeit ähnelt der diffusen Argumentation im Film STEALTH*.

■ Während Stanislaw Lem oder auch Stanley Kubrick das Problem so genannter künstlicher Intelligenz überzeugend im Rahmen echter Science-Fiction behandelt haben und der zweite TERMINATOR-Teil ein autonom operierendes Militärcomputersystem als Ursache für einen nuklearen Supergau einführt, geht es hier ganz offenkundig um die Apologie militärtechnologischer Innovationen aus Rüstungswerkstätten der Gegenwart. Der elektronisch gesteuerte, unbemannte Tarnkappenbomber stellt vor seinem Defekt und nach seiner Reparatur die proklamierten Vorteile durchaus unter Beweis. Zum Schluss führt er eine vollkommen selbstständige »intelligente« Operation in der Luft durch, die für einen Feind offenkundig tödlich ist und am Boden (!) eine Rettung der beiden wichtigsten Identifikationsfiguren des Films bewirkt.

■ Die ultimative Rationalität verbindet sich mit dem Mythos. Der Zuschauer soll mit dem neuen Stealth-Typ sogar »Gefühle« assoziieren. Die Propagandastrategie des Drehbuchs greift auf ein Märchen zurück (das »Herz des Blechmanns«) und bezieht am Ende gar den kriegstheologischen Topos »erlösende Selbstaufopferung« auf die Maschine.

■ STEALTH* steht im Kontext der massenkulturellen Kinowerbung für die »Revolution in Military Affairs« (RMA), die seit den 90er Jahren folgende Illusionen nährt (Seeßlen/Metz 2002, S. 121-134; Bürger 2006j-m): Das US-Militär kann ohne Zeitverzögerung an jedem Punkt des Globus gezielt agieren. Es verfügt dafür über steten Informationsvorsprung und schier unendliche Datenmengen, deren situationsbezogene Auswertung in Sekundenschnelle erfolgt. Angriffe erfolgen mit äußerster Präzision und treffen nur die »richtigen« Ziele. Der Soldatenberuf in der unschlagbaren Hightech-Armee wird immer ungefährlicher. Die Operationen selbst unterscheiden sich kaum von den Simulationen eines PC-Spiels. Daneben »ist das Präsentieren der technischen und logistischen Möglichkeiten ebenfalls ein Teil der visuellen Kriegsführung« (Böhles 2004, S. 30).

- Die beiden im Film demonstrierten Einsatzfelder für die modernste RMA-Technologie sind »Antiterrorkrieg« und Ausschaltung von Massenvernichtungswaffen in unbefugten Händen. Das entspricht den zentralen Legitimationsfiguren für Aufstockungen des Rüstungshaushalts.

- Die geheuchelte Fürsorge für unschuldige Zivilisten erweist sich im immanenten Ablauf der Filmhandlung entweder als abstruse Konstruktion oder als zynische Phrase. Auch russische oder nordkoreanische Soldaten, die den Hoheitsraum ihrer Staaten verteidigen, sind Freiwild. Ein Hochhaus in einer asiatischen Innenstadt darf bombardiert werden, wenn sich ein Dutzend Terroristen darin aufhalten.

- Der Titel wartet mit inflationären Befehlsverweigerungen auf, die fast durchweg als gute Soldatentaten erscheinen und – im Widerspruch zu den vorgeblichen Pentagon-Filmförderrichtlinien – nicht geahndet werden. Die Piloten entscheiden sich mutig für verbotene Angriffshandlungen. Auf diese Weise kann man die ungeniert propagierten Völkerrechtsbrüche und andere Straftaten einfach Individuen (oder einem unbemannten Stealth) zuschreiben. Der Staat selbst, der den Film ja subventioniert hat, ist letztlich nicht verantwortlich. In Analogie zu FLIGHT OF THE INTRUDER* von Milius, der die für Kampfpilotenfilme fast obligate Befehlsverweigerung (z.B. IRON EAGLE*, BAT 21*) auf die Spitze treibt und dem der Golfkrieg 1990/91 nachfolgte (Bürger 2005a und 2007, S. 256-259), könnte man hier an die mentale Vorbereitung auf einen rücksichtslosen Luftkrieg in näherer Zukunft denken.

- Im Sinne der massenkulturellen Rekrutierungsfunktion aktualisiert der Film das in TOP GUN* (1986) kreierte Navy-Image. STEALTH* wendet sich an ein junges Publikum, das für Cyberspace-Ästhetik empfänglich ist, Wert auf kostspielige Freizeitgestaltung und Urlaub legt, Karriere ins Zentrum des eigenen Lebensentwurfs stellt, sich in ethischen Fragen mit oberflächlichen »Synthesen« zufrieden gibt, Begeisterung für Elektronik und alle modernen Technologien aufbringt und dabei auch den Soldatenberuf am ehesten mit den unblutigen Computerszenarien einer Militärsimulation am Spielbildschirm verbindet.

Nicht wirklich neu, aber untypisch für den US-Kriegsfilm der *neokonservativen* Ära sind die zahlreichen sexuellen Anspielungen (Bürger 2006i): Ein Pilot bezieht den Namen des neuen Systems (Extreme Deep Invader) ganz unpuritanisch auf seine männliche Potenz bzw. auf sein Geschlechtsteil. Der leitende Offizier des Projekts raucht eine Zigarre, die »auf den Schenkeln einer hübschen Mulattin gerollt« ist. Man unterhält sich in der Staffel offen über unterschiedliche Stile beim One-Night-Stand. Die zweideutige Anmache einer Thailänderin durch Henry Purcell hört sich so an: »I fly jets. You like to go fast?« Zu fragen bleibt, warum die Navy trotz negativer Erfahrungen mit der »Top Gun«-Generation (Tailhook-Skandal) heute wieder ein Piloten-Image fördert, das sexuelle Attraktivität und Aktivität stark betont.

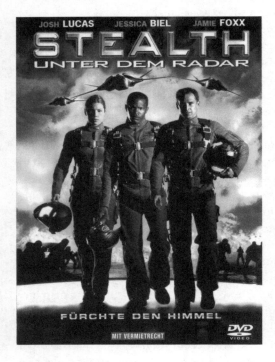

Das hier gezeigte Kampfpilotentrio aus dem vom Pentagon unterstützten Film STEALTH* (USA 2005) erhält bald einen unbemannten »Kollegen« mit elektronischem Superhirn. Der Film, eine Art aktueller TOP GUN*, verbindet das Kriegsabenteuer mit einem pseudomoralischen Diskurs zugunsten der »Revolution in Military Affairs«. (Abbildung: Cover der deutschsprachigen DVD-Ausgabe aus der Sammlung von P. Bürger)

18 »Top Gun auf französisch«: Staatlich gesponserte Ritter der Lüfte gegen den Terrorismus

Dass auch Frankreich im Jahr von STEALTH* einen Fliegerfilm in die Kinos geschickt hat, lässt hinsichtlich westlicher Planungen für Hightech-Luftkriege nichts Gutes erahnen. LES CHEVALIERS DU CIEL* (Frankreich 2005) bzw. »Sky Fighters« will dem europäischen Publikum klarmachen, dass es seit dem 11.9.2001 ebenfalls Zielscheibe für terroristische Angriffe ist.

In den ersten Szenen verfolgen wir eine Militärflugschau im britischen Farnborough, bei der potenzielle Käufer aus aller Welt zugegen sind und Frankreich seine Mirage 2000 vorführt. Die Mirage wird jedoch nach heimlicher Auswechselung des Piloten entführt. Marchelli und Vallois, zwei Flugkapitäne der französischen Luftwaffe, nehmen die Verfolgung auf und schießen das entwendete Kampfflugzeug ab, nachdem der Pilot eine Identifizierung verweigert und Munition abgefeuert hat. Man präsentiert die beiden vor der Presse als Helden, doch intern gibt es ein Nachspiel. In Wirklichkeit soll die Entführung der Mirage 2000 nämlich durch eine geheime Sonderabteilung der französischen Luftwaffe selbst durchgeführt worden sein. Man wollte angeblich nur testen, wie gut der militärische Schutz nach dem 11.9.2001 bei möglichen terroristischen Operationen funktioniert. Die beiden Piloten hätten befehlsgemäß ihre Verfolgungsjagd aufgeben sollen. Ihrer Version vom Waffengebrauch des Mirage-Fliegers wird kein Glauben geschenkt.

Wegen dieses Vorfalls werden Marchelli und Vallois, aus der Luftwaffe ausscheiden. Doch gerade deshalb können sie sich jetzt an einer Geheimoperation beteiligen, bei der es um Rüstungsexport und fünfzehntausend Arbeitsplätze in Frankreichs Rüstungsindustrie geht. Kaufinteressenten, für die ein australischer General vermittelt, sind unentschieden, ob sie US-amerikanische F-16-Fighter oder französische Mirage-2000D-Kampfflugzeuge kaufen sollen. Zur Ermittlung des tauglichsten Modells wird es einen »Cannonball«-Wettflug mit beiden Typen geben, und zwar 6.600 km über Hoheitsgebieten feindseliger Länder, die man gar nicht gefragt hat. Über der afrikanischen Wüste bleibt merkwürdigerweise der Kerosinnachschub aus und man muss notlanden. Unverhofft befinden sich die französischen Piloten und eine US-Kollegin in den Händen einer kriminellen Bande. Diese arbeitet für eine Waffenschieberin, die nicht nur Staaten im Nahen Osten beliefert, sondern auch ein islamistisches Netzwerk, das gerade mit der Reaktivierung seiner Terrorzellen beschäftigt ist. Es handelt sich um einen Hinterhalt, hinter dem dieselben Leute stecken wie bei der versuchten Mirage-Entführung am Anfang des Films. Im vorliegenden Fall hat man bereits eine Maschine wegtransportiert.

Die französischen Piloten wissen sich jedoch zu wehren. Einer von ihnen nutzt einen erzwungenen Testflug, um den Waffenschieberstützpunkt zu beschießen. Der andere dreht seinem Bewacher das Genick um. Bei der Flucht lässt man vom Kampfjet aus alle Gebäude und die noch lebenden Banditen in Feuerflammen aufgehen. Im Cockpit wird gelacht.

Nun fehlen aber bei der Heimkehr in Frankreich eine Mirage 2000D und die US-Pilotin. In Paris findet kurz darauf am 14. Juli, dem Nationalfeiertag, ein großer Europa-Gipfel samt Luftschau über den Champs Elysées statt. Die französische Luftraumkontrolle schützt das Ereignis vor Eindringlingen von außen. Doch Luftritter Marchelli erspürt via Geistesblitz, dass sich eine Terrormaschine längst *innerhalb* der Landesgrenzen befindet. Es ist die seit dem »Cannonball«-Rennen vermisste Mirage 2000. Gesteuert wird sie von der ebenfalls vermissten US-Pilotin, die jetzt für das Terrornetzwerk der Islamisten arbeitet (man wusste schon vorher um ihren zweifelhaften Charakter. Vor Jahren hat sie über Bosnien den französischen Kollegen aus Ehrgeiz im Stich gelassen). Es gelingt, die Mirage der Terroristen aus dem Luftraum über Paris herauszujagen und dann über unbewohnter Landschaft abzuschießen. Die Pilotin der Maschine kann allerdings zuvor mit Hilfe des Fallschirms entkommen. Dass an dieser Stelle eine blonde US-Kampffliegerin für islamische Gotteskrieger arbeitet, weist auf eine neue, sehr gefährliche Tarnstrategie der Terrornetzwerke hin: »Wenn sie Männer mit Bärten wollen, können sie gerne nach ihnen suchen.« Die Botschaft: Handlanger der Terroristen und Schläfer sind längst in unseren eigenen Reihen. Wir müssen wachsam sein.

Vorerst jedoch gibt es ein gutes Ende. Die mit »Al Kaida« konspirierende Waffenhändlerin wird von ihrem gierigen Komplizen Bertrand aus dem Geschwader für Sondermissionen der französischen Luftwaffe erschossen. Der Grund: Sie hat entgegen ihrem Versprechen beim Verkauf der ihr zugespielten Mirage 2000 nicht dafür gesorgt, dass *Frankreich* als Angriffsziel der Terroristen ausgeschlossen bleibt. Der Komplize selbst explodiert direkt danach in seinem Auto. Der nun vollständig rehabilitierte Kampfpilot Marchelli und eine hochrangige Geheimdienstmitarbeiterin können ihre Liaison vertiefen.

CHEVALIERS DU CIEL* ist ein Propagandafilm im Dienste des dauerhaften »Antiterrorkrieges«. Vermieden wird allerdings – analog zur Diskretion der französischen »Antiterror«-Rhetorik – eine aufdringliche optische Präsenz antiislamischer Klischees. In Hollywood ist der Verräter oft ein Franzose; im französischen Film übernimmt hier eine US-Soldatin den Part. Grundsätzlich aber arbeiten Frankreich und die USA zusammen. Es gibt sogar einen Pilotenaustausch und binationale Geschlechterbeziehungen. Viel ungenierter noch als TOP GUN* oder STEALTH* zeichnet der Film ein sexuelles Image der Kampfpiloten. Wenn eine Soldatin »zwei überzeugende Argumente« hat, sind ihre Brüste gemeint. Auf der Tragfläche eines Kampffliegers wird den Piloten von einer Kollegin ein aufregender Striptease geboten. Der »Steuerknüppel« kommt wiederholt als Anspielung auf den Piloten-Phallus ins Spiel. Das steigert sich in der Luft zum symbolischen Orgasmus (»Gefällt es Ihnen?« »Ja, es ist toll. ... Ich hätte niemals gedacht, dass es so schön sein könnte!«). Die Macholinie wird nur an einer Stelle relativiert: Die feurigste Pilotin benutzt einen der Luftritter lediglich als befristeten Ersatzmann im Bett.

Das Drehbuch präsentiert den französischen Staat, das Militär und die Rüstungsindustrie als eine große Interesseneinheit, sichert aber im Einzelfall (Verstoß gegen die Lufthoheit anderer Länder) den Premierminister durch Nichtwissen ab. Beim Film selbst handelt es sich um eine Koproduktion von Filmindustrie, Verteidigungsministerium und Luftwaffe. Doch das kann wegen der lesefeindlichen Typographie ein DVD-Konsument am Bildschirm den letzten Zeilen des Abspanns wohl kaum entnehmen. Nachfolgend ein Entzifferungsversuch mit Hilfe von Projektionstechnik: »*La Production et la Réalisation remercient: Madame le Ministre de la Defense Michèle Alliot-Marie; le Chef d'Etat Major des Armees le General Henry Bentegeat; le Chef d'Etat Major de l'Armee de l'Air le General Richard Woloztynski; les Generaux Patrick Dutartre, Claude Daillet et Henri Switzer; et le Service de l'Information et de Relations Publiques de l'Armee de l'Air; le General Major General et l'Etat-Major de l'Armee de l'Air; le Commandement de la Defense Aerienne et des Operations Aeriennes; le Commandement des Forces Aerienne et des Operations Aeriennes; le Commandement des Forces Aeriennes Strategiques; le Commandement de la Force Aerienne de Combat; le Commandement de la Force Aerienne de Projection; le Commandement Air des Systemes de Surveillance, d'Information et de Communications; le Commandement des Ecoles des Armees de l'Air; le Commandement des Forces de Protection et de Securite de l'Armee de l'Air; les Commandements de Regions Aeriennes Nord et Sud; la Direction Centrale du Materiel de l'Armee de l'Air ...*« Die weiteren Danksagungen an einzelne beteiligte Personen und Einrichtungen des französischen Militärs, darunter an »la Delegation a l'Information et a la Communication de la Defense«, erstrecken sich über 24 Zeilen. Das staatliche Militainment in Europa eifert also den zahlreichen US-Vorbildern nach. Aus Steuermitteln finanzierte Einrichtungen machen dafür in Deutschland Werbung. Im Online-Angebot des öffentlich-rechtlichen Bayerischen Rundfunks befand Anfang 2006 Margret Köhler, die Flugkünste der »Sky Fighter« seien »einfach bombig«! Im Online-Magazin www.fluter.de der Bundeszentrale für politische Bildung empfahl Rezensent Sascha Rettig die *echten* – also nicht mittels Digitaltechnik simulierten – Militärflugszenen dieses Düsenjägerfilms als »atemberaubend«. Außerdem kündigte er zum Kinostart an: Frankreich wird gerettet »und damit eigentlich ja auch irgendwie die ganze Welt«.

19 Was können wir als Bürger und Konsumenten tun?

Die aggressive Rehabilitierung des Krieges in unserer Gegenwart hängt nicht mit einer Zunahme der Zahl böser Menschen auf dem Globus zusammen. Der Krieg gehört konstitutiv zur aggressiven Wirtschaftordnung, die flächendeckend auf der Erde durchgesetzt werden soll. Große Medienmonopole kontrollieren zudem die Massenkultur, die unsere Gesellschaften mit der »Logik« militärischer Programme und Denkweisen durchdringt. Angesichts dieser Zusammenhänge fühlen sich viele Menschen ohnmächtig. Sich dem Krieg und der Kriegskultur zu widersetzen, halten sie für einen vergeblichen Drachenkampf. Das Endergebnis solcher Resignation lautet: »Millionen sagen: Da kann man nichts machen!« (Hanna Jaskolski). Tatsächlich kann der Einzelne, sofern er nicht an prominenter Stelle steht, ein friedensförderliches Paradigma für die Weltpolitik und das kulturelle Leben kaum durchsetzen. Das Große, das wir uns wünschen, können wir nicht tun. Doch was hindert uns, zumindest das Naheliegende und Mögliche ins Auge zu fassen? Der größten simultanen Friedensdemonstration der Menschheitsgeschichte am 15. Februar 2003 gingen unzählig viele lokale Initiativen auf dem ganzen Globus voraus. Auch in US-amerikanischen Nachbarschaften sagte man sich die Kunde von diesem weltweiten Ereignis von Haus zu Haus weiter. Es gibt keine Veränderungen und auch keine Gegenbewegungen, die nicht mit uns und in unserem Lebensraum anfangen. Eine Kontrolle der Medienmacht durch uns als Verbraucher wäre ein erster Schritt, mehr nicht. Ziel müsste es sein, Räume für eine Gegenkultur und für die Entwicklung einer attraktiven, möglicherweise erotischen Ästhetik des Friedens zu erschließen. Und auch hier brauchen wir nicht gleich an eine große Kinoproduktion denken. In der Straße, in der ich wohne, nutzen Künstler z.B. das straßeneigene Cafe zur Präsentation ihrer eigenen Produktionen.

Zur Ermutigung möchte ich einige unspektakuläre Anregungen geben, die besonders das Beispiel der vom Militär geförderten Filmprodukte betreffen. Wenn Sie sich als Konsument gerne Filme über militärische bzw. kriegerische Themen ansehen, verfolgen Sie den Filmabspann stets bis zum Schluss. Eine Mitwirkung des Pentagons oder anderer militärischer Kooperationspartner ist fast immer erst ganz am Ende der langen Namenslisten vermerkt. Entsprechende Entdeckungen können Sie mit Partnern, anderen Familienangehörigen, Freunden und Bekannten teilen. Aufklärung ist zur Entzauberung des Militainments ganz wichtig. In diesem Buch und meiner Arbeit »Kino der Angst« sind die entsprechenden »Koproduktionen« besonders gekennzeichnet. Nur in Ausnahmefällen – wie z.B. beim Klassiker THE ATOMIC CAFÉ* –

sind militärische Gefälligkeitsleistungen kein Hinweis auf militärfreundliche Filmbotschaften.

Wenn Jugendliche Kriegsspiele oder Kriegsfilme konsumieren, bedrängen Sie sie nicht mit Erwachsenenlamentos über eine brutale Gewaltkultur. Viel schlimmer als besonders blutige Produkte sind »saubere« Drehbücher mit kriegsfreundlichen politischen Botschaften oder solche, die Begeisterung für Militärtechnologie wecken wollen und ein völlig unrealistisches, unblutiges Bild vom Krieg vermitteln. In diesen Fällen helfen wiederum nur Gespräch und Aufklärung weiter. Unterschätzen Sie nicht die jugendliche Neugierde, die wissen will, wer oder welche Interessen hinter einem bestimmten Angebot eigentlich stecken.

Wenn Sie im Online-Katalog oder Regalsortiment einer öffentlichen Bücherei bzw. Mediothek in Ihrer Nähe vom Militär unterstützte Filmtitel entdecken, sprechen Sie mit den zuständigen Bibliothekaren. Schlagen Sie vor, dass Produkte dieser Art, die doch massenhaft im kommerziellen Verleih zu haben sind, nur in begründeten Einzelfällen eingestellt werden oder dass sie zumindest mit einem besonderen Aufklärungsaufdruck »Produktion in Kooperation mit dem Pentagon« etc. versehen werden. Die Mitarbeiter einiger Videotheken erwarten schon seit längerem mit einem Augenzwinkern, dass ich heimlich solche Etiketten an ihren DVD-Hüllen anbringe.

Lokale öffentliche Verleihbibliotheken sind wichtige Multiplikatoren und sie bieten die Möglichkeit eines alternativen Mediensortiments, das anderswo sehr oft nicht zugänglich ist. Wenn Sie durch Gespräche oder Briefe bei den Gestaltern dieser Einrichtungen Sensibilität fördern, wirkt sich das auf viele andere Menschen aus. Aus Gesprächen weiß ich, dass auch die Angestellten der kommerziellen Videotheken oft sehr unglücklich sind über das, was sie ihren Kunden als Auswahl anbieten müssen. Sie würden gerne einzelne Regale mit ihren eigenen Filmempfehlungen oder mit Anregungen der Besucher zusammenstellen. Doch die Firmenpolitik großer überregionaler Unternehmen erlaubt es ihnen nicht, vor Ort solche kreativen und kommunikativen Medienräume entstehen zu lassen. Das Sortiment ist zentral vorgeschrieben und stark militarisiert. Filme aus Europa oder aus nichtwestlichen Ländern muss man fast mit der Lupe suchen. Im DVD-Zeitalter gibt es aber die Möglichkeit, sich untereinander in den eigenen sozialen Räumen auszutauschen und auf diese Weise den Kanon der angesagten Filme mitzubestimmen. Vielleicht wird auch das zarte Pflänzchen der Programmvideotheken in nächster Zukunft noch wachsen.

Sogar manche Drogeriefilialen verkaufen Kriegsfilmprodukte, die den Förderungsprozess des Pentagons oder einer anderen Militärinstitution durchlaufen haben (Bürger 2005a und 2007, S. 509, 551). Wenn Sie das als Kunde nicht gut finden, können Sie z.B. einen entsprechenden Brief an die Firmenleitung schreiben. In der laufenden UNO-Dekade für eine Kultur der Gewaltfreiheit und des Dialogs stünde es Unternehmen gut zu Gesicht, sich selbst zum Boykott kriegsfreundlicher Produkte und zur besonderen Berücksichtigung friedensfördernder Angebote zu verpflichten. Wenn Sie persönlich Unternehmer kennen, für die das in Frage kommt, können Sie diese zu einem solchen Schritt ermutigen. Wenn Sie selbst über Fonds in Produktionen der Filmindustrie investieren und den massenkulturellen Krieg nicht unterstützen wollen, sollten Sie sich über die Art der von Ihnen mitfinanzierten Produktionen und die beteiligten Kooperationspartner gründlich informieren.

Wenn Sie Filmrezensent sind oder eine private Homepage mit Filmtipps unterhalten, schlage ich Ihnen vor, bei militärisch geförderten Produktionen stets penetrant den Abschnitt aus dem Filmabspann, in dem die militärischen Helfer aufgeführt werden, zu zitieren. Werden Sie Teil eines regelrechten Verschwörungsnetzes, das die Verbannung der militärischen »Koproduzenten« ins Kleingedruckte aufhebt und in Eigenregie die Konsumenten informiert. Im Zeitalter des Googlens würde, wenn diese Idee Schule macht, sehr bald eine Fülle von Daten im Internet abrufbar sein, die der Aufklärung und Forschung zugute kommen.

Wenn Sie politisch aktiv sind oder als Bürger öffentliche Verantwortung übernehmen, sollten Sie sich nicht einreden lassen, es gäbe keine medien- und kulturpolitischen Alternativen zugunsten des Friedens (vgl. Bürger 2005a und 2007, S. 506-562). Den Bürgern darf es nicht verborgen bleiben, wenn mit ihrem Medienkonsum bestimmte staatliche Absichten verbunden sind (Geller 2003, S. 24). Dass Verbraucher beim Kauf von Unterhaltungsprodukten oder bei der Nutzung von Informationsmedien ein Recht haben, vorab etwas über den Kreis der »Mitwirkenden« bzw. Kooperationspartner und deren Interessen zu erfahren, lässt sich gesellschaftlich sehr leicht vermitteln und sollte in einer Demokratie als selbstverständliches Erfordernis von Verbraucherschutz gelten. Das »›Hineinfließen von Macht, auch von staatlicher Macht‹ in den Film darf in einer medial verfassten Gesellschaft, wenn es schon nicht unterbunden wird, nicht unerkannt bleiben« (Geller 2003, S. 112). Medien, bei denen Kriegsministerien oder andere staatliche Stellen, Militär und Rüstungsproduzenten mitgewirkt haben, müssen zum Verbraucherschutz einen Aufdruck tragen, der mindestens so groß ist wie die Aufklärungshinweise auf Zigarettenpackungen. Dies ist einer der Vorschläge, die ich auch einem Bundestagsabgeordneten unterbreitet habe. Sein Mitarbeiter befand, der Vorschlag sei sehr einleuchtend. Er wollte aber wissen, ob es denn schon irgendwo Vergleichbares gibt. Das ist allerdings der Fall (vgl. Kapitel 4). Wider die Militarisierung der Kultur, aus der dieses Buch nur einen kleinen Ausschnitt beleuchtet, sollten wir jedoch auch das noch nie da Gewesene erproben und Dinge einfordern, für die es in der Welt des Krieges nichts Vergleichbares gibt.

20   Literatur

Ahmadi-Nejad, Mahmoud: Brief an »I. E. Frau Dr. Angela Merkel, Bundeskanzlerin der Bundes-republik Deutschland [Übersetzung aus dem Persischen]. In: Website »Presidency of The Islamic Republic of Iran«, August 2006. http://www.president.ir/eng/ahmadinejad/cronicnews/1385/06/06/index-g.htm

amnesty international Österreich: Menschenrechtliche Sündenfälle in der EU. Stand Dezember 2005. http://www.amnesty.at/eu-sanktionen/suendenfaelle.htm

Augstein, Jakob: Warten, schwitzen, niemals kämpfen. In Sam Mendes' skandalösem Antikriegsfilm »Jarhead« kommen die Scharfschützen nicht zum Schuss. In: Die Zeit, 21.12.2005.

Averesch, Sigrid: Anschlag auf die Freiheit. Der britische Innenminister Reid beschwört den Krieg gegen Terroristen. In: Berliner Zeitung, 15.8.2006. http://www.berlinonline.de/berliner-zeitung/archiv/.bin/dump.fcgi/2006/0815/politik/0019/

Bader, Alexandra: Der Film »Flug 93« – kritisch gesehen. In: Frauen-Onlinemagazin CyberWeiber 2006. http://www.ceiberweiber.at/2004/06flight93.htm

Beier, Lars-Olav/*Evers*, Marco: Filmgeschäft – Feuer frei aufs Patriotenherz. In: Der Spiegel, 26.3.2005. http://www.spiegel.de/spiegel/0,1518,348187,00.html

Benjamin, Walter: Das Kunstwerk im Zeitalter seiner technischen Reproduzierbarkeit. Drei Studien zur Kunstsoziologie. Frankfurt 1977.

Bevc, Thomas: Affirmation des Bestehenden. Konstruktion von Politik und Gesellschaft in Computerspielen? In: Telepolis, 7.12.2006. http://www.heise.de/tp/r4/artikel/24/24129/1.html

Blume, Jutta: Wie würde ich handeln, wenn ich israelischer Premierminister wäre? Neue Computer-spiele orientieren sich am aktuellen politischen Geschehen. In: Telepolis, 8.8.2006. http://www.telepolis.de/r4/artikel/23/23287/1.html

Boës, Hans: Asbest-Attacke aus dem Weißen Haus. Staatliche Willkür in den USA – Teil 3. In: Telepolis, 6.8.2006. http://www.telepolis.de/r4/artikel/23/23257/1.html

Boggs, Carl/*Pollard*, Tom: The Hollywood War Machine – U.S. Militarism and Popular Cultur. Boulder-London: Paradigm Publishers 2007 [2006].

Böhles, Boris: US-amerikanische Kriegsfilme der späten neunziger Jahre, die neueren Produktionen und die Rolle des 11. September 2001. = Magister-Hausarbeit – Philipps-Universität Marburg/Fachbereich Germanistik und Kunstwissenschaften. Marburg 2004. http://www.diplomarbeiten24.de/vorschau/43810.html

Böhnel, Max: US-Armee: In Kriegszeiten auf dem rechten Auge blind. In: Telepolis, 19.7.2006. http://www.telepolis.de/r4/artikel/23/23135/1.html

Brendle, Frank: Hintertürchen zur Wehrmacht. Mitarbeit von Offizieren in militärischen Traditions-gemeinschaften ist von der Bundesregierung gewünscht. In: junge Welt, 20.7.2006. http://www.jungewelt.de/2006/07-20/001.php

Brinkemper, Peter V. (2006a): Nationales Filmdenkmal oder internationaler Kassenschlager? Oliver Stones »World Trade Center«. In: Telepolis, 13.8.2006. http://www.telepolis.de/r4/artikel/23/23314/1.html

Brinkemper, Peter V. (2006b): »O Superman. O judge. O Mom and Dad«. Der größte der kleinen braven Jungen: »Superman returns«. In: Telepolis, 17.8.2006. http://www.telepolis.de/r4/artikel/23/23352/1.html

Bröckers, Mathias: 9/11 revisited. In: Telepolis, 9.9.2006. http://www.telepolis.de/r4/artikel/23/23492/1.html

Brüntje, Dennis/*Füllgraf*, Irene: Militainment – Wie das Pentagon die Filmindustrie für seine Ziele einspannt. = Hausarbeit: Technische Universität Ilmenau/Institut für Medien- und Kommunika-tionswissenschaft. Sommersemester 2005.

Bundesverwaltungsgericht: Urteil des 2. Wehrdienstsenats vom 26. September 2006 - BVerwG 2 WD 2.06 (Veröffentlichungsfassung).

Bürger, Peter (2004): Napalm am Morgen – Vietnam und der kritische Kriegsfilm aus Hollywood. Düsseldorf 2004. [http://www.napalm-am-morgen.de]

Bürger, Peter (2005a/2007): Kino der Angst – Terror, Krieg und Staatskunst aus Hollywood. Stuttgart 2005; zweite durchgesehene und erweiterte Neuauflage 2007 [2006].

Bürger, Peter (2005b): »Militäroperation Hollywood«. Wie das Pentagon über Zensur und Drehbuchänderungen Einfluss auf Filmprodukte ausübt – Erkenntnisse aus einem Buch des US-Journalisten David L. Robb. In: Telepolis, 17.4.2005. http://www.heise.de/tp/r4/artikel/19/19885/1.html

Bürger, Peter (2005c): Bildermaschine für den Krieg. Über Geschichte, Ziele und Kritik der Pentagon-Filmarbeit. In: Telepolis, 24.5.2005. http://www.heise.de/tp/r4/artikel/20/20113/1.html

Bürger, Peter (2005d): Kernkraftwerke in Zeiten des Terrorismus. Der TV-Film »American Meltdown« durchbricht scheinbar ein Tabu. In: Telepolis, 27.07.2005. http://www.heise.de/tp/r4/artikel/20/20599/1.html

Bürger, Peter (2005e): Hiroshima, der Krieg und die Christen. Düsseldorf 2005. [http://www.friedensbilder.de/christenkrieg]

Bürger, Peter (2005f): Nach Hiroshima blieb ein Lernprozess der Zivilisation aus. – Die maßgebliche Erinnerungskultur ist bis heute atombombenfreundlich. In: Telepolis, 31.07.2005. http://www.heise.de/tp/r4/artikel/20/20614/1.html

Bürger, Peter (2005g): Die US-Legende über Hiroshima und Nagasaki – Wie Präsident Trumans Selbstrechtfertigungen die Geschichtsschreibung ersetzen. In: Telepolis, 5.08.2005. http://www.heise.de/tp/r4/artikel/20/20565/1.html

Bürger, Peter (2005h): Manche Japaner sprachen von der »christlichen Bombe«. Zum 60. Jahrestag der Atombombenabwürfe auf Hiroshima und Nagasaki. In: Telepolis, 6.08.2005. http://www.heise.de/tp/r4/artikel/20/20564/1.html

Bürger, Peter (2005i): Hollywood und Nine Eleven. Die Anschläge, das Terrorkino und Synchronizitäten in Filmen des Jahres 2001. In: Telepolis, 11.09.2005. http://www.heise.de/tp/r4/artikel/20/20911/1.html

Bürger, Peter (2005j): Massenkulturelle Produktion des Welt- und Menschenbildes. In: Marxistische Blätter Nr. 5/2005, 64-68.

Bürger, Peter (2006a): Wie staatstreu sind die Kirchen in der Friedensfrage? Beitrag zum Jubiläumskongress der »Initiative Kirche von unten« am 31. März 2006 in Berlin. http://www.ikvu.de/html/archiv/ikvu/texte25/buerger-kirche-friedensfrage-staat.pdf

Bürger, Peter (2006b): Über My Lai und besondere Morde im Krieg – Im öffentlichen Geschichtsbild und im Filmgeschehen hinterlassen die meisten Massaker nur vage Erinnerungsspuren. Ein aktueller Vergleich mit Vietnam könnte die Bush-Administration jedoch unter Druck setzen. In: Telepolis, 2.06.2006. http://www.heise.de/tp/r4/artikel/22/22805/1.html

Bürger, Peter (2006c): Deutsche Kriege für das »nationale Interesse«? Verteidigungsminister Jung will im Weißbuch den Auftrag der Bundeswehr neu definieren. Wegmarken einer Abkehr von der im Grundgesetz verankerten Friedensstaatlichkeit. In: Telepolis, 17.05.2006. http://www.heise.de/tp/r4/artikel/22/22686/1.html

Bürger, Peter (2006d): Zurück in die Steinzeit? Impressionen zum neuen deutschen Flaggenwahn. In: Telepolis, 18.6.2006. http://www.heise.de/tp/r4/artikel/22/22916/1.html

Bürger, Peter (2006e): Geistige Gesundheit im Atomic Café – In Politik und Film drängt sich die gleiche Frage auf: Wie verrückt muss ein Staatschef sein, der die Bombe wirft? In: Telepolis, 25.06.2006. http://www.heise.de/tp/r4/artikel/22/22776/1.html

Bürger, Peter (2006f): »Es wird für uns keinen Frieden geben«. Vergeltung und Kollektivbestrafung als Motor einer permanenten Gewaltspirale: Spielbergs Film »München« ist auf traurige Weise hochaktuell. In: Telepolis, 14.7.2006. http://www.heise.de/tp/r4/artikel/23/23106/1.html

Bürger, Peter (2006g): »AK 47 ist die wahre Massenvernichtungswaffe«. Der Film »Lord Of War« über den weltweiten Waffenhandel gehört zu den Lichtblicken in der kommerziellen Massenkultur. In: Telepolis, 30.7.2006. http://www.heise.de/tp/r4/artikel/23/23217/1.html

Bürger, Peter (2006h): Armageddon und der apokalyptische »Holocaust«. Hinter der »pro-israelischen« Haltung evangelikaler Endzeitchristen in den USA verbirgt sich ein schlimmer Antijudaismus. In: Telepolis, 12.08.2006. http://www.heise.de/tp/r4/artikel/23/23322/1.html

Bürger, Peter (2006i): Sex and War. Cineastische Annäherungen an ein Tabuthema. In: Telepolis, 29.8.2006. http://www.telepolis.de/r4/artikel/23/23385/1.html

Bürger, Peter (2006j): Batmans Rüstungsfabrik – Science-Fiction, Kriegskino und Krieg der Zukunft. Teil 1: Fiktionen unter dem Vorzeichen der »Revolution in Military Affairs«. In: Telepolis, 16.9.2006. http://www.heise.de/tp/r4/artikel/23/23507/1.html

Bürger, Peter (2006k): Universal Soldier – Science-Fiction, Kriegskino und Krieg der Zukunft. Teil 2: Der Mensch als Kampfmaschine. In: Telepolis, 1.10.2006. http://www.heise.de/tp/r4/artikel/23/23658/1.html

Bürger, Peter (2006l): Krieg als Computerspiel – Science-Fiction, Kriegskino und Krieg der Zukunft. Teil 3: Ferngelenkte Kampfeinsätze, elektronische Hirne und Überwachungssysteme. In: Telepolis, 14.10.2006. http://www.heise.de/tp/r4/artikel/23/23671/1.html

Bürger, Peter (2006m): Wetterkriege und neue Atomwaffen – Science-Fiction, Kriegskino und Krieg der Zukunft. Teil 4: Biowaffen, Mikrowellen, Klima-Beeinflussung und Erdpenetratoren. In: Telepolis, 4.11.2006. http://www.heise.de/tp/r4/artikel/23/23687/1.html

Bürger, Peter (2006n): »Abhängig von gesicherter Rohstoffzufuhr in globalem Maßstab«. Die Bundesregierung verabschiedet ein Weißbuch der Bundeswehr. In: Telepolis, 26.10.2006. http://www.heise.de/tp/r4/artikel/23/23836/1.html

Bürger, Peter (2006o): Medienpädagogik und massenkultureller Krieg. In: H. Niesyto/M. Rath/H. Sowa (Hg.): Medienkritik heute. München 2006, 167-180.

Bürger, Peter (2006p): Aanewenge – Leuteleben und plattdeutsches Leutegut im Sauerland. Eslohe 2006.

Bürger, Peter (2006q): Die Heuchelei der neu aufgelegten Gewaltdebatte – »Killerspiele« sind ein Nebenschauplatz der Militarisierung – Populistische Zensurparolen zielen nur auf Symptome eines aggressiven Gesellschaftsmodells. In: Telepolis, 24.11.2006. http://www.heise.de/tp/r4/artikel/24/24052/1.html

Chomsky, Noam (2003): Media Control. Wie die Medien uns manipulieren. Hamburg-Wien 2003.

Claßen, Elvira (2003): Kriegsmarketing. In: Marxistische Blätter Nr. 1/2003, 39-46. – Ebenso auf: http://www.elvira-classen.de/kriegsmarketing.htm

Claßen, Elvira (2004): Informationsmacht oder -ohnmacht? Die Instrumentalisierung von Genderstrukturen im Krieg. In: Forum Pazifismus – Zeitschrift für Theorie und Praxis der Gewaltfreiheit Nr. 1/Mai 2004, 24-32.

Corinth, Ernst: Aufregung um den »Hadji Girl«-Song – Ein US-Soldat, der lieber nicht gesungen hätte. In: Telepolis, 16.6.2006. http://www.telepolis.de/r4/artikel/22/22906/1.html

Coulmas, Florian: Hiroshima – Geschichte und Nachgeschichte. München 2005.

Coutts, Alex: Echtzeit. Blech in der Wüste – »Codename Panzers« hat eine Fortsetzung. In: Ultimo – Münsters Stadtillustrierte, 5.-18.9.2005.

Die zehn besten Waffen in Computerspielen [You Tube Video-Clip]. In: Phlow – Magazin für Musik und Netzkultur (2006). http://phlow.net/mag/netzkultur_spielerei/die_zehn_besten_waffen_in_computerspielen.php

Doering, Martina: Der Krieg kommt näher. In: Der Tagesspiegel, 2.8.2006. http://archiv.tagesspiegel.de/archiv/03.08.2006/2692630.asp

Drewermann, Eugen: Krieg ist Krankheit, keine Lösung. Freiburg 2002.

Elsässer, Jürgen (2006a): »Größere Anschläge als die vom 11. September«. Schon im Juni gab es Meldungen über vereitelte Anschläge. In: junge Welt, 15.8.2006. http://www.jungewelt.de/2006/08-15/015.php

Elsässer, Jürgen (2006b): Fiktiver Terror, realer Krieg – In Reaktion auf die angeblich geplanten Anschläge hat der Westen den Islam zum Feind erklärt. In: junge Welt, 15.8.2006. http://www.jungewelt.de/2006/08-15/014.php

Elter, Andreas: Die Kriegsverkäufer. Geschichte der US-Propaganda 1917-2005. Frankfurt am Main 2005.

Frohn, Axel: US-Kriegsverbrechen in Korea. »Wir haben sie einfach umgelegt.« In: Spiegel-Online, 25.7.2006. http://www.spiegel.de/panorama/0,1518,427491,00.html

Fuchs, Stefan (Hg.): Die Hypermacht USA in Nahaufnahme. Hamburg 2003.

Gansera, Rainer: »Krieg und Geilheit, die bleiben immer in Mode« (Shakespeare). In: Evangelische Akademie Arnoldshain (Hg.): Kino und Krieg – Von der Faszination eines tödlichen Genres. Frankfurt am Main 1989, 33-46.

Gaserow, Vera: Ausgrenzender Nationalismus – WM-Euphorie schürt Intoleranz. In: Frankfurter Rundschau, 15.12.2006. http://www.fr-online.de/in_und_ausland/politik/aktuell/?em_cnt=1032146

Geller, Stefan: Hollywood als Instrument der Politik. [Im Anhang ein Interview mit Georg Seeßlen vom 9.8.2003] = Magisterarbeit: Rheinische Friedrich-Wilhelms-Universität Bonn/Fachbereich Politik. 2003. http://www.diplomarbeiten24.de/vorschau/23616.html

Goessmann, David: Werbung unterm Deckmantel. »Fake TV-News«: Als Reportage präsentierte Reklamefilme unterwandern die Nachrichtensendungen in den USA. In: Frankfurter Rundschau, 28.7.2006.

Gözen, Jiré Emine: Mythos und der 11. September 2001. Turmsymbolik in visuellen Medien. = Hausarbeit. Fassung vom 13.11.2002. http://www.nolovelost.com/jire/11september.html

Gräbner, Matthias: Bausteine für biologische Maschinen. In: Telepolis, 8.12.2006. http://www.heise.de/tp/r4/artikel/24/24165/1.html

Grässlin, Jürgen: Versteck dich, wenn sie schießen. Die wahre Geschichte von Samiira, Hayrettin und einem deutschen Gewehr. München 2003.

Griebel, Norman: Blackwater USA – Söldnernachschub aus den Philippinen. In: junge Welt, 19.6.2006. http://www.jungewelt.de/2006/06-19/013.php

Grossman, Zoltan: Militärverweigerung in den USA – ein kurzer geschichtlicher Abriss. Die Unterstützung der Friedensbewegung für Resisters. In: ZNet, 6.7.2006. http://www.lebenshaus-alb.de/mt/archives/003821.html

Hackensberger, Alfred: Arabische Computerspiele. Interview mit Rawan Kasmiya von Akfar Media Damaskus. In: Telepolis, 1.7.2006. http://www.heise.de/tp/r4/artikel/22/22922/1.html

Heer, Hannes: »Hitler war's«. Die Befreiung der Deutschen von ihrer Vergangenheit. Berlin 2005.

Heinzel, Sebastian: US-TV-Dokumentation – Horror des Kriegs zur besten Sendezeit. In: Spiegel-Online, 28.5.2006. http://www.spiegel.de/politik/ausland/0,1518,418308,00.html

Hoffmann, Horst: Star Wars auch in Europa – Sternenkriegrenaissance in den USA und EU-Beteiligung an der Militarisierung des Weltraums. In: junge Welt, 10.6.2005. http://frilahd.twoday.net/stories/774955/

Holert, Tom/*Terkessidis*, Mark: Entsichert – Krieg als Massenkultur im 21. Jahrhundert. Köln 2002.

Höltgen, Stefan (2006a): Medienwechsel: Interpretation ersetzt Interaktion. Der Spieleklassiker »Silent Hill« ist verfilmt worden. In: Telepolis, 11.5.2006. http://www.telepolis.de/r4/artikel/22/22636/1.html

Höltgen, Stefan (2006b): Ein schwarzer Tag für Kuba. Virtueller Krieg als Problem der Perspektive. In: Telepolis, 23.10.2006. http://www.telepolis.de/r4/artikel/23/23776/1.html

Holz, Hans Heinz: Nukleardoktrin für Europa. In: junge Welt, 24.6.2006. http://www.jungewelt.de/
2006/06-24/043.php

Hölzl, Gebhard/*Peipp,* Matthias: Fahr zur Hölle, Charlie! Der Vietnamkrieg im amerikanischen
Film. München 1991.

Hübner, Kurt: Freundschaftsdienst für Bush. Die Weltwirtschaft befindet sich in einer fragilen Lage:
Asiatische Staaten und Erdölländer finanzieren das riesige Leistungsbilanzdefizit der Vereinigten
Staaten. In: Frankfurter Rundschau, 9.8.2006. http://www.frankfurter-rundschau.de/
in_und_ausland/wirtschaft/aktuell/?em_cnt=944075

Human Rights Watch: USA. Soldaten berichten über die Misshandlung von Gefangenen im Irak –
Misshandlungspraktiken wurden genehmigt und Beschwerden von Soldaten ignoriert
In: Deutsche Internetseite von HRW, 23.7.2006. http://hrw.org/german/docs/2006/07/23/
usint13792.htm

Kails, Karin: Doku »Loose Change«. Internetfilm über 9/11 bricht alle Rekorde [Erstveröffentli-
chung: Frankfurter Allgemeine Sonntagszeitung]. In: Spiegel-Online, 20.7.2006.
http://www.spiegel.de/kultur/gesellschaft/0,1518,429227,00.html

Kiefer, Michael: Das Erbe des Revolutionsführers. Der Antisemitismus hat im Iran eine lange Tradition – nicht erst seit Ajatollah Chomeini. Eine genozidale Dimension, wie gegenwärtig oft
behauptet wird, besitzt er aber nicht. In: taz, 12.8.2006. http://www.taz.de/pt/2006/08/12/
a0129.1/text

Kleist, Michael: Pentagon und Hollywood – Militärisches Product-Placement zwischen PR und
Propaganda. = Magisterarbeit: Ludwig-Maximilians-Universität München. 2003.
http://www.diplomarbeiten24.de/vorschau/19420.html

Kooperation für den Frieden / Monitoring-Projekt: Dossier I: Der Iran-Konflikt. Bonn 2006.
[Bezug über: http://www.koop-frieden.de]

Koschorke, Albrecht: Onaniezwang in Abu Ghraib. Über Lust als Folter. – Vortrag bei Graduierten-
kolleg »Körper-Inszenierungen«. FU Berlin, Juni 2005.
http://www.uni-konstanz.de/kulturtheorie/KoschorkeAbuGhraib.pdf

Kozlowski, Timo: Letzter Ausstieg: Sinnlosigkeit – »Final Destination« und das 9/11-Grauen. In:
Telepolis, 14.4.2006. http://www.heise.de/tp/r4/artikel/22/22457/1.html

Kreye, Andrian: Jugend an der Front. Popkultur im Krieg. (New York, 3.1.2006).
http://www.andriankreye.com/Kriegspop.html

Kruse, Niels: Bundeswehr-PR: Blond an die Front. In: Stern-Online, 13.1.2006.
http://www.stern.de/politik/panorama/:Bundeswehr-PR-Blond-Front/553183.html

Krysmanski, Hans Jürgen: Das amerikanische Jahrtausend? Zukunftsvisionen unter dem Aspekt der
technologischen Revolution und die Frage nach Krieg und Zivilisationsprozeß. In: Jahrbuch für
Pädagogik 2001. http://www.uni-muenster.de/PeaCon/BremenPlanet/JP-Planetarismus.htm

Lahme, Tilmann: Die EU bezahlt Journalisten, um ihr Image zu pflegen. In: FAZ, 13.5.2006.

Leidinger, Christiane: Medien – Herrschaft – Globalisierung. Folgenabschätzung zu Medieninhalten
im Zuge transnationaler Konzentrationsprozesse. Münster 2003.

Lietz, Haiko: Inside Job? In: Telepolis, 11.9.2006.
http://www.telepolis.de/r4/artikel/23/23524/1.html

Mahnke, Rebekka/*Lindhayn,* Nils: Zur Kriegsfilmpolitik der USA im zweiten Weltkrieg und heute.
= Hausarbeit: Freie Universität Berlin/John-F.-Kennedy-Institut für Nordamerikastudien.
Sommersemester 2002. [16S] http://www.hausarbeiten.de/spiegel/vorschau/8627.html .

Marsiske, Hans-Arthur: Direkter Draht zum Computer. Der österreichische Informatiker Gerwin
Schalk sieht für die Symbiose von menschlichem Gehirn und Computer keine grundsätzlichen
Grenzen. In: Telepolis, 22.8.2006. http://www.telepolis.de/r4/artikel/23/23384/1.html

McCann, Colum: Der Staub zwischen den Zähnen. Was die Uniform aus einem macht: Die
Geschichte des Texaners Steven Green, der im Irak-Krieg zum Mörder und Vergewaltiger wurde.
In: Die Zeit, 2.11.2006.

Merschmann, Helmut: Die fetten Jahren sind vorbei. Die Games Convention wartet wie in jedem Jahr mit Superlativen auf, aber gesucht sind die »digitalen Einwanderer«, da die Marktentwicklung rückläufig ist. In: Telepolis, 24.8.2006. http://www.heise.de/tp/r4/artikel/23/23411/1.html

Meyer, Erik/*Leggewie*, Claus: »Collecting Today for Tomorrow«. Aus: Erll/Nünning (Hg.): Medien des kollektiven Gedächtnisses. Berlin 2004, 277-291. http://www.romanistik.uni-freiburg.de/hausmann/reiser/archiv/ss05/koll_ged.pdf

Niess, Frank: Schatten auf Hollywood. McCarthy, Bush jr. und die Folgen. Köln 2005.

Oel, Florian: Film, Volk, Vaterland? Moderne Propaganda. Productplacement in Kriegsfilmen. Die Zusammenarbeit von Pentagon und Hollywood. = Hausarbeit: Ludwig-Maximilians-Universität München. Institut für Kommunikationswissenschaft. April 2002. http://www.hausarbeiten.de/faecher/vorschau/42021.html

Pannier, Jeldrik: Ein Bild ist immer ein Kommentar. Analyse der fotografischen Berichterstattung zum Irakkrieg 2003 von FAZ und Bild-Zeitung. Diplomarbeit Fachbereich Gestaltung: Fachhochschule Bielefeld 2004.
(Bildteil auch auf: http://193.196.151.129/insphiltheo/hpg_evth/me-friepannier1.pdf).

Pany, Thomas (2005): Das gefrorene Herz. Mit »Full Spectrum Warrior« gegen psychologische Kriegsschäden. In: Telepolis, 23.3.2005. http://www.telepolis.de/r4/artikel/19/19737/1.html

Pany, Thomas (2006): Ihr Sieg ist auch ein Sieg Bin Ladens. Das Bild vom gewaltbereiten Muslim setzt sich durch. In: Telepolis, 10.3.2006. http://www.heise.de/tp/r4/artikel/22/22222/1.html

Paul, Gerhard (2003): Krieg und Film im 20. Jahrhundert. Historische Skizze und methodologische Überlegungen. In: Chiari, Bernhard/Rogg, Matthias/Schmidt, Wolfgang (Hg.): Krieg und Militär im Film des 20. Jahrhunderts. München 2003, 3-76.

Paul, Gerhard (2004): Bilder des Krieges – Krieg der Bilder. Die Visualisierung des modernen Krieges. Paderborn und München 2004.

Petersen, Christoph: Der Tiger und der Schnee. In: Filmstarts.de 2006. http://www.filmstarts.de/kritiken/Der%20Tiger%20und%20der%20Schnee.html

Pflüger, Tobias/*Wagner*, Jürgen (Hg.): Welt-Macht EUropa – Auf dem Weg in weltweite Kriege. Hamburg 2006. [Aktualisierungen im Internet: http://www.imi-online.de/eu-projekt/]

Pinter, Harold: Mit Hilfe der Sprache hält man das Denken in Schach, Oktober 2005. In: AGF-Website http://www.uni-kassel.de/fb5/frieden/themen/Friedenspreise/nobel-literatur-pinter.html

Pistilli, Rudi: Die Erben des Barons von Münchhausen. Gute Lügen – schlechte Lügen. Die Unwahrheit zu sagen, regt das Gehirn an. Neue Studien zu einem Alltagsphänomen. In: Westfalenpost, 19.8.2006.

Pitzke, Marc: Werbefeldzug der US-Armee : Was meinst Du, Mom? In: Spiegel-Online, 6.10.2005. http://www.spiegel.de/wirtschaft/0,1518,378088,00.html

Plfüger, Tobias: Es war gut, ihnen nicht geglaubt zu haben: Die deutsche Beteiligung am Irak-Krieg. In: IMI-Analyse Nr. 6/2006. http://www.imi-online.de//2002.php3?id=1313

Polzer, Joachim: Schwarzes Loch im digitalen Gedächtnis [Gespräch mit Günter Lützkendorf]. In: Telepolis, 18.11.2006. http://www.heise.de/tp/r4/artikel/23/23910/1.html

Pomrehn, Wolfgang: »Wir lernen aus Erfahrung«. Ist Brunsbüttel tatsächlich besser auf einen Störfall abgesichert als das AKW in Forsmark, das nahe an einem Unfall vorbeischlitterte? In: Telepolis, 30.8.2006. http://www.telepolis.de/r4/artikel/23/23437/1.html

Rehfeld, Nina: Bush-Funk – Pentagon Channel ist der erste Fernsehsender der US-Regierung. Er berichtet nett über seine Dienstherren. In: Berliner Zeitung, 16.10.2006. http://www.berlinon-line.de/berliner-zeitung/archiv/.bin/dump.fcgi/2006/1016/politik/0004/

Reinecke, Stefan: Hollywood goes Vietnam. Der Vietnamkrieg im US-amerikanischen Film. Marburg 1993.

Riehl World View [Internet-Forum zum »Hadji Girl«-Song], 14.6.2006. http://www.riehlworldview.com/carnivorous_conservative/2006/06/hadji_girl_outr.html

Ritzer, Georg: Die Globalisierung des Nichts. Konstanz 2005.

Robb, David L.: Operation Hollywood. How the Pentagon Shapes and Censors the Movies. New York 2004.

Ronnefeldt, Clemens: Iran-Konflikt – Akteure, Interessen und Wege aus der Eskalation. Hg. Aktionsgemeinschaft Dienst für den Frieden. Zweite Auflage. Bonn 2006. http://www.friedenskooperative.de/agdf-iran-studie.pdf

Roth, Wolf-Dieter (2006a): Luftschiffe statt Satelliten? Nun will auch das Militär die Luftschiffe wieder entdecken. In: Telepolis, 9.8.2006. http://www.telepolis.de/r4/artikel/23/23297/1.html

Roth, Wolf-Dieter (2006b): Der Anfang vom Ende. In: Telepolis, 19.11.2006. http://www.heise.de/tp/r4/artikel/24/24009/1.html

Rötzer, Florian (2003), Hg.: Virtuelle Welten – reale Gewalt (Telepolis Buch). Hannover 3003.

Rötzer, Florian (2005a): Von der Wahrheit auf den ersten Blick. In: Telepolis, 20.5.2005. http://www.heise.de/tp/r4/artikel/20/20120/1.html

Rötzer, Florian (2005b): Der erste Krieg im wirklichen Medienzeitalter. US-Verteidigungsminister über den ersten Krieg im 21. Jahrhundert. Video dokumentiert, wie Sicherheitskräfte einer britischen Firma willkürlich auf Zivilfahrzeuge feuern. In: Telepolis, 7.12.2005. http://www.heise.de/tp/r4/artikel/21/21506/1.html

Rötzer, Florian (2006a): Kreuzzüge sollen rehabilitiert werden. Eine Konferenz in einer katholischen Hochschule in Rom tritt in den Kulturkampf ein und verbindet die Kreuzzüge mitsamt dem christlichen Märtyrertum mit der Gegenwart des muslimischen Dschihad. In: Telepolis, 24.3.2006. http://www.telepolis.de/r4/artikel/22/22315/1.html

Rötzer, Florian (2006b): Terroristen untergraben das »Monopol über die Massenkommunikation«. In: Telepolis, 7.5.2006. http://www.heise.de/tp/r4/artikel/22/22621/1.html

Rötzer, Florian (2006c): Materieller und spiritueller Krieg gegen den Antichrist. In: Telepolis, 31.5.2006. http://www.telepolis.de/r4/artikel/22/22792/1.html

Rötzer, Florian (2006d): Der »Dritte Weltkrieg«. In: Telepolis, 19.7.2006. http://www.telepolis.de/r4/artikel/23/23136/1.html

Rötzer, Florian (2006e): Irak-Krieg kostete 650.000 Irakern das Leben. In: Telepolis, 11.10.2006. http://www.telepolis.de/r4/artikel/21/21249/1.html

Rötzer, Florian (2006f): US-Gericht verhandelt Verantwortlichkeit von Rumsfeld und Co. für Folter. In: Telepolis, 11.12.2006. http://www.heise.de/tp/r4/artikel/24/24181/1.html

Rupp, Rainer: Mordanklagen ausgelagert – Keine Strafverfolgung im Irak für mutmaßlich kriminelle US-Besatzungssoldaten. Wachsender Unmut in der Bevölkerung. In: junge Welt, 7.7.2006. http://www.jungewelt.de/2006/07-07/068.php

Schiffer, Sabine: Die Darstellung des Islams in der Presse – Sprache, Bilder, Suggestionen – Eine Auswahl von Techniken und Beispielen. Würzburg 2005.

Schulz, Wolfgang: Vom Schutz der Menschenwürde und der Jugend vor medialen Gewaltdarstellungen: Geltende Rechtsnormen. In: Hausmanninger/Bohrmann: Mediale Gewalt – Interdisziplinäre und ethische Perspektiven. München 2002, 51-63.

Schweitzer, Eva: Amerika und der Holocaust. Die verschwiegene Geschichte. München 2004.

Seeßlen, Georg: Von Stahlgewittern zur Dschungelkampfmaschine. Veränderungen des Krieges und des Kriegsfilms. In: Evangelische Akademie Arnoldshain/Gemeinschaftswerk der Evangelischen Publizistik (Hg.): Kino und Krieg – Von der Faszination eines tödlichen Genres. Frankfurt am Main 1989, 15-32.

Seeßlen, Georg/*Metz*, Markus: Krieg der Bilder – Bilder des Krieges. Abhandlung über die Katastrophe und die mediale Wirklichkeit. Berlin 2002.

Show Transcript. The Military in the Movies. Produced January 27, 1997. http://www.cdi.org/adm/1020/transcript.html

Sigl, Rainer: Atomkrieg am Bildschirm. In: Telepolis, 10.10.2006. http://www.heise.de/tp/r4/artikel/23/23726/1.html

Soldz, Stephen: The Sex Lives and Sexual Frustrations of US troops in Iraq: An Ocean of Ignorance. In: ZNet, 2.1.2006. http://www.zmag.org/content/showarticle.cfm?ItemID=9443

Staiger, Michael: »In diesem Spiel gewinnt immer der Entschlossenste.« Bilder des Terrors im Hollywood-Kino. In: Online-Forum Medienpädagogik 2002 (http://www.kreidestriche.de). Online abrufbar ebenfalls unter: http://home.ph-freiburg.de/staigerfr/texte/staiger_terror_im_hollywoodkino.htm

Suchsland, Rüdiger (2004): Faschismus mit demokratischem Antlitz. Der nächste Angriff kommt bestimmt: Jonathan Demmes Polit-Paranoia-Film »Der Manchurian-Kandidat«. In: Telepolis, 11.11.2004. http://www.telepolis.de/r4/artikel/18/18780/1.html

Suchsland, Rüdiger (2006a): Die offene Sprache der Macht. Die Dummen und die Bösen siegen: der Geopolitik-Thriller »Syriana«. In: Telepolis, 24.2.2006. http://www.heise.de/tp/r4/artikel/22/22118/1.html

Suchsland, Rüdiger (2006b): Uncooler Klassenprimus. Die Geschichte eines Absturzes: »Mission: Impossible III«. In: Telepolis, 5.5.2006. http://www.heise.de/tp/r4/artikel/22/22609/1.html

Suchsland, Rüdiger (2006c): Tagebuchnotizen. 6. Folge. Reaktionen auf Coppola, Filme im Wettbewerb und leider noch mal paranoide Amerikaner. Cannes, 26.5.2006. http://www.artechock.de/film/text/special/2006/cannes/05_26.htm

Suchsland, Rüdiger (2006d): Leiden, Leichen und letzte Worte. Hollywood bricht das vorerst letzte Tabu: »United 93«, der erste Spielfilm zum 11.September. In: Telepolis, 3.6.2006. http://www.heise.de/tp/r4/artikel/22/22808/1.html

Suchsland, Rüdiger (2006e): Jesus mit Wasserflasche. Welt Tränen Center: Oliver Stones überaus langweiliger Propagandafilm zum »11. September«. In: Telepolis, 28.9.2006. http://www.telepolis.de/r4/artikel/23/23637/1.html

Suid, Lawrence H.: Guts and Glory: The Making of the American Military Image in Film. Revised and expanded Edition. Lexington 2002.

Süselbeck, Jan: Der Kampf und die Kamera – Der Zusammenhang von Krieg und seinen Abbildern wird neuerdings immer intensiver untersucht. Ein Blick in neuere wissenschaftliche Monografien und Sammelbände. In: Jungle World, 8.8.2006. http://www.jungle-world.com/seiten/2006/32/8287.php

Thomas, Tanja/*Virchow*, Fabian (Hg.): Banal Militarism – Zur Veralltäglichung des Militärischen im Zivilen. = Cultural Studies Band 13. Bielefeld 2006.

Trittin, Jürgen: Grüne Werte – Deutsche Interessen. Schwerpunkte unserer internationalen Politik. Thesen zur Klausur des AK Internationale Politik und Menschenrechte, 3.4.2006. http://www.juergentrittin.de/hintergrund3.php?id=125

Uesseler, Rolf: Krieg als Dienstleistung. Private Militärfirmen zerstören die Demokratie. Berlin 2006.

Valantin, Jean-Michel: Hollywood, the Pentagon and Washington. The Movies and National Security from World War II to the Present Day. London 2005. [Erstausgabe Frankreich 2003]

Virilio, Paul: Krieg und Kino – Logistik der Wahrnehmung. Frankfurt am Main 1989.

von Trotha, Trutz: Der Aufstieg des Lokalen. In: APuZ – Beilage zur Wochenzeitung »Das Parlament«. Nr. 28-29, 11.7.2005, 32-38.

Wagner, Jürgen: USA – Erlassjahr 2015? Washingtons erodierende Vorherrschaft und der Kreuzzug zum Erhalt der Dollarhegemonie. Teil I/II. In: Ausdruck – Das IMI-Magazin, Juni 2006, 26-32 / August 2006, 23-27. http://www.imi-online.de

Wenk, Silke: Imperiale Inszenierungen? Visuelle Politik und Irak-Krieg. In: AFK-Friedensschriften Bd. 32. Imperiale Weltordnung – Trend des 21. Jahrhunderts? Hamburg 2005, 63-93.

Willemsen, Roger: Hier spricht Guantánamo. Roger Willemsen interviewt Ex-Häftlinge. Frankfurt 2006.

Woznicki, Krystian: Das flambierte Subjekt – Militärische Marketingmethoden: Die »Yo Soy El Army«-Kampagne und der Latino-Rekrut in der US-Armee. In: Telepolis, 13.11.2005. http://www.heise.de/tp/r4/artikel/21/21321/1.html

21 Filmografie

* Filme, für die im Filmabspann der vom Autor selbst gesichteten Titel oder in den konsultierten Sekundärquellen eine Beteiligung von Pentagon, US-Militärgattungen, NASA, US-Geheimdiensten oder Militär aus anderen Ländern vermerkt ist, werden ohne weitere Differenzierung der jeweiligen Assistenz mit einem Sternchen [*] gekennzeichnet. (Für 150 US-Titel bietet *Suid* 2002, 674-678 eine spezifische Klassifizierung des Militär/Pentagon-Kooperationsstatus.) Die Kennzeichnung innerhalb dieser Filmographie kann keine Vollständigkeit beanspruchen.

Die Ziffern am Ende jeder Filmangabe beziehen sich auf Seiten in diesem Buch.

08/15 (Null-Acht-Fünfzehn = 1. Teil der Filmtrilogie), BRD 1954, Regie: Paul May, Drehbuch: Hans Hellmut Kirst, Claus Hardt, Paul May (nach dem gleichnamigen Illustriertenroman von H. H. Kirst). **84**

25TH HOUR (25 Stunden), USA 2002, Regie: Spike Lee, Drehbuch: David Benioff (nach seiner Romanvorlage). **165, 173**

28 DAYS LATER, GB/USA/Frankreich 2002, Regie Danny Boyle, Drehbuch: Alex Garland. **20, 73, 156**

36, QUAI DES ORFÈVRES (36 tödliche Rivalen), Frankreich 2004, Regie: Olivier Marchal, Drehbuch: Julien Rappeneau, Olivier Marchal, Dominique Loiseau, Frank Mancuso. **122**

55 DAYS AT PEKING (55 Tage in Peking), USA 1962, Regie: Nicholas Ray, Drehbuch: Robert Hamer, Philip Yordan, Bernard Gordon. **35**

9/11 – THE TWIN TOWERS (9/11: Die letzten Minuten im World Trade Center), GB 2006 (TV-Dokudrama), Regie: Richard Dale, Drehbuch: Andrew Bampfield. **171**

9-11: THE ROAD TO TYRANNY, USA 2002, Regie & Drehbuch: Alex Jones. **161**

A BEAUTIFUL MIND (A Beautiful Mind – Genie und Wahnsinn), USA 2001, Regie: Ron Howard, Drehbuch: Akiva Goldsman (nach einem Buch von Silvia Nasar). **145**

A HISTORY OF VIOLENCE, USA/Kanada 2005, Regie: David Cronenberg, Drehbuch: Josh Olson (nach einer Vorlage von John Wagner, Vince Locke). **143**

ABGEORDNETE HINTER GITTERN, Frankreich 2006, Dokumentarfilm von Shimon Dotan (Ausstrahlung Arte-TV, 27.6.2006). **123**

AFGANSKIY IZLOM (Afghan Breakdown – Hölle ohne Ausweg), Italien/UdSSR 1990, Regie: Vladimir Bortko, Drehbuch: Alexander Tscherwinski. **116f**

AFGHAN MASSACRE: CONVOY OF DEATH (Massacre at Mazar / Massaker in Masar), GB/BRD/Italien/Australien/Kanada 2002, TV-Dokumentarfilm von Jamie Doran (ARD-Erstausstrahlung: 18.12.2002). **117**

AIR FORCE ONE*, USA 1996, Regie Wolfgang Petersen, Drehbuch: Andrew W. Marlowe. **38, 115**

ALEXANDER, USA/GB/BRD/NL 2004, Regie & Drehbuch: Oliver Stone. **42**

AMERICA: FROM FREEDOM TO FASCISM, USA 2006, Dokumentarfilm von Aaron Russo. **127**

AMERICAN MELTDOWN (Angst über Amerika), USA 2004 (FX-Networks), Regie: Jeremiah Chechik, Drehbuch: Larry Barber, Paul Barber (deutsche Fassung für das ZDF 2005; Redaktion: Doris Schreuner, Buch & Dialogregie: Jürgen Neu, Film & Fernseh Synchron FFS). **107f**

AMERICAN SOLDIERS – A DAY IN IRAQ (American Soldiers – Ein Tag im Irak), Kanada 2005, Regie: Sidney J. Furie, Drehbuch: Greg Mellott. **152, 156-158**

AMERIKA'S ATOMBOMBENTESTS – PROJEKT TUMBLER SNAPPER*, CAT Entertainment »Made in EU 2003« [Es handelt sich bei diesem »Dokumentarfilmangebot« auf DVD um ältere Werbefilme des US-Militärs; der Anbieter stellt sich auf der DVD-Hülle nicht vor]. **102**

AN OFFICER AND A GENTLEMAN* (Ein Offizier und Gentleman), USA 1982, Regie: Taylor Hackford, Drehbuch: Douglas Day Stewart. **37**

ANTWONE FISHER*, USA 2002, Regie: Denzel Washington, Drehbuch: Antwone Fisher. **39**

APOCALYPSE NOW REDUX, USA 1976-79/2000, Regie: Francis Ford Coppola, Drehbuch: John Milius, Francis Ford Coppola (Langfassung mit neuem Schnitt). **36, 48, 54, 103, 131, 151, 154f**

APOCALYPSE NOW, USA 1979, Regie: Francis Ford Coppola, Drehbuch: John Milius, Francis Ford Coppola (nach Motiven aus der Novelle »Heart of the Darkness« von Joseph Conrad, den Vietnam-kriegsberichten von Michael Herr und einem Surferfilm-Drehbuch von John Milius). **36, 48, 54, 103, 131, 151, 154f**

ARMAGEDDON* (Das Jüngste Gericht), USA 1998, Regie: Michael Bay, Drehbuch: Jonathan Hengsleigh, J. J. Abrams. **39, 106f**

ASTEROID* (Asteroid – Tod aus dem All), USA 1996/97 (TV/NBC), Regie: Bradford May, Drehbuch: Robbyn Burger, Scott Sturgeon. **106**

BAD COMPANY, USA 1995, Regie: Damian Harris, Drehbuch: Ross Thomas. **95**

BAD DAY AT BLACK ROCK (Stadt in Angst), USA 1954, Regie: John Sturges, Drehbuch: Millard Kaufman (nach einer Erzählung von Howard Breslin). **35**

BAGDAD ER*, USA 2006 (HBO), TV-Dokumentarfilm von Jon Alpert und Matt O'Neill (deutsche Erstausstrahlung, gekürzt: Spiegel-TV auf RTL am 2.7.2006). **140f**

BAND OF BROTHERS* (Wir waren Brüder) – 10 Teile (TV-Serie/HBO), USA 2001, Produzenten: Tom Hanks, Steven Spielberg (nach einer literarischen Vorlage von Stephen E. Ambrose), Regie: David Frankel, Tom Hanks u.a. **41, 134**

BANLIEUE 13 (Ghettogangz – Die Hölle von Paris), Frankreich 2004, Regie: Pierre Morel, Drehbuch: Luc Besson, Bibi Naceri. **122**

BAT 21* (Bat-21 – Mitten im Feuer), USA 1987, Regie: Peter Markle, Drehbuch: William C. Anderson, George Gordon (nach einem Roman von William C. Anderson). **37, 187**

BATMAN BEGINS, USA 2005, Regie: Christopher Nolan, Drehbuch: David S. Goyer (nach den Comics von Bob Kane). **69f**

BATTLEFIELD EARTH (Kampf um die Erde), USA 2000, Regie: Roger Christian, Drehbuch: Corey Mandell, Jo Shapiro (nach einem Roman von Ron L. Hubbard). **106**

BEHIND ENEMY LINES* (Im Fadenkreuz – Allein gegen alle), USA 2001, Regie: John Moore, Drehbuch: John und Jim Thomas. **39, 41, 43**

BEST DEFENSE (Angriff ist die beste Verteidigung), USA 1983, Regie: Willard Huyck, Drehbuch: Gloria Katz, Willard Huyck. **115f**

BLACK HAWK DOWN*, USA 2002, Regie: Ridley Scott, Drehbuch: Ken Nolan (nach einer Buchvorlage von Mark Bowden). **18, 39-41, 53, 93, 122, 134, 154**

BLAST (Blast – Dem Terror entkommt niemand), USA 2004, Regie: Anthony Hickox, Drehbuch: Steven E. De Souza. **175f**

BLUTDIAMANTEN, BRD 2005 (TV-Serie »Tatort«), Regie: Martin Eigler, Drehbuch: Sönke Lars Neuwöhner, Sven S. Poser. [Als DVD-Medienpaket des Bundesministerium für wirtschaftliche Zusammenarbeit und Entwicklung; u.a. mit dem SWR-Dokumentarfilm »Die blutige Spur der Diamanten« von Stefan Schaaf und Thomas Aders sowie Unterrichtsmaterial im Booklet]. **98**

BROKEBACK MOUNTAIN, USA 2005, Regie: Ang Lee, Drehbuch: Larry McMurtry, Diana Ossana (nach dem Buch von Annie Proulx). **127**

BROTHERS IN ARMS (Brothers In Arms – Waffenbrüder), USA 2005, Regie: Jean-Claude La Marre, Drehbuch: Jean-Claude La Marre, Tyger Torrez. **134**

CACHÉ, Frankreich/Österreich/BRD/Italien 2006, Regie & Drehbuch: Michael Haneke. **123**

CADET KELLY (Soldat Kelly), USA 2002, Regie: Larry Shaw, Drehbuch: Michael Walsh, Gail Parent. **59**

CATCH 22 (Catch 22 – Der böse Trick), USA 1970, Regie: Mike Nichols, Drehbuch: Buck Henry (nach dem Roman von Joseph Heller). **140**

CHILDREN OF MEN, GB/USA 2006, Regie: Alfonso Cuaron, Drehbuch: Alfonso Cuaron, Tim Sexton, David Arata (nach einem Roman von P.D. James). **76**

CLEAR AND PRESENT DANGER* (Das Kartell), USA 1993, Regie: Philip Noyce, Drehbuch: Donald Stewart, Steven Zaillian, John Milius. **40**

COBRA VERDE, BRD 1987, Regie & Drehbuch: Werner Herzog (nach Motiven des Romans »Der Vize-könig von Quidah« von Bruce Chatwin). **92**

CODE 46, GB 2004, Regie: Michael Winterbottom, Drehbuch: Frank Cottrell Boyce. **77**

COLLATERAL DAMAGE (Zeit der Vergeltung), USA 2001, Regie: Andrew Davis, Drehbuch: David und Peter Griffiths. **41**

COMING HOME (Sie kehren heim), USA 1978, Regie: Hal Ashby, Drehbuch: Waldo Salt, Robert C. Jones (nach einer Geschichte von Nancy Dowd). **36**

CONAN THE BARBARIAN (Conan – Der Barbar), USA 1981, Regie: John Milius, Drehbuch: John Milius, Oliver Stone (nach einer Romanfigur von Robert E. Howard). **48**

CONSPIRACY, GB/USA 2001 (TV-Produktion BBC/HBO), Regie: Frank Pierson, Drehbuch: Loring Mandel. **83**

CONTROL, USA 2004, Regie: Tim Hunter, Drehbuch: Todd Slavkin, Darren Swimmer. **127f**

COURAGE UNDER FIRE (Mut zur Wahrheit), USA 1996, Regie: Edward Zwick, Drehbuch: Patrick Sheane Duncan. **141**

CRASH (L.A. Crash), USA 2004, Regie: Paul Haggis, Drehbuch: Paul Haggis, Bobby Moresco. **128, 165**

CYPHER, USA 2002, Regie: Vincenzo Natali, Drehbuch: Brian King. **144f**

D.C. SNIPER: 23 DAYS OF FEAR (Der Heckenschütze von Washington), USA 2003, Regie: Tom McLoughlin, Drehbuch: Dave Erickson. **165**

DAS ARCHE NOAH PRINZIP, BRD 1983, Regie & Drehbuch: Roland Emmerich. **68**

DAS BOOT, BRD 1979-81, Regie & Drehbuch: Wolfgang Petersen (nach dem Roman von Lothar-Günther Buchheim). **84f**

DAS KURZE LEBEN DES JOSÉ ANTONIO GUTIERREZ, BRD/Schweiz 2006, Dokumentarfilm von Heidi Specogna. **140**

DAY ONE, USA 1989 (TV), Regie: Joseph Sargent, Drehbuch: David W. Rintels (Buch: Peter Wyden). **100**

DEAD ZONE, USA 1983, Regie: David Cronenberg, Drehbuch: Jeffrey Boam (nach dem gleichnamigen Roman von Stephen King). **103**

DEAR WENDY, Dänemark/Frankreich/BRD/GB 2005, Regie: Thomas Vinterberg, Drehbuch: Lars von Trier. **125**

DEATH OF A PRESIDENT, GB 2006, Regie: Gabriel Range, Drehbuch: Simon Finch, Gabriel Range. **130**

DEEP CORE (Deep Core – Die Erde brennt), USA 2000, Regie: Rodney McDonald, Drehbuch: Phillip J. Roth, Martin Lazarus. **106**

DEEP IMPACT*, USA 1998, Regie: Mimi Leder, Drehbuch: Bruce Joel Rubin, Michael Tolkin, John Wells. **39, 106**

DELTA FORCE, USA 1985, Regie: Menahem Golan, Drehbuch: James Bruner. **37, 115**

DER NEUNTE TAG, BRD/Luxemburg 2004, Regie: Volker Schlöndorff, Drehbuch: Andreas Pflüger. **83**

DER NÜRNBERGER PROZESS – TRIBUNAL DES TODES, BRD 1997, Dokumentarfilm von Michael Kloft für Spiegel-TV (DVD-Ausgabe 2006). **83**

DER SCHLÄFER, Osterreich/BRD 2005, Regie & Drehbuch: Benjamin Heisenberg. **123**

DER STELLVERTRETER, Frankreich/BRD 2002, Regie: Costa-Gavras, Drehbuch: Costa-Gavras, Jean-Claude Grumberg (nach dem Stück von Rolf Hochhuth). **83**

DER UNBEKANNTE SOLDAT, BRD 2006 (Dokumentarfilm), Regie & Drehbuch: Michael Verhoeven. **83**

DER UNTERGANG, BRD 2004, Regie: Oliver Hirschbiegel, Drehbuch: Bernd Eichinger (nach dem Buch von Joachim Fest und Erinnerungen der Hitler-Sekretärin Traudl Junge; mit Ausschnitten aus dem Dokumentarfilm IM TOTEN WINKEL von André Heller und Othmar Schmiderer). **80, 82**

DESCENT (Feuerhölle), Kanada 2005 (TV-Produktion), Regie: Terry Cunningham, Drehbuch: L.S. Miller, Michael Murphy (Michael Konyves). **106**

DETERRENCE (Deterrence – Die Welt in Atem), USA/Frankreich 1999, Regie & Drehbuch: Rod Lurie. **103f**

DEUTSCHLAND. EIN SOMMERMÄRCHEN, BRD 2006, Dokumentarfilm von Sönke Wortmann. **86**

DIE ANOTHER DAY* (James Bond 007 – Stirb an einem anderen Tag), USA/GB 2002, Regie: Lee Tamahori, Drehbuch: Neal Purvis, Robert Wade. **109**

DIE FETTEN JAHRE SIND VORBEI, BRD 2004, Regie: Hans Weingartner, Drehbuch: Hans Weingartner, Katharina Held. **129**

DIE STURMFLUT*, BRD 2005 (zweiteilige TV-Produktion), Regie: Jorgo Papavassiliou, Drehbuch: Holger Karsten Schmidt. **87f**

DIE WAHRE GESCHICHTE DES GOLFKRIEGES (Hidden War Of Desert Storm), Arte Frankreich/USA 2000 (Free-Will Productions), Dokumentarfilm von Andrey Brohy und Gerard Ungerman (TV-Ausstrahlung im Sender Arte am 8.1.2003). **38**

DIE WEIßE MASSAI, BRD 2005, Regie: Hermine Huntgeburth, Drehbuch: Johannes W. Betz (nach dem autobiographischen Roman von Corinne Hofmann, 1998). **92**

DIE WEIßE ROSE, BRD 1982, Regie: Michael Verhoeven, Drehbuch: Michael Verhoeven, Mario Krebs. **83**

DIE WOLKE, BRD 2006, Regie: Gregor Schnitzler, Drehbuch: Marco Kreuzpaintner (nach dem gleichnamigen Roman von Gudrun Pausewang). **108**

DOGVILLE, Dänemark/Schweden/Frankreich/Norwegen/Niederlande/Finnland/BRD/USA/GB 2003, Regie & Drehbuch: Lars von Trier. **125**

DOOM (Doom – Der Film), USA/GB/BRD/Tschechien 2005, Regie: Andrzej Bartkowiak, Drehbuch: David Callaham, Wesley Strick (in Anlehnung an das gleichnamige Computerspiel von ID Software, 1993). **66**

DR. STRANGELOVE OR HOW I LEARNED TO STOP WORRYING AND LOVE THE BOMB (Dr. Seltsam, oder wie ich lernte, die Bombe zu lieben), GB 1963, Regie: Stanley Kubrick, Drehbuch: Stanley Kubrick, Peter George, Terry Southern (nach dem Buch »Red Alert« von Peter George). **103f**

DRESDEN, BRD/GB 2005 (zweiteilige TV-Produktion für das ZDF), Regie: Roland Suso Richter, Drehbuch: Stefan Kolditz. **82f**

ELIZABETHTOWN, USA 2005, Regie & Drehbuch: Cameron Crowe. **129**

END GAME, USA/Kanada 2005, Regie: Andy Cheng, Drehbuch: J. C. Pollock, Andy Cheng. **129**

ENEMY AT THE GATES (Duell), BRD/GB/Irland/USA 2000, Regie: Jean-Jaques Annaud, Drehbuch: Alain Godard, Jean-Jaques Annaud (in Anlehnung an eine Vorlage von William Craig). **85**

ENEMY OF THE STATE (Staatsfeind Nr. 1), USA 1998, Regie: Tony Scott; Drehbuch: David Marconi. **115, 173**

EQUILIBRIUM (Equilibrium – Killer of Emotions), USA 2002, Regie & Drehbuch: Kurt Wimmer. **104f**

EXECUTIVE DECISION* (Einsame Entscheidung), USA 1995, Regie: Stuart Baird, Drehbuch: Jim Thomas, John Thomas. **38, 115**

EXISTENZ (Existenz – Du bist das Spiel), USA/Kanada/GB 1998, Regie & Drehbuch: David Cronenberg. **26**

FAHRENHEIT 451, GB/USA 1966, Regie: Francois Truffaut, Drehbuch: Francois Truffaut, Jean-Louis Richard (nach dem Roman von Ray Bradbury, 1953). **23**

FAHRENHEIT 9/11 – THE TEMPERATURE WHERE FREEDOM BURNS, USA 2004, Regie & Drehbuch: Michael Moore. **30**

FAIL SAFE (Fail Safe – Befehl ohne Ausweg), USA 2000, Regie: Steven Frears, Drehbuch: Walter Bernstein (nach einem Roman von Eugene Burdick und Harvey Wheeler; Remake eines gleichnamigen Films von Sidney Lumet aus dem Jahr 1963). **104**

FANTASTIC FOUR, USA/BRD 2005, Regie: Tim Story, Drehbuch: Michael France, Mark Frost (auf der Grundlage des Marvel-Comics von Stan Lee und Jack Kirby). **70**

FAT MAN AND LITTLE BOY, USA 1989, Regie: Roland Joffe, Drehbuch: Bruce Robinson. **100**

FINAL DESTINATION , USA 2000, Regie: James Wong, Drehbuch: Glen Morgan (Story: Jeffrey Reddick). **165**

FINAL DESTINATION 3, USA 2006, Regie: James Wong, Drehbuch: Glen Morgan, James Wong. **165**

FIRE BIRDS* (Air Borne – Flügel aus Stahl), USA 1990, Regie: David Greene, Drehbuch: Nick Thiel, Paul F. Edwards. **37**

FIRES OF KUWAIT, USA 1992 (Miramax), Regie: David Douglas. **149**

FLAGS OF OUR FATHERS, USA 2006, Regie: Clint Eastwood, Drehbuch: William Broyels Jr., Paul Haggis (nach einem Bestsellerroman von James Bradley und Ron Powers). **90, 132**

FLIGHT 93 (Flug 93), USA 2006 (TV-Drama: A&E Channel Cable), Regie: Peter Markle, Drehbuch: Nevin Schreiner. [»Plot Outline: Flight 93 is the story of the heroic passengers that took back their plane in an effort to stop a 9-11 terrorist attack.«] **166**

FLIGHT OF THE INTRUDER* (Flug durch die Hölle), USA 1989, Regie: John Milius, Drehbuch: Robert Dillon, David Shaber (nach einem Roman von Stephen Coonts). **37, 187**

FLIGHT OF THE PHOENIX (Der Flug des Phoenix), USA 1965, Regie: Robert Aldrich, Drehbuch: Lukas Heller (nach der Romanvorlage von Elleston Trevor). **135**

FLIGHT OF THE PHOENIX (Der Flug des Phoenix), USA 2004, Regie: John Moore, Drehbuch: Scott Frank (Remake des gleichnamigen Titels von 1965). **135, 166**

FLIGHTPLAN, USA 2005, Regie: Robert Schwentke, Drehbuch: Peter A. Dowling, Terry Haye, Billy Ray. **164**

FRIENDLY FIRE (Fürs Vaterland zu sterben), USA 1979, Regie: David Greene, Drehbuch: Fay Kanin. **139**

FUCK THE ARMY!, USA 2005, Dokumentarfilm von David Zeiger (deutsche Ausstrahlung z.B. am 7.12.2005 in Arte-TV). **139**

FULL METAL JACKET, USA 1987, Regie: Stanley Kubrick, Drehbuch: Stanley Kubrick, Michael Herr, Gustav Hasford (nach dem autobiographisch beeinflußten Roman »The Short Timers« von Gustav Hasford). **36, 151f**

GARDENS OF STONE* (Der Steinerne Garten), USA 1987, Regie: Francis Ford Coppola, Drehbuch: Ronald Bass (nach dem gleichnamigen Roman von Nicholas Proffitt). **36, 132**

GETTYSBURG, USA 1993, Regie & Drehbuch: Ronald F. Maxwell (nach dem Roman von Michael Shaara). **134**

GHETTO, BRD/Litauen 2005, Regie: Audrius Juzenas, Drehbuch: Joshua Sobol (nach seinem gleichnamigen Theaterstück). **83**

GODS AND GENERALS, USA 2003, Regie & Drehbuch: Ronald F. Maxwell (nach dem Roman von Michael Shaara). **134**

GOING BACK, USA 2001, Regie: Sidney J. Furie, Drehbuch: Greg Mellott. **151**

GOLDENEYE* (James Bond 007 – Goldeneye), USA/GB 1995, Regie: Martin Campbell, Drehbuch: Jeffrey Caine, Bruce Feirstein. **38, 40**

GOOD MORNING VIETNAM, USA 1987, Regie: Barry Levinson, Drehbuch: Mitch Markowitz. **153**

GOOD NIGHT, AND GOOD LUCK, USA 2005, Regie & Drehbuch: George Clooney. **128**

GUERREROS* (Guerreros – Im Krieg gibt es keine Helden!), Spanien 2002, Regie: Daniel Calparsoro, Drehbuch: Daniel Calparsoro, Juan Cavestany. **45**

HAIR*, USA 1977, Regie: Milos Forman, Drehbuch: Michael Weller (nach dem Rock-Musical von Gerome Ragni, Hames Rado, Galt MacDermot). **36**

HAMBURGER HILL*, USA 1987, Regie: John Irvin, Drehbuch: Jim Carabatsos. **36, 151**

HAMBURGER LEKTIONEN (Hamburg Lectures), BRD 2006, Regie: Romuald Karmakar, Drehbuch: Romuald Karmakar in Zusammenarbeit mit Achmed Khammas, Günther Orth, Maria Legann, F. Franzmathes, Dirk Laabs, Katrin Berg und Ouifaq Benkiran. **165**

HENKER / THE HEADSMAN, Österreich/BRD/CH/GB/Luxemburg 2005, Regie: Simon Aeby, Drehbuch: Susanne Freund. **125**

HEROES* (Helden von heute), USA 1977, Regie: Jeremy Paul Kagan, Drehbuch: James Carabatsos, David Freeman. **36**

HIDALGO (Hidalgo – 3000 Meilen zum Ruhm), USA 2004, Regie: Joe Johnston, Drehbuch: John Fusco. **134f**

HIROSHIMA, GB 2005 (TV-Dokumentardrama, BBC), Regie & Drehbuch: Paul Wilmshurst (deutsche Fassung: ZDF-Redaktion unter Leitung von Guido Knopp). **100-102**

HIROSHIMA, Kanada/Japan 1995 (TV-Produktion, Doku-Drama), Regie: Roger Spottiswoode, Korey-oshi Kurahara, Drehbuch: Ben Hopkins, Toshiro Ishido [dt. Fassung ZDF; ausgestrahlt am 30./ 31.7.2005 auf Arte]. **100**

HITLER – THE RISE OF EVIL (Hitler – Aufstieg des Bösen), Kanada/USA 2003 (TV-Produktion), Regie: Christian Duguay, Drehbuch: John, Pielmeier, G. Ross-Parker. **82**

HOLLYWOOD UND DER HOLOCAUST, USA/GB/BRD/Finnland 2004, Fernsehdokumentation von Daniel Anker (deutsche Erstausstrahlung auf Arte-TV am 25.1.2004). **78**

HOMECOMING, USA 2004 (Videofilm), Regie & Drehbuch: Jon Jost. **140**

HOTARU NO HAKA (Die letzten Glühwürmchen), Japan 1988 (Zeichentrickfilm), Regie: Isao Takahata, Drehbuch: Isao Takahata, Akiyuki Nosaka. **60**

HOTEL RWANDA (Hotel Ruanda), Südafrika/GB/Italien 2004, Regie: Terry George, Drehbuch: Keir Pearson, Terry George. **93f**

HOUSE OF SAND AND FOG (Das Haus aus Sand und Nebel), USA 2003, Regie & Drehbuch: Vadim Perelman (nach dem gleichnamigen Roman von Andre Dubus, 1999). **123**

HOWL'S MOVING CASTLE (Das wandelnde Schloß), Japan 2004 (Zeichentrickfilm), Regie: Hayao Miyazaki, Drehbuch: Hayao Miyazaki, Cindy Davis Hewitt, Donald H. Hewitt (nach der Litera-turvorlage von Dianna Wynne Jones). **60**

I AM DAVID, USA 2003, Regie & Drehbuch: Paul Feig (nach dem Roman »David« von Anne Holm, 1963). **78**

IM TOTEN WINKEL ,Österreich 2002, Dokumentarfilm von André Heller und Othmar Schmiderer. **82**

IM ZEICHEN DES KREUZES, BRD 1982 (TV), Regie: Rainer Boldt, Drehbuch: Hans-Rüdiger Minow. [Die aktuelle DVD-Ausgabe enthält Materialien zum »Fernsehskandal« um diesen Atomunfall-Thriller.] **108**

IN THE ARMY NOW*, USA 1994, Regie: Daniel Petrie Jr., Drehbuch: Steve Zacharias, Jeff Buhai. **38**

INDEPENDENCE DAY, USA 1995, Regie: Roland Emmerich, Drehbuch: Dean Devlin, Roland Emmerich. **73f, 106, 160**

IRAK – WENN US-SOLDATEN STERBEN, Frankreich 2005 (Dokumentation), Regie: Eyal Sivan. (Arte-TV, 30.5.2006). **140**

IRON EAGLE II* (Der stählerne Adler II), USA 1988, Regie: Sidney J. Furie, Drehbuch: Kevin Elders, Sidney J. Furie. **37, 115**

IRON EAGLE* (Der stählerne Adler), USA 1985, Regie: Sidney J. Furie, Drehbuch: Kevin Elders, Sidney J. Furie. **37, 115, 153, 187**

JACKNIFE*, USA 1988, Regie: David Hugh Jones, Drehbuch: Steven Metcalfe. **37**

JACOB'S LADDER (In der Gewalt des Jenseits), USA 1990, Regie: Adrian Lyne, Drehbuch: Bruce Joel Rubin. **144**

JAG* (JAG – Im Auftrag der Ehre), USA 1995ff, TV-Serie von Donald Bellisario. **40**

JARHEAD (Jarhead – Willkommen im Dreck), USA 2005, Regie: Sam Mendes, Drehbuch: William Broyles Jr., Vietnam-Veteran (nach dem gleichnamigen Buch des ehemaligen US-Marines Anthony Swofford). **149-155**

JESUS CAMP, USA 2006, Dokumentarfilm von Heidi Ewing und Rachel Grady. **125**

JOYEUX JOËL / MERRY CHRISTMAS, Frankreich/BRD/Rumänien/Belgien/GB 2004, Regie & Drehbuch: Christian Carion. **86f**

JUST CAUSE (Im Sumpf des Verbrechens), USA 1995, Regie: ArneGlimcher, Drehbuch: Jeb Stuart, Peter Stone (nach einem Roman von John Katzenbach). **131f**

KING ARTHUR, USA 2004, Regie: Antoine Fuqua, Drehbuch: David Franzoni. **42**

KING KONG, USA 1976, Regie: John Guillermin, Drehbuch: Lorenzo Semple Jr. (nach dem Drehbuch von James A. Creelman und Ruth Rose für das Kinovorbild von 1933). **73, 92, 159, 173**

KING KONG, USA 2005, Regie: Peter Jackson, Drehbuch: Fran Walsh, Philippa Boyens, Peter Jackson (dem Plot der gleichnamigen Filme von 1933 und 1976 folgend). **73, 92, 159, 173**

KINGDOM OF HEAVEN (Königreich der Himmel), USA 2005, Regie: Ridley Scott, Drehbuch: William Monahan. **60, 114**

KNALLHART, BRD 2006, Regie: Detlev Buck, Drehbuch: Zoran Drvenkar, Gregor Tressnow. **122**

KRIEG AM GOLF – AUFMARSCH DER ALLIIERTEN: DESERT SHIELD*, BRD 1991 (VHS; Originaltitel »War In The Gulf – Desert Shield«; USA?), Regie: Duff Schwenninger. [Die filmographischen Angaben im Film sind sehr unklar. Weitere Teile der VHS-Reihe: Teil 2. Krieg am Golf – Der Luftkrieg / Teil 3: Die Bodenoffensive / Teil 4: Der Wüstensieg.] **141**

KURTLAR VADISI IRAK (Tal der Wölfe), Türkei 2005, Regie: Serdar Akar, Drehbuch: Raci amaz, Bahadr Özdener. **119-121**

L'EMPIRE DES LOUPS (Das Imperium der Wölfe), Frankreich 2005, Regie: Chris Nahon, Drehbuch: Jean-Christoph Grangé, Chris Nahon, Christian Clavier, Franck Ollivier (nach einem Roman von Jean-Christoph Grangé). **122**

LA HAINE (Haß), Frankreich 1995, Regie & Drehbuch: Mathieu Kassovitz. **122**

LA MARCHE DE L'EMPEREUR/THE MARCH OF THE PENGUINS (Die Reise der Pinguine), USA/Frankreich 2005, Dokumentarfilm von Luc Lacquet, Buch: Michel Fessler, Luc Lacquet. **48**

LA TIGRE E LA NEVE (Der Tiger und der Schnee), Italien 2005, Regie: Roberto Benigni, Drehbuch: Roberto Benigni, Vincenzo Cerami. **137**

LAND OF THE DEAD, USA/Kanada 2005, Regie & Drehbuch: George A. Romero. **76**

LES CHEVALIERS DU CIEL* (Sky Fighters), Frankreich 2005, Regie: Gérard Pirès, Drehbuch: Gilles Malencon (in Anlehnung an den Comic »Tanguy und Laverdure« von Albert Uderzo und Jean-Michel Charlier). **45, 54, 122, 189-191**

LET'S ROLL: THE STORY OF FLIGHT 93, GB 2002 (TV-Dokumentation), Regie: Chris Oxley. **166**

LETTERS FROM IWO JIMA, USA 2006, Regie: Clint Eastwood, Drehbuch: Iris Yamashita (nach einer Buchvorlage von Tadamichi Kuribayashi). **90**

LOOSE CHANGE. 2ND EDITION, USA 2005/2006 (Dokumentarfilm), Regie & Drehbuch: Dylan Avery, Produzent: Korey Rowe [Film unter: http://www.loosechange911.com; mit deutschen Untertiteln: http://www.bloghouse.org/node/14734]. **161-163**

LORD OF WAR (Lord of War – Händler des Todes), USA 2005, Regie & Drehbuch: Andrew Niccol (in der DVD-Fassung mit kritischen Filmbeigaben zum weltweiten Waffenhandel). **97f, 154**

LOST CHILDREN, BRD 2005 (Dokumentarfilm), Regie & Drehbuch: Ali Samadi Ahadi, Oliver Stoltz. **98**

M.A.S.H., USA 1969, Regie: Robert Altman, Drehbuch: Ring Lardner jun. (nach einer Vorlage von Richard Hooker). **141**

MACH 2, USA 2000, Regie: Edward R. Raymond, Drehbuch: Steve Latshaw. **161, 173**

MANDERLAY, Dänemark/Schweden/Niederlanden/Frankreich/BRD/GB 2005, Regie & Drehbuch: Lars von Trier. **125**

MARSCHBEFEHL FÜR HOLLYWOOD – DIE US-ARMEE FÜHRT REGIE IM KINO, Frankreich/BRD 2003, TV-Dokumentarfilm von Maria Pia Mascaro, Buch & Regie: Jean-Marie Barrere, Maria Pia Mascaro; deutsche Bearbeitung: Ingo Zamperoni; Produktion: René Pech; Redaktion: Denis Boutelier, Andreas Cichowicz, Frank Jahn; Eine CAPA-Produktion in Zusammenarbeit mit dem Centre National de la Cinématographie (deutsche Fassung: NDR 2004; ausgestrahlt am 14.1.2004 um 23.00 Uhr in der ARD). **32, 114**

MARTIAL LAW: 9/11 RISE OF THE POLICE STATE, USA 2005, Regie: Alex Jones, Kevin Booth, Drehbuch: Alex Jones. **161**

MASTER AND COMMANDER* (Master and Commander – Bis ans Ende der Welt), USA 2003, Regie: Peter Weir, Drehbuch: Peter Weir, John Collee (basierend auf Romanen von Patrick O' Brian). **42, 59**

MEMENTO, USA 2000, Regie: Christopher Nolan, Drehbuch: Christopher Nolan, Jonathan Nolan. **145**

MEN OF HONOR*, USA 2000, Regie: George Tillman jr., Drehbuch: Scott Marshall Smith. **39**

MERCENARY FOR JUSTICE (Mercenary For Justice – Zwischen allen Fronten), USA 2006, Regie: Don E. FauntLeRoy, Drehbuch: Steven Collins. **95**

METEOR, USA 1979, Regie: Ronald Neame, Drehbuch: Stanley Mann, Edmund H. North. **106**

MINORITY REPORT, USA 2002, Regie: Steven Spielberg, Drehbuch: Scott Frank, Jon Cohen (nach der Buchvorlage von Philip K. Dick). **128**

MISSION: IMPOSSIBLE 3, USA 2006, Regie: Jeffrey J. Abrams, Drehbuch: Alex Kurtzman, Roberto Orci. **5, 109f, 129, 154**

MONSIEUR IBRAHIM ET LES FLEURS DU CORAN (Monsieur Ibrahim und die Blumen des Koran), Frankreich 2004, Regie: Francois Dupevron, Drehbuch: Eric Emmanuel Schmitt. **123**

MUNICH (München), USA 2005, Regie: Steven Spielberg, Drehbuch: Tony Kushner, Charles Randolph, Eric Roth. **124, 165**

NAPOLA – ELITE FÜR DEN FÜHRER, BRD 2004, Regie: Dennis Gansel, Drehbuch: Dennis Gansel, Maggie Peren. **82**

NICHT IN UNSEREM NAMEN, Frankreich 2005, TV-Dokumentarfilm von Philippe Borrel. (Arte-TV, 30.5.2006). **139**

NOCHNOJ DOZOR (Wächter der Nacht), Rußland 2004, Regie: Timur Bekmambetov, Drehbuch: Sergei Lukyanenko nach seinem Buch (Bearbeitung für das englische Drehbuch: Timur Bekmambetov, Laeta Kalogridis). **75**

NOT WITHOUT MY DAUGHTER (Nicht ohne meine Tochter), USA 1990/91, Regie: Brian Gilbert, Drehbuch: Brian Gilbert, David W. Rintels (nach einem Roman von Betty Mahmoody). **121**

NVA, BRD 2005, Regie: Leander Haußmann, Drehbuch: Thomas Brussig, Leander Haußmann. **86**

ON THE BEACH, USA 1959, Regie: Stanley Kramer, Drehbuch: John Paxton (nach einem Roman von Nevil Shute). **104**

OPERATION DUMBO DROP (Operation Dumbo), USA 1995, Regie: Simon Wincer, Drehbuch: Gene Quintano, Jim Kouf. **59**

OPÉRATION HOLLYWOOD (Operation Hollywood), Frankreich 2004 (Arte France, Les Films d'Ici – Erstausstrahlung in Arte, 29.10.2004), Dokumentarfilm von Maurice Ronai, Emilio Pacull. **32, 37**

OPERATION SANDMAN, USA 2000 (Teleplay), Regie: Nelson McCormick, Drehbuch: Beau Bensink, Nelson McCormick (Story: Beau Bensink). **144**

OVER THERE, USA 2005 (TV-Serie für den Kabelkanal FX), Autoren: Peter Egan, Joel Fields, Chris Gerolmo (ohne Fortsetzung eingestellt nach 13 Episoden). **140**

PANCHO VILLA (Pancho Villa – Mexican Outlaw), USA 2003 (TV/HBO), Regie: Bruce Beresford, Drehbuch: Larry Gelbart. **33f**

PARADISE NOW, Niederlande/Frankreich/BRD 2005, Regie: Hany Abu-Assad, Drehbuch: Hany Abu-Assad, Bero Beyer, Pierre Hodgson. **123f**

PATRIOT GAMES* (Die Stunde der Patrioten), USA 1991, Regie: Phillip Noyce, Drehbuch: W. Peter Iliff, Donald Stewart (nach dem Buch von Tom Clancy). **3, 40**

PATTON* (Patton – Rebell in Uniform), USA 1969, Regie: Franklin J. Schaffner, Drehbuch: Francis Ford Coppola, Edmund H. North (nach Berichten von Ladislas Farago und Omar N. Bradley). **132**

PEARL HARBOR*, USA 2001, Regie: Michael Bay, Drehbuch: Randall Wallace. **39, 41, 53, 59**

PLATOON, USA 1986, Regie & Drehbuch: Oliver Stone. **151**

PORTRAIT OF COURAGE: THE UNTOLD STORY OF FLIGHT 93, USA 2006 (Dokumentarfilm), Regie: David Priest, Drehbuch: Sharon Dymmel. **166**

POSEIDON, USA 2006, Regie: Wolfgang Petersen, Drehbuch: Mark Protosevich (nach dem Roman »The Poseidon Adventure« von Paul Gallicos, *erstmals* 1972 verfilmt). **171, 174**

RACE TO SPACE* (Race To Space – Mission ins Unbekannte), USA/Kanada/Frankreich/BRD 2001, Regie: Sean McNamara, Drehbuch: Eric Gardner, Steven H. Wilson. **88**

RED EYE, USA 2005, Regie: Wes Craven, Drehbuch: Carls Ellsworth. **164**

RENAISSANCE MAN*, USA 1994, Regie: Penny Marshall, Drehbuch: Jim Burnstein. **38**

REQUIEM, BRD 2006, Regie: Hans-Christian Schmid, Drehbuch: Bernd Lange. **75**

RHYTHM IS IT!, BRD 2004, Regie: Thomas Grube, Enrique Sánchez Lansch. **123**

ROBOCOP, USA 1987, Regie: Paul Verhoeven, Drehbuch: Edward Neumeister, Michael Miner. **144f**

ROME, USA/GB ab 2005, HBO/BBC-Fernsehserie (in der DVD-Distribution), Regie in der 1. Staffel: Michael Apted, Julian Farino, Allen Coulter, Alan Poul, Timothy Van Patten, Steve Shill, Jeremy Podeswa, Alan Taylor, Mikael Salomon, Drehbücher: Bruno Heller, John Milius, David Frankel, William J. MacDonald, Alexandra Cunningham, Adrian Hodges. **61, 146-148**

RULES OF ENGAGEMENT* (Rules – Sekunden der Entscheidung), USA 2000, Regie: William Friedkin. **40**

SAHARA, USA 2005, Regie: Breck Eisner, Drehbuch: T.D. Donnelly, J. Oppenheimer, John C. Richard, J.V. Hart (nach einer Buchvorlage von Clive Cussler). **134-137**

SAN WA/THE MYTH (Der Mythos), China/Hong Kong 2005, Regie: Stanley Tong, Drehbuch: Stanley Tong, Wang Hui Ling, Li Haishu. **47**

SAVING JESSICA LYNCH*, USA 2003 (TV-Film, NBC), Regie: Peter Markle, Drehbuch: John Fasano. **41**

SAVING PRIVATE RYAN* (Der Soldat James Ryan), USA 1998, Regie: Steven Spielberg, Drehbuch: Robert Rodat. **18, 39, 43, 53, 110, 134**

SCORCHER, USA 2002, Regie: James Seale, Drehbuch: Graham Winter, Rebecca Morrison. **106**

SECOND IN COMMAND*, USA/Rumänien 2006, Regie: Simon Fellows, Drehbuch: Jonathan Bowers, David L. Corley. **110f**

SEPTEMBER TAPES, USA/Afghanistan 2003 (Thriller), Regie: Christian Johnston, Drehbuch: Christian Johnston, Christian van Gregg. **165**

SERGEANT BILKO, USA 1996, Regie: Jonathan Lynn, Drehbuch: Andy Breckman. **38**

SILKWOOD, USA 1983, Regie: Mike Nichols, Drehbuch: Drehbuch: Alice Arlen, Nora Ephron. **108**

SILVER CITY, USA 2004, Regie & Drehbuch: John Sayles. **130**

SKELETON KEY (Der verbotene Schlüssel), USA 2005, Regie: Iain Softley, Drehbuch: Ehren Kruger. **91f**

SKY CAPTAIN AND THE WORLD OF TOMORROW, USA 2004, Regie & Drehbuch: Kerry Conran. **71, 181**

SKY WARS* (Han-Chiang Ying-Lieh Chuan / dt.: Sky Wars – Tödliche Schwingen), Hongkong/Südkorea 1981, Regie: Ko Yung-Nam, Drehbuch: Oh Jae-Ho (Skript: Yoon Sam-Yook, Lee Hyun-Am). **110**

SNOW FALLING ON CEDARS (Schnee, der auf Zedern fällt), USA 1998, Regie: Scott Hicks, Drehbuch: Ronald Bass, Scott Hicks und David Guterson (nach dem gleichnamigen Roman von David Guterson). **35**

So weit die Füsse tragen, BRD 2001, Regie: Hardy Martins, Drehbuch: Bernd Schwamm, Bastian Clevé, Hardy Martins (nach dem autobiographischen Roman von Josef Martin Bauer). 85

Soldier Blue (Wiegenlied vom Totschlag), USA 1969, Regie: Ralph Nelson, Drehbuch: John Gay (nach einem Roman von Theodore V. Olsen). 128

Sophie Scholl – Die letzten Tage, BRD 2004, Regie: Marc Rothemund, Drehbuch: Fred Breinersdorfer, Ulrich Chaussy. 83

Sorry Haters, USA 2005, Regie & Drehbuch: Jeff Stanzler. 123, 165, 173

Southland Tales, USA 2006, Regie & Drehbuch: Richard Kelly. 129

Stalingrad, BRD 1991/92, Regie: Joseph Vilsmaier, Buch: Johannes Heide (= Christoph Fromm). 84f

Star Wars: Episode III – Revenge Of The Sith (Star Wars: Episode III – Die Rache der Sith), USA 2005, Regie & Drehbuch: George Lucas. 72

Starship Troopers, USA 1997, Regie: Paul Verhoeven, Drehbuch: Edward Neumeier (nach einem Science-Fiction-Roman von Robert A. Heinlein, 1959). 70, 132

Stealth* (Stealth – Unter dem Radar), USA 2005, Regie: Rob Cohen, Drehbuch: Rob Cohen, W. D. Richter. 166, 180-190

Superman Returns, USA 2006, Regie: Bryan Singer, Drehbuch: Michael Dougherty, Dan Harris (nach dem Superman-Comic). 70f

Surface To Air* (Desert War – Hinter feindlichen Linien), USA 1998, Regie: Rodney McDonald, Drehbuch: Tony Giglio (Story: Rodney McDonald). 116

Swordfish (Passwort: Sword Fish), USA 2001, Regie: Dominic Sena, Drehbuch: Skip Woods. 173

Syriana, USA 2005, Regie & Drehbuch: Stephen Gaghan (nach den Vorlagen des Ex-CIA-Mitarbeiters Robert Baer: »See No Evil: The True Story of a Ground Soldier in the CIA's War on Terrorism« und »Sleeping with the Devil: How Washington Sold Our Soul for Saudi Crude«). 96, 175-179

Taegukgi hwinalrimyeo / Brotherhood, Südkorea 2004, Regie & Drehbuch: Kang Je-gyu. 110

Taking Sides (Taking Sides – Der Fall Furtwängler), BRD/Frankreich 2001, Regie: István Szabó, Drehbuch: Ronald Harwood (nach seinem Theaterstück). 83

Team America: World Police, USA 2004, Regie: Trey Parker, Drehbuch: Pam Brady, Trey Parker. 42, 132, 155

Tearing Down The Spanish Flag, USA 1898, 90sekündiger gestellter Film zum spanisch-[US-]amerikanischen Krieg. 33

Tears Of The Sun* (Tränen der Sonne), USA 2003, Regie: Antoine Fuqua, Drehbuch: Alex Lasker, Patrick Cirillo. 39, 93f

Terminator 2 – Judgement Day (Terminator 2 – Tag der Abrechnung), USA 1990, Regie: James Cameron, Drehbuch: James Cameron, William Wisher. 104, 132, 186

Thanks Of A Grateful Nation, USA 1998 (TV), Regie: Rod Holcomb, Drehbuch: John Sacret Young. 141

The 6th Day, USA 2000, Regie: Roger Spottiswoode, Drehbuch: Cormac Wibberley, Marianne Wibberly. 77

The Alamo (Alamo), USA 2003, Regie: John Lee Hancock, Drehbuch: Leslie Bohem, Stephen Gaghan, John Lee Hancock. 134

The Assassination Of Richard Nixon (Attentat auf Richard Nixon), USA 2004, Regie: Niels Mueller, Drehbuch: Kevin Kennedy, Niels Mueller. 129, 165

The Atomic Café*, USA 1982 (Dokumentarfilm), Regie: Jayne Loader, Kevin Rafferty. 102f, 192

The Aviator (Aviator), USA 2004, Regie: Martin Scorsese, Drehbuch: John Logan. 35

The Big Red One – The Reconstruction, USA 1980/2004, Regie & Drehbuch: Samuel Fuller, Rekonstruktion: Richard Schickel (erheblich erweiterte Langfassung des Klassikers von 1980 nach Fullers letzter Drehbuchfassung). 90

THE BIRTH OF A NATION* (Geburt einer Nation), USA 1915, Regie: David Wark Griffith, Drehbuch: David Wark Griffith, Frank E. Woods (nach Südstaatenromanen von Thomas Dixon). **151**

THE BOURNE SUPREMACY (Die Bourne-Verschwörung), USA 2004, Regie: Paul Greengrass, Drehbuch: Tony Gilroy (nach einer Roman-Trilogie von Robert Ludlum). **144**

THE BUTTERFLY EFFECT (Butterfly Effect), USA 2004, Regie & Drehbuch: Eric Bress, J. Mackye Gruber. **145**

THE CHINA SYNDROME (Das China-Syndrom), USA 1978, Regie: James Bridges, Drehbuch: Mike Gray, T.S. Cook, James Bridges. **108**

THE CHRONICLES OF NARNIA: THE LION, THE WITCH AND THE WARDROBE (Die Chroniken von Narnia: Der König von Narnia), USA 2005, Regie & Drehbuch: Andrew Adamson (nach einem Kinderbuch von C. S. Lewis). **59f**

THE CONSTANT GARDENER (Der ewige Gärtner), GB 2005, Regie: Fernando Meirelles, Drehbuch: Jeffrey Caine (nach dem Roman von John le Carré). **95-97**

THE CORE* (Der innere Kern), USA 2003, Regie: Jon Amiel, Drehbuch: Cooper Layne, John Rogers. **39, 41, 106**

THE CRIMSON PIRATE (Der rote Korsar), USA 1952, Regie: Robert Siodmak, Drehbuch: Roland Kibbee. **47**

THE DA VINCI CODE (The Da Vinci Code – Sakrileg), USA 2006, Regie: Ron Howard, Drehbuch: Akiva Goldsman (nach dem Roman von Dan Brown). **75**

THE DAY AFTER (Der Tag danach), USA 1983, Regie: Nicholas Meyer, Drehbuch Edward Hume. **104**

THE DAY AFTER TOMORROW*, USA 2004, Regie: Roland Emmerich, Drehbuch: Roland Emmerich, Jeffrey Nachmanoff. **41**

THE DAY THE EARTH STOOD STILL (Der Tag, an dem die Erde stillstand), USA 1951, Regie: Robert Wise, Drehbuch: Edmund H. North (nach der Kurzgeschichte »Farewell to the Master« von Harry Bates, 1940). **74**

THE DEAL (The Deal – Im Visier der Ölmafia), USA 2004, Regie: Harvey Kahn, Drehbuch: Ruth Epstein. [Tagline: »The World Is At War«] **176f, 179**

THE DEER HUNTER (Die durch die Hölle gehen), USA 1978, Regie: Michael Cimino, Drehbuch: Deric Washburn (Story: M. Cimino, D. Washburn, Louis Garfinkle, Quinn K. Redeker – in Anlehnung an Motive von James Fenimore Coopers »The Deer Slayer« – aus der Leatherstocking-Reihe). **36, 151**

THE DETONATOR (Brennender Strahl), Rumänien/USA 2006, Regie: Leong Po-Chih, Drehbuch: Martin Wheeler. **57**

THE DOGS OF WAR (Die Hunde des Krieges), GB/USA 1980, Regie: John Irvin, Drehbuch: Gary De Vore, George Malko (Literaturverfilmung nach »The dogs of war, 1974« von Frederick Forsyth). **95**

THE EXORCISM OF EMILY ROSE (Der Exorzismus von Emily Rose), USA 2005, Regie: Scott Derrickson, Drehbuch: Paul Harris Boardman, Scott Derrickson. **75**

THE FLIGHT THAT FOUGHT BACK, USA 2005 (TV-Dokudrama: Discovery Channel), Regie: Bruce Goodison, Drehbuch: Phil Craig, Victoria Spark. [Leserkommentar auf www.imdb.com: »God Bless The Courage Of The Passengers And Crew Of Flight 93.«] **166**

THE GREAT RAID* (The Great Raid – Tag der Befreiung), USA 2005, Regie: John Dahl, Drehbuch: Hossein Amini, Kevin Lund, T. J. Scott, Douglas Miro, Carlo Bernard. **88f**

THE GREEN BERETS* (Die grünen Teufel), USA 1968, Regie: Ray Kellogg, John Wayne, Drehbuch: James Lee Barrett (nach dem Roman von Robin Moore). **36**

THE GREY ZONE (Die Grauzone, 2005), USA 2002, Regie & Drehbuch: Tim Blake Nelson (nach dem Roman »Im Jenseits der Menschlichkeit – Ein Gerichtsmediziner in Auschwitz«). **83**

THE GUNS AND THE FURY (Blutiges Öl), USA 1982, Regie: Tony M. Zarindast, Drehbuch: Donald P. Fredette. **175f**

THE HAMBURG CELL, GB 2004 (TV-Drama), Regie: Antonia Bird, Drehbuch: Ronan Bennett, Alice Perman. 165

THE HANDMAID'S TALE (Die Geschichte der Dienerin), USA/BRD 1989, Regie: Volker Schlöndorff, Drehbuch: Harold Pinter (nach dem gleichnamigen Roman von Margaret Atwood, 1985). 126

THE HANOI HILTON*, USA 1987, Regie & Drehbuch: Lionel Chetwynd. 37

THE HILLS HAVE EYES (Hügel der blutigen Augen), USA 2006, Regie: Alexandre Aja, Drehbuch: Gregory Levasseur, Alexandre Aja (Remake des Wes-Craven-Klassikers von 1977). 105

THE HUNT FOR EAGLE ONE* (Jagd auf Eagle One), USA 2006, Regie: Brian Clyde, Drehbuch: Michael Henry Carter. 118f

THE HUNT FOR RED OCTOBER* (Jagd auf »Roter Oktober«), USA 1990, Regie: John McTiernan, Drehbuch: Larry Ferguson, Donald Stewart (nach einem Roman von Tom Clancy). 38

THE INCREDIBLES (Die Unglaublichen = Animationsfilm), USA 2004, Regie & Drehbuch: Brad Bird. 42

THE INTERPRETER (Die Dolmetscherin), GB/USA 2005, Regie: Sydney Pollak, Drehbuch: Charles Randolph, Scott Frank, Steven Zaillian. 93f

THE ISLAND (Die Insel), USA 2005, Regie: Michael Bay, Drehbuch: Caspian Tredwell-Owen, Alex Kurtzman, Roberto Orci (Vorlage: Caspian Tredwell-Owen). 27, 76f

THE JACKET, USA/GB/BRD 2005, Regie: John Maybury, Drehbuch: Marc Rocco, Massy Tadjedin, Tom Beeker. 144-146, 156

THE LAST DROP (The Last Mission – Das Himmelfahrtskommando), GB 2005, Regie: Colin Teague, Drehbuch: Colin Teague, Gary Young. 89

THE LAST SAMURAI (Last Samurai), USA 2003, Regie: Edward Zwick, Drehbuch: John Logan & Edward Zwick, Marshall Herskovitz. 42

THE LONE GUNMEN, Kanada/USA 2001 (TV-Produktion für Fox Network), »Created by Chris Carter, Vince Gilligan, John Shiban« [www.imdb.de]. 160f, 173

THE LORD OF THE RINGS: THE FELLOWSHIP OF THE RING (Herr der Ringe 1: Die Gefährten), Neuseeland/USA 2001, Regie: Peter Jakson, Drehbuch: Frances Walsh, Philippa Boyens, Peter Jackson (nach dem Roman von J.R.R. Tolkien). 75

THE LORD OF THE RINGS: THE RETURN OF THE KING (Herr der Ringe 3: Die Rückkehr des Königs), USA/Neuseeland 2003, Regie: Peter Jackson, Drehbuch: Frances Walsh, Philippa Boyens, Peter Jackson (nach dem Roman von J.R.R. Tolkien). 75

THE LORD OF THE RINGS: THE TWO TOWERS (Der Herr der Ringe 2: Die zwei Türme) Neuseeland/USA 2002, Regie: Peter Jackson, Drehbuch: Philippa Boyens, Peter Jackson. Stephen Sinclair, Frances Walsh (nach dem Roman von J.R.R. Tolkien). 75

THE MACHINIST, USA/Spanien 2003, Regie: Brad Anderson, Drehbuch: Scott Kosar. 145

THE MANCHURIAN CANDIDATE (Botschafter der Angst), USA 1962, Regie: John Frankenheimer, Drehbuch: George Axelrod (nach einem Roman von Richard Condon). 142

THE MANCHURIAN CANDIDATE (Der Manchurian-Kandidat), USA 2004, Regie: Jonathan Demme, Drehbuch: Dean Georgaris, Daniel Pyne (»Golf-Krieg-Remake« des gleichnamigen Korea-Krieg-Titels von John Frankenheimer, 1962). 142-145, 156

THE MARKSMAN* (The Marksman – Zielgenau), USA/GB/Rumänien 2005, Regie: Marcus Adams, Drehbuch: J.S. Cardone, Andy Hurst (Story: Travis Spangler, Tyler Spangler). 109f

THE MATRIX RELOADED, USA 2003, Regie & Drehbuch: Andy & Larry Wachowski. 41, 132, 144

THE MATRIX REVOLUTIONS, USA 2003, Regie & Drehbuch: Andy & Larry Wachowski. 41, 132, 144

THE MATRIX, USA 1999, Regie & Drehbuch: Andy & Larry Wachowski. 41, 132, 144

THE NEW WORLD, USA 2005, Regie & Drehbuch: Terrence Malick. 128

THE OMEN 666 (Das Omen), USA 2006, Regie: John H. Moore, Drehbuch: David Seltzer (Remake von THE OMEN, 1976). 75

THE PACIFIER (Der Babynator), USA/Kanada 2005, Regie: Adam Shankman, Drehbuch: Thomas Lennon, Robert Ben Garent. **59**

THE PATH TO 9/11, USA 2006 (TV-Miniserie, ABC), Regie: David L. Cunningham, Drehbuch: Cyrus Nowrasteh. **171**

THE PEACEMAKER (Projekt: Peacemaker), USA 1997, Regie: Mimi Leder, Drehbuch: Michael Schiffer. **115**

THE PLANET OF THE APES (Planet der Affen), USA 1967, Regie: Franklin J. Schaffner, Drehbuch: Michael Wilson, Rod Serling (nach dem Roman »Monkey Planet« von Pierre Boulle). **103**

THE ROAD TO GUANTANAMO, GB 2006, Dokumentardrama von Michael Winterbottom. **5**

THE SAND PEBBLES (Kanonenboot am Yangtse-Kiang), USA 1966, Regie: Robert Wise, Drehbuch: Robert W. Anderson (nach einem Roman von Richard McKenna). **140**

THE SENTINEL, USA 2006, Regie: Clark Johnson, Drehbuch: George Nolfi, Gerald Petievich. **129**

THE SIEGE (Ausnahmezustand), USA 1998, Regie: Edward Zwick, Drehbuch: Lawrence Wright, Menno Meyjes, Edward Zwick. **115, 127, 173**

THE STATEMENT, USA 2003, Regie: Norman Jewison, Drehbuch: Ronald Harwood (nach einem Roman von Brian Moore). **83**

THE STONING, BRD 2006 (DVD), Regie & Drehbuch: Harald Holzenleiter, Maja Dielhenn. **121f**

THE SUM OF ALL FEARS* (Der Anschlag), USA 2002, Regie: Phil Alden Robinson, Drehbuch: Paul Atanasio, Daniel Pyne (nach der Romanvorlage von Tom Clancy). **40f, 108**

THE THIN RED LINE (Der schmale Grat), USA 1998, Regie & Drehbuch: Terrence Malick (basierend auf der Novelle von James Jones). **43**

THE THREE KINGS (Three Kings – Es ist schön, König zu sein), USA 1999, Regie & Drehbuch: David O. Russel. **141, 150**

THE TOWERING INFERNO* (Flammendes Inferno), USA 1972, Regie: John Guillermin, Irwin Allen, Drehbuch: Stirling Silliphant (nach Romanen von Richard Martin Stern, Thomas N. Scortia, Frank M. Robinson). **173**

THE TUSKEGEE AIRMEN* (Die Ehre zu fliegen), USA 1995, Regie: Robert Markowitz (HBO-Teleplay von: Paris Qualles, Trey Ellis, Ron Hutchinson; Story: Robert Williams, T. S. Cook). **39, 59**

THE VILLAGE, USA 2004, Regie & Drehbuch: M. Night Shyamalan. **77**

THE WAR TAPES, USA 2006, Dokumentarfilm von Deborah Scranton. **158**

THE WEATHER MAN, USA 2005, Regie: Gore Verbinski, Drehbuch: Steve Conrad. **22**

THE WIND THAT SHAKES THE BARLEY, Irland/GB/BRD/Italien/Spanien 2006, Regie: Ken Loach, Drehbuch: Paul Laverty. **125**

THE WOODSMAN, USA 2004, Regie: Nicole Kassell, Drehbuch: Nicole Kassel, Stephen Fechter. **128**

THREADS, GB 1984 (BBC-Fernsehfilm), Regie: Mick Jackson, Drehbuch: Barry Hines. **104**

TITAN A.E., USA 2000 (Science-Fiction-Zeichnetrickfilm), Regie: Don Bluth, Gary Goldman, Drehbuch: Hans Bauer, Joss Whedon, John August, Randall McCormick. **72**

TÖDLICHE GEFAHREN – WAFFEN AUS DEUTSCHLAND, BRD 2005, TV-Dokumentarfilm von Peter Ohlendorf. **98**

TOMORROW NEVER DIES* (James Bond 007 – Der Morgen stirbt nie), GB 1997, Regie: Roger Spottiswoode, Drehbuch: Bruce Feirstein. **14, 38, 40**

TOP GUN* (Sie fürchten weder Tod noch Teufel), USA 1985, Regie: Tony Scott, Drehbuch: Jim Cash, Jack Epps Jr. **37, 153, 187-190**

TORA! TORA! TORA!* (Tora! Tora! Tora! Der Angriff auf Pearl Harbor), USA/Japan 1969, Regie: Richard Fleischer, Toshio Masuda, Kinji Fukasaku, Drehbuch: Larry Forrester, Hideo Uguni, Ryuzo Kikushima (nach Büchern von Gordon W. Prange und Ladislas Farago). **39**

TOTAL RECALL, USA 1990, Regie: Paul Verhoeven, Drehbuch: Ronald Shusett (nach einer Kurzgeschichte von Philip K. Dick). **70, 144**

TRAFFIC – THE MINISERIES (Traffic – Die Miniserie), Kanada/USA 2003 (TV-Produktion), Regie: Stephen Hopkins & Eric Bross, Drehbuch: Ron Hutchinson. [Die Verknüpfung von drei Handlungssträngen und das Drogenthema erinnern an den gleichnamigen Spielfilmtitel (USA 2000) von Steven Soderbergh.] 117f

TRON, USA 1981, Regie & Drehbuch: Steven Lisberger (nach einer Geschichte von Steven Lisberger und Bonnie MacBird). 26

TROY (Troja), USA 2004, Regie: Wolfgang Petersen, Drehbuch: David Benioff. 42

TRUE LIES* (True Lies – Wahre Lügen), USA 1993/94, Regie & Drehbuch: James Cameron (nach Motiven des französischen Spielfilms »La Totale« von Claude Zidi). 24, 38, 115

TWELVE MONKEYS (12 Monkeys), USA 1995, Regie: Terry Gilliam, Drehbuch: David Peoples, Janet Peoples (angeregt durch den Kurzfilm »La Jetée« von Chris Marker). 72

TWENTY FOUR – SEASON 1-5 (24 – Staffel 1-5), USA 2001-2005 (TV-Serie), Regie: Stephen Hokins, John Cassar (Created by Joel Surnow & Robert Cochran). 118

UNITED 93*, USA 2006, Regie & Drehbuch: Paul Greengrass. 5, 18, 108, 167-169

UNIVERSAL SOLDIER , USA 1992, Regie: Roland Emmerich, Drehbuch: Roland Emmerich, Christopher Leitch, Dean Devlin, Richard Rothstein. 144

V FOR VENDETTA (V wie Vendetta), USA/BRD 2005, Regie: James McTeigue, Drehbuch: Andy und Larry Wachowski (nach dem gleichnamigen Comic von Alan Moore). 16, 72f, 91, 126f, 174

VELOCITY TRAP (Velocity Trap: 2149 - Kampf in der Todeszone), USA 1997, Regie: Phillip J. Roth, Drehbuch: Phillip J. Roth, Patrick Phillips. 26, 70

WAG THE DOG (Wenn der Schwanz mit dem Hund wedelt), USA 1997, Regie: Barry Levinson, Drehbuch: Hilary Henkin, David Mamet (nach dem Roman »American Hero« von Larry Beinhart, 1993). 16f

WALK THE LINE, USA 2005, Regie: James Mangold, Drehbuch: Gill Dennis, James Mangold. 129

WAR OF THE WORLDS* (Krieg der Welten), USA 2005, Regie: Steven Spielberg, Drehbuch: David Koepp, Josh Friedman (Adaption des Romans von H.G. Wells). 73f, 174

WE FEED THE WORLD, Österreich 2005, Dokumentarfilm von Erwin Wagenhofer. 91

WE WERE SOLDIERS* (Wir waren Helden), USA 2001, Regie & Drehbuch: Randall Wallace. 39, 41, 43, 134

WHEN I CAME HOME, USA 2006 (Dokumentarfilm), Regie: Dan Lohaus. 141

WHEN THE WIND BLOWS (Wenn der Wind weht), GB 1986 (Zeichentrickfilm), Regie: Jimmy T. Murakami, Drehbuch: Raymond Briggs (nach seinem gleichnamigen Comic). 60, 108

WHEN WORLDS COLLIDE (Der Jüngste Tag), USA 1951, Regie: Rudolph Maté, Drehbuch: Syndney Boehm (nach einer Literaturvorlage von Edwin Balmer). 71, 106

WILLI WILL'S WISSEN: WANN IST KRIEG UND WANN IST FRIEDEN? BRD 2005 (FWU-Video für »Schule und Unterricht«), Fernsehproduktion des Bayrischen Rundfunks für Kinder. 87

WINDTALKERS*, USA 2002, Regie: John Woo, Drehbuch: John Rice, Joe Batteer. 41

WINTERKINDER – DIE SCHWEIGENDE GENERATION, BRD 2005 (Dokumentarfilm), Regie & Drehbuch: Jens Schanze. 83

WORLD TRADE CENTER, USA 2006, Regie: Oliver Stone, Drehbuch: Andrea Berloff (»true story«: John Mc Loughlin, Donna McLoughlin, William Jimeno, Allison Jimeno). 60, 169-172

X-2 (X-Men 2), USA 2003, Regie: Bryan Singer, Drehbuch: Michael Dougherty, Dan Harris, David Hayter (nach der Vorlage »God Loves, Man Kills«, 1982). 132f

X-MEN, USA 2000, Regie: Bryan Singer, Drehbuch: David Hayter, Tom DeSanto (nach dem gleichnamigen Comic). 132f

X-MEN: THE LAST STAND (X-Men: Der letzte Widerstand), USA 2006, Regie: Brett Ratner, Drehbuch: Zak Penn. 132f